Duo Deutsch B8

Sprach- und Lesebuch

Integriertes Sprach- und Lesebuch
für den gymnasialen Deutschunterricht

Herausgegeben von
Prof. Dr. Ulrich Schmitz und Christian Sondershaus

Verfasst von
Dr. Elin-Birgit Berndt, Anja Bischoff, Sonja Krack,
Torsten Pflugmacher, Dr. Florian Radvan, Sascha Reuen,
Prof. Dr. Ulrich Schmitz, Karl-Heinz Schneider, Daniela Schwarz,
Christian Sondershaus, Dr. Anne Steiner

Oldenbourg

Vorwort

Liebe Schülerinnen und Schüler,

wir möchten euch einladen, mit Duo Deutsch zu arbeiten, und das heißt häufig, eine Forschungsreise durchzuführen. Man muss planen, lernen und eigene Ideen entwickeln, manchmal zurückblicken und manchmal nach vorne schauen.
Wie bei jeder Forschungsexpedition müsst ihr, wenn ihr den Themen und Fragestellungen der Kapitel auf den Grund gehen wollt, Kenntnisse und Fähigkeiten in vielen Bereichen erwerben und anwenden. Deshalb berührt jedes Kapitel mehrere „Forschungsbereiche", und zwar die **vier Lernbereiche des Faches Deutsch** (*Sprechen und zuhören, Schreiben, Umgang mit Texten und Medien, Nachdenken über Sprache*).

- Sprechen und zuhören
- Schreiben
- Texte und Medien
- Nachdenken über Sprache

Damit ihr euch selbstständig auf die Reise begeben könnt, erlernt ihr verschiedene Methoden und Arbeitstechniken.

- Jedes Kapitel beginnt mit einer **Bild-Doppelseite**. Sie macht auf das Thema des Kapitels neugierig und ihr könnt sie immer wieder betrachten, während ihr das Kapitel bearbeitet. So entdeckt ihr, was ihr schon gelernt habt, wie euer Blick geschärft wurde und welche Fragen noch offen sind.
- Jedes Kapitel enthält eine **Sicherungsseite**, auf der wichtige Inhalte nochmals geübt und erworbene Kenntnisse und Fähigkeiten gefestigt werden.
- Am Schluss jedes Kapitels findet ihr eine Doppelseite **„Und jetzt kommst du!"**. Da ein Thema meist nicht nach 20 Seiten endet, sondern weiter geht und in andere Themen mündet, übt ihr hier Wichtiges in neuen Zusammenhängen.

- Im **Wiederholungskapitel** „Erinnerung und Zukunft" wiederholt und sichert ihr wichtige Inhalte und Kompetenzen, die ihr seit der 5. Klassenstufe erworben habt. Ein spezielles Symbol W „Wiederholung" weist euch in diesem Kapitel auf diese Inhalte und Kompetenzen hin.

- Das Portfolio-Zeichen weist euch auch in diesem Band von Duo Deutsch wieder darauf hin, an welchen Stellen ihr Arbeitsschritte und Arbeitsergebnisse sammeln könnt, um eure individuellen Lernwege und Lernfortschritte zu dokumentieren.
- Im **„Jahresprojekt"** gestaltet ihr euer eigenes offenes Museum zum Thema „Zeit". Bei diesem Vorhaben könnt ihr alle Fähigkeiten einsetzen, die ihr während des gesamten Schuljahres erwerbt.

Regeln und Merksätze

- Damit ihr auch in der Rechtschreibung sicher seid, trainiert ihr im **Methodenkapitel** eure Rechtschreibkompetenz anhand von Fehlerschwerpunkten.
- Das **Duo Deutsch Lexikon** am Ende des Bandes hilft euch beim schnellen Nachschlagen und beim Wiederholen.

Methoden und Arbeitstechniken

- Wenn ihr etwas über die Autorin oder den Autor eines Textes wissen möchtet, könnt ihr das **Autorenlexikon** befragen.

Tipps und Hinweise

Innerhalb der Kapitel erleichtern euch die Wegweiser in der Randspalte die Orientierung.

zusätzliche Informationen

Wir wünschen euch viel Freude bei der Arbeit mit Duo Deutsch!

Inhaltsverzeichnis

Das stand doch so in der Zeitung! – Printmedien 8

1. **Was ist da los?** – Bildern Informationen entnehmen 10
2. **Flugzeug kracht auf Autobahn** – Journalistische Texte lesen und verstehen . 11
   Kurz und knackig – Meldung und Bericht
   Ausführlich und mitreißend – Reportage
3. **Jagen und sammeln?** – Journalistische Arbeitsweisen kennenlernen 17
   Und wie sah die aus? – Ein Interview untersuchen
   Alles an einem Ort – Eine Infografik verstehen
   Ein Bild sagt mehr als 1000 Worte – Sachtexten Informationen entnehmen
4. **Für jeden etwas** – Zeitungstypen 23
   Topaktuell? – Online Zeitung lesen
5. **Meine Meinung** – Kommentar und Leserbrief 26
   Ist er wirklich? – Der Konjunktiv als sprachliches Ausdrucksmittel

Sicherung: Meldung, Bericht und Reportage 31
Und jetzt kommst du!: Aufgepasst! – Manipulationen entdecken 32

Das Gold von Caxamalca – Novellistisches Erzählen 34

1. **Neues entdecken** – Literarische Texte erschließen 36
   Das Folgende wurde niedergeschrieben – Erzählanfang, Rahmenerzählung und Binnenhandlung
   Die Begegnung zweier Welten – Figuren charakterisieren
   Die Macht des Goldes – Symbole in literarischen Texten
2. **Der Kampf um das Gold** – Inhaltsangabe 46
   Die Schlacht von Caxamalca – Die Struktur des Textes untersuchen
   In diesem Text – Eine Inhaltsangabe schreiben
3. **Unerhörte Begebenheiten** – Merkmale novellistischen Erzählens 56
   Das Gold von Caxamalca – Gattungsmerkmale zuordnen
   Der unerhörte Schluss – Würdigung des Textes

Sicherung: Inhaltsangabe und Novellenmerkmale
Und jetzt kommst du!: Götter in Weiß? – Textintentionen erkennen

Alles Liebe – Literarische Ausdrucksformen untersuchen 66

1. **Erster Blick** – Jugendroman 68
   So lonely – Der Anfang eines Jugendromans
   Ich wünschte mir ... - Konjunktiv II, Potentialis
   Wenn das Wörtchen wenn nicht wäre ... - Konjunktiv II, Irrealis
2. **Erste Begegnung** – Dramatische Texte 67

3. Sich erklären – Fragen zu Texten entwickeln 81
Sogar ein Liebesbrief – Schriftliche Kommunikation
Ich nehme dich beim Wort! – Sprachliche Bilder

4. Verliebtsein – Gedichte 86

5. Eifersucht und Trennungsschmerz – Von Gefühlen erzählen 90

Sicherung: Die Sprache in literarischen Texten untersuchen 93
Und jetzt kommst du!: Projekt Foto-Lovestory – Satire, Klischee und Kitsch 94

Forschungsvorhaben – Sachtexten und literarischen Texten Informationen entnehmen 96

1. Jugend forscht – Über funktionale Zusammenhänge berichten 98

2. Lernen und Forschen – Versuchsbeschreibung 100

3. Forschungsreisen – Informationen aus literarischen Texten entnehmen . 104

4. Sprachforschung – Ergebnisse präsentieren 108
Sprachräume – Allgemeines Verständnis eines Textes entwickeln
Hut, Fernglas, Mikrofon – Interviews Informationen entnehmen
Wörter unter der Lupe – Alltagssprache untersuchen

5. Sprache in der Sprache? – Niederdeutsch 118

Sicherung: Sachtexte erschließen 123
Und jetzt kommst du!: Projekt Wörterbuch – Sprachvarianten selbst erforschen . 124

Musik in meinen Ohren – Argumentatives Schreiben, Lyrik, Sachtexte 126

1. Hingehört! – Musik beschreiben 128
Musik im Alltag – Über Wahrnehmung nachdenken
Musik ist für mich … - Den eigenen Standpunkt formulieren
Wie ein Paukenschlag! – Redewendungen und non-verbale Kommunikation

2. Schläft ein Lied – Lyrische Texte 133
Minnesang und Rap – Liedtexte untersuchen

3. Was ist Musik? – Sachtexten Informationen entnehmen 141

4. Rhythm Is It! – Texte in Beziehung setzen 145
Gute Musik, schlechte Musik? – Rezensionen untersuchen
Starkult – Darstellungen von Stars untersuchen

Sicherung: Lyrische Texte untersuchen 153
Und jetzt kommst du!: Projekt – Poetry Slam 154

„Nein" sagen, aber wie? – Konflikte erkennen und lösen 156

1. **„Nein" hören** – Konfliktsituationen untersuchen 158
2. **So nicht!** – Konflikte erkennen, beschreiben und lösen 162
3. **„Nein" sagen** – Streitgespräche führen, argumentieren und diskutieren 164
   Ich möchte lieber nicht … – Argument und Diskussion
   Gemeinsam in den Abgrund? – Konflikte lösen
4. **Mut zum Neinsagen** – Literarische Texte analysieren 171
   Ich meine, naja … – Nicht-Gesagtes untersuchen
5. **„Nein" zeigen** – Zeichen und Verbote 177

Sicherung: Argumentieren und diskutieren 181
Und jetzt kommst du!: Hier und anderswo – „Nein" sagen lernen 182

Virtuelle Welten – Medientexte und fantastische Literatur ... 184

1. **Ein Puppenspiel im virtuellen Raum?** – Stellung nehmen 186
   Artenschutz für digitales Leben? – Argumentative Texte
2. **Second Life** – Über digitale Welten nachdenken 191
   Mein Avatar – Personenbeschreibung
   Abgedreht und crazy – Meinungen in einem Internet-Forum
3. **„First Life" und „Second Life"** – Medium und Kommunikation 199
   Was heißt hier „virtuell"? – Begriffe definieren
   Eine Situation an zwei Orten – Gesprächssituationen vergleichen
4. **Utopia** – Fantastische Literatur 202
   Ein Besuch in Nirgendheim – Thomas Morus' Roman „Utopia"
   Otherland – Fantasy-Texte schreiben

Sicherung: Fantasy-Literatur untersuchen 209
Und jetzt kommst du!: Texte im virtuellen Raum – Hypertext-Schreibprojekt ... 210

Nachtschwärmer – Dramatische Texte erschließen 212

1. **Konflikte** – Spielszene und Lesung 214
2. **Zertanzte Schuhe?** – Dramatische Texte untersuchen 215
   Wer ist Kyra König? – Steckbriefe und Szenen
   Zwei Nächte noch, dann hab ich dich erlöst! – Die Exposition
   Wie lange können Schuhe halten? – Der Konflikt eines Dramas
   Bad move, human! – Figuren beschreiben und Inhaltsangaben verfassen
   Es war einmal ein König – Literarische Texte vergleichen
   Mädchenzimmer, Talkshow, Bar – Szene und Akt

3. Alles, was wir sind – Figuren in dramatischen Texten charakterisieren . 225
Das tausendfache Neubeginnen – Die sprachliche Gestaltung dramatischer Texte

4. In den Untergrund und zurück – Steigende Handlung und retardierendes Moment 230

5. Und jetzt? – Höhepunkt und Katastrophe 234
Und ich? Was wird aus mir? – Den Ausgang eines Dramas untersuchen
Geht. Doch. Kommt mir bekannt vor. – Zu einem literarischen Text Stellung nehmen

Sicherung: Dramenquiz 239
Und jetzt kommst du!: Rapunzel – Ein Theaterstück verfassen und inszenieren .. 240

Erinnerung und Zukunft – Wiederholen und Trainieren 242

1. Erinnerung, die man kaufen kann – Literarische Texte schreiben 244

2. Erinnerungen, die man gewonnen hat – Fragen zu literarischen Texten entwickeln 249

3. Erinnerungen, die Geschichten sind – Texte zusammenfassen 254

4. Erinnerungen, die zuverlässig sind? – Sachtexte lesen und verstehen... 255
Gedächtnis mit System – Texte in Beziehung setzen
Systeme des Gedächtnisses – Schaubilder und Texte zusammenfassen

Sicherung: Erinnerungsdinge 267
Und jetzt kommst du!: Erinnern für die Zukunft? – Diskontinuierliche Texte ... 268

Jahresprojekt: Offenes Museum „Zeit los" 270

1. Unser Museumsprojekt – Worum geht's? 272

2. Ein Museum einrichten – Wie geht man vor? 273
Offenes Museum?! – Die Projektidee entwickeln
Wo? Wann? Was? Wie? – Das Projekt planen
Was ist zu tun? – Die Ausstellung vorbereiten
Von der Vernissage zur Finissage – Die Ausstellung präsentieren
Was hat's gebracht? – Die Erfahrungen auswerten

3. Museum „Zeit los" – Ein Beispiel 277

Inhaltsverzeichnis

Schriftlich stark – Rechtschreibung trainieren 280

1. Woher kommt das Alphabet? – Fehleranalyse 282
2. Ein Drittel des Kuchens – Groß- und Kleinschreibung 284
3. Fehlerlos gesprochen – Lange Vokale (Dehnung) 285
4. Bei hizza Pizza ezzan? – Kurze Vokale (Schärfung) 287
5. Geheimnisse in Buchenstäben – Gleich- und ähnlich klingende Laute .. 288
6. Seltsame Buchstabengeschichten – s-Laute 290
7. Prallkissen und Schnellessen – Fremdwörter 291
8. Das kommt davon! – Getrennt- und Zusammenschreibung 293
9. Punkt, Punkt, Komma, Strich – Zeichensetzung 294

Duo Deutsch Lexikon 296
Autorenlexikon 314
Register 319
Text- und Bildquellenverzeichnis 322
Impressum 324

Das stand doch so

Printmedien

Das stand doch so in der Zeitung!

9

in der Zeitung!

1. Was ist da los? – Bildern Informationen entnehmen

Bildbeschreibung
→ S. 254

1 a Beschreibe so genau wie möglich, was du auf dem Foto erkennen kannst, und berücksichtige dabei auch die Tageszeit und die **Perspektive**, aus der das Foto aufgenommen wurde.

Tipps:
- Beschreibe **zuerst** kurz die abgebildete **Gesamtsituation, dann** die einzelnen **Elemente** des Bildes.
- Achte auf eine **sinnvolle Reihenfolge** der beschriebenen Elemente.
- **Unterscheide** bei deiner Beschreibung **Wesentliches von Unwesentlichem**.
- Verwende **sachliche, aber anschauliche Formulierungen** und das **Präsens**.

b Stelle Vermutungen darüber an, was wohl geschehen sein könnte, und formuliere sie in einem kurzen Text.

c Vergleicht eure Texte und haltet in einer Tabelle fest, welche Textsorten ihr gewählt habt und welche Merkmale diese Textsorten jeweils aufweisen.

2 a Notiere in Stichworten,
- was du alles zum Ereignis auf dem Foto in der Zeitung erfahren willst und
- in welcher Form (z. B. *sachlich, ausgeschmückt, spannend, mit Zitaten von Augenzeugen* ...) du es lesen möchtest.

b Begründe deine Wünsche.

2. Flugzeug kracht auf Autobahn –
Journalistische Texte lesen und verstehen

Kurz und knackig – Meldung und Bericht

Text 1

- Nachrichten-Rubrik
- Schlagzeile
- Ort und Verfasser
- Nachrichtentext

1 Diese Zeitungsmeldung über das auf dem Foto (S. 10) gezeigte Ereignis erschien am Tag nach dem Geschehen in einer Tageszeitung.
   a Gliedere den Text mithilfe von **Schlüsselbegriffen** und gib anschließend die Informationen, die du über das Ereignis erhältst, mit eigenen Worten wieder.
   b Welche **W-Fragen** werden in dieser Meldung beantwortet, welche nicht? Nenne dazu mögliche Gründe.

2 a Welche **Informationsquelle(n)** hat der Verfasser dieses Textes genutzt?
   b Weshalb gerade diese? Begründe.

Informationsquellen → S. 19

3 Welche weiteren **Fragen** hast du noch zum Ereignis? Notiere sie.

4 a Beschreibe den **Aufbau** und die **Sprache** (den Stil) dieses Textes, der in der journalistischen Fachsprache als **Meldung** bezeichnet wird. Achte dabei auf den Umfang, die äußere Form, die verwendeten Formulierungen und die Auswahl der Informationen.
   b Formuliere anhand deiner Notizen und der neben Text 1 stehenden Fachbegriffe eine Definition der journalistischen Textsorte **Meldung**.

5 Solche kürzeren Meldungen werden vor ihrer Veröffentlichung oft kaum noch überprüft oder Korrektur gelesen. Ermittle am Text, woran das deutlich wird.

12 Meldung und Bericht

Schreiben | Texte und Medien | Nachdenken über Sprache

Text 2

Ort und Verfasser ←

Vorspann (Einlauftext) ←

Mehrere Verletzte → Oberschlagzeile
Kleinflugzeug stürzt auf Autobahn 52 → Schlagzeile

Essen (RPO). **Ein zweimotoriges Kleinflugzeug ist am Freitagnachmittag in der Nähe von Essen gegen eine Brücke der Autobahn 52 geflogen und anschließend auf ein Auto geprallt. Fünf Menschen wurden bei dem Unfall verletzt, zwei davon schwer. Die Unfallursache ist laut der Autobahnpolizei Oberhausen noch nicht geklärt.**

Berichttext ←

Die beiden Fluggäste, zwei Frauen im Alter von 32 und 41 Jahren, wurden schwer, drei weitere Beteiligte laut Polizei leicht verletzt. Die zweimotorige Propellermaschine setzte aus noch ungeklärter Ursache kurz vor Erreichen des Flughafens Essen-Mülheim auf der voll befahrenen A 52 auf und zerbrach.

Der Pilot der Chartermaschine stieg ohne eine Schramme aus dem Wrack. Die Vermutung, es sei zu wenig Flugbenzin im Tank gewesen, sei reine Spekulation, sagte der Essener Polizeisprecher Alfred Peter. Kurz vor der Bruchlandung um 15.59 Uhr bei der Anschlussstelle Haarzopf in Höhe von Kettwig südlich von Essen streifte das Flugzeug einen Ampelmast und ein Brückengeländer. Danach stürzte es direkt auf die Motorhaube eines Autos. Der Autofahrer erlitt nur leichte Verletzungen.

Insgesamt waren zwei Autos und ein Lastwagen in den Unfall mit dem Flugzeug verwickelt. Der Fahrer eines Tanklastzugs konnte rechtzeitig bremsen; der Tank war laut Polizeiangaben leer. Beim Aufprall rissen beide Tragflächen vom Flugzeug ab. Nach Informationen des WDR löschte ein Lastwagenfahrer vor dem Eintreffen der Rettungskräfte einen Brand am Flugzeug. Die Feuerwehr bestätigte dies nicht. Sie rückte mit rund 70 Kräften an.

Bei dem Flugzeug handelte es sich um eine zweimotorige Piper PA-34 Seneca mit sechs Sitzen, die am Donnerstag von Essen nach Berlin geflogen war. Am Freitag befand sich die Maschine auf dem Rückweg: Die Landebahn des Flughafens Essen-Mülheim, wo das Flugzeug am Nachmittag landen sollte, verläuft unmittelbar neben der Autobahn.

Die Autobahn wurde komplett gesperrt. Die Polizei erwartete, dass die Sperrung noch bis tief in die Nacht andauern würde.

6 Schon am Unfalltag veröffentlichte eine andere Zeitung in ihrem Internet-Portal gegen 16:30 Uhr diesen Artikel.
   a Erkläre den **Aufbau** des Artikels und liste auf, welche **W-Fragen** hier in welcher Reihenfolge beantwortet werden.
   b Welche **zusätzlichen Informationen** erhältst du im Vergleich zu Text 1?

7 Wie unterscheiden sich Text 2 und die Meldung (Text 1) in Form und Inhalt? Stelle in einer Tabelle gegenüber:

	Umfang/Länge	Inhalt/Informationen	Aufbau	Satzbau/Wortwahl
Meldung (Text 1)	8 Zeilen	■	■	■
Bericht (Text 2)	■	■	■	■

8 a Unterscheide und erkläre, welche Aussagen in diesen beiden Texten **Tatsachen**, **Vermutungen** und **nicht völlig geklärte Sachverhalte** sind.
   b Wie werden sie jeweils sprachlich gestaltet?

Informationsquellen
→ S. 19

9 a Welche **Informationsquellen** hat die Zeitung für diesen Artikel, der in der journalistischen Fachsprache **Bericht** genannt wird, genutzt?
   b Welche anderen möglichen Informationsquellen kommen bei solchen Ereignissen in Frage? Liste sie auf.

10 a Gestalte den Bericht (Text 2) inhaltlich aus – dabei musst du aus deiner Fantasie ergänzen – und füge auch wörtliche Rede, zum Beispiel erfundene Gespräche mit Beteiligten, ein.
   b Vergleicht eure Ergebnisse und besprecht, welche Wirkung eure Texte auf Zeitungsleserinnen und Zeitungsleser haben könnten.

11 Formuliere anhand eurer Ergebnisse eine Definition der journalistischen Textsorte **Bericht** und vergleiche sie mit den folgenden Informationen.

Meldung und Bericht

Meldung und **Bericht** sind Bezeichnungen für **journalistische Textsorten**, die man in gedruckten **Zeitungen** (Print-Ausgaben) und in **Internet-Portalen** (Online-Zeitungen) findet.

Die **Meldung** gibt kurz eine Information wieder und beantwortet nur die (wichtigsten) W-Fragen. Ihr Umfang ist meist sehr gering, sie hat eine knappe **Schlagzeile** (Überschrift) und in der Regel weder **Vorspann** noch **Abbildung** (Foto).

Der **Bericht** ist umfangreicher als eine Meldung und erweitert die Nachricht durch Hintergrundinformationen. Zur Beantwortung der **W-Fragen** kommen meistens eine **Hauptschlagzeile**, je nach Umfang des Berichts auch eine **Über-** oder **Unterschlagzeile**, ein **Vorspann** und eine **Abbildung** (Foto).

Berichte sind oft mehrspaltig. Ein großer Bericht (Hauptartikel) auf der Titelseite fungiert meistens als so genannter **Aufmacher**, der das Publikum zum weiteren Lesen der Zeitung anregen will.

„Flug in Gefahr" – Kommt es zum Crash?

Text 3

In letzter Minute erreicht George Spencer in Winnipeg/Kanada die Maschine zum Flug über den halben nordamerikanischen Kontinent nach Vancouver. Spencer ahnt nicht, dass der bevorstehende Nachtflug für ihn zur Bewährungsprobe seines Lebens wird. Es ist eine Nacht wie tausende zuvor. Gewiss herrscht starker Sturm,
5 aber die Besatzung und ihre viermotorige DC-4 haben schon ganz anderen Unwettern getrotzt; und die Passagiere – Durchschnittsmenschen, wie sie jeder Flug zusammenführt – haben volles Vertrauen. Bis jedoch mehrere von ihnen akut erkranken – an einer Fischvergiftung durch das an Bord servierte Abendessen. Als dann beide Piloten ebenfalls vergiftet ausfallen, ist das Schicksal von neunund-
10 fünfzig Menschen plötzlich in Spencers Hände gegeben. Er, der im Zweiten Weltkrieg nur kurze Zeit kleine, einmotorige Jagdmaschinen geflogen hat, versucht das Unmögliche: eine Maschine zu fliegen und zu landen, die sich unter seinen Händen „wie ein nasser Schwamm" benimmt. Unterstützung erhält er dabei von Flugkapitän Treleaven, der ihn vom Tower in Vancouver aus buchstäblich „runter-
15 sprechen" will. Haben er und die Passagiere überhaupt eine Chance?

12 Was ist hier los? Notiere die wichtigsten Informationen aus Text 3 in Stichworten.

13 a Formuliere zu dem in Text 3 beschriebenen Ereignis eine kurze Meldung und einen Bericht. Erfinde dazu zuvor einen Schluss (Ausgang des Ereignisses).
   b Vergleicht eure Meldungen und Berichte und diskutiert die Gemeinsamkeiten und Unterschiede.

Ausführlich und mitreißend – Reportage

Text 4

SAMSTAG 25. NOVEMBER 2006

„Ich dachte noch: Was fliegt der tief"

Es grenzt an ein **Wunder**: Ein Kleinflugzeug stürzt auf zwei Autos – und alle Insassen überleben. Der Pilot konnte sogar noch selbst aus der Maschine steigen, berichtet ein Augenzeuge, der dem **Unglück** nur knapp entging. Die beiden Frauen im Flieger wurden schwer verletzt.

VON SABINE JANSSEN UND JÜRGEN STOCK

DÜSSELDORF/ESSEN Seit vier Stunden steht der Fernfahrer Marc Bojareyn (36) aus Wanne-Eickel vor dem Wrack des Flugzeugs auf der A 52 in Essen-Haarzopf. Noch immer kann er nicht fassen, was sich vor seinen Augen abgespielt hat. „Ich war unterwegs in Richtung Essen", berichtet er. „Da sah ich von rechts ein Flugzeug kommen. Ich dachte noch: Was fliegt der tief! Die Maschine wackelte kurz mit den Flügeln, da streifte sie schon einen Baum, krachte gegen einen Ampelmast, drehte sich um 180 Grad und schoss dann über das Geländer einer Brücke direkt auf die Fahrbahn. Ich machte eine Vollbremsung. Mein Sattelzug, der Gott sei dank

> „Mein Sattelzug, der Gott sei dank leer war, kam direkt vor der Maschine zu stehen"

leer war, kam direkt vor der Maschine zu stehen. Aber ein Audi, der mich gerade überholt hatte, wurde voll erwischt."

Es ist 15.59, es ist Freitag, und es herrscht Feierabendverkehr, als das Unglaubliche passiert. Ein Sportflugzeug des Typs Piper PA-34 Seneca stürzt auf die Autobahn. Das kleine Flugzeug wird bei dem Aufprall komplett zerstört.

Es grenzt an ein Wunder: Die drei Insassen der zweimotorigen Propellermaschine überleben. Zwei Frauen (32 und 41 Jahre), die sich im Flugzeug befanden, werden laut Polizei schwer verletzt. Der Pilot und zwei weitere Autofahrer tragen nur leichte Blessuren davon. Sie werden im Klinikum Essen behandelt.

Direkt nach dem Aufprall habe die Maschine Feuer gefangen, erzählt Augenzeuge Marc Bojareyn. Zunächst nur ein paar Funken, dann sei eine Stichflamme aus dem Motor geschossen. „Ich habe sofort meine beiden Sechs-Kilo-Feuerlöscher gegriffen und draufgehalten. Noch während ich beim Löschen war, kam die Polizei." Die Beamtin habe ebenfalls zum Löscher gegriffen. Der Pilot konnte währenddessen allein aus der Maschine steigen. „Ich habe ihn gefragt, ob es ihm gut geht, und er hat genickt", erzählt der Fernfahrer. „Eine Frau saß zusammengesunken auf einem Sitze. Eine weitere Frau habe ich dann erst später neben der Maschine liegen gesehen."

„Drei Fahrzeuge sind in den Unfall verwickelt: ein Audi A3, ein Lkw und ein Kleintransporter", sagt Polizeisprecher Alfred Peter. Ob nun das Flugzeug auf den Audi gestürzt ist, oder aber der Audi in das Flugzeug hineingefahren ist, vermochte die Polizei gestern Abend nicht zu sagen.

Wie es zu dem Unglück kommen konnte, ist ebenfalls noch offen. Fest steht: Das Kleinflugzeug war gestern am Nachmittag in Berlin gestartet und steuerte den Flughafen Essen / Mülheim an. Die Deutsche Flugsicherung in Langen war informiert. Das bestätigte Pressesprecherin Anja Tomic. „Die Maschine ist in Berlin-Tempelhof unter unserer Kontrolle gestartet. Wir begleiten allerdings nur Instrumentenflüge. Das heißt: Wir leiten die Flieger von A nach B und halten Funkkontakt." Beim „Instrumentenflug" orientiert sich der Pilot an seinen Bordinstrumenten und den Vorgaben der Fluglotsen. Beim Sichtflug verlässt er sich auf sein Auge.

Der Pilot der Unglücksmaschine habe sich in der Luft gestern abgemeldet und auf Sichtflug umgestellt, weil der Flughafen Essen / Mülheim nur für Sichtflug zu-

Um **15.59** Uhr gestern stürzte das Flugzeug auf die A 52 und kollidierte mit einem Audi A3. Dahinter im Bild: der Tanker von Marc Bojareyn. FOTOS: ANC-NEWS

INFO

Der Zielflughafen

Pro Jahr gibt es etwa 35 000 **Starts** und **Landungen** auf dem Flughafen Essen/Mülheim. Etwa 75 Prozent davon sind **Schulungsflüge**. Am Platz haben zwei Flugschulen ihren Sitz. Meist sind es kleinere Maschinen, die diesen Flughafen nutzen. Auf der 1500 Meter langen und 45 Meter breiten Bahn könnten aber bis zu 25 Tonnen schwere Flieger landen. Der letzte **Unfall** liegt etwa fünf Monate zurück. Damals verfehlte ein Schulungsflugzeug die Landebahn. Glück: nur Leichtverletzte.

Das **Wrack** der Piper PA-34 Seneca. Sie war in Berlin-Tempelhof gestartet.

gelassen ist. „Damit hat er alles selbst unter Kontrolle und fliegt in eigener Verantwortung", berichtet die Pressesprecherin.

Nach bisherigen Vermutungen flog die Propellermaschine wegen Spritmangels oder auch Motorproblemen zu tief.

> „Dann hörte ich den Notruf ‚emergency', und die Maschine war verschwunden"

Der Pilot könnte in seiner Notlage versucht haben, auf der A 52 zu landen. Was für den erfahrenen Flugkapitän Ingo Presser aus Ratingen als Ursache in Frage kommt, ist Vergaservereisung. „Das ist zu diesem Zeitpunkt natürlich Spekulation. Aber bei den derzeitigen Wetterbedingungen mit feuchter Luft ist das

möglich. So etwas passiert bei plus 15 bis minus 5 Grad." Die feuchte Luft werde im Vergaser stark abgekühlt und gefriere, erläutert der Pilot, der sowohl Propeller- als auch Düsenmaschinen fliegt. Dadurch könnte es passieren, dass die Motoren nicht genug Luft bekommen und aussetzen.

Rund drei bis vier Kilometer von der Unfallstelle entfernt, beobachtete Sonja Funke (24), Mitarbeiterin des Flughafens Essen / Mülheim, vom Tower aus die einfliegende Unglücksmaschine. „Sie kam ganz normal rein. Dann hörte ich nur noch den Notruf ‚emergency', und

schon war die Maschine hinter den Bäumen verschwunden."

Die Piper war auf die Chartergesellschaft VHM zugelassen, die auf dem Flughafen eine Niederlassung betreibt. Im Flughafenrestaurant berichten Gäste, dass der Pilot aus Düsseldorf stamme. Der Mann sei etwa Mitte 50 und habe reichlich Flugerfahrung. „Jedenfalls war er öfter hier", sagt einer der Gäste.

Bis in die Nachtstunden hinein blieb die A 52 in Richtung Dortmund gesperrt. Der Verkehr staute sich auf rund zwölf Kilometern. Die Unfallstelle sollte unverändert bleiben, damit sich die Experten vom Luftfahrtbundesamt und der Bundesstelle für Flugunfallsicherung ein Bild machen können.

Einen Tag nach dem Absturz publizierte die gleiche Zeitung nach ihrem Online-Bericht diesen Beitrag auf einer kompletten Seite der Printausgabe.
(Fotos: ANC-NEWS)

14 a **Überfliege** den Text 4, schlage dann das Buch zu und schreibe auf, was du vom Inhalt behalten hast.
   b Lies den Text ein zweites Mal und halte dabei in **Stichworten** fest, was dir besonders wichtig erscheint.
   c Fertige nach einem dritten Lesedurchgang eine schriftliche **Zusammenfassung** der für dich besonders wichtigen Textteile an.
   d Diskutiert und begründet, welche der drei **Lesetechniken** (Überfliegendes Lesen – Notieren von Schlüsselbegriffen/Stichwörtern – schriftliche Zusammenfassung) für die Meldung, für den Bericht und für diesen längeren Zeitungsbeitrag, den man **Reportage** nennt, geeignet sind.

Lesetechniken

Das **überfliegende Lesen** dient dazu, einen **Überblick über den Text** (über sein **Hauptthema**, die **wichtigsten Unterthemen** und seinen **Aufbau**) zu gewinnen. Außerdem stellt man beim überfliegenden Lesen bereits fest, welche **Absicht** (z. B. Unterhaltung, Information, Appell) ein Text verfolgt und an wen (an welche **Adressaten** bzw. Adressatengruppen) er sich wendet.
Beim überfliegenden Lesen geht es <u>nicht</u> darum, dem Text gezielt Informationen zu entnehmen oder alle Details zu lesen.

Das Markieren (z. B. Unterstreichen) bzw. das Notieren von **Schlüsselbegriffen** (Stichwörtern) stellt eine **gründlichere** und sorgfältigere **Lektüre** dar als das überfliegende Lesen. Hier werden bereits wichtige und nicht so wichtige Informationen unterschieden (die wichtigsten werden herausgefiltert) und der Text wird in seinem Aufbau sowie in seiner Schwerpunktsetzung genauer untersucht.
Tipp: Bei dieser Lesetechnik kann man sich an den Unterüberschriften orientieren, falls welche vorhanden sind.

Fasst man bei der Lektüre einzelne Absätze, die man als besonders wichtig betrachtet, **schriftlich zusammen**, so bereitet man die Informationen, die der Text enthält, bereits zur weiteren Verwendung auf (z. B. zum Merken/Erinnern oder zur Weitergabe an andere).
Hierbei ist es wichtig, darauf zu achten, dass man nicht den gesamten Text noch einmal abschreibt, sondern das Wichtigste in eigenen Worten kurz zusammenfasst.

15 Trainiere diese Lesetechniken. Du kannst dazu Sachtexte in diesem Buch, in Zeitungen, Sachbüchern oder in Schulbüchern anderer Fächer lesen. Du wirst sehen, dass dir das informationsentnehmende Lesen mit der Zeit immer leichter fällt.

16 a Untersuche und erkläre, welche Teile aus Text 4 nicht in einer Meldung und nicht in einem Bericht stehen würden.
   b Wodurch unterscheidet sich dieser Text äußerlich von der Meldung (Text 1) und dem Bericht (Text 2)?

17 Erläutere, wie das **Layout** gestaltet ist, also wie Text und Abbildungen zusammenwirken. Verwende dabei die korrekten journalistischen Fachbegriffe, die neben
der Meldung (Text 1) und dem Bericht (Text 2) stehen.

18 Durch wen oder wodurch erhältst du in Text 4 Informationen?
   a Welche Quellen werden verwendet?
   b Welche Bedeutung bzw. welche Funktion haben sie für die Berichterstattung?

19 a Untersuche und begründe, welche **Funktion/Absicht** dieser Text außer der Information hat.
   b Was beabsichtigt die Redaktion der Zeitung mit dieser weiteren Funktion?
   c Welche **Interessen** und welche **Lese-Absichten** haben Zeitungsleserinnen und Zeitungsleser, wenn sie einen solchen Text lesen?

20 a Erkläre den Sprachstil von Text 4 und zeige auf, wodurch im Text Spannung erzeugt wird.
   b Warum ist die Schlagzeile ein wörtliches Zitat und welche Bedeutung hat das „Was"?

21 Vergleicht eure Texte aus der Aufgabe 10 (S. 12) und diesen Text und besprecht die Gemeinsamkeiten und Unterschiede.

22 Wähle aus Text 4 wichtige Informationen aus, formuliere sie in sachliche Aussagen um und erweitere damit den Online-Bericht (Text 2).

23 Texte wie Text 4 werden mit dem journalistischen Fachbegriff **Reportage** bezeichnet. Entwirf eine Definition für die Textsorte **Reportage**.

24 a Vergleiche das Foto auf Seite 10 mit den beiden Fotos in der Reportage und erkläre Gemeinsamkeiten und Unterschiede.
   b Entscheide und begründe, welches Foto am informativsten und welches am eindrucksvollsten ist.

Reportage

Eine Reportage ist eine **journalistische Textsorte**. Im Gegensatz zur knappen Meldung und zum sachlichen Bericht **verknüpft die Reportage sachliche Darstellung von Informationen mit subjektiver Schilderung von Erlebnissen**.

Beobachtungen (z. B. der Verfasserin oder des Verfasssers oder von Zeugen) und Gefühle werden in meist **ausgeschmückter Sprache** möglichst **wirkungsvoll** (z. B. spannend, Mitgefühl erregend oder unterhaltend) dargestellt.

Die Reportage hat also **sowohl eine Informations- als auch eine Unterhaltungsfunktion**.

3. Jagen und sammeln? – Journalistische Arbeitsweisen kennenlernen

Und wie sah die aus? – Ein Interview untersuchen

„Im Sprint die Leitplanken entlang …"

Text 5

Die Jugendpressegruppe „Hexenpress" hat mit der zuständigen Ressortleiterin der Zeitung, Kathrin L., ein Interview über den Bericht und die Reportage zum Flugzeugabsturz geführt.

HEXENPRESS: Wie kam es überhaupt zu diesen beiden Artikeln?
KATHRIN L.: Das war eine Art „Familienarbeit".
HEXENPRESS: Familienarbeit?
KATHRIN L.: Die Frau eines Kollegen rief über ihr Handy an. Sie war
5   auf der Autobahn Richtung Essen unterwegs und meldete das Unglück.
HEXENPRESS: Wie reagierten Sie auf diese Information?
KATHRIN L.: Wir haben sofort bei der Polizei nachgefragt, die den Absturz bestätigte. Damit lief hier die übliche Arbeit an.
HEXENPRESS: Und wie sah die aus?
10 KATHRIN L.: Zwei Redakteure recherchierten vom Büro aus und erkundigten sich weiter bei der Polizei und der Feuerwehr, u. a. auch in Berlin, von wo die Maschine am Tag vorher nach Essen gekommen war.
HEXENPRESS: Aber die Reportage stammte doch direkt vom
15 Geschehen auf der Autobahn.
KATHRIN L.: Richtig! Mein Kollege Jürgen St. sprang sofort ins Auto und erreichte noch rasch genug die Unfallstelle.
HEXENPRESS: Konnte er als Journalist so einfach am Stau vorbeifahren?
20 KATHRIN L.: Keineswegs. Als er mit dem Auto nicht mehr weiterkam, sprintete er neben der Fahrbahn die Leitplanke entlang zur Absturzstelle und gab seinen Text für den Online-Bericht wenig später per Handy durch. Für die Reportage befragte er auch den Brummifahrer, der mit seinem Feuer-
25 löscher die Flammen bekämpft hatte.
HEXENPRESS: Wie rasch kam Ihr erster Beitrag heraus?
KATHRIN L.: Unsere Online-Redaktion stellte den Artikel bereits eine halbe Stunde nach Bekanntwerden des Absturzes ins Internet. Wir waren damit schneller als alle Agenturen, Radio, Fernsehen und
30 natürlich auch die anderen Zeitungen. Die ausführliche Reportage dazu haben wir in unserer Ausgabe des folgenden Tages veröffentlicht.

1 a Beschreibe, wie sich das **Interview** in seinem Aufbau und seinen Informationen von den drei bisherigen journalistischen Textsorten Meldung, Bericht und Reportage unterscheidet.
   b Welche Bereiche der täglichen journalistischen Arbeit werden in Text 5 angesprochen? Lege eine Liste an.
   c Notiere weitere Fragen, die du Kathrin L. gerne stellen würdest.
   d Vergleicht eure Fragen und besprecht, ob sie sinnvoll (also „beantwortbar") sind und in einem richtigen Interview auch so gestellt werden könnten.

2 Arbeitet in Gruppen:
   a Formuliert Regeln für sinnvolle Fragen und Hinweise bzw. hilfreiche Tipps für die Gestaltung und die Durchführung eines Interviews.
   b Tauscht euch in der Klasse aus:
      • Welche Regeln gelten für die Vorbereitung und die Durchführung eines Interviews? Haltet diese Regeln schriftlich fest, z. B. auf einem Plakat.
      • Welche Hinweise und Tipps könnt ihr einer Interviewerin oder einem Interviewer an die Hand geben? Notiert diese ebenfalls.

Vom Interview zum Sachtext → S. 115

3 Formuliere aufgrund der Informationen im Interview (Text 5) einen **Sachtext** über die dargestellten Vorgänge bei der journalistischen Arbeit.
   Tipp: Es kann sein, dass du die Informationen in einer anderen Reihenfolge anordnen musst.

4 a Wähle aus den folgenden Fotos eines als passende Illustration für das Interview aus. Begründe deine Entscheidung.
   b Vergleicht eure Auswahl und die Begründungen und diskutiert das Ergebnis. Berücksichtigt dabei, ob Mädchen und Jungen jeweils mehrheitlich unterschiedliche Fotos ausgewählt haben.

Kathrin L.

Jürgen St. und Kathrin L.

Jürgen St. und Kathrin L.

Der Journalist ist Jäger und Sammler

Text 6

Ein Journalist mit eigener Presseagentur berichtet: „Früher liefen an einem Tag rund 3000 Texte über den Fernschreiber, rund um die Uhr. Heute kommen die Meldungen und umfangreicheren Texte online von den großen Nachrichtenagenturen wie dpa, Reuters, afp, upi[1]. Wichtige Informanten sind aber auch die Pressestellen von Behörden, Parteien, Firmen oder Vereinen. Nicht selten rufen Bürgerinnen und Bürger an, die etwas beobachtet haben oder etwas wissen. Selbst auf der Straße passiert es, dass sich jemand an mich oder eine Kollegin bzw. einen Kollegen wendet: „Sie sind doch Journalist. Ich habe da etwas für Sie …" Häufig sind es unwichtige Informationen, aber manchmal versteckt sich hinter einem unscheinbaren Hinweis eine knallharte Story. Vieles recherchieren wir natürlich selbst. Unser Team und ich haben fast immer eine Kamera dabei. Nichts ist frustrierender, als wenn sich etwas ereignet und man es nicht dokumentieren kann. Dabei wägen wir natürlich immer ab, ob wir ein Foto tatsächlich benötigen oder, zum Beispiel bei Unfällen oder Kriminalität, überhaupt verantworten können.

Die moderne Technik wie das Internet bietet der Presse für die Berichterstattung hervorragende Möglichkeiten. Innerhalb weniger Minuten lassen sich Nachrichten, Berichte und Fotos aktuell ins Netz stellen. Wir als Agentur machen das ebenso wie die großen Zeitungsredaktionen."

[1] **dpa:** Deutsche Presse Agentur, **Reuters:** globales Unternehmen, das Informationen sammelt und verkauft, **afp:** Agence France-Presse, internationale Nachrichtenagentur, **upi:** United Press International, amerikanische Nachrichtenagentur

5 a Woher beziehen die Redaktionen überwiegend ihre Informationen? Fertige zu den Angaben im **Interview** (Text 5) und im **Bericht** des Journalisten (Text 6) eine Mindmap an.
  b Welche Quellen fallen dir darüber hinaus noch ein? Ergänze die Mindmap.

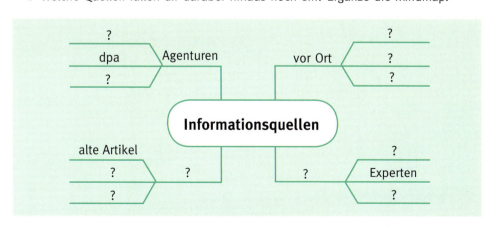

6 Diskutiert, welche Art Fotos notwendig sein könnten, um Zeitungsbeiträge sinnvoll zu ergänzen, und auf welche die Redakteure verzichten sollten. Berücksichtigt dabei die Situation von Beteiligten, Zeugen oder Unfallopfern.

Alles an einem Ort – Eine Infografik verstehen

Eine moderne Großraumredaktion einer Tageszeitung kann heute wie im folgenden Beispiel aussehen.

7 a Unternimm anhand der Abbildung einen virtuellen Rundgang durch das Großraumbüro dieser Redaktion und beschreibe dabei die einzelnen Stationen.
  b Versetze dich in die Situation einer Person im Großraumbüro und erkläre, was du jeweils tun und mit wem du zusammenarbeiten musst, um z. B. den Bericht (Text 2) oder die Reportage (Text 4) über den Flugzeugabsturz zu gestalten.
  Tipp: Die folgenden Informationen über journalistische Fachbegriffe helfen dir beim Lesen der Abbildung und beim Verfassen deines Textes.

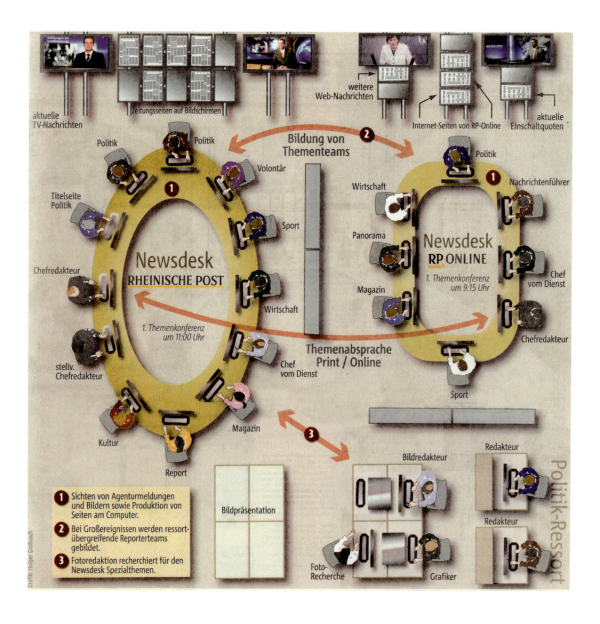

Journalistische Fachbegriffe

Bildredakteur/in: Bildberichterstatter/in, die oder der für Bildagenturen, Zeitungen oder Zeitschriften aktuelle Fotos herstellt, die zur Veröffentlichung bestimmt sind

Chefredakteur/in: Leiter/in einer Redaktion; achtet auf die Einhaltung der von der Verlegerin oder dem Verleger festgelegten publizistischen Haltung der Zeitung, koordiniert die Ressorts und vertritt die Redaktion nach außen

Als **Layout** bezeichnet man die **gesamte optische Gestaltung** von Text und Bild (z. B. in einem Prospekt, auf einem Plakat, in einem Schulbuch oder in einer Zeitung)

Lokales: die von einer **Lokalredaktion** oder einem **Lokalressort** der **Mantelredaktion** gestalteten Seiten, die über örtliches oder regionales Geschehen informieren

Mantel: die von einer übergeordneten **Haupt-** oder **Mantelredaktion** gefertigten allgemeinen Seiten (zumeist politischen, wirtschaftlichen, kulturellen sowie sportlichen Inhalts), die in der Gesamtauflage vorhanden sind oder von kooperierenden Zeitungen übernommen werden

Newsdesk: mit Computer und weiteren technischen Hilfsmitteln ausgestatteter Schreibtisch des Redakteurs

Redakteur/in: fest angestellter Journalist, der Wort- und Bildmaterial sammelt, sichtet, ordnet, auswählt und veröffentlichungsreif bearbeitet

Ressort: inhaltlich gegliederte Einzelredaktionen; als „klassische" Ressorts gelten Politik, Wirtschaft, Feuilleton (Kultur), Sport und Lokales

Volontär/in: Redakteur/in, Journalist/in in der Ausbildung

8   a Aus welchen Sprachen stammen diese journalistischen Fachbegriffe?
    b Welche Gründe gibt es für die Verwendung dieser Fremdwörter?

9   Beschreibe den Tagesablauf eines Mitarbeiters einer Tageszeitung und verwende dabei die Fachbegriffe.

10 a Besprecht, wie ihr euch bei der Arbeit in einem Großraumbüro fühlen würdet.
    b Welche Vor- und Nachteile könnte ein solches Großraumbüro haben? Diskutiert.

Ein Bild sagt mehr als 1000 Worte – Sachtexten Informationen entnehmen

Mit „Klick" allein ist es nicht getan

Text 7

„Danke, die Klasse ist wichtiger!" Mit diesen Worten lehnt Thomas B., Fotojournalist einer großen deutschen Tageszeitung, die Einladung der Schulleiterin ab. Er wartet lieber vor dem Direktorenzimmer, in dem der Staatssekretär aus dem Schulministerium und der französische Generalkonsul Small Talk mit der Chefin
5 des Hauses halten.
„Ja, die denken immer, wir seien scharf auf solche Gruppen im Halbkreis", betont Thomas B. „Dabei geben die wirklich nicht viel her", pflichtet ihm ein Kollege von der anderen örtlichen Zeitung bei.
Wenig später im Klassenraum unter aktiven Schülerinnen und Schülern ist der
10 Fotojournalist in seinem Element. Mit zwei, drei Blicken verschafft er sich einen

Überblick, wählt den richtigen Winkel für den passenden Kameraschuss aus und wartet auf den entscheidenden Augenblick.
Dieser ist unvermittelt da, als der Staatssekretär und der Generalkonsul gleichzeitig zum Tisch kommen, an dem u. a. eine Schülerin im Punk-Look sitzt. Das ist es!
15 Der Politiker und die Punkerin!
Thomas B. als Animateur: „Schön! Kurz herblicken! Lächeln! Etwas lockerer bitte! Ruhig und ungezwungen." Fast wie beim Casting. Mit seiner Mimik reizt er die Gruppe zum Schmunzeln. Fast gleichzeitig drücken Thomas B. und sein Kollege auf den Auslöser. Ein schnelles Blitzlichtgewitter. Geschafft! Am Kameramonitor
20 die kurze Prüfung der Bildqualität. Okay! Ab zum nächsten Termin.
Spannend ist Thomas B.s Beruf des Bildjournalisten allemal. „Häufig geht es schon morgens um acht Uhr los", berichtet er, „um dann nicht selten um 22 Uhr abends noch nicht zu Ende zu sein."
Um alle Termine zu schaffen und auch schneller durch den alltäglichen Stau des
25 Großstadtverkehrs zu gelangen, nutzen viele Fotografen statt eines Autos lieber den Motorroller. „Gegen 16 Uhr etwa benötigt die Redaktion die ersten wichtigen Aufnahmen", erklärt Thomas B. Früher waren Dunkelkammer, viel Aufwand und noch mehr Zeit notwendig. Die moderne digitale Fototechnik sowie das Handy für Blitzinformationen sind durchaus ein Gewinn, machen den Beruf aber viel
30 stressiger. Ein Knochenjob. Zumal die gesetzlichen Bestimmungen über das „Recht am eigenen Bild" immer strenger ausgelegt werden.

Zum Europa-Tag kamen der französischen Generalkonsul **Gilles Thibault** (hinten l.) und Staatssekretär **Günter Winands** (hinten r.). RP-FOTO: THOMAS BUẞKAMP

11 Entnimm Text 7 die wichtigsten Informationen mithilfe der **Fünf-Schritt-Lesemethode**.

12 Die Redaktionskonferenz:
  a Arbeitet in Gruppen und formuliert Verbesserungsvorschläge für Text 7.
  b Überarbeite Text 7 anhand eurer Verbesserungsvorschläge.

13 a Beschreibe die beiden Fotos unter dem Text.
  b Diskutiert: Inwiefern zeigen sie die Wirklichkeit? Kann das Zeitungsfoto als „zuverlässiges Bild" des Besuchs des Staatssekretärs in der Schule gelten?

4. Für jeden etwas – Zeitungstypen

Text 8

1 Parallel zu Meldung (Text 1), Bericht (Text 2) und Reportage (Text 4) veröffentlichte eine **Boulevardzeitung** diesen Beitrag zum Ereignis auf der Autobahn.
   a Beschreibe Aufmachung und Layout des Artikels.
   b Halte fest, welche Informationen der Text dir liefert und welche nicht.
   c Erkläre, wie die Angaben zum Absturz in diesem Text formuliert werden.

2 Was **beabsichtigt** die Redaktion mit dieser Gestaltung von Form, Sprache und Inhalt?

3 a Von wem stammen die **Informationen** und das Foto zum Artikel?
   b Welche Bedeutung hat das für die Fähigkeit der Leserinnen und Leser, den Beitrag beurteilen zu können?

Informationsquellen
→ S. 19

4 Vergleiche den Beitrag mit den anderen Artikeln über den Flugzeugabsturz und beurteile jeweils die **Glaubwürdigkeit** der Informationen.

5 a Welche **Leseinteressen** sprechen Boulevardzeitungen in erster Linie an?
   b Diskutiert: Welchen „Gefahren" könnten Leserinnen und Leser einer Boulevardzeitung ausgesetzt sein?
   c Stellt Regeln auf, worauf man beim kritischen Lesen von Boulevardzeitungen achten sollte.

Boulevardzeitung und Boulevardjournalismus

Eine **Boulevardzeitung** erscheint meist täglich in hoher Auflage und gilt als nur eingeschränkt seriös.

Als **Boulevardjournalismus** bezeichnet man eine Form der Berichterstattung, bei der unter anderem Kriminalität, Prominente, Skandale, Gewalt und Sensationelles im Vordergrund stehen und miteinander verknüpft werden.
Der **Sprachstil** ist meist einfach und plakativ. So werden z. B. oft Hauptsätze oder unvollständige Sätze verwendet und Aussagen reißerisch formuliert.

Weil die Boulevardzeitung ursprünglich nur auf der Straße (Boulevard) verkauft wurde und nicht abonniert werden konnte, erhielt sie ihre Bezeichnung.
Heute findet der **Vertrieb** von Boulevardzeitungen vorwiegend über Kioske, Zeitungsstände in Läden und Kaufhäusern sowie Zeitungsautomaten statt.
Mit der *B. Z. am Mittag (Berliner Zeitung am Mittag)* erschien am 1. Oktober 1877 die erste deutsche Boulevardzeitung.

Topaktuell? – Online Zeitung lesen

Text 9

Text 10

6 Untersuche: Worin bzw. wodurch unterscheiden sich diese **Online-Seiten** von der Titelseite der entsprechenden Tageszeitung (**Print-Ausgabe**) vom gleichen Tag?

Vorgangsbeschreibung
→ S. 104

7 a Beschreibe genau, wie du jeweils vorgehen musst, um in der gedruckten Ausgabe der Zeitung und im Internet-Portal einen Beitrag lesen zu können.
   b Halte fest, was man beim Lesen einer Print- und einer Online-Zeitung beachten muss. Denke dabei daran, wie du deinen **„Weg durch die Zeitung"** jeweils bestimmen kannst.

8 Welche Vorteile und Nachteile haben diese beiden Ausgaben der gleichen Tageszeitung jeweils? Halte deine Überlegungen in einer Tabelle fest.

Text 11

9 a Untersuche die Print- und die Online-Ausgabe einer bei euch verbreiteten Tageszeitung und notiere Gemeinsamkeiten und Unterschiede.
   b Welche Themen tauchen häufig, welche weniger häufig auf? Begründe.
   c Notiere Themen und Inhalte, die für Kinder und Jugendliche interessant sind. Welchen Anteil haben sie an der jeweiligen Zeitungsausgabe?
   d Schreibt Leserbriefe zu Beiträgen der Online-Ausgabe und sendet sie per Kommentarfunktion (falls vorhanden), per E-Mail oder ggf. per Post an die Redaktion.

Leserbrief
→ S. 27f.

10 Diskutiert, wozu man heute (noch) Zeitung liest, und berücksichtigt dabei auch die anderen Medien.

5. Meine Meinung – Kommentar und Leserbrief

Hermann Wiczorek

Text 12 **Ein Restrisiko bleibt immer**

„Flugzeugabsturz auf der Autobahn!" Meldungen wie diese beschwören in den Köpfen vieler Bürger ein Horrorszenario herauf.
Terroranschlag oder doch nur „normaler" Unfall?
Gerade ein Flugzeugcrash schreckt uns immer wieder hoch.
5 An Bord fühlen sich viele unsicher; bei fast einem Drittel der Passagiere zeigten sich mehr oder wenige Symptome der Flugangst, so sagt die Statistik. Sie sagt aber auch, dass das große Passagierflugzeug das sicherste Verkehrsmittel sei. Eher gebe es einen Volltreffer im Lotto, als dass einem ein Jet auf den Kopf falle.
Große Verkehrsmaschinen und ihre Crews unterliegen ja auch strengen Checks,
10 kleinere Privatflugzeuge hingegen weniger harten Kontrollen. Und das sind eben die Risikofaktoren. Wer kann letztlich ausschließen, ob sich bei dem kleinen Geschäftsflieger zu wenig Benzin im Tank befindet, der Pilot dafür aber intensiv „getankt" hat, Alkohol nämlich?
Zwei Drittel der 146000 europäischen Privatpiloten kommen aus Deutschland.
15 Von den 8000 bei uns registrierten Kleinmaschinen sind 88% einmotorige. Wenn der einzige Antrieb ausfällt, sind viel Mut, Erfahrung und Geschicklichkeit gefragt. Aufzubringen von Gelegenheitspiloten mit meist erheblich geringerer Routine als ihre Kollegen vom großen Jet.
Bei über 2 Millionen Flugstunden gab es im Jahr 2005 114 Crashs mit 12 Toten bei
20 den Kleinmaschinen bis 5,7 t. Im gleichen Zeitraum starben auf unseren Straßen 5361 Menschen; jeder Fünfte im Alter von 18 bis 24 Jahren.
Aber das Todesrisiko ist in der Privatfliegerei zehnmal so hoch wie bei der PKW-Benutzung.
Und das gibt dann doch zu denken.
25 Es bleibt offenbar noch deutlicher Bedarf an Sicherheit im privaten Flugverkehr.

1 Entnimm dem Text die wichtigen Informationen mithilfe der **Fünf-Schritt-Lesemethode**.

2 a Unterscheide: Welche sachlichen Informationen werden gegeben und welche Meinungsäußerungen lassen sich feststellen?
  b Welche sprachlichen Mittel werden jeweils verwendet?
    Tipp: Du kannst deine Ergebnisse mithilfe einer Tabelle darstellen.

3 a Welchen grundsätzlichen Standpunkt zum Problem des Fliegens kannst du aus dem **Kommentar** herauslesen? Formuliere diese Aussage in einem Satz.
  b Welche Meinung hast du? Formuliere sie ebenfalls in einem Satz.
  c Erläutere deinen Standpunkt ausführlicher in Form eines **Leserbriefs**.
  d Vergleicht eure Leserbriefe bezüglich der Standpunkte, der Argumentationsweisen und der sprachlichen Form und diskutiert anschließend die von euch in den Briefen geäußerten Meinungen.

Standpunkt formulieren
→ S. 130f.

Leserbriefe (Auszüge)

Text 13

Alfred K.: Das ist nicht das erste Mal, dass so was auf der Autobahn passiert. Wann werden denn die Sportflieger und Geschäftsflugzeuge besser kontrolliert? Die Ursache ist Spritmangel? Wo gibt es denn so was! Wenn mir das auf der Autobahn passiert, bekomme ich eine dicke Geldstrafe. Hier müssen schärfere Kontrollen her.

Nicoletta S.: Der Fernfahrer hat einen Orden verdient. Das macht sonst keiner. Der geht einfach mit dem Feuerlöscher an die Flammen. Ich bewundere den Mann. Ein Held! Viele gaffen bei einem Unfall nur, amüsieren sich sogar.

Dr. Josef T.: Das ist der zweite Unfall in fünf Monaten. Wenn ich das so lese, kann mir offenbar jede Minute ein Flugzeug auf das Dach fallen. Gut ist es daher nicht gerade, dass so viele Schulungsflüge bei uns über dem dicht bebauten Ruhrgebiet stattfinden. Die Kommunalpolitiker sollten gemeinsam mit den Flugschulen, Piloten und uns Bürgern überlegen, wie man diesen erheblichen Druck im Luftverkehr abmindern, eventuell verlagern kann.

Anna R.: Es wird Zeit, dass das Flugbenzin besteuert wird, damit die Privaten weniger fliegen. Nicht nur die dauernden Unfälle gehen einem auf die Nerven, sondern auch der Lärm und die Abgase.

Lukas W.: Ich bin selbst Fernfahrer und fast täglich unterwegs. Ich muss große Umwege fahren, wenn die Autobahn gesperrt ist. Die Kosten und meinen Verdienstausfall übernimmt niemand.

Claudia P.: Sofort wird über einen Unfall mit dem Flugzeug berichtet. Dabei ist das Fliegen doch viel sicherer, als mit dem Auto zu fahren. Wie viele Menschen sterben denn täglich auf den Straßen?

Nadeshda O.: Warum wird nicht auch mal darüber berichtet, wie viel Benzin die Flugzeuge verbrauchen? Für das Klima und unser Leben ist das viel spektakulärer als so ein Unglück.

4 a Stelle die verschiedenen Themen und Meinungen, die diese Leserbriefe ansprechen, in einer Tabelle zusammen.

	Unfallgefahr	mangelnde Kontrolle	Hilfsbereitschaft	■
Alfred K.	Das ist nicht das erste Mal	■	■	■
Nicoletta S.	■	■	Ein Held!	■
■	■	■	■	■

b Untersuche, wie die Verfasser/innen der Leserbriefe argumentieren, z. B. mit allgemeinen Belegen und Beispielen, mit Erfahrungen, mit reinen Behauptungen …

5 Vergleiche deine Ergebnisse aus Aufgabe 4a mit der **Meldung** (Text 1), dem **Bericht** (Text 2), der **Reportage** (Text 4) und dem **Kommentar** (Text 12) und halte fest, welche Themen jeweils erwähnt oder behandelt werden.

6 a Untersuche die sprachliche Gestaltung der Leserbriefe. Was fällt dir auf?
  b Überarbeitet die Leserbriefe (z. B. in Schreibkonferenzen), damit sie sprachlich korrekt und aussagekräftiger bzw. überzeugender sind.

7 Diskutiert, welche Bedeutung die unterschiedlichen Meinungen, die in den Leserbriefen geäußert werden, für die Redaktionen der Zeitungen haben könnten.

8 Wie würde es wirken, wenn ein Zeitungsredakteur seinen Kommentar sprachlich und inhaltlich so gestalten würde wie die Leserinnen und Leser ihre Briefe?

9 a Fasse zusammen: Welche Regeln gelten für die Textsorte **Kommentar**? Achte auch darauf, wie er in Zeitungen optisch vom Nachrichten, Meldungen und Reportagen abgesetzt ist.
  b Stelle Tipps dafür zusammen, wie man treffende **Leserbriefe** schreibt.

Kommentar

Ein **Kommentar** ist eine **journalistische Textsorte**. Im Gegensatz zur möglichst objektiven, neutralen Berichterstattung handelt es sich beim Kommentar um eine **ausdrückliche Meinungsäußerung** der Verfasserin oder des Verfassers.

Der Kommentar gehört somit also zu den **argumentativen Texten** und hat oft auch eine **Appellabsicht**.

10 Meinungen kann man auf unterschiedliche Art und Weise ausdrücken.
  a Sammle **Formulierungen**, mit denen du kenntlich machen kannst, dass es sich bei einer Äußerung um deine Meinung handelt.
  Beispiele: *Ich finde, meiner Meinung nach ...*
  b Durch eine bestimmte Art von Fragen kann man ebenfalls deutlich machen, was man über eine bestimmte Sache denkt.
  Beispiele: *Willst du das wirklich tun? Will die Regierung denn hier gar nicht eingreifen?*
  Formuliere weitere Fragen dieser Art, die man **rhetorische Fragen** nennt.
  c Viele Schreiber/innen wenden die Technik der **Ironie** an, um ihre Meinung zu äußern.
  Beispiel: *Die Bruchlandung war wirklich eine Glanzleistung des Piloten!*
  Was sagt der Sprecher? Was meint er? Erkläre.

Rhetorische Fragen und Ironie

Als **rhetorische Fragen** bezeichnet man Fragen, bei denen die Antwort eigentlich schon vorher feststeht. Der Fragensteller erwartet keine Antwort auf eine solche Frage, sondern er will vielmehr deutlich machen, was er von einer Sache hält, z. B. dass er etwas lächerlich oder selbstverständlich findet.
Beispiel: *Muss ich darauf wirklich eingehen? Ist das Ihr Ernst?*

Mit dem Stilmittel der **Ironie** drückt ein Sprecher aus, dass er genau das Gegenteil von dem meint, was er sagt.
Beispiel: *Na, das hast du aber wirklich ganz toll hingekriegt!* (= negative Kritik)
Häufig setzt er dabei **sprachbegleitende Mittel** wie Mimik oder Stimmführung ein, um seine Aussageabsicht zu unterstreichen.
Achtung: Da diese non-verbalen Ausdrucksmittel in schriftlicher Kommunikation fehlen, kann es hier leicht zu Missverständnissen kommen, wenn Ironie angewendet wird.

Ist er wirklich? – Der Konjunktiv als sprachliches Ausdrucksmittel

Text 14

Bürger proben den Aufstand
Anwohner wollen Flughafen-Ausbau verhindern

von Heinz Brauner

Griesbach in der Ortschaft rumort es. Massiv wenden sich dort die Bürger gegen das Bauvorhaben „Flughafen-Erweiterung". Auf der gestrigen Bürgerversammlung wurden brisante Vorwürfe und Aktionen laut.

Hermann B. aus Griesbach trug die Befürchtungen der rund 500 Versammelten vor. Die Unterschriftenliste der Anwohner zeigt, alle sind gegen das Bauvorhaben. Er nannte sofort die schwerwiegendsten Gründe.

Kinder ohne Schlaf

Die Kinder kommen vor Mitternacht kaum noch zur Ruhe. Denn das Wohngebiet liegt direkt in der Einflugschneise des Flughafens.
In einer Höhe von 300 bis 500 Metern donnern die Maschinen mit ohrenbetäubendem Lärm über die Häuser. Nach dem Ausbau müssen die Anwohner statt mit 350 An- und Abflügen mit bis zu 500 Flugbewegungen täglich rechnen. Das geschieht zwischen sechs Uhr morgens und 24 Uhr in der Nacht.

Gemüse vergiftet?

Das Gebiet und die Natur sind heute schon stark durch Kerosin-Abgase der Flugzeuge belastet. Das wird sich noch verdoppeln. Wer denn dann noch das Gemüse aus dem eigenen Garten essen kann, fragte B. weiter. Das Waldsterben um Griesbach ist mittlerweile unübersehbar.

Absturz befürchtet

Mehr und größere Flugzeuge erhöhen auch das Absturzrisiko. Er verwies dabei auf die kürzlich erst missglückte Notlandung einer Privatmaschine auf der Autobahn. In Griesbach ist das dann eine Katastrophe großen Ausmaßes.
Die Bürger haben lange genug mit den Behörden, Parteien und der Flughafengesellschaft gesprochen. Befragt haben sie Abgeordnete und Gutachter. Die nehmen aber die Probleme überhaupt nicht richtig zur Kenntnis.

Bürger drohen

Nach Hermann B. gilt es jetzt zwei Wege zu beschreiten.
Die Bürger reichen vor Gericht eine Klage ein. Rechtsanwälte prüfen bereits die Sachlage. Körperlich aktiv werden wollen die Anwohner ebenfalls. Da blockiert man eben die Baustelle und sitzt vor den Baggern. Man wird nicht aufgeben, um noch den letzten Rest Lebensqualität im Wohngebiet zu verteidigen.

---

11 a Diesen Artikel hat ein freier Mitarbeiter einer Zeitung entworfen. Wie wirken Inhalt und sprachliche Form auf dich? Begründe deinen Eindruck.
   b Weshalb hat die Chefredaktion diesen Artikel dem Mitarbeiter zur sprachlichen Überarbeitung zurückgegeben? Begründe.
   c Formuliere anstelle der Chefredaktion Überarbeitungshinweise für den Verfasser.
   d Überarbeite anhand deiner Hinweise den Text selbst und verändere dabei den Modus. Wie wirkt der Artikel jetzt?

12 Diskutiert, weshalb Journalistinnen und Journalisten bei der Wahl des Modus sehr sorgfältig sein müssen.

Konjunktiv

Der **Konjunktiv I** wird vom **Präsensstamm** des Verbs abgeleitet und mit folgenden Personalendungen gebildet:

1. Pers. Sing.:	**-e**	1. Pers. Plural:	**-en**
2. Pers. Sing.:	**-est**	2. Pers. Plural:	**-et**
3. Pers. Sing.:	**-e**	3. Pers. Plural:	**-en**

Beispiel: 2. Pers. Sg. Präs. Ind.: *du gehst* ➔ 2. Pers. Sg. Konj. I: *du geh(+)est = du gehest*
Kathrin: „Kai liest jeden Tag Zeitung." ➔ Elim zu Sophia: „Kathrin sagt, Kai lese jeden Tag Zeitung."

Wenn der Konjunktiv I nicht vom Indikativ Präsens zu unterscheiden ist, verwendet man den Konjunktiv II als **Ersatzform**.

Der **Konjunktiv II** wird vom **Präteritumstamm** des Verbs abgeleitet und ebenfalls mit folgenden Personalendungen gebildet:

1. Pers. Sing.:	**-e**	1. Pers. Plural:	**-en**
2. Pers. Sing.:	**-est**	2. Pers. Plural:	**-et**
3. Pers. Sing.:	**-e**	3. Pers. Plural:	**-en**

Beispiel: 2. Pers. Sg. Prät. Ind.: *du ging-st* ➔ 2. Pers. Sg. Konj. II: *du ging(+)est = du gingest*

Häufig wird, vor allem beim Konjunktiv II, die **Ersatzform** mit *würde* verwendet.

Beispiel: Sophia zu Elim: „Kai sagte, er würde das Theater lieben, wenn die Aufführungen kürzer wären."

Text 15   Ein Augenzeuge berichtet

„Also, das Flugzeug zog ganz tief über mich weg. Richtig erschrocken habe ich mich. Fast wäre ich umgefallen. Der starke Luftdruck, verstehen Sie! Und ein Lärm war das. Da hat's auch schon hinter mir gekracht. Die Maschine lag mitten auf der Autobahn, dazwischen Autos, viele Teile verstreut. Dann wäre fast der LKW voll
5 in die Unfallstelle gerast. Ich dachte noch: ‚Jetzt ist es aus!' So ein Tanklaster mit Benzin oder was auch immer hinten drin – das sind doch mindestens 30000 Liter. Das hätte ein irrsinniges Feuerwerk gegeben. Aber zum Glück war der Wagen wohl leer. Der Fahrer ist gleich rausgesprungen und hat sich zwei dicke Feuerlöscher gepackt. Er hat die Flammen klein gehalten. Da kam dann auch schon die
10 Polizei, kurz danach die Feuerwehr. Ich hab nur noch gesehen, wie der Pilot alleine aus dem kaputten Flugzeug gestiegen ist. Er hat kurz mit dem Brummifahrer gesprochen. Die anderen Leute waren noch in ihren Autos. Ich musste dann weg, weil die Beamten alles mit einem Band abgesperrt hatten. Ich habe denen noch erzählt, was ich gesehen hatte."

Interview
→ S. 17f.

13 a Gestalte die Mitteilungen des Unfallzeugen zu einem Interview mit Fragen und passenden Antworten um.
   b Formuliere daraus dann einen Bericht, in dem du die Aussagen des Unfallzeugen in indirekter Rede wiedergibst.

Die Funktion des Konjunktivs I als Modus der indirekten Rede

Mit der Verwendung des Konjunktivs I bei der indirekten Wiedergabe direkter (wörtlicher) Rede **gibt man eine fremde Äußerung inhaltlich korrekt wieder, aber man distanziert sich gleichzeitig vom Inhalt des Gesagten**. Man macht also keine Aussage über den Wahrheitsgehalt des Gesagten.
Eine solche sorgfältige Ausdrucksweise ist besonders in der seriösen journalistischen Berichterstattung wichtig, da journalistische Texte (ausgenommen sind z. B. Kommentare) objektiv und möglichst neutral sein sollten.

Meldung, Bericht und Reportage

Max Frisch
Homo Faber (Auszug)

Text 16

Walter Faber, die Hauptfigur in Max Frischs Roman „Homo Faber", sitzt als Passagier in einer Lockheed Super Constellation, bei der zwei ihrer vier Propeller-Motoren ausgefallen sind. Der Kapitän entschließt sich zur Notlandung in der mexikanischen Wüste.

Die Gefahr, dass unsere Maschine bei der Notlandung zerschellt oder in Flammen aufgeht, war mir bewusst – ich staunte über meine Ruhe. […]
Ich dachte an niemand.
Alles ging sehr geschwind, […] unter uns Sand, ein flaches Tal zwischen Hügeln,
5 die felsig zu sein schienen, alles vollkommen kahl, Wüste –
Eigentlich war man nur gespannt.
Wir sanken, als läge eine Piste unter uns, ich presste mein Gesicht ans Fenster, man sieht ja diese Pisten immer erst im letzten Augenblick, wenn schon die Bremsklappen draußen sind. Ich wunderte mich, dass die Bremsklap-
10 pen nicht kommen. Unsere Maschine vermied offensichtlich jede Kurve, um nicht abzusacken, und wir flogen über die günstige Ebene hinaus, unser Schatten flog immer näher, er sauste schneller als wir, so schien es, ein grauer Fetzen auf dem rötlichen Sand, er flatterte. Dann Felsen –
15 Jetzt stiegen wir wieder.
Dann, zum Glück, neuerdings Sand, aber Sand mit Agaven, beide Motoren auf Vollgas, so flogen wir Minuten lang auf Haushöhe, das Fahrgestell wurde wieder eingezogen. Also Bauchlandung! […]
Plötzlich war unser Fahrgestell neuerdings ausgeschwenkt, ohne dass eine Piste
20 kam, dazu die Bremsklappen, man spürte es wie eine Faust gegen den Magen, Bremsen, Sinken wie im Lift, im letzten Augenblick verlor ich die Nerven, sodass die Notlandung – ich sah nur noch die flitzenden Agaven zu beiden Seiten, dann beide Hände vors Gesicht! – nichts als ein blinder Schlag war, Sturz vornüber in die Bewusstlosigkeit.
25 Dann Stille.
Wir hatten ein Affenschwein, kann ich nur sagen […].
Ich war unverletzt. […]
Unsere Super-Constellation stand etwas vornüber gekippt, nicht schlimm, nur das vordere Fahrgestell war gestaucht, weil eingesunken im Sand, nicht einmal ge-
30 brochen. Die vier Propeller-Kreuze glänzten im knallblauen Himmel, […].

1 Verfasse auf der Grundlage des Romanauszugs eine Meldung, einen Bericht und eine Reportage. Ergänze dazu die Informationen aus dem Text, indem du Zeugenaussagen erfindest, eine Karte oder Abbildungen einfügst. Verwende dabei, wenn sinnvoll, den Konjunktiv.

Meldung und Bericht
→ S. 13
Reportage → S. 16

Und jetzt kommst du!

Aufgepasst! – Manipulationen entdecken

Text 17 Auch Bilder können lügen

Die Zeitungen stehen in einer harten Konkurrenz mit den anderen Medien, was sich auf die Arbeit der Fotografen und Journalisten niederschlägt. So kommt es vor, dass manchmal beim Bildmaterial verfälscht wird. Es sollen möglichst eindrucksvolle Fotos sein, die das Publikum anregen, die Zeitung zu kaufen und den Artikel zu lesen.

Folgendes Foto soll eine angespannte Szene aus dem Nahen Osten darstellen.

Veröffentlichte Aufnahme: **Originalfoto 1:**   **Originalfoto 2:**

1. a Beschreibe die veröffentlichte Aufnahme (Bild 1) und erläutere ihre Wirkung auf den Betrachter.
   b Vergleiche die drei Fotos und erkläre, was der Fotograf getan hat, um diese Wirkung zu erzielen.

2. Diskutiert im Rahmen eines Rollenspiels die Zulässigkeit einer solchen Vorgehensweise. Verteilt dazu die Rollen: Leser/in, Fotojournalist/in, Chefredakteur/in, abgebildete Personen (Soldat und Zivilpersonen).

3. **Experiment Fotografie:**
   a Ihr könnt mithilfe des Computers selbst Fotomanipulationen herstellen. Gute Digitalaufnahmen von Handys eignen sich bereits dazu.
   Schaut euch dazu das Beispiel an, das die Klasse 8a eines Gymnasiums gestaltet hat.

b Untersucht:
- Welche Perspektiven hat die Klasse für die Fotos gewählt und was will sie damit bezwecken?
- Worin liegt genau die Manipulation des Betrachters?

c Diskutiert, ob und wie Zeitungsleser solche Manipulationen erkennen können und ihre Wirkung einzuschätzen lernen.

Das klingt doch harmlos …

Text 18

In vielen Lebensbereichen, vor allem aber in Politik, Wirtschaft und Werbung werden positive oder verharmlosende Umschreibungen verwendet, um Sachverhalte nicht so negativ darzustellen oder sie aufzuwerten. Nicht selten tauchen diese so genannten **Euphemismen** (Singular: Euphemismus) auch in den Medien auf.

4 a Ordne die Euphemismen den passenden „Übersetzungen" zu.
b Suche in Nachschlagewerken (z. B. in Synonymwörterbüchern) oder im Internet weitere Euphemismen und „übersetze" sie.

5 a Schreibe einen Artikel zu einem von dir selbst gewählten Thema
- als erste Ausgabe, in der du Euphemismen verwendest,
- als zweite Ausgabe mit den negativer klingenden Synonymen.

b Tauscht die Texte untereinander aus und haltet eure Eindrücke, Gedanken und Gefühle, die beim Lesen entstanden sind, fest.

6 Diskutiert: Darf man in journalistischen Texten Euphemismen verwenden?

Das Gold von Caxamalca

Novellistisches Erzählen

Das Gold von Caxamalca 35

1. Neues entdecken – Literarische Texte erschließen

Das Folgende wurde niedergeschrieben – Erzählanfang, Rahmenerzählung und Binnenhandlung

Jakob Wassermann

Text 1   Das Gold von Caxamalca

1 *Das Folgende wurde niedergeschrieben von dem Ritter und nachmaligen Mönch Domingo de Soria Luce in einem Kloster der Stadt Lima, wohin er sich, dreizehn Jahre nach der Eroberung des Landes Peru, zur Abkehr von der Welt begeben hatte.*

2 Im November des Jahres 1532 zogen wir, dreihundert Ritter und etliches Fußvolk,
5 unter der Führung des Generals Francesco Pizarro, Friede seinem Andenken, über das ungeheure Gebirge der Kordilleren. Ich will mich bei den Schwierigkeiten und Gefahren dieses Marsches nicht lange aufhalten. Es sei genug, wenn ich sage, dass wir manchmal glaubten, unsere letzte Stunde sei gekommen, und die Qualen des Hungers und Durstes noch gering anzuschlagen waren gegen die Schrecken der
10 wilden Natur, die gähnenden Abgründe, die steilen Wege, die an vielen Stellen so schmal waren, dass wir von den Pferden absitzen und sie am Zügel hinter uns herziehen mussten. Auch von der greuelvollen Ödnis, der Kälte und den Schneestürmen will ich nicht reden, und dass einige unter uns den unseligen Entschluss verfluchten, der sie in dieses menschenmörderische Land geführt hatte.
15 Aber am siebenten Tage waren unsere Leiden zu Ende, und als es Abend wurde, betraten wir, erschöpft und dennoch in unseren Gemütern erregt, die Stadt Caxamalca. Das Wetter, das seit dem Morgen schön gewesen, ließ jetzt Sturm befürchten, bald auch begann Regen mit Hagel vermischt zu fallen und es war kalt. Caxamalca heißt so viel wie Froststadt.
20 Es verwunderte uns sehr, dass wir die Stadt vollkommen verlassen fanden. Niemand trat aus den Häusern, uns zu begrüßen, wie wir es von den Gegenden an der Küste gewohnt waren. Wir ritten durch die Straßen, ohne einem lebendigen Wesen zu begegnen und ohne einen Laut zu hören außer den Hufschlägen der Pferde und ihrem Echo.
25 Bevor aber noch die Dunkelheit ganz einbrach, gewahrten wir längs der Berghänge, soweit das Auge reichte, eine unübersehbare Menge weißer Zelte, hingestreut wie Schneeflocken. Das war das Heer des Inka Atahuallpa und der Anblick erfüllte selbst die Mutigsten unter uns mit Bestürzung.

1 a Welche **Leseerwartung** weckt dieser Erzählanfang? Notiere deine Erwartungen und Vermutungen in Stichworten.
   b Welche **Fragen** hast du an den Text? Notiere sie ebenfalls.

2 a Warum wendet der **Erzähler**, der ab Z. 4 aus der Ich-Perspektive erzählt, sich wohl später von der Welt ab und wird ein Mönch (Z. 1–3)? Nenne **Textbelege**, die deine Vermutungen stützen.
  b Vergleiche die sprachliche Gestaltung der ersten beiden Sätze miteinander. Warum wechselt die **Perspektive** vom Er-Erzähler zum Ich-Erzähler?
  c Überlege dir, welche Funktion die Aussage des ersten Satzes haben könnte.
  d Tauscht eure Überlegungen in der Klasse aus und diskutiert die verschiedenen Möglichkeiten.

3 a Handelt es sich bei Text 1 um einen historischen Bericht, um einen Abenteuerroman oder um eine autobiografische Erzählung, d. h. um den Bericht über ein Ereignis, das in Teilen oder vollständig von der Autorin oder dem Autor selbst so erlebt wurde?
  b Erkläre anhand des Beispiels von Text 1 den **Unterschied zwischen Autor/in und Erzähler/in**.

Autobiografie
→ S. 255

4 Bereitet eine **filmische Umsetzung** des Erzählanfangs vor. Arbeitet in Gruppen.
  a Erstellt in eurer Gruppe eine Übersicht, in der die Anzahl der Spielorte, die Figuren und die Handlung knapp skizziert werden.
  b Verfasst ein **Drehbuch** für diesen Textausschnitt (Text 1).
  c Präsentiert eure Ergebnisse in der Klasse, vergleicht sie miteinander und besprecht, welche Gemeinsamkeiten und Unterschiede ihr feststellen könnt.

5 Vergleiche den Erzählanfang aus Text 1 mit den folgenden Beispielen.

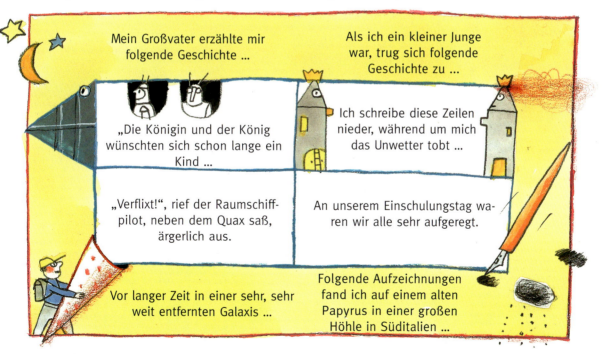

  a Erkläre: Welche Funktion haben die einleitenden Sätze?
  b Beschreibe, wie der Rahmen im Erzählanfang von „Das Gold von Caxamalca" gestaltet ist, und überprüfe anhand der folgenden Sachinformation seine Funktion.

Rahmenerzählung und Binnenhandlung

Manche Autorinnen und Autoren betten die Handlung in ihren erzählenden Texten in eine so genannte **Rahmenerzählung** ein. Diese leitet dann die eigentliche Erzählung, auch **Binnenerzählung oder Binnenhandlung** genannt, ein, kann die Binnenhandlung auch mittendrin unterbrechen (z. B. in Form eines eingestreuten **Erzählerkommentars**) und rundet den gesamten Erzähltext mitunter am Ende ab (der Rahmen wird geschlossen).
Auf diese Weise ergeben sich **mehrschichtige Erzählungen**.

Eine Binnenhandlung kann durchaus auch von **mehreren Rahmenerzählungen** umschlossen sein, sodass der Gesamttext sehr verschachtelt wird.
Durch die Rahmenerzählung ergeben sich in der Regel auch **mehrere Zeitebenen**: Zeit des Erzählens, Zeit des Erzählten.
Beispiel: *Die Großmutter erzählt den Enkelkindern am Abend aus ihrer Kindheit: „Als ich in eurem Alter war, da…"* → *Zeit des Erzählens = der Abend; Zeit des Erzählten = Kindheit der Großmutter*

Eine weitere Absicht, eine Rahmenerzählung zu formulieren, kann sein, dass die Autorin oder der Autor den Eindruck erwecken will, dass es sich bei dem Erzählten um ein **tatsächliches Geschehen** handelt. Man nennt dies einen **Authentizitätsbeweis** (*authentisch*: tatsächlich, wirklich)
Beispiel: *Dies ist die wahre Geschichte eines Mannes, die sich vor vielen Jahren zugetragen hat.*

6 a Welche anderen Texte kennt ihr, die einen solchen Erzählrahmen aufweisen?
  b Welche Funktion hat der Rahmen dort jeweils?
  c Überlegt euch weitere Möglichkeiten, einen Erzähltext einzuleiten.

Die Begegnung zweier Welten – Figuren charakterisieren

Jakob Wassermann

Text 2 Das Gold von Caxamalca (Fortsetzung)

3 Der General erachtete es für notwendig, eine Gesandtschaft an den Inka zu schicken. Er wählte dazu den jungen Ritter Hernando de Soto, mit dem mich eine aufrichtige Freundschaft verband, und fünfzehn Reiter. Im letzten Augenblick erwirkte de Soto vom General die Erlaubnis für mich, dass ich ihn begleiten durfte, und ich war dessen froh.
Wir brachen in der Morgenfrühe auf; das Gebirge bis in den Äther gegipfelt zur Rechten, die blühende Ebene vor uns und zur Linken, alles war so neu, dass ich nur schaute und staunte.
Nach einer Stunde gelangten wir an einen breiten Fluss, über den eine schöne hölzerne Brücke gebaut war. Dort wurden wir erwartet und in das Lager des Inka geführt. Alsbald standen wir in einem geräumigen Hof, um den eine Säulenhalle lief. Die Säulen hatten kunstreiche Goldverzierungen, die Mauern waren mit gelbem und kobaltblauem Mörtel bekleidet, in der Mitte befand sich ein kreis-

rundes Steinbecken, das aus kupfernen Leitungen mit warmem und kaltem Wasser gespeist wurde. Prunkvoll geschmückte Edelleute und Frauen umgaben den Fürsten, der ein scharlachrotes Gewand trug und um die Stirn, Zeichen seiner Herrschaft, die rote Borla, deren Fransen ihm bis auf die Augen niederhingen. Er hatte ein hübsches Gesicht mit seltsam kristallenem Ausdruck und mochte gegen dreißig Jahre alt sein. Die Gestalt war kräftig und ebenmäßig, sein Wesen gebieterisch, dabei von einer Feinheit, die uns überraschte. De Soto hatte den Dolmetscher Felipillo mitgenommen, einen unlängst getauften Eingeborenen, einen Menschen von tiefer Verschlagenheit, der in der Folge großes Unheil angerichtet hat, wie ich zu gegebener Zeit berichten werde. Ihn erfüllte ein Hass gegen seine Landsleute, dessen Art und Ursprung wir nie ganz ergründen konnten, und er war der einzige Rebell und Abtrünnige, den wir in Peru fanden.

Mit seiner Hilfe also wendete sich de Soto redend an den Inka. Er richtete die Grüße des Generals aus und lud Atahuallpa mit ehrfurchtsvollen Worten ein, er möge geruhen, unsern Führer zu besuchen.

Atahuallpa erwiderte nichts. Keine Miene und kein Blick ließ merken, dass er die Rede verstanden habe. Seine Lider waren gesenkt und er schien angestrengt zu überlegen, was der Sinn der gehörten Worte sei. Nach einer Weile sagte einer der ihm zur Seite stehenden Edlen: „Es ist gut, Fremdling."

Dies setzte de Soto in Verlegenheit. Es war so unmöglich, den Gedanken des Fürsten und was er empfinden mochte zu erraten, als hätten Berge zwischen ihm und uns gestanden. Welch eine fremde Welt! Welch ein fremder Schein und Geist! De Soto bat also den Inka auf eine höfliche, fast demütige Weise, ihm selbst mitzuteilen, was er beschlossen. Darauf glitt ein Lächeln über Atahuallpas Züge; ich habe dieses Lächeln späterhin noch oft wahrgenommen und es hat mich jedes Mal wunderlich ergriffen. Er erwiderte durch den Mund Felipillos: „Meldet eurem Führer, dass ich Fasttage halte, die heute zu Ende gehen. Morgen will ich ihn besuchen. Er möge bis zu meiner Ankunft die Gebäude am Platz bewohnen, aber keine andern. Was nachher geschehen soll, werde ich befehlen."

Wieder entstand ein Stillschweigen. Wir waren nicht von den Pferden abgesessen, weil wir uns im Sattel sicherer fühlten und den Peruanern, wie wir aus Erfahrung wussten, mehr Furcht einflößten. Da gewahrte de Soto, dass der Inka das feurige Tier, auf dem er vor ihm saß und das unruhig an seinem Gebiss kaute und den Boden stampfte, mit großer Aufmerksamkeit betrachtete. De Soto war immer ein wenig eitel auf seine Reitkunst gewesen; es lockte ihn, sie zu zeigen, er dachte auch, dies werde einschüchternd auf den Fürsten wirken. Er ließ dem Tier die Zügel schießen, gab ihm die Sporen und sprengte über den gepflasterten Platz hin. Dann riss er es herum und hielt in vollem Lauf jäh an, indem er es fast auf die Hinterbeine warf, so nahe bei dem Inka, dass etwas von dem Schaum, der die Nüstern des Pferdes bedeckte, auf das königliche Kleid spritzte.

Die Trabanten und Höflinge waren von dem nie gesehenen Schauspiel so betroffen, dass sie unwillkürlich die Arme ausstreckten und bei der stürmischen An-
60 näherung des Tieres entsetzt zurückwichen. Atahuallpa selbst blieb so ruhig und kalt wie vorher. Es hat sich später die Sage gebildet, dass er diejenigen seiner Edlen, die bei dieser Gelegenheit eine so schimpfliche Feigheit bewiesen hatten, noch am selben Tage habe hinrichten lassen. Aber das, wie so vieles sonst, was ich vernommen, ist nichts weiter als müßige und boshafte Erfindung, die das Bild des
65 Fürsten besudeln sollte.

4 Wir nahmen ehrerbietig Abschied von Atahuallpa und ritten mit ganz andern Empfindungen als noch vor Stunden zu den Unsrigen zurück. […]

7 a Beschreibe mit eigenen Worten, wie sich der Inka und die Gesandten Pizarros bei ihrer ersten Begegnung verhalten.
  b Ordne dem Inka und den Gesandten jeweils passende Begriffe zu und begründe deine Entscheidung mit **Zitaten** aus dem Text.

  c Finde weitere Begriffe, die die **Figuren** in der Erzählung **charakterisieren**. Begründe deine Ansicht und belege sie durch Zitate.

8 a Tragt alle Textstellen zusammen, die Aussagen über Atahuallpa enthalten.
  b Vervollständige die Mindmap in deinem Heft und sortiere die Aussagen in folgende Rubriken:

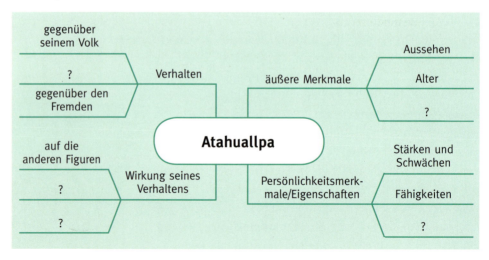

  c Zu welchen Rubriken lassen sich keine Aussagen machen?

Charakteristik einer literarischen Figur

Wenn man eine literarische Figur charakterisieren will, sammelt man als Vorbereitung alle Elemente, die die Figur in ihrem **Äußeren**, in ihrem **Verhalten**, **Denken** und **Fühlen** beschreiben.

Diese Informationen können **aus verschiedenen „Quellen"** stammen:

- Sie können aus **Beschreibungen im Erzählerkommentar** entnommen werden.
  Beispiel: *Sein Aussehen glich dem eines Riesen, er lebte seit Jahren alleine auf dem verlassenen Hof.*
- Sie können aus **Äußerungen der Figur selbst** abgeleitet werden.
  Beispiel: *Vor Aufregung stockte mir der Atem.*
- Sie können in **Beschreibungen des Verhaltens der Figur** enthalten sein.
  Beispiel: *Nur zögerlich näherte er sich dem Ort.*
- Sie können aus dem **Verhalten der Figur gegenüber anderen Figuren oder aus dem Verhalten anderer Figuren gegenüber der Figur** erschlossen werden.
  Beispiele: *Er brüllte die Umherstehenden aus vollem Halse an, sodass sie ihn fortan mieden.*

Die gesammelten Informationen ergeben ein umfassendes Bild der literarischen Figur und ihres Charakters.

Schreibanleitung: Charakteristik einer literarischen Figur

Eine schriftliche Charakteristik soll alle Aspekte der Figur berücksichtigen und zusammenhängend darstellen. Der Text kann auf verschiedene Arten aufgebaut sein:

- **Von außen nach innen**
  Man nähert sich der Figur von außen wie eine Filmkamera und beschreibt zunächst auffällige Merkmale, Lebensumstände usw. Dann kommt man zur näheren Betrachtung (z. B. zu Verhalten und Emotionen der Figur).

- **Vom Besonderen zum Allgemeinen**
  Eine hervorstechende Charaktereigenschaft wird am Anfang des Textes dargestellt, zum Beispiel durch ein auffälliges Zitat. Diese Besonderheit wird dann durch die Darlegung weiterer Aspekte untermauert und entfaltet.

- **Vom Gegensätzlichen zum Eigentlichen**
  Die Figur wird in Gegenüberstellung mit der Figur ihres Gegenspielers beschrieben. Durch den Kontrast kann die Charakteristik besonders lebendig werden.

- **Vom Leseeindruck zur Figur**
  Man beginnt mit der persönlichen Wirkung, die die Figur beim Lesen auf einen ausgeübt hat. Dieser erste Lesereindruck wird dann durch die Darstellung der verschiedenen Bereiche genauer untersucht, bestätigt oder modifiziert.

42 Figuren charakterisieren Schreiben Texte und Medien

9 Ordne die verschiedenen Anfänge literarischer Charakteristiken den in der Sachinformation genannten Aufbauvarianten zu.

> Während Hernando de Soto nach Reichtum strebt, ist für Atahuallpa seine Herrscherwürde wichtig.

> Atahuallpa wirkt auf den Leser majestätisch, sein Verhalten flößt Respekt ein.

> Atahuallpa ist der Herrscher des Inkareiches, der von seinen Untertanen wie ein Gott verehrt wird.

> Atahuallpas majestätisches Verhalten verleiht ihm eine große Würde und beeindruckt die Spanier sehr.

10 Verfasse eine Charakteristik der literarischen Figur Atahuallpa. Nutze dabei deine Ergebnisse aus den Aufgaben 7 bis 9.

11 a Verfasse aufgrund der Informationen aus Text 2 eine Charakteristik der literarischen Figur Hernando de Soto.
b Vergleicht eure Ergebnisse mit der folgenden Charakteristik der Figur Hernando de Soto aus einem Schüleraufsatz. Welche Gemeinsamkeiten und welche Unterschiede stellt ihr fest?

Text 3 *Die Figur Hernando de Soto in Jakob Wassermanns „Das Gold von Caxamalca"*

Hernando de Soto ist ein junger Ritter und einer der Vertrauten des spanischen Generals Pizarro, der als Eroberer Perus gilt. De Soto hat die Aufgabe, ein Zusammentreffen zwischen dem General und dem Inkaherrscher Atahuallpa zu arrangieren. Er verhält sich anfangs ehrfurchtsvoll und ist beeindruckt von der würdevollen Ausstrahlung des Inka.
Auf der anderen Seite bemüht er sich ebenfalls, sein Gegenüber zu beeindrucken. Er erscheint selbstbewusst und auch eitel, denn er versucht, Atahuallpa durch gewagte Reiterkunststücke zu imponieren, was ihm aber nicht gelingt.

c Suche für die Aussagen in Text 3 Belege in Text 2.

Die Macht des Goldes – Symbole in literarischen Texten

Jakob Wassermann
Das Gold von Caxamalca (Fortsetzung)

Text 4

4 Gold hatten wir genug und übergenug erblickt. Meine Augen hatten nicht ausgereicht, es zu erfassen. Die Fama[1] hatte wahrlich nicht gelogen und nicht einmal übertrieben; kein Zweifel, dass wir an das Ziel unserer glühenden Wünsche gelangt waren, als wir den Fuß in das Innere dieses Zauberlandes gesetzt hatten. Aber wie sollten wir uns des Goldes bemächtigen? War es nicht noch grausamer, einen Schritt vor der Verwirklichung des Traumes zu stehen und verzichten zu sollen, als mit der schimmernden Hoffnung zu spielen? […]

5 Es verhielt sich nämlich derart, dass mir wie uns allen das Land rätselhaft wie die Sphinx war, Bild von unergründlichem Geschehen und gottentwirktem Sein; von gigantischer Natur auch, an Verheißung noch reicher als an Gaben. Der erhabene Anblick des Gebirges schon; wie es aufstieg aus dem Meer; eine Versammlung schrecklicher Riesen; die weißglitzernden Schneekuppen oben, himmlischen Kronen gleich, die nie von der Sonne des Äquators, höchstens unter der zerstörenden Glut ihrer eigenen vulkanischen Feuer schmolzen; die steilen Abhänge der Sierra mit wild zerklüfteten Wänden aus Porphyr und Granit und wütenden Gletscherbächen und unermesslich tiefen Felsschlünden; und innen, im Schoß der Berge, die geahnten und gewussten Schätze an Edelstein, Kupfer, Silber und Gold. Gold; vor allem Gold! Traum der Träume! Die Schluchten voll, die Erzgänge voll, ins Gestein gesprengt, grünleuchtendes Geäder unterm Eis, rotglühende Barren in den Höhlen, im Gefieder der Vögel und im Sand der Steppen, in den Wurzeln der Pflanzen und im Gerinnsel der Quellen.
Um Gold zu gewinnen, hatten wir ja die Heimat verlassen und alle Fährlichkeiten auf uns genommen, die Wechselfälle eines entbehrungsreichen Lebens in einer unbekannten Welt. Ich hatte mein väterliches Erbteil vertan, hatte mich brotlos und die Haltung eines Edelmannes mit Mühe bewahrend, in den Städten Kastiliens herumgetrieben, und als mir die Not an den Hals stieg, hatte ich den Werberuf Francesco Pizarros vernommen, der um jene Zeit in Madrid eingetroffen war, um einen Vertrag mit der Krone zu schließen. Und nachdem ich mich ihm und seiner Sache versprochen hatte, war mein Sinn nur noch darauf gerichtet, wie ich zu Reichtum gelangen könnte, und hierin war kein Unterschied zwischen mir und allen meinen Gefährten, den Rittern wie den einfachen Soldaten. War doch ganz Spanien, ja ganz Europa in einem fiebernden Taumel, solcherart, dass die Kinder und die Greise, die Granden am Hof und die Vagabunden auf den Landstraßen, der Bischof und der Bauer, der Kaiser und sein niedrigster Knecht keinen anderen Gedanken mehr hatten als die Schätze Neu-Indiens. Dieses verheerende Fieber hatte auch mich erfasst und war bis auf den Grund meiner Seele gedrungen, wo es alles Licht auslöschte.

[1] **Fama:** Kunde, Gerücht

6 Wir wussten von Tempeln, deren Dächer und Treppenstufen aus Gold waren. Wir hatten Gefäße und Zierate und Gewänder aus purem Gold gesehen. Man hatte uns
⁴⁰ von Gärten erzählt, in denen die Blumen meisterlich aus Gold nachgeahmt waren, in Sonderheit das indianische Korn, bei dem die goldene Ähre halb eingeschlossen war in breiten silbernen Blättern, während der leichte Büschel, zierlich aus Silber verfertigt, von der Spitze herabhing. Gold schien in diesem Land so gewöhnlich wie bei uns das Eisen oder Blei und in der Tat kannten die Peruaner beides nicht,
⁴⁵ weder Eisen noch Blei.
Das Unfassliche, quälend in seiner Seltsamkeit, war, dass den Menschen hier das Gold, letztes Ziel und heißestes Begehren aller übrigen Menschheit, nichts bedeutete. Es war nicht Tauschmittel, nicht Besitztitel, nicht Maß, nicht Merkpunkt, es bildete nicht den Antrieb zur Tätigkeit, es lockte nicht und peinigte nicht und
⁵⁰ machte keinen schlecht und keinen gut und keinen stark und keinen schwach. Man hätte meinen können: Ist es nicht Gold, so ist es eben sonst ein Metall oder edles Element; aber dem war nicht so. Besitz war unter ihnen in anderer Ordnung geregelt als irgend sonstwo in der Welt, in einer märchenhaften und unsern Geist beunruhigenden Weise. […]

12 a Worum geht es hier? Benenne das zentrale **Thema** des Textauszuges.
b Vergleiche, welche Bedeutung das Gold für die Inka und für die Ankömmlinge hat. **Zitiere** dafür Beispiele aus dem Text.

Das Gold im Reich der Inka	Bedeutung des Goldes für die Europäer
Gold schien in diesem Land so gewöhnlich wie bei uns das Eisen oder Blei (Z. 43–44)	um Gold zu gewinnen, hatten wir ja die Heimat verlassen und alle Fährlichkeiten auf uns genommen (Z. 22–23)

c Erkläre den letzten Satz dieses Textausschnitts („Besitz war unter ihnen […]." Z. 52–54).
d Was genau beunruhigt den Erzähler und seine Gefährten an der andersartigen Besitzordnung?
e Welche Vermutungen hast du in Bezug auf die weitere Handlung der Erzählung? Begründe deine Ansicht.

13 a Untersuche Machart und Aufbau der sprachlichen Bilder in Text 4.

So dicht wie die Sterne am Himmel
Wenn der Himmel mit ihnen sei
Entfachte der Funken der Begeisterung aufs Neue
Das Gebirge, eine Versammlung schrecklicher Riesen
Als mir die Not an den Hals stieg
War doch ganz Spanien, ja ganz Europa
dass die Kinder und Greise … keinen anderen Gedanken
mehr hatten heißestes Begehren

b Vergleiche diese Beispiele bildhafter Sprache mit den Beispielen in folgender Übersicht und ordne sie den jeweiligen Fachbegriffen zu.

Wichtige bildhafte Stilmittel

Fachbegriff	Wirkung	Beispiel
Hyperbel (Übertreibung)	Veranschaulichung durch eine Ausdrucksweise, die den Inhalt übersteigert darstellt.	*Meine Augen haben nicht ausgereicht, es zu erfassen.*
Steigerung	Intensivierung des Dargestellten	*Gold hatten wir genug und übergenug erblickt.*
Wortwiederholung	Intensivierung durch mehrfache Nennung zentraler Begriffe	*Gold; vor allem Gold!*
Metapher	bildhafte Darstellung, in der ein Begriff auf eine andere Bedeutungsebene übertragen wird	*Grund meiner Seele*
Personifikation	sinnliche Vergegenwärtigung durch vermenschlichende Bezeichnung für Unbelebtes	*wütende Gletscherbäche*
Vergleich	Veranschaulichung durch Hervorhebung eines bestimmten Merkmals in Form einer vergleichenden Darstellung	*rätselhaft wie die Sphinx*

14 Erkläre, warum es sich bei diesen sprachlichen Mitteln um so genannte **Stilmittel der Bildlichkeit** handelt.

15 Überlegt, warum gerade Gold die Antriebskraft für das Handeln der Europäer ist. Welche Erwartungen oder Hoffnungen könnten die Eroberer mit dem Besitz von Gold verbinden?

Symbol
[aus dem Griechischen: *sýmbollon* = Zeichen, Zusammengefügtes]

Im alltäglichen Sprachgebrauch versteht man unter Symbolen Gegenstände, die **auf etwas anderes verweisen** und als **Erkennungszeichen** für das Gemeinte dienen, z. B. der Ring als Zeichen der Liebe und Treue.
Neben gegenständlichen Symbolen gibt es auch **symbolische Gesten und Handlungen**, z. B. das Durchschneiden eines Bandes bei der Einweihung einer neuen Straße.
In der **Literatur** ist das Symbol ein **bildhaftes Zeichen**, das **über sich hinaus auf etwas anderes verweist**, z. B. das weite Meer als Zeichen für die Sehnsucht nach Ferne.
Dabei ist zu beachten, dass die gleichen Dinge **unterschiedliche symbolische Bedeutungen** haben können, je nach dem, welche der jeweilige Text, in dem sie vorkommen, für sie schafft. So kann das Meer z. B. auch Symbol für das Unbekannte oder für drohende Gefahr der ungebändigten Natur sein.

2. Der Kampf um das Gold – Inhaltsangabe

Die Schlacht von Caxamalca – Die Struktur des Textes untersuchen

Jakob Wassermann

Text 5 **Das Gold von Caxamalca (Fortsetzung)**

7   Es war ein Tag, der mit Verrat begann, das muss eingestanden werden, und mit Blut endete. Er erniedrigte den Inka und sein Volk für Zeit und Ewigkeit und verwandelte das Land in eine Brand- und Mordstätte. Das ist nicht mehr zu verbergen und die Spuren sind allerwegen noch heute zu sehen, da ich dieses schreibe.
5   Trompetenschall rief uns zu den Waffen. Die Reiterei wurde hinter den Gebäuden aufgestellt, das Fußvolk in den Hallen. Die Stunden verstrichen und wir glaubten schon, unsere Anstalten seien umsonst gewesen, als vom Inka eine Botschaft kam, dass er unterwegs sei.
Aber erst um Mittag wurden die Peruaner auf der breiten Kunststraße sichtbar.
10   Voran schritten zahlreiche Diener, deren Amt es war, den Weg von jedem, auch dem kleinsten Hindernis zu säubern, Steinen, Tieren und Blättern. Hoch über der Menge saß Atahuallpa auf einem Thron, den acht der vornehmsten Edelleute auf den Schultern trugen, während sechzehn auf jeder Seite, überaus kostbar gekleidet, nebenher schritten.
15   Der Thronsessel war aus gediegenem Gold und warf Strahlen wie eine Sonne. Rechts und links hingen Teppiche herab, die aus den bunten Federn tropischer Vögel mit schier unbegreiflicher Kunst hergestellt waren. Viele der Unsern richteten gierige Blicke auf dieses Prunkstück von kaum zu ermessendem Wert, aber von allen Augen waren meine sicherlich die gierigsten. Ich konnte sie nicht losreißen
20   von der schimmernden Herrlichkeit und mein Herz schlug mit verdreifachten Schlägen.
Um den Hals trug der Inka eine Kette von erstaunlich großen Smaragden; sein kurzes Haar umflocht ein Kranz von künstlichen Blumen aus Onyx, Türkisen, Silber und Gold, seine Haltung war so ruhig, dass man die täuschende Meinung
25   bekam, eine Figur aus Erz sitze da oben.
Als die vordersten Reihen des Zuges den Platz betraten, öffneten sie sich nach beiden Seiten für das königliche Gefolge. Unter lautlosem Schweigen seiner Leute schaute Atahuallpa suchend rundum, denn von den Unsern war niemand zu sehen, indes wir jedes Gesicht und jede Bewegung von ihnen wahrnehmen
30   konnten.
Da trat, wie es beschlossen war, der Pater Valverde, unser Feldpriester, aus einer der Hallen. Die Bibel in der Rechten, das Kruzifix in der Linken, näherte er sich dem Inka und redete ihn an. Felipillo, der wie sein Schatten hinter ihm huschte, so verhängnisvoll wie unentbehrlich, übersetzte seine Worte Satz für Satz, so gut oder
35   so schlecht er es vermochte.

Der Dominikaner forderte Atahuallpa auf, sich dem Kaiser zu unterwerfen, der der mächtigste Herrscher der Welt sei und seinem Diener Pizarro den Befehl erteilt habe, von den Ländern der Heiden Besitz zu ergreifen.
Der Inka rührte sich nicht.
40 Pater Valverde forderte ihn zum zweiten Mal auf und fügte hinzu, wenn er sich dem Kaiser zinspflichtig bekenne, werde ihn dieser als treuen Vasallen beschützen und ihm in jeder Not beistehen.
Es erfolgte das nämliche Schweigen.
Da erhob der Mönch zum dritten Mal seine Stimme und richtete im Namen unseres
45 Herrn und Heilands die bewegliche Mahnung an ihn, sich zu unserm heiligen Glauben zu bekehren, durch den allein er hoffen dürfe, selig zu werden und der Verdammnis und höllischen Haft zu entgehen.
Es hätte da anderer Worte bedurft und anderer Vorstellungen, als sie dem Pater zu Gebote standen. Er war ein einfacher Mann von geringer Erziehung und hatte die
50 Zunge nicht und hatte die Flamme nicht, um das Herz des Götzendieners zu rühren und es für die Lehre Christi empfänglich zu machen, der wir alle in Demut gehorchen.
Der Inka antwortete auch dieses Mal nicht. Ein starres Bild, saß er auf seinem Thron und schaute den Mönch halb verwundert, halb unwillig an. Dieser blickte ratlos zu
55 Boden, sein Gesicht erblasste, vergeblich suchte er Erleuchtung und neuen Anruf und plötzlich wandte er sich um und hob das Kruzifix in seiner Hand wie eine Fahne.
Da sah der General, dass die Zeit gekommen war und dass er nicht länger zaudern durfte. Er wehte mit einer weißen Binde, das Geschütz wurde abgefeuert, der Schlachtruf San Jago ertönte, aus dem Hinterhalt brach wie ein gestauter Strom die
60 Reiterei hervor und von Überraschung gelähmt, vom Geschrei und Knallen der Musketen und Donnern der beiden Feldschlangen betäubt, vom Rauch, der sich in schwefligen Wolken über den Platz verbreitete, erstickt und geblendet, wussten die Leute des Inka nicht, was sie tun, wohin sie fliehen sollten. Vornehme und Geringe wurden unter dem ungestümen Anprall der Reiterei miteinander niedergetreten und
65 ich sah nur einen Knäuel von roten, blauen und gelben Farben vor mir. Keiner leistete Widerstand und sie besaßen auch nicht die Waffen, die dazu ausgereicht hätten. Nach Verlauf einer Viertelstunde waren alle Auswege zum Entkommen mit Leichen geradezu verstopft und so groß war die Todesangst der Überfallenen, dass viele in ihrer krampfhaften Bemühung die Mauern aus gebranntem Lehm,
70 die den Platz umzäunten, mit den bloßen Händen durchbrachen.

Ich kann mich nicht mehr entsinnen, wie lange das schauerliche Gemetzel dauerte. Mein Geist war verwirrt durch den Anblick des goldnen Thronsessels, auf dem der Inka immer noch saß. Den wollte ich um jeden Preis gewinnen, mit Zaubergewalt zog es mich in den Kreis seiner Strahlen und ich hieb alles nieder, was sich mir entgegenstellte. Die Getreuen des Inka warfen sich mir und den andern Reitern in den Weg, rissen einige von den Sätteln oder boten die eigene Brust dar, um den geliebten Gebieter zu schützen. Im letzten Zucken des Lebens noch klammerten sie sich an die Pferde, ich schleifte immer drei oder vier mit mir, und wenn einer tot hinfiel, trat ein anderer an seinen Platz. Der Thron, von den acht Edelleuten getragen, schwankte wie ein Boot auf bewegter See, bald vorwärts, bald zurück, je nachdem der furchtbare Andrang zunahm oder nachließ.

Atahuallpa starrte regungslos in das blutige Verderben, seiner Ohnmacht, es abzuwenden, mit schicksalsvoller Düsterkeit gewiss. Das kurze Zwielicht der Wendekreise verging, der Abend sank; von unserer Mordarbeit ermüdet, fürchteten wir nur eines, dass der Inka entfliehen könne. Andrea della Torre und Cristoval de Perralta stürmten auf ihn los, um ihm das Schwert in die Brust zu stoßen. Da raste der General wie der leibhaftige Sturmwind dazwischen; am Leben des Fürsten war ihm alles gelegen, und indem er den Arm zu seinem Schutz ausstreckte, erhielt er von Cristoval de Perralta eine ziemlich schwere Wunde am Handgelenk. Zugleich fielen vier von den Trägern des Throns auf einmal, den übrigen wurde die Last zu schwer; vor einem Berg von Erschlagenen brachen sie in die Knie; der Inka wäre zu Boden gestürzt, wenn ihn nicht Pizarro und della Torre in ihren Armen aufgefangen hätten. Während ihm der Soldat Miguel de Estete die königliche Borla vom Haupt riss, bemächtigten Perralta und ich uns des Thrones, er auf der einen, ich auf der anderen Seite, und zehn schreckliche Sekunden lang stierten wir uns mit blutunterlaufenen Augen an wie Todfeinde.

Atahuallpa wurde als Gefangener in das nächstgelegene Gebäude geführt und zwölf Mann wurden damit betraut, ihn zu bewachen.

Eine geisterhafte Ruhe hatte sich über Platz und Straßen ausgebreitet. Aber von einer gewissen Stunde der Nacht an tönten weit von den Bergen herüber die Klagegesänge des ihres Gottkönigs beraubten Peruaner, anschwellend, abschwellend, immer schmerzlicher und wilder bis zum Grauen des Tages.

Vorarbeiten zur Inhaltsangabe

1. Den Inhalt des Textes erschließen

1 a Lies den Text aufmerksam durch und formuliere in Stichworten deinen ersten **Leseeindruck** und deine **Fragen an den Text**.
  b Kläre unbekannte Wörter: Erschließe ihre Bedeutung aus dem Kontext oder schlage sie nach, z. B. in einem Wörterbuch, einem Lexikon oder im Internet. Was bedeuten beispielsweise folgende Wörter?

  Onyx (Z. 23)   *Kruzifix* (Z. 32)   *Musketen* (Z. 60 f.)

2. Einleitung und Kernsatz formulieren

2 **a** Welche Informationen erwartet man am Beginn einer Inhaltsangabe? Nenne wichtige Aspekte.
  b Welche Informationen werden in den folgenden Beispielen gegeben? Welche davon sind überflüssig? Welche fehlen?
  c Diskutiert, welcher Satz den **Kern des Geschehens** am besten wiedergibt.

In dem vorliegenden Textauszug von J. Wassermann geht es um einen Überfall.

Die Geschichte „Das Gold von Caxamalca" erzählt von der Gier der europäischen Eroberer.

Die im Jahr 1928 verfasste spannende Erzählung „Das Gold von Caxamalca" von Jakob Wassermann handelt von der Eroberung Perus.

Der vorliegende Textauszug aus der Erzählung „Das Gold von Caxamalca" von Jakob Wassermann aus dem Jahr 1928 handelt von der Begegnung zwischen Atahuallpa und Pizzaro.

Der Text handelt von der Gefangennahme des Inka durch die Spanier.

Einleitung und Kernsatz

Der erste Satz einer Inhaltsangabe muss folgende Elemente enthalten:

Formale Angaben	Inhaltliche Angaben
• Autor/in des Textes	• Hauptfigur(en)
• Titel	• Thema des Textes
• Textsorte / Gattung	• das zentrale Ereignis
• eventuell Erscheinungsort und -jahr	• evtl. Absicht/Wirkung

3. Den Text in Sinnabschnitte gliedern

3 **a** Lies Text 5 ein weiteres Mal und gliedere ihn in **Sinnabschnitte**.
  b Formuliere, auf welche Fragen die Sinnabschnitte jeweils Antwort geben.

Sinnabschnitt	Inhalt	Fragen
1. Abschnitt: Z. ■	Der Erzähler berichtet vorab, was sich im Nachfolgenden ereignen wird.	Was ist der Inhalt? Wie bewertet der Erzähler die Geschichte?
2. Abschnitt: Z. ■	Eine Gruppe Pizarros lauert dem nahenden Inkaherrscher und seinem Gefolge auf.	Womit setzt die Handlung ein?
3. Abschnitt Z. ■	■	■

Texte in Sinnabschnitte (Handlungsschritte) gliedern

Anhaltspunkte für einen neuen Sinnabschnitt sind unter anderem:
- das Auftreten bzw. Abtreten einer oder mehrerer Figuren,
- der Wechsel des Handlungsortes,
- ein neues Thema oder ein neuer Schwerpunkt innerhalb des Themas,
- eine Veränderung der Erzählperspektive.

4. Die sprachliche Gestaltung und ihre Wirkung untersuchen

4 a Finde **Belege** im Text dafür, dass und wie der Ich-Erzähler in „Das Gold von Caxamalca" das erzählte Geschehen **bewertet**.
   b Sortiere die Textstellen, die du gefunden hast, in Gruppen: Woran erkennst du jeweils, dass der Erzähler nicht neutral zu den erzählten Ereignissen steht, sondern wertet?

Stilmittel
→ S. 45

5 Die Wirkung des Textes wird auch in diesem Abschnitt durch besondere **Stilmittel** hervorgerufen. Finde für die dir bekannten sprachlichen Besonderheiten Beispiele im Text.

6 a Vergleiche die folgenden Sätze miteinander, indem du ihren **Aufbau** beschreibst.

> 1. Der Inka rührte sich nicht.
> 2. Es folgte das nämliche Schweigen.
> 3. Nach Verlauf einer Viertelstunde waren alle Auswege zum Entkommen mit Leichen geradezu verstopft und so groß war die Todesangst der Überfallenen, dass viele in ihrer krampfhaften Bemühung die Mauern aus gebranntem Lehm, die den Platz umzäunten, mit den bloßen Händen durchbrachen.
> 4. Während ihm der Soldat Miguel de Estete die königliche Borla vom Haupt riss, bemächtigten Perralta und ich uns des Thrones, er auf der einen, ich auf der anderen Seite, und zehn schreckliche Sekunden lang stierten wir uns mit blutunterlaufenen Augen an wie Todfeinde.
> 5. Eine geisterhafte Ruhe hatte sich über Platz und Straßen ausgebreitet.

   b Welche Wirkung hat der unterschiedliche **Satzbau** auf dich bzw. auf die Leserin/den Leser?

7 a Kürze die Satzgefüge, indem du nach und nach Satzteile weglässt, die für das Verständnis weniger wichtig sind.
   b Inwiefern verändert sich die Wirkung der Sätze durch die Kürzungen?
   c Erkläre: Warum formuliert Wassermann oft so reich ausgestaltete, ausgeschmückte Satzgefüge und nicht anders, z. B. kürzer?

5. Erschließungsfragen formulieren

Jakob Wassermann
Das Gold von Caxamalca (Fortsetzung)

Text 6

[11] Um in der Reihenfolge der Ereignisse zu bleiben, muss ich erzählen, wie der Prinz Curacas von einem meiner Soldaten bedrängt wurde und was sich dabei abspielte. Es war am frühen Morgen, als der Jüngling sich anschickte, die Säulenhalle zu verlassen, weil er seinem Gebieter Früchte holen wollte, nach denen dieser Verlangen
5 geäußert hatte. Der Soldat Pedro Alcon, der auf Posten stand, verweigerte ihm aber die Passage, und als ihm Curacas sein Vorhaben durch Gesten verständlich machen wollte, packte ihn Alcon bei der Schulter und schleuderte ihn zurück. In ausbrechendem Zorn schlug ihm Curacas mit der Faust ins Gesicht; darauf zog Pedro Alcon das Schwert und Curacas wandte sich erschrocken zur Flucht. Der
10 Soldat verfolgte ihn mit drohendem Geschrei, entschlossen, die Beleidigung blutig zu rächen.
Ich hatte mich soeben vom Schlaf erhoben, und als ich den Lärm hörte, eilte ich in das Gemach des Inka. Ich sah, dass er in eine bestimmte Richtung blickte, und als ich dorthin schaute, sah ich den Prinzen in windschnellem Lauf gegen das innere
15 Gemach zustürzen. So zahlreich waren die Räume, durch die der Geängstete lief, dass seine Gestalt zuerst nur ganz winzig erschien. Stumm, mit nach oben geworfenen Armen, rannte er wie ein Reh durch die lange Reihe der Zimmer, der Soldat schwerfällig, mit gezücktem Degen und dröhnenden Stiefeln, hinter ihm her. Endlich war Curacas bei seinem Gebieter angelangt, fiel vor ihm zu Boden und um-
20 klammerte seine Schenkel. Pedro Alcon, atemlos und schäumenden Mundes, wollte nach ihm greifen; ich rief ihm zu, sich zu besinnen; er achtete nicht darauf und sah mich grimmig an; da bedeckte Atahuallpa mit der Linken das Haupt seines Bruders, mit der Rechten wies er den wütenden Soldaten ab. Die Gebärde war so königlich, dass Pedro Alcon stutzte; aber nur einen Augenblick; dann
25 schwang er mit wildem Fluch das Schwert und es wäre um den schönen Knaben geschehen gewesen, wenn sich nicht zwei Sklavinnen vor ihn hingeworfen hätten, um den Hieb aufzufangen. Die eine, am Hals getroffen, brach lautlos und blutüberströmt zusammen.
Da hielt Alcon inne. Sein Blick begegnete dem des Inka und forderte von ihm mit
30 grausamer und dreister Hartnäckigkeit das Leben des Prinzen. Ich muss hier bemerken, dass unsere Leute in dieser Zeit durch die Aussicht auf den Besitz ungeheurer Schätze vielfach meuterisch gestimmt waren und dass wir Offiziere in unserer Befehlsgewalt vorsichtig verfahren mussten, um sie noch in der Hand zu behalten.
35 Die Linke noch immer über das Haupt seines Lieblings breitend, löste Atahuallpa mit der Rechten eine gold'ne Spange von seinem Kleid und reichte sie Pedro Alcon hin. Ich gewahrte, dass etwas Unsicheres in der Bewegung lag, etwas Zögerndes, als traue er dem Einfall nicht und wage nicht, auf den Erfolg zu hoffen.

40 Alcon nahm das Schmuckstück, wog es auf der Hand und zuckte die Achseln. Der Inka streifte nun den dicken goldnen Reif vom linken Arm und gab ihn dem Soldaten. Der wog ihn wieder, presste die Lippen zusammen und schaute unschlüssig vor sich hin. Da riss Atahuallpa mit einer ihm sonst nicht eigenen Hast die Kette aus Smaragden vom Hals und warf sie in die frech ausgestreckte Hand des Solda-
45 ten. Jetzt nickte Alcon zufrieden, verbarg die Schmuckstücke in seinem Lederwams und schob das Schwert in die Scheide.

Atahuallpa schaute ihn geblendet an, als ob ein Phantom Wirklichkeit geworden wäre. Denn nun war ihm ja der Beweis erbracht, dass man von den Fremdlingen für Gold ein Leben erkaufen konnte. Dies aber dünkte ihn so ungeheuerlich, dass
50 er noch lange in dunklem Staunen stand, aus dem ihn nicht einmal das Wort seines Lieblings erwecken konnte.

8 Führe für Text 6 die **vier vorbereitenden Schritte für eine Inhaltsangabe** durch.

9 a Überlegt euch **Fragen**, mit deren Hilfe ihr diesen Textauszug **inhaltlich** weiter, also über das bisher Erarbeitete hinaus, erschließen könnt.
  b Teilt die Fragen unter euch auf und beantwortet sie in Gruppen.
  c Vergleicht eure Ergebnisse miteinander und ergänzt eure Antworten.

10 a Formuliere nun eigenständig Fragen, die sich auf die **Wirkung** dieses Textausschnitts beziehen.
  b Tauscht die Fragen untereinander aus und beantwortet sie gegenseitig.

literarische Figuren charakterisieren → S. 41

11 Stelle dar, wie das in Text 6 erzählte Ereignis die beteiligten Figuren verändert.
z. B.: *Atahuallpa erkennt, welchen Wert das Gold für die Eindringlinge hat.*

Erschließungsfragen an einen literarischen Text stellen

Literarische Texte erschließt man mithilfe von Fragen, die man an den Text stellt. Diese Fragen lassen sich bestimmten Themenbereichen zuordnen.

Handlung:
- Was geschieht in dem Textausschnitt?
- Wann und wo tragen sich die Ereignisse zu? (Bei Textauszügen kann man noch nach der Bedeutung dieses Abschnittes für das Gesamtwerk fragen.)
- Welche Funktion hat dieser Textauszug für die weitere Handlung?

Erzähler/in:
- Wer ist die Erzählerin bzw. der Erzähler des Textes?
- Aus welcher Perspektive wird das Geschehen erzählt?
- Welche Haltung der Erzählerin/des Erzählers zum Geschehen wird deutlich?

Figuren:
- Wie stehen die Figuren zueinander?
- Welches ist die Hauptfigur?
- Wie lässt sie sich charakterisieren?

Aufbau und sprachliche Gestaltung des Textes:
- Wie ist der Text aufgebaut?
- Wie ist der Satzbau gestaltet?
- Gibt es sprachliche Besonderheiten? Wenn ja, welche?

12 a Ordnet die folgenden Aussagen den Fragen aus der Sachinformation (S. 52) zu.

Der Erzähler ist ein Mönch, der Jahre nach der Eroberung Perus seine Erinnerungen an die damaligen Ereignisse aufschreibt.

Im Textauszug geht es um eine dramatische Begegnung zwischen dem jähzornigen Alcon und einem der Vertrauten Atahuallpas.

Der Erzähler zeigt sich beeindruckt von dem würdevollen Verhalten des Inkaherrschers.

b Beantwortet die noch verbleibenden Fragen für Text 6.

In diesem Text – Eine Inhaltsangabe schreiben

Text 7

Inhaltsangabe: die Wende	*Kommentare*
In diesem Textauszug geht es darum, dass ein Spanier aus einem Konflikt reiche Beute zieht.	Ungenau, welcher Text? welcher Spanier?
Zwischen dem Prinzen Curacas und dem spanischen Soldaten Pedro Alcon kommt es zu einem heftigen Streit, bei dem der Inka den Spanier mit der Faust ins Gesicht schlägt. Auf Vergeltung aus, verfolgt der Geschlagene Curacas in die Gemächer Atahuallpas und findet den Gesuchten zu seinen Füßen Schutz suchend vor. <u>Bei dem Vorfall stirbt eine Sklavin.</u> Alcon besteht auf Rache und Vergeltung, er will das Leben des Prinzen. <u>Erst als Atahuallpa ihm seinen Schmuck zur Besänftigung überreicht,</u> gibt der Soldat nach und verlässt mit reicher Beute den Palast.	Zwei Sklavinnen eilen den Bedrängten zu Hilfe, wobei eine der Frauen durch das Schwert Alcons ums Leben kommt. .....

13 Einige Sätze in diesem Textentwurf sind unterstrichen. Was kann man an ihnen kritisieren? Welche Verbesserungen werden in der rechten Spalte vorgenommen?

14 Verändere auch die letzten unterstrichenen Sätze, sodass die Zusammenhänge deutlicher werden.

15 Überprüfe die Inhaltsangabe in Hinblick auf folgende Fragen sowie mithilfe der folgenden Sachinformation:
- Trifft der **Kernsatz** das Thema des Textes?
- Sind alle **Handlungsschritte** schlüssig und sachlich formuliert?
- Wird die **Bedeutung** des Textausschnittes **für den Gesamttext** deutlich?

Der Aufbau einer Inhaltsangabe

Die **Einleitung** informiert über die formalen und inhaltlich wesentlichen Aspekte des Textes. Sie enthält den **Kernsatz** zu seinem Thema.

Der **Hauptteil** stellt das Geschehen knapp, sachlich und in logischer Reihenfolge dar. Die Zusammenhänge zwischen einzelnen Sinnabschnitten und Handlungssträngen werden dabei deutlich.

Der **Schluss** rundet die Zusammenfassung ab, eventuell wird eine Wertung des Textes vorgenommen.

Die **Sprache** ist sachlich, klar und präzise. Inhaltsangaben werden grundsätzlich im **Präsens** verfasst, die Vorzeitigkeit wird durch das Perfekt ausgedrückt. Wörtliche Rede wird durch **indirekte Rede (Konjunktiv I)** ersetzt.
Zur Vermeidung von Wiederholungen im Satzbau kann man **Passivkonstruktionen einsetzen**.

Historischer Hintergrund – Aktiv und Passiv

Text 8 Atahuallpa und Pizzaro

Atahuallpa lebte von ca. 1500 bis 1533, er war der letzte Herrscher des Inkareiches, als dessen Schöpfer Atahuallpas Vater Huayna Cápac gilt. Dieses wurde kurz vor dem Tod des Vaters an die beiden rivalisierenden Söhne Atahuallpa und Huáscar übergeben. Die Teilung des Reiches hatte kämpferische
5 Auseinandersetzungen zwischen den Brüdern zur Folge. 1532 besiegte Atahuallpa seinen Bruder und ließ ihn gefangen nehmen. Dieser Bürgerkrieg erschütterte das Reich und beschleunigte den Zusammenbruch des Reiches, der mit der Ankunft des Spaniers Francisco Pizarro an der peruanischen Küste seinen Anfang nahm. Pizarro unternahm mehrfach Reisen nach Mittel- und Südamerika, im-
10 mer auf der Suche nach Gold und anderen Reichtümern. 1531 wurde von ihm eine Expedition entlang der Pazifik-Küste angeführt. Er machte sich auf den Weg ins Landesinnere und traf im November 1532 in Caxamalca ein, wo er von Atahuallpa freundlich empfangen wurde. Der Inkaherrscher wurde von den Europäern gefangen genommen. Auch die Zahlung eines riesigen Lösegeldes brachte
15 ihm nicht die erhoffte Freilassung. Wegen eines angeblichen Aufstandes, den Atahuallpa geplant haben soll, wurde der Inka zum Tode verurteilt und 1533 in Caxamalca hingerichtet. Als Nachfolger Atahuallpas setzt man den neue Inkaherrscher Manco Cápac II. ein. Wenige Jahre später kam es zu Auseinandersetzungen zwischen Pizarro und seinem Weggefährten Diego de Almagro, die
20 schließlich militärisch ausgetragen wurden. Zwar wurde der rebellische Diego de Almagro gefangen genommen und hingerichtet, doch der Streit unter den Spaniern blieb und auch Pizarro fiel den Auseinandersetzungen zum Opfer, als er von den Söhnen seines Gegners im Jahr 1541 ermordet wurde.

16 Vergleiche die folgenden Sätze:
- Wann steht die **handelnde Person** im Mittelpunkt?
- In welchen Sätzen steht das **Objekt einer Handlung** (also das, was „behandelt" wird) im Mittelpunkt?
- Wann steht der **Vorgang** (also die Handlung selbst) im Mittelpunkt?

Die Übergabe des Reiches an die beiden rivalisierenden Brüder Atahuallpa und Huáscar erfolgte kurz vor dem Tod des Vaters.

Das Reich wurde kurz vor dem Tod des Vaters an die beiden rivalisierenden Söhne Atahuallpa und Huáscar übergeben.

Der Vater übergab kurz vor seinem Tod das Reich den beiden rivalisierenden Söhnen Atahuallpa und Huáscar.

17 a Schreibe aus dem Sachtext über Atahuallpa und Pizarro alle Sätze heraus, die Passivkonstruktionen enthalten.
b Forme sie in Aktivsätze um.
c Wo ergeben sich Schwierigkeiten? Begründe.

18 Untersuche, in welchen Sätzen die handelnde Person oder Instanz genannt wird und in welchen sie fehlt.

19 Es gibt auch Aktivsätze, die die handelnde Person (den „Täter") nicht nennen.
Suche Beispiele dafür aus Text 8 heraus.

*Atahualpa wird gefangengenommen
(Stich von Pierre Duflos, entstanden zwischen 1760 und 1810)*

Aktiv, Passiv und andere täterabgewandte Satzkonstruktionen

Aktivkonstruktionen stellen die **handelnde(n) Person(en)** in den Vordergrund.
Beispiel: *Pizarro eroberte das Inkareich.*

Passivkonstruktionen dagegen stellen eher das **Objekt der Handlung** in den Vordergrund.
Beispiel: *Das Inkareich wurde von Pizarro erobert.*

Passivkonstruktionen können auch darauf verzichten, die handelnde(n) Person(en) zu nennen.
Beispiel: *Das Urteil wurde über Atahuallpa gefällt.*

Auch durch **Umschreibungen** im Aktiv kann man die Nennung der handelnden Person(en) vermeiden.
Beispiel: *Man verlangte die gerechte Teilung der Beute.*

3. Unerhörte Begebenheiten –
Merkmale novellistischen Erzählens

Jakob Wassermann

Text 9 **Das Gold von Caxamalca (Fortsetzung)**

12 Am nämlichen Tag kam der General mit mehreren Rittern zu Atahuallpa, um sich wegen des Vorfalls am Morgen zu entschuldigen. Er versprach gerechte Untersuchung und Bestrafung des Mannes.

Da sagte der Inka mit Worten, die er gequält suchte und stockend an Felipillo rich-
5 tete, wenn man ihm die Freiheit gebe, verpflichte er sich, den ganzen Fußboden des Saals, in dem wir uns befänden, mit Gold zu bedecken.

Der General und wir andern vernahmen es schweigend, und als Atahuallpa keine Antwort erhielt, fügte er mit größerem Nachdruck hinzu, dass er nicht bloß den Fußboden bedecken, sondern den Raum so hoch mit Gold füllen wolle, als er mit
10 seiner Hand zu reichen vermochte.

Wir starrten ihn verwundert an, denn wir hielten dies für die Prahlerei eines Mannes, der zu begierig war, sich die Freiheit zu verschaffen, um die Erfüllbarkeit seiner Versprechungen zu erwägen. Der General winkte uns abseits und wir sollten unsere Meinung äußern. Sein Bruder Hernado und der Sekretär Xeres wollten das
15 Anerbieten abgelehnt wissen, de Soto und ich sprachen dafür. Pizarro selbst war in Ungewissheit. Er hatte die höchsten Vorstellungen von dem Reichtum des Landes und namentlich von den Schätzen der Hauptstadt Cuzco, wo nach verlässlichen Berichten die Dächer der Tempel mit Gold bedeckt, die Wände mit goldnen Tapeten bekleidet und sogar die Ziegel aus Gold verfertigt waren. Das müsse doch eini-
20 gen Grund haben, meinte er, es empfehle sich jedenfalls, auf den Vorschlag des Inka einzugehen, denn dadurch könne er mit einem Schlag alles Gold zu seiner Verfügung bekommen und verhindern, dass es von den Peruanern versteckt oder fortgeschafft werde.

Er sagte deshalb zu Atahuallpa, er wolle ihm die Freiheit geben, wenn er wirklich
25 so viel Gold dafür bezahlen könne, wie er behaupte. Er verlangte ein Stück roter Kreide, man brachte es ihm und nun zog er in der vom Inka bezeichneten Höhe einen Strich über die vier Wände. Der Raum war siebenunddreißig Fuß breit, zweiundfünfzig Fuß lang, und die rote Linie auf der Wand lief neuneinhalb Fuß über dem Boden.

30 Dieser Raum sollte mit Gold angefüllt werden. Der Inka forderte hiezu zwei Monate Zeit. Die Bedingungen wurden vom Sekretär Xeres niedergeschrieben und die Urkunde mit einem Siegel versehen.

Wir waren so erregt von der Verhandlung und dem geschlossenen Vertrag, dass unsere Stimmen lallten und die Gesichter wie im Fieber glühten, als wir uns darü-
35 ber unterhielten. Wir zweifelten; die Zweifel waren mit Bangigkeit und schwüler Hoffnung gemischt. Alsbald verbreitete sich die Kunde im Lager; die Soldaten ge-

bärdeten sich wie toll vor Freude; sie hingen den ausschweifendsten Zukunfts-
träumen nach und Schlaf und Spiel und Zeitvertreib wurden ihnen zur Last.
Und mir erging es nicht anders.

1 Was bewegt die beteiligten Figuren so sehr, dass sie sich „gebärdeten […] wie toll
   vor Freude" (Z. 36f.)? Verfasse einen inneren Monolog aus der Sicht eines der Soldaten oder einen Dialog zwischen zwei oder mehr der Soldaten und setze dich in
   deinem Text mit dieser Frage auseinander.

2 a Besprecht, worin das Außergewöhnliche dieser Geschichte besteht.
  b Man bezeichnet solche Ereignisse auch als **„unerhörte Begebenheiten"**. Erklärt,
    inwiefern die Handlung „unerhört" (im Sinne von „noch nie gehört") ist.
  c Formuliere diesen zentralen Inhalt des Textauszuges in einem **Kernsatz**.

3 Warum glaubt Atahuallpa, dass sein Angebot erfolgreich sein wird? Spielt ein
   Rolleninterview mit Atahuallpa in dieser Situation.

4 Welche Vertragsregeln werden zwischen Atahuallpa und Pizarro vereinbart?
   Formuliere den **Vertrag**.

5 Wie bewerten die beiden Figuren Atahuallpa und Pizarro wohl die Ereignisse?
  a Formuliere für jede Figur einen **inneren Monolog**.
  b Verfasse einen **Dialog** zwischen den beiden Figuren, in dem sie über diese
    Ereignisse sprechen.

Dialog und Monolog
→ S. 228

6 Besprecht, wie sich die Wirkung des Textes durch diese **gestaltenden Interpre-
   tationen** verändert.

7 Stelle Vermutungen darüber an, wie sich die Handlung weiter entwickeln wird.

Jakob Wassermann
Das Gold von Caxamalca (Fortsetzung)

Text 10

17 Endlich kam der Tag, wo er vom General seine Freiheit forderte, konnte er doch
darauf verweisen, dass er die gestellten Bedingungen erfüllt hatte. Ja, er forderte
die Freiheit, obgleich er fühlte, dass man sie ihm vorenthalten würde, obgleich
eine noch schwärzere Furcht in ihm keimte.
5 Hernando de Soto, der immer mehr das Vertrauen des Gefangenen gewonnen
hatte und ihm viele kleine Dienste und Gefälligkeiten erwies, war sein Mittler
beim General. Pizarro hörte ihn an, verweigerte jedoch eine bestimmte Antwort.
Nach einigen Stunden ließ er dem Inka durch den Schatzmeister Riquelme, der
mit Don Almagro zu uns gekommen war, mitteilen, das Lösegeld sei nicht völlig
10 bezahlt worden, der Raum nicht bis zum roten Strich gefüllt gewesen.
Darüber erstaunte Atahuallpa und wandte ein, was ja auch richtig war, es sei nicht
seine Schuld, dass das volle Maß nicht erreicht worden war; hätte man nur drei
Tage länger gewartet, so wäre alles verlangte Gold dagewesen; im Übrigen sei es
ein Leichtes, das Fehlende nachträglich zu liefern.

15 Der General zuckte die Achseln und sagte, darauf gehe er nicht ein. Er wusste warum; kamen doch noch immer Sendungen aus den Städten, die vor der Stadt aufgehalten wurden. Er ließ eine Schrift abfassen und im Lager öffentlich bekanntmachen, nach welcher er den Inka zwar von jeder weiteren Verpflichtung, Lösegeld zu zahlen, freisprach, zugleich aber erklärte, seine und seines Heeres Sicherheit erheische es, dass Atahuallpa so lange in Gefangenschaft verbleibe, bis aus Panama Verstärkungen eingetroffen seien.

Als de Soto von dieser hinterlistigen Umgehung des Vertrags hörte und außerdem das Manifest gelesen hatte, suchte er den General auf und hatte eine heftige Auseinandersetzung mit ihm. Der General sagte, er habe genaue Nachrichten über die Ränke und Zettelungen Atahuallpas, und die Soldaten, insbesondere Almagros Leute, verlangten seinen Tod.

De Soto war betroffen. Er beteuerte die Lügenhaftigkeit der Gerüchte und nannte die Leute Almagros eine Horde von Halsabschneidern und Wegelagerern. Sich dem unablässigen Zureden de Sotos mit scheinbarer Gutmütigkeit fügend, entschloss sich der General, mit ihm zum Inka zu gehen und ihm Aug in Auge zu eröffnen, wessen man ihn beschuldigte. Von seinem Gesicht könne man dann ablesen, ob die Anklage auf Wahrheit beruhe oder nicht, meinte de Soto, denn zur Verstellung sei er ganz und gar unfähig.

Von de Soto begleitet, trat er in das Gemach Atahuallpas, es war um die fünfte Stunde nachmittags, und wiederholte ihm das beunruhigende Gerede. „Welch ein Verrat ist es, den du geschmiedet hast", sagte er finster, „gegen mich, der dir vertraut hat wie einem Bruder?"

De Soto hatte mich im Vorüberschreiten aus der Eingangshalle herzugewinkt und ich stand hinter dem General, dem Inka gegenüber.

„Du scherzest", erwiderte Atahuallpa, der vielleicht die Wirkung dieses Vertrauens nicht spürte, noch je gespürt hatte, „du scherzest fortwährend mit mir. Wie könnte ich und mein Volk daran denken, euch zu schaden? Wie können Adler, seien sie auch noch so kühn, daran denken, wider Blitz und Erdbeben aufzustehen? Scherze nicht auf solche Weise mit mir, ich bitte dich."

8 Welche beiden Positionen stehen sich in diesem Textauszug feindlich gegenüber? Haltet die Atmosphäre des Textes in einem **Standbild** fest.

9 Erarbeitet eine **Anklageschrift** Pizarros sowie eine Verteidigungsrede des Inka.
   a Sammelt zunächst Argumente:
     • Wie begründet Pizarro die Nichteinhaltung der Vereinbarung?
     • Mit welcher Begründung könnte Atahuallpa seine Freilassung fordern?
   b Verfasst die Anklageschrift bzw. die Verteidigungsrede.
   c Vergleicht eure Texte, greift Vorschläge auf und ergänzt fehlende Argumente.

10 Arbeitet in Gruppen:
   a Stellt euch vor, ihr wäret der Chronist Pizarros und solltet die Ereignisse für das Heimatland Spanien aufschreiben. Verfasst diese Darstellung.
      Tipp: Überlegt, welche Interessen eure Leserinnen und Leser haben.
   b Verfasst nun den Bericht aus der Sicht eines Inka-Chronisten.

Das Gold von Caxamalca – Gattungsmerkmale zuordnen

> **Literarische Gattung**
>
> Mit dem Begriff der **literarischen Gattung** versucht man, die **gemeinsamen Merkmale** verschiedener Texte herauszustellen und sie auf diese Weise zu Gruppen zu bündeln.
> Das gemeinsame Merkmal kann **sprachlich** definiert sein, z. B. ist die sprachliche Gemeinsamkeit von Gedichten, dass die in Versen angeordnete Sprache besonders gestaltet ist und dass sich die Verse häufig reimen.
> Auch **inhaltliche** Kriterien können die Zuordnung zu einer Gattung leisten, z. B. kommen in Märchen Wunder und Zauberwesen vor.

11 Welche Gattungsmerkmale weist eine Novelle auf?
    a Erklärt, was mit den folgenden Zitaten zur Gattung der Novelle gemeint ist.
    b Welche Zitate ähneln einander inhaltlich?

> „ … eine sich ereignete unerhörte Begebenheit" (Johann Wolfgang von Goethe)
>
> „ dieser Vorfall ist seltener und eigentümlicher Art." (Paul Ernst)
>
> „ Beschränkung auf eine Begebenheit." (Benno v. Wiese)
>
> „ von den … Romanen durch die Simplizität des Planes … unterscheiden." (Christoph Martin Wieland)
>
> „Die Einheit des Textes wird durch ein Symbol demonstriert." (E. Hermes)

12 Welche der genannten Merkmale treffen auf die bisher gelesenen Textauszüge aus „Das Gold von Caxamalca" zu?

13 Überprüft, welche Elemente in der nachfolgenden Definition aufgegriffen werden.

Jutta Grützmacher
Die Novelle
Text 11

Novelle (lat. *novus* = neu, ital. *novella* = kleine Begebenheit) – In straffer, meist linear auf einen Höhepunkt zulaufender Handlungsführung wird über ein konflikthaltiges Ereignis berichtet, das sich in Wirklichkeit abspielen könnte und Neuigkeitswert hat. Meist in Prosa und von mittlere Länge neigt die Novelle zur
5 geschlossenen Form. […] Goethe, der mit seiner Altersdichtung „Novelle" (1828) ein Musterbeispiel schaffen wollte, definierte sie schlicht als „eine sich ereignete unerhörte Begebenheit". Die von Paul v. Heyse 1871 in der Einleitung zur Sammlung „Deutscher Novellenschatz" veröffentlichte [T]heorie besagt, dass die Novelle eines zentralen Gegenstandes bzw. eines entsprechenden Ereignisses bedarf. […]
10 Im deutschsprachigen Raum erreichte die Novellendichtung ihren Höhepunkt im 19. Jahrhundert. […] Schon seit den Anfängen im 14. Jahrhundert werden Novellen in eine Rahmenhandlung eingebettet oder zu Zyklen zusammengefasst.

14 Erstelle eine Tabelle, in der du die zentralen Inhalte der Definition von Jutta Grützmacher notierst. Füge in einer zweiten Spalte ein, ob – und wenn ja – wie das jeweilige Merkmal in „Das Gold von Caxamalca" vorkommt.

Novellenmerkmale	Nachweis in „Das Gold von Caxamacla"
• straffe, linear verlaufende Handlungsführung	• Der Konflikt zwischen Europäern und Inka deutet sich schon am Anfang an.
• Die Geschichte könnte sich in Wirklichkeit ereignet haben	• Pizarro ■
■	■

Der unerhörte Schluss – Würdigung des Textes

Jakob Wassermann

Text 12 **Das Gold von Caxamalca (Fortsetzung)**

25 Am östlichen Himmel zeigte sich eben die erste matte Röte, da sahen wir einen ausgedehnten Zug von Peruanern von der Landstraße nach Caxamalca schreiten und sich dem großen Platz nähern. Inmitten des Zugs und über ihn erhoben gewahrten wir vierundzwanzig regungslose Gestalten auf ebenso vielen Stühlen und
5 jeder der Stühle, die, wie wir bald erkannten, aus Gold waren gleich dem Inkathron, wurde von acht Kriegern gleich dem Inkathron auf den Schultern getragen. Und jede der Gestalten war in die allerkostbarsten Gewänder gehüllt und es waren zwölf Männer und zwölf Frauen, lauter Tote.
Sie kamen aus den Grabstätten, wo die einen seit einem Menschenalter, die andern
10 länger, jahrhundertelang, geruht hatten, die Vorfahren Atahuallpas.
Die Männer waren mit der Borla und den Coraquenquefedern geschmückt, die Frauen hatten sternbestickte weiße Schleier, die sie von den Hüften abwärts umhüllten.
Als der feierliche und fast lautlose Zug bis dicht an die drei Treppenstufen der
15 Vorhalle gelangt war, lösten sich die Träger der Toten von ihm los, schritten mit den Thronen in die Halle und an die Tafel und stellten sie an die vorbereiteten Plätze, die Männer zur Rechten des Inka, die Frauen zur Linken.
Am oberen Ende der Tafel aber stellten sie eine ungeheure goldne Sonne auf, die im Feuer der Fackeln und Pechpfannen und im schon beginnenden Brand des
20 riesigen Scheiterhaufens einen verwirrenden Glanz verbreitete.
Atahuallpa begann nun, von den Speisen zu essen, zum Scheine nur, und jeder Mumie wurde eine Speise auf den goldnen Teller gelegt, auch dies zum Schein. In ihrem fürstlichen Staat, die Köpfe ein wenig gesenkt, die Haare von rabenschwarzer oder silberweißer Farbe, je nach dem Alter, in dem sie gestorben waren,
25 machten die Leichname einen täuschenden Eindruck des Lebens, der durch die grelle Beleuchtung der vielfachen Flammen und alsbald auch durch das Licht der höher steigenden Morgenröte verstärkt wurde.
Zuerst zeigten die Gesichter meiner Gefährten eine schauerliche Ehrfurcht, aber

der Anblick der goldnen Throne und goldnen Kleider, der Juwelen und Spangen
und vor allem der goldnen Sonne erweckten in ihren Gemütern die unverlöschliche Begierde neu, den nie zu stillenden Hunger, und trieb ihn bis ins Glutfieber hinein, denn eine solche Ansammlung von Schätzen ging über ihre Fassung und raubte ihnen die Vernunft. Die Wachen strömten herbei, die Soldaten strömten herbei, Lust und Grauen in den Augen, Gier und Furcht; ich selbst fühlte noch ein Aufflackern des wesenlos quälenden Verlangens, dann aber zersprengte mir dies grässliche Zweierlei, Wollust und Grauen, Gier und Furcht, Anblick des Goldes und Anblick des Todes das Bewusstsein.

Ich sah noch, wie sich ein Teil der Soldaten auf die goldnen Throne stürzte und von den Rittern zurückgerissen wurde, sah noch, wie der Inka sich vor seinen Ahnen tief verneigte und die Edlen seinem Beispiel folgten und wie er dann im Erfunkeln des ersten Sonnenstrahls nach einem leidvoll-erstaunten Blick auf die Stätte des Kampfes mit heiterem Lächeln zum Richtplatz schritt; hörte noch die dumpfen Ermahnungen des Mönchs und die verloren hingeleierten Credos der um den Scheiterhaufen versammelten Ritter, dann umfing mich eine wohltätige Dunkelheit, die erst nach vielen Tagen meine Sinne wieder verließ.

15 Fasse den Inhalt des Textauszugs mit eigenen Worten zusammen.

Inhaltsangabe
→ S. 46–54

16 Besprecht: Inwiefern unterscheidet sich dieser Abschnitt von den vorherigen Textauschnitten?

17 Laut der Definition von Jutta Grützenmacher (Text 11) handelt eine Novelle von einem Ereignis, „das sich in Wirklichkeit abspielen könnte und Neuigkeitswert hat".
  a Diskutiert, ob auch diese Wendung der Handlung die Gattungszuordnung „Novelle" erlaubt.
  b Überprüft, ob es sich um eine „unerhörte Begebenheit" handelt.

18 Diskutiert folgende Fragen:
  • Welchen Eindruck hinterlässt der Text bei der Leserin oder dem Leser?
  • Wie empfindet der Erzähler die Situation/das Geschehen?
  • Welche Schreibabsicht wird durch diese Wendung deutlich?

Jakob Wassermann

Text 13 **Das Gold von Caxamalca (Fortsetzung)**

26 Aber zur Einkehr und demütigen Betrachtung der menschlichen Dinge dauerte es noch lang. Was noch an Jammer und Niedersturz an meinem Auge vorübergezogen ist und an welchen unguten Taten ich fernerhin mit widerstrebendem Geist noch teilnahm, fühle ich mich zu berichten nicht versucht.

5 Verfinstert sein und nach der Helligkeit lechzen, ist ein Zustand der Seele, der sie peinigt, aber auch zum Fließen bringt. Zwischen Ahnung und Wissen gibt es einen Weiser, zwischen Trägheit und Sehnsucht einen Ruf.

Als ich einst über die Trümmer einer verkohlten Stadt wanderte und in die gebrochenen Augen von Menschenbrüdern blickte, befahl mir eine Stimme, zu schweigen und zu warten.

10 Als ich ein anderes Mal im Gebirge der Kordilleren auf eine Schar von sterbenden Kindern stieß, die der Hunger und die Angst aus den veröderten Dörfern hinaus in das wüste Pajonal getrieben hatte, weinte ich über das, was der Mensch ist und was er versäumt zu sein.

15 Ich sah den Tod in jeglicher Gestalt, die er auf Erden annimmt; ich sah die Freunde hingehn und die Führer fallen und die Völker enden und die Unbeständigkeit jedes Glücks und den Betrug jeder Hoffnung und schmeckte den bittern Bodensatz in jedem Trunk und das heimliche Gift in jeder Speise und litt an der Zwietracht der Gemeinden und an der Torheit selbst der Erleuchteten und an dem

20 grausam gleichmütigen Rollen der Zeit über diese schmerzbeladene Erde und erkannte die Nichtigkeit alles Habens und die Ewigkeit alles Seins und mich erfüllte das Verlangen nach einem besseren Stern, den die herrliche Sonne reiner durchglüht und edler beseelt hat.

Dieser, auf dem ich lebe, ist vielleicht von Gott verstoßen.

19 a Was ist mit dem Gegensatz „Nichtigkeit alles Habens und Ewigkeit alles Seins" (Z. 21) gemeint?
Nimm dazu Stellung, indem du zunächst in eigenen Worten formulierst, wie der Erzähler zu dieser Erkenntnis gekommen ist, und anschließend deine Sicht dagegen stellst oder die Ansicht des Erzählers unterstützt.
b Warum erzählt der Erzähler diese Ereignisse? Begründe deine Auffassung.
c Stelle Vermutungen an: Warum hat der Autor Jakob Wassermann diese Episode in seine Novelle aufgenommen?

20 Vergleiche diesen Erzählschluss mit dem Anfang der Erzählung (S. 36). Ist die Geschichte zu Ende erzählt? Begründe.

21 Betrachtet noch einmal die ganze Novelle.
a Diskutiert, welchen Eindruck sie bei euch hinterlässt.
b Fasst zusammen, was ihr bei der Besprechung dieser Novelle gelernt habt.

Inhaltsangabe und Novellenmerkmale

1 Die Stadt Fürth verleiht alle zwei Jahre den „Jakob-Wassermann-Literaturpreis". Stell dir vor, du sollst eine Inhaltsangabe der Novelle „Das Gold von Caxamalca" anfertigen, die in eine Sammlung mit weiteren Inhaltsangaben aufgenommen wird, die Besucher einer Preisverleihung erhalten, damit sie sich über das Werk des Autors Jakob Wassermann informieren können.

   a Plane die Inhaltsangabe, indem du eine Checkliste zu den wichtigsten Schritten bei der **Vorbereitung** einer Inhaltsangabe anfertigst. Diese Checkliste dient dir bei deiner weiteren Arbeit als Orientierung.

Inhaltsangabe
→ S. 46–54

   b Die Inhaltsangabe sollte auch darüber eine Aussage enthalten, dass es sich bei der Erzählung um eine Novelle handelt.

Novellenmerkmale
→ S. 59f.

<u>Checkliste Novelle:</u>

- linearer Erzählstrang
- ein tatsächlich mögliches Geschehen
- einfacher Aufbau
- Einbettung in einen Rahmen
- Symbol
- unerhörte Begebenheit

   c Übertrage die folgenden Informationen in eine Mindmap und ergänze sie, damit sie als Grundlage für eine Inhaltsangabe dienen kann:

- <u>Rahmenhandlung</u>: ehemaliger Ritter, nun Mönch Domingo de Soria Luce
- <u>unerhörtes Ereignis</u>: ■
- <u>wichtige Figuren</u>: ■
- <u>Ablauf des Geschehens</u>: ■
- ■

   d Formuliere eine Inhaltsangabe und nutze dabei die Ergebnisse deiner Vorarbeiten.

2 a Tauscht eure Inhaltsangaben aus und untersucht sie daraufhin, ob die wichtigsten Merkmale der Inhaltsangabe beachtet wurden. Ihr könnt u. a. folgende Fragen nutzen:
- Enthält die Einleitung alle wichtigen Informationen und den Kernsatz?
- Ist die Inhaltsangabe verständlich und klar formuliert?
- Enthält die Zusammenfassung für das Verständnis der Geschichte überflüssige Informationen? Wenn ja → kürzen!
- Fehlen wichtige Aspekte? Wenn ja → ergänzen!
- Wird die Reihenfolge der Ereignisse eingehalten?
- Werden Ursache-Folge-Zusammenhänge deutlich erläutert?

   b Um abwechslungsreich und treffend zu schreiben, sollten einige Sätze im **Passiv** formuliert sein. Notiere die wichtigsten Regeln und forme die Sätze um.

Und jetzt kommst du!

Götter in Weiß? – Textintentionen erkennen

Text 14

Heinz-Rudolf Kunze
Götter in Weiß

Das Auge des Glaubens
und das Auge der Gier
einander im Wahn gegenüber - - -
„Chef, sie opfern Menschen hier!"
5 „Na und? Was wär dir lieber?"

Eure Segel erscheinen
auf der Schneide des Meers,
an dessen Ufern die Friedlichen wohnen.
Sie beten euch an.
10 Und noch während sie singen,
sprechen schon eure Kanonen.

Nach Gewürzen gesucht,
und gefunden wird Gold –
alle Spuren so fremd, frisch und heiß.
15 Schlechte Karten gehabt,
trotzdem alles gewonnen:
Typisch Götter in Weiß.

Götter in Weiß
haben traurige Erde
20 mit Blut in allen Farben befleckt,
für Kaiser und Kirche, für Fortschritt
               und Freiheit
den Rand der Welt entdeckt.

Götter in Weiß,
25 Herren der Schöpfung,
todesängstlich starkes Geschlecht.

Jenseits der Liebe fühlt ihr Verlangen,
zu lieben gerade die, die ihr brecht.

Unendlich erfolgreich,
30 dem Siegen verfallen,
kein Fleck blieb vor euch lange verschont.
Kein Abgrund der Tiefsee,
kein Fels in den Wolken,
kein Grashalm und kein Staubkorn vom Mond.

35 Kantiges Kinn,
stechender Blick,
perfekte Pläne hinter eisiger Stirn.
Am Anfang das Wort,
danach gleich der Mord.
40 Inzwischen plündert ihr das eigene Hirn.

AMERIKA
hat noch keiner entdeckt,
es ist nicht von dieser Welt.
Das, was ihr Götter „Amerika" nennt,
45 ist nur ein Indien mit Geld.

Götter in Weiß,
betet für euch,
besser, wenn ihr büßt und bereut.
Schlechte Zeiten für Täter. Eher früher als später
50 hat die Menschheit sich von Monstern befreit.

© Weltverbesserer Musikverlag, Berlin

---

1 a Sammle alles, was du in dem Lied von Heinz-Rudolf Kunze über die „Götter in Weiß" erfährst.
  b Wer könnten die „Götter in Weiß" sein? Begründe.

2 Überlegt: Welche Parallelen zu Pizarro und seinen Leuten ergeben sich?

3 a Welche Aussageabsicht ist deiner Meinung nach im Liedtext erkennbar? Formuliere einen kurzen Text.
  b Hatte Jakob Wassermann eine ähnliche Absicht? Begründe deine Ansicht mit Belegen aus den Texten.

Jakob Wassermann
Das Gold von Caxamalca

Text 15

26 Atahuallpa stand auf und in seinem Ebenmaß und seiner stolzen Würde war er unbeschreiblich schön anzusehen; das rote Licht der Fackeln umzuckte sein bräunliches Gesicht und das scharlachne Kleid, das die schlanke Gestalt umschloss, verlieh der Erscheinung etwas Glühendes.

5 „Ihr Männer, sagt mir doch, wo kommt ihr her?", begann er leise und mit grüblerischem Ausdruck. „Was ist es für ein Land, in dem eure Heimat ist? Sagt mir doch, wie es beschaffen ist und wie ihr es anstellt, darin zu leben: ohne Sonne?"
„Wie denn, ohne Sonne?", fragte Andrea della Torre verwundert. „Meinst du denn, dass bei uns ewige Finsternis herrscht?"
10 „So muss ich annehmen, da ihr der Sonne den Krieg erklärt habt", antwortete Atahuallpa.
„Du und die Sonne, ihr seid also eins?", rief Don Almagro spottend.
„Seit vielen tausend Jahren", nickte der Inka. „Meine Ahnen und ich, seit die Kornfrucht in diesem Lande wächst."
15 Es entstand eine Stille, in welcher wir den Pater Valverde draußen beten hörten.
„Meine Ahnen werden kommen", sagte Atahuallpa geheimnisvoll, „die nicht zu Staub zerfallen sind, werden kommen und mich begrüßen."
Alle schauten ihn erstaunt an.
„Aber ihr antwortet mir nicht", begann er wieder und blickte rundum. „Warum
20 schweigt ihr auf meine Frage? Scheint denn bei euch dieselbe Sonne? Ihr müsst euch täuschen, es muss eine andre sein. Ist sie denn nicht erzürnt, wenn ihr die Kleinodien zerstört, die der Fleiß eurer Handwerker geschaffen hat? Verfinstert sie sich nicht, wenn ihr die geheiligten Frauen anrührt? Was habt ihr für Gesetze, was habt ihr für Bräuche? Gibt es Gestalten bei euch, die unberührbar sind? Kennt ihr
25 denn das Unberührbare, da eure Hand doch vor nichts zurückschreckt und alles berührt?"
Er streckte beide Hände mit an den Leib gedrückten Oberarmen flach aus wie zwei Schalen, als wolle er die Antwort darin empfangen. Aber es kam keine Antwort. Es war ein so atemloses Schweigen eingetreten, dass es beinahe gespenstisch
30 wirkte.
„Ich wollte ergründen, was euch so stark macht", fuhr er sinnend und mit gesenkter Stirn fort, „und ich glaube, ich habe es ergründet. Es muss das Gold sein. Das Gold verleiht euch den Mut, alle Dinge zu berühren und euch alle Dinge anzueignen. Und indem ihr die Dinge gewinnt, zerstört ihr jedes Dinges Form. Das
35 Gold verwandelt eure Seele, das Gold ist euer Gott, euer Erlöser, wie ihr es nennt, und wer ein Stück davon besitzt, der ist gefeit, der meint, die Sonne zu besitzen, weil er eine andere Sonne nicht kennt. Ich verstehe es nun genau, und ihr dauert mich, ihr Sonnenlosen." […]

4 Zeigen die Rede Atahuallpas und der Liedtext von Kunze die gleichen Absichten?
   a Welche Lebensauffassung zeigt sich in der Rede Atahuallpas?
   b Stelle sie der Anschauung der „Götter in Weiß" gegenüber.

Alles Liebe

Literarische Ausdrucksformen untersuchen

Alles Liebe 67

1. Erster Blick – Jugendroman

So lonely – Der Anfang eines Jugendromans

Per Nilsson

Text 1 **So lonely**

Sie kam aus dem Nebel
Ihr rotes Haar
erhellte meinen Morgen
erhellte mein Leben

Erzählanfang
→ S. 36f.

1 a Dieses Gedicht leitet den Jugendroman „So lonely" ein. Gib ihm einen passenden Titel.
   b Formuliere mit eigenen Worten: Was drückt das Gedicht aus?
   c Entscheide dich für eine der folgenden Möglichkeiten, mit dem Gedicht kreativ umzugehen:
   - Verfasse ein Parallelgedicht.
   - Verfasse ein Gegengedicht.
   - Setze das Gedicht fort.
   d Lest euch eure Fassungen vor und besprecht, inwiefern sich die Aussage des Original-Gedichts verändert.

Parallel- und Gegengedichte

Parallel- und Gegengedichte sollten den formalen Aufbau des Ausgangsgedichts übernehmen und die Struktur seiner Verse und Strophen beibehalten, aber einzelne Wörter oder ganze Wortgruppen ersetzen.
Bei einem **Parallelgedicht** hat das neu entstandene Gedicht eine ähnliche Aussage wie das Vorbild.
Beispiel: *Ihr flammendes Haar*

Bei einem **Gegengedicht** wird die Aussage umgekehrt oder die Perspektive geändert.
Beispiel: *Sein schwarzes Haar*

   e Überlege, worum es in dem Jugendroman „So lonely" gehen könnte.
   f Aus wessen **Perspektive** könnte der Roman erzählt sein?

Per Nilsson
So lonely (Fortsetzung)

Text 2

Diese Zeilen hatte er in sein schwarzes Buch geschrieben, aber entsprachen sie auch der Wirklichkeit? War es an jenem Morgen tatsächlich neblig gewesen? Hatte er ihre roten Haare tatsächlich bereits gesehen, als der Bus sich langsam der Haltestelle näherte?

5 Konnte er sich überhaupt an das erste Mal erinnern? Hatte er sie vielleicht schon oft im Bus gesehen, ohne sie zu bemerken? War sie vielleicht schon den ganzen Herbst, seit Schuljahresbeginn, mit dem Bus gefahren?

Sein Kino-im-Kopf hatte sämtliche Szenen dieses Films so oft abspulen lassen, dass er nicht mehr wusste, was wirkliche Erinnerungsbilder waren. Soeben hatte er
10 die letzte Wiederholung angefangen, danach würde der Film nie mehr gezeigt werden.

So war es gewesen, entschied er. Genau so war es gewesen. An einem nebligen Morgen Anfang September saß er wie immer ganz hinten im Bus unterwegs zur Schule.

15 Schon als der Bus langsam auf jene besondere Haltestelle zufuhr, entdeckte er etwas Rotes, etwas Rotes, das sonst nie dagewesen war, und als das rothaarige Mädchen mit der moosgrünen Jacke eingestiegen war, hatte er das Gefühl, als würde sie den ganzen Bus erhellen.

Ja, so war es gewesen, als er sie zum ersten Mal gesehen hatte. Hatte er schon
20 damals gewusst, dass sie Herztrost war? Vielleicht hatte er es gewusst. Auf jeden Fall starrte und spähte er während der ganzen Fahrt nach vorn in der Hoffnung, einen Blick auf sie werfen zu können, auf die Rothaarige, die weit vorne im vollgestopften Bus stand, und als er am Marktplatz ausgestiegen war, stürzte er am Bus entlang, um sie noch von draußen sehen zu können, bevor der Bus weiterfuhr.

25 Von jenem Morgen an war er von Sehnsucht erfüllt. Von einer Sehnsucht, die er zuvor nie gekannt hatte und die kein anderes Ziel hatte, als dass sie, das Mädchen mit den roten Haaren, im Bus sein sollte, wenn er in die Schule fuhr.

Bald kam er dahinter, dass sie jeden Montag-, Dienstag- und Donnerstagmorgen mit demselben Bus fuhr wie er.

30 Auf dem Heimweg sah er sie nie. Er wusste nicht, wohin sie fuhr, er wusste nicht, was sie tagsüber machte, er wusste nicht, wer sie war, wie sie hieß, wo sie wohnte. Er wusste nur, dass sie ihn mit Sehnsucht erfüllte.

Die Wochenenden waren plötzlich viel zu lang. Mittwoch und Freitag waren schlechte Tage.

35 Montag, Dienstag und Donnerstag waren natürlich gute Tage, aber nicht gut genug. Er wollte das Mädchen öfter sehen. Er wollte sie besser sehen.

Also begann jetzt sein langsames Vorrücken im Bus. Im Laufe der Winterwochen bewegte er sich allmählich von seinem Platz im hintersten Teil des Busses nach vorn, ein Sitz pro Woche.

40 Mitte Februar war er vorne angekommen. Er saß jetzt schräg hinterm Fahrer, auf dem Sitz neben dem Mittelgang, und manchmal stand das Mädchen mit den roten

Haaren direkt neben ihm, so nahe, dass ihre Beine die seinen berührten, wenn der Bus sich in die Kurven legte. Doch auch das war nicht gut, jetzt saß er nämlich so nah, dass er sie nicht anzuschauen wagte.

Also begann sein langsames Nach-hinten-Rücken. Ende März hatte er den perfekten Platz gefunden: Weit genug entfernt, um sie mustern zu können, ohne dass sie es bemerkte, und nah genug, um ihre braunen Augen sehen zu können. Rote Haare, braune Augen und moosgrüne Jacke.

Rot, braun und grün war die Fahne in seinem Traumreich. Und jeden Montag, Dienstag und Donnerstag tauchte sie in der Wirklichkeit auf und erhellte seinen Morgen und sein Leben.

Dann kam ein Mittwoch.

Die beiden ersten Englischstunden waren ausgefallen, daher fuhr er erst um halb zehn in die Schule.

Der Bus war fast leer. Es war ja Mittwoch, daher war er völlig unvorbereitet und entdeckte sie erst, als sie schon im Bus war und direkt auf ihn zukam.

Lieber Gott, wenn es dich gibt, mach, dass sie sich neben mich setzt, dachte er. Lieber Gott, lass sie ... nein, lieber nicht, nein, ich nehme es zurück. Nein, nicht neben mich, nein, nein ... Sie setzte sich schräg vor ihn hin.

Er atmete auf und begann, ihr Haar anzustarren, ihren Nacken, ihr Ohr. Nur zwanzig, dreißig Zentimeter von ihm entfernt. Ihr Ohr. Sein Herz wurde von [...] Zärtlichkeit erfüllt, von einer Zärtlichkeit, die fast wehmütig gefärbt war. Ihr Ohr sah so schutzlos aus, klein und einsam und mit kleinen weichen Falten. Nacken und Rücken gehörten einer stolzen jungen Frau, das Ohr jedoch war das Ohr eines kleinen Mädchens.

Er saß da und starrte ihr Ohr an, bis sie plötzlich an einer Haltestelle aufstand und ausstieg. Verwirrt sah er sich um. Den Marktplatz hatte er verpasst, er war durch die halbe Stadt gefahren, er würde eine halbe Stunde zu spät in die Mathestunde

kommen und Herr Knutsson würde ihn sauer anstarren und ihm zwei Seiten
Strafarbeit aufbrummen.
Aber das war es wert.
Bevor er ausstieg, roch er es: In dem leeren Bus hing ein schwacher Duft nach Zitrone.

2 a Überprüft eure Erwartungen vom Anfang (Aufgabe 1e, S. 69).
  b Welche Wörter aus dem Gedicht tauchen in welchem Zusammenhang wieder auf? Sucht die Stellen mit entsprechenden Zeilenangaben heraus.
  c Besprecht Unterschiede zwischen dem **Gedicht** und dem **Prosatext**. Geht dabei u. a. auf folgende Aspekte ein: Form, Schreibabsicht, Adressatenkreis, Wirkung ...

> **Prosa**
>
> Als Prosa bezeichnet man die Darstellungsform innerhalb der Belletristik (Belletristik = „schöne Literatur"), die weder als Drama noch als Lyrik eingeordnet werden kann.
> Zur Prosa gehören u. a. **Kurzgeschichten, längere Erzählungen, Novellen** und **Romane**.
>
> Die **Sprache** in Prosatexten ist meist nicht rhythmisiert und **nicht gebunden** wie im Gedicht. Die vermittelnde Instanz ist die **Erzählerin** oder der **Erzähler**. Sie/Er kann als Ich-Erzähler/in oder in der 3. Person auftreten. Dabei kann er ganz hinter dem Geschehen zurücktreten, aus der Perspektive einer bestimmten Figur erzählen (**personaler Erzähler**) oder als allwissender (**auktorialer**) Erzähler fungieren.
> Der Erzähler kann kommentierend in das Geschehen eingreifen und **darf nicht mit der Autorin oder dem Autor eines Textes verwechselt** werden.

3 Stell dir vor, der Erzähler in „So lonely" befände sich direkt im Geschehen.
  a Wo genau befände er sich?
  b Welche Gedanken und Gefühle würde er kennen?
  c Überlege, welche Wirkung es hat, wenn eine Geschichte durchgängig aus einer bestimmten Perspektive erzählt ist.

4 Der Junge, um den es hier hauptsächlich geht, sieht ein Mädchen. Welche Gefühle und Gedanken löst dies in ihm aus? **Zitiere** passende Textstellen.

5 Aufgrund der Erzählperspektive kennen wir die Gedanken des Mädchens nicht. Stell dir vor, sie habe das Interesse des Jungen bemerkt. Verfasse einen **inneren Monolog** des Mädchens, während es im Bus sitzt.

6 Untersuche, wie sich der Junge in den nächsten Wochen im Bus verhält.
  a Protokolliere hierzu die einzelnen „Stationen" seines Verhaltens, seiner Gedanken und Gefühle. Wähle eine anschauliche Art der Darstellung. Du könntest beispielsweise einen Zeitstrahl zeichnen und passende Begriffe für die entsprechenden Tage eintragen.
  b Welche Veränderungen gehen dabei in dem Jungen vor?
  c Glaubt ihr, er wird den Mut finden, das Mädchen anzusprechen? Diskutiert, welche Anzeichen dafür, welche dagegen sprechen.

Ich wünschte mir ... – Konjunktiv II, Potentialis

7 Der Junge weiß nicht, wie er mit der Situation im Bus umgehen soll. Verfasse einen **inneren Monolog** aus seiner Sicht. Er könnte so anfangen:

Ich wünschte mir, das rothaarige Mädchen käme zu mir rüber...

Konjunktiv II, Potentialis

Um Wünsche und Sehnsüchte auszudrücken, benutzt man häufig den Modus des **Konjunktiv II**. Der Konjunktiv II drückt aus, dass etwas in der Realität nicht so ist, wie es sein könnte oder sein sollte.
Der Konjunktiv II wird **vom Präteritum abgeleitet**. Bei **starken Verben** verändert sich dabei meist der Stammvokal.
Beispiel: *ich trug – ich trüge*

Sind Präteritum und Konjunktiv II nicht eindeutig voneinander unterscheidbar, wie hauptsächlich bei **schwachen Verben**, dann verwendet man die **Ersatzform** (Infinitiv + *würde*). Geben allerdings andere Wörter einen Hinweis auf den Konjunktiv (z.B. *wenn*), ist die Verwendung der Ersatzform nicht nötig.
Beispiel: *Ich wünschte, sie würde sich neben mich setzen. Wenn sie sich neben mich setzte, wäre ich glücklich.*

8 a Erstelle eine Tabelle nach folgendem Beispiel, in der du für jeweils ein starkes und ein schwaches Verb die Konjunktiv II-Form einträgst.

	tragen	sagen
1. Person, Sg.	ich trüge	ich würde sagen
2. Person, Sg.	du trügest	du würdest sagen
3. Person, Sg.	er/sie/es trüge	er/sie/es würde sagen
1. Person, Pl.	wir trügen	wir würden sagen
2. Person, Pl.	ihr trüget	ihr würdet sagen
3. Person, Pl.	sie trügen	sie würden sagen

b Vervollständige die Sätze und setze die passende Konjunktiv II-Form ein.
- Ich ■ (sehen) gerne heute Abend fern, aber wir bekommen Besuch.
- Du ■ (kommen) niemals mit mir zu dem Konzert, wenn ich dich nicht ■ (einladen).
- Sie ■ (schreiben) mir eine E-Mail, wenn sie mich sehen ■ (wollen).
- Wir ■ (fahren) gerne im Urlaub nach Kreta, wenn wir nicht gerade ■ (umziehen).
- Ihr ■ (geben) mir nie die Erlaubnis, wenn nicht die Tante ■ (mitkommen).
- Sie ■ (ziehen) gerne in unser Viertel, wenn sie eine Wohnung ■ (finden).

9 Überarbeitet die inneren Monologe aus Aufgabe 7 mithilfe eures Wissens über den Konjunktiv II, Potentialis.

10 a Lest euch die inneren Monologe vor und klärt mit ihrer Hilfe, in welchem inneren Konflikt der Ich-Erzähler steckt.

b Übertrage die nebenstehende Zeichnung in dein Heft.
   Trage in die eine Gedankenblase ein, warum der Junge
   sich wünscht, dass sich das Mädchen neben ihn setzt, in die andere
   den entgegengesetzten Wunsch.
c Lest euch die Gedanken vor. Welche Gründe für den inneren Zwiespalt lassen sich aus ihnen erschließen?

11 a In diesem inneren Konflikt spielen hauptsächlich Ängste ein Rolle,
      genau wie bei dem Problem des Ansprechens. Welche Ängste sind das?
      Erstellt eine Liste. Überprüft noch einmal eure inneren Monologe und
      Gedankenblasen.   **Konflikte → S. 163**
   b Diskutiert, wie man mit diesen Ängsten umgehen sollte.

12 Nimm an, der Junge in Text 2 fände den Mut, dem Mädchen einen Brief
   zu schreiben und ihr zuzustecken.
   a Formuliere diesen Brief aus der Sicht des Jungen.
   b Lest euch eure Briefe vor und diskutiert, ob der Inhalt dem Charakter
      des Jungen entspricht. Begründet dabei eure Meinung mithilfe passender Text-
      stellen.
   c Sammle die Charaktereigenschaften des Jungen und notiere die jeweiligen
      Textstellen, in denen sie deutlich werden.
   d Diskutiert, welche Fortsetzung des Romans sich aus den Charakterzügen er-
      geben könnte.

**literarische Figuren
charakterisieren
→ S. 38–42**

13 Schreibe auf, unter welchen Bedingungen sich der Junge vielleicht trauen würde,
   das Mädchen anzusprechen. Verwende dazu den Konjunktiv II, Potentialis.
   <u>Beispiel:</u> *Vielleicht würde er sich trauen, wenn der Bus plötzlich bremste und ...*

Wenn das Wörtchen *wenn* nicht wäre – Konjunktiv II, Irrealis

Per Nilsson
So lonely

Text 3

Wenn das Wörtchen Wenn nicht gewesen wäre ...
Wäre dann alles trotzdem passiert, nur auf andere Art? Oder wäre überhaupt
nichts passiert?
Wenn er und Henka eines Tages im April nach der Schule nicht nebeneinander im
5 Bus gesessen hätten.
Wenn sie nicht zufällig auf dem Heimweg aus der Stadt zum ersten Mal denselben
Bus benützt hätte.
Wenn sie nicht zufällig direkt vor ihnen Platz genommen hätte, nah genug, um zu
hören. Wenn Henka nicht angefangen hätte, über sein Spezialinteresse zu disku-
10 tieren.
Wenn Henka nicht behauptet hätte, dass Donald Duck der größte und interes-
santeste Comic-Held aller Zeiten sei.

Wenn er selbst dann nicht, um Henka zu ärgern, gesagt hätte:
„Von wegen Donald Duck. Diese bescheuerte Ente. Hast du noch nie Fix und Foxi gelesen? Foxi ist eindeutig der Größte!"
„Wer?" Henka riss empört die Augen auf. „FOXI!"
Wenn nicht, wenn nicht, wenn ...
Nun führt aber alles zu dem Wort FOXI und in diesem Augenblick fing alles an, genau in dem Moment, als er FOXI sagte und sie sich umdrehte und ihm voll ins Gesicht schaute:
„Ja?"
Mit einem fragenden Lächeln.
Er starrte mit dämlichem Gesichtsausdruck zurück.
„Oh, entschuldige", sagte sie, als sie sein Erstaunen sah, „ich hab geglaubt ... Man nennt mich oft ..."
Verzweifelt versuchte er, seine Gesichtszüge zu ordnen, er wollte ihr Lächeln spiegeln, ihre braunen Augen – aber er brachte nur eine steife, angespannte Grimasse zustande, bevor sie sich wieder nach vorn umdrehte.
Ich hasse mich, dachte er. Dass ich immer ... Dass ich nie ... Ich hasse mich. Jetzt, wo ich die Chance gehabt habe, habe ich sie nicht gepackt. Jeder andere hätte das getan, einfach jeder, nicht mal Henka hätte das vermasselt, jetzt kriege ich nie mehr eine Chance, mit ihr zu sprechen, dachte er und vor Wut traten ihm Tränen in die Augen.
„Foxi? Du willst mich wohl verarschen? Seit Carl Barks ... Was ist überhaupt mit dir los? Wohin starrst du?"
Er drehte sich zu Henka um. Henka hatte er ganz vergessen.
Er wollte Henka los sein. Samt Donald und Foxi.
Als Henka sich verabschiedete und ausstieg, war er erleichtert.
Und jetzt?
Sollte er zu ihr nach vorn gehen? Was sollte er denn sagen?
Warum hatte sie sich umgedreht?
Seine Gedanken drehten sich im Kreis und der Bus war nur zwei Haltestellen von ihrer Haltestelle entfernt.
Er entschied sich.
It's now or never, dachte er.
A man's got to do what a man's got to do. Er stand auf und wäre fast mit ihr zusammengestoßen, sie war nämlich zu seinem Platz hergekommen, ohne dass er es gemerkt hatte.
„Oh ..."
„Ich hab vorhin geglaubt, dass du mich meinst", erklärte sie lächelnd.
„Wieso?"
Er kapierte null.
„Ich hab geglaubt, dass du mich meinst", wiederholte sie, immer noch lächelnd, „als du Foxi gerufen hast."
„Foxi?", stotterte er und begriff noch weniger. „War... warum sollte ich dich Foxi nennen? Das würd ich doch nie tun ..."

„Nicht?" Sie lächelte immer noch. „Warum nicht?"
Nein, jetzt kapierte er tatsächlich gar
60 nichts mehr. Warum stand sie hier dicht vor ihm in einem schwankenden Bus, sie, die Rothaarige, mit der er nie gesprochen, die er aber viele Monate lang angepeilt hatte, die Sehnsucht sei-
65 nes Herzens, das Licht seines Lebens, warum stand sie hier vor ihm und redete über Comics?
Er verstand weniger als null.
„Foxi ist doch eine alberne, überdrehte
70 Comic-Figur. Und du, du bist ..."
„Ja ...?"

Ihr Lächeln war ein interessiertes Lächeln geworden, ihre braunen Augen waren zwei neugierige braune Augen geworden. Jetzt wagte er, sie anzuschauen und ihrem Blick zu begegnen, und seine Angst und Verwirrung waren wie weggeblasen.
75 „Nein", sagte er entschieden, „du bist kein alberner Comic-Fuchs. Du bist ..."
„Ja ...?"
Braune neugierige Augen.
„Weiß nicht so recht. Ein Eichhörnchen vielleicht ... nein. Eine Katze? Weiß nicht ..."
Ich weiß es noch nicht, hätte er gesagt, wenn er etwas kühner gewesen wäre.
80 „Katzen sind hinterhältig", sagte sie. Lächelnd, prüfend.
„Nein, nicht hinterhältig", sagte er. „Katzen sind ..."
Da hielt der Bus an ihrer Haltestelle. „Ich muss jetzt aussteigen ..."
Gerettet durch den Gong, dachte er und atmete auf.
In der Tür drehte sie sich zu ihm um.
85 „Du musst mir ein andermal mehr über Katzen erzählen."

14 Beschreibe mit eigenen Worten:
  a Durch welchen Zufall kommt die erste Begegnung zwischen dem Jungen und dem rothaarigen Mädchen zustande?
  b Wie fühlt und verhält sich der Junge bei dieser ersten Begegnung mit dem Mädchen? Sucht nach Gründen dafür, warum er sich so verhält.
  c Wie reagiert das Mädchen auf ihn?
  d Stellst du eine Entwicklung bei dieser ersten tatsächlichen Begegnung fest? Begründe deine Einschätzung.

15 Erzähle die Begegnung aus der Sicht des Mädchens. Berücksichtige dabei auch ihre Gedanken und Gefühle.

erzählen
→ S. 208

16 „Wenn das Wörtchen Wenn nicht gewesen wäre ..." (Z. 1)
   a Lies noch einmal den Anfang der Textstelle. Welche Frage stellt sich der Junge?
   b Der Anfang der Textstelle ist im Konjunktiv II, Irrealis geschrieben. Überlegt euch, wie er gebildet und wann er verwendet wird.

17 a Erstelle eine Tabelle, in der du die Konjunktiv-II-Form der Verben **haben** und **sein** für jede Personalform bildest.

	haben	sein
1. Person, Sg.	ich hätte	ich wäre
2. Person, Sg.	du ■	■
3. Person, Sg.	er/sie/es ■	■
1. Person, Pl.	wir ■	■
2. Person, Pl.	ihr ■	■
3. Person, Pl.	sie ■	■

   b Erstelle eine Liste mit zehn Verben, für die deine Sitznachbarin oder dein Sitznachbar jeweils das Partizip bilden soll.
   Beispiel: sagen – gesagt
   c Spielt ein Ratespiel in der Klasse. Dazu sagt immer eine/r die Grundform eines Verbs, eine Personalform und die Art des Konjunktivs. Der Rest muss so schnell wie möglich die richtige Lösung rufen. Der/die Schnellste darf als nächstes ein Verb vorgeben.
   Beispiel: lachen, 2. Person Plural, Konjunktiv II, Irrealis →
       ihr hättet gelacht

Konjunktiv II, Irrealis

Der Konjunktiv II, Irrealis bezieht sich auf Geschehnisse in der Vergangenheit und beschreibt, dass etwas anders hätte verlaufen können.
Er wird aus der Konjunktiv-II-Form der Verben **haben** bzw. **sein** und dem Partizip II gebildet.
Beispiel: Sie haben im Bus gesessen.   →   Sie hätten im Bus gesessen.
           Es ist passiert.   →   Es wäre passiert

18 Der Junge überlegt sich später, wie er hätte „cooler" reagieren können, und schreibt diese Gedanken in sein Tagebuch.
   a Setze diese Gedanken im Konjunktiv II, Irrealis fort:

   Wenn ich cooler gewesen wäre, hätte es besser laufen können. Ich hätte sie nicht so dämlich anstarren dürfen ...

   b Würde es eurer Meinung nach zum Charakter des Jungen passen, sich hinterher Vorwürfe zu machen? Begründet mithilfe von Textzitaten.

2. Erste Begegnung – Dramatische Texte

Romeo und Julia ist ein Theaterstück von William Shakespeare (1564–1616). Darin geht es um die Liebe zweier Jugendlicher, die aber nicht sein darf, weil die Veroneser Familien Montague (die Familie Romeos) und Capulet (die Familie Julias) Erzfeinde sind.

William Shakespeare
Romeo und Julia

Text 4

ROMEO: Wer ist die Dame, die den Ritter dort
 Reich macht mit ihrer Hand?
BEDIENTER: Ich weiß nicht, Herr!
ROMEO: Sie lehrt die Fackeln brennen, hell entfacht!
5 Als hing' sie an der Wange dieser Nacht
 Wie an des Mohren Ohr ein edler Stein.
 Schönheit zu reich! für diese Welt zu rein!
 Wie eine Taube, schneeweiß unter Krähen,
 Ist sie unter den andern Fraun zu sehen. –
10 Nach diesem Tanz steht sie dort an der Wand.
 Dann segne ihre Hand auch meine raue Hand!
 Liebte mein Herz bis heut? Nein, nein, noch nie.
 Nie sah ich wahre Schönheit; jetzt erst: sie.
 [...]
15 ROMEO *(zu Julia)*: Entweih ich jetzt mit unwürdigster Hand
 Dies Heiligtum, so sündig' ich; dann müssen
 Die Lippen mein, zwei Pilger, schamentbrannt
 Sühnen den rauen Griff mit zarten Küssen.
JULIA: Ihr tadelt, lieber Pilger, mehr als billig
20 Die Hand für ihren andachtsvollen Gruß.
 Die Hand der Heiligen gönnt ihn der des Pilgers willig,
 Denn Hand an Hand ist frommer Pilger Kuss.
ROMEO: Doch Heilige haben Lippen! Pilger auch! –
JULIA: Ja, Pilger: Lippen, um damit zu beten.
25 ROMEO: Lass Lippen tun der Hände frommen Brauch!
 Denn sie verzweifeln sonst; erhöre, was sie flehten.
JULIA: Erhören dürfen Heilige, nicht sich regen.
ROMEO: So reg dich nicht, ich nehm mir meinen Segen! *Er küsst sie.*
 Dein Mund hat meinen aller Sünd' entbunden.
30 JULIA: So hat *mein* Mund dafür der Sünde Fluch?
ROMEO: Dein Mund und Sünde!? Oh du Vorwurf, süß erfunden!
 Die Sünde gib zurück! *Er küsst sie wieder.*
JULIA: Ihr küsst recht nach dem Buch!

1 a Mit welchen **sprachlichen Bildern** beschreibt Romeo Julia, als er sie erblickt?

Um die Aussage von sprachlichen Bildern zu erschließen, ist es oft hilfreich, zu den einzelnen Wörtern aus dem Bild frei zu assoziieren, d. h. die spontanen Gedanken, die einem dazu einfallen, aufzuschreiben. Dazu kann man gut einen Cluster anlegen.

b Ergänze den Cluster in deinem Heft und fertige weitere Cluster zu den anderen Begriffen aus den sprachlichen Bildern in Text 4 an.
c Überlege nun, was Romeo mit diesen Bildern ausdrücken will.

Vergleich

Durch **bildhafte Vergleiche** wird das Ausgesagte meist verstärkt. Die Bilder können aus verschiedensten Bereichen stammen: aus der Natur, dem Tierreich, der Technik …
Beispiel: *Es kribbelt im Bauch wie Ameisen.*

2 Sammelt weitere Vergleiche aus dem Wortfeld „Gefühle".

3 Romeo flirtet mit Julia und bedient sich hierzu eines Wortspiels, in dem folgende Wörter eine Rolle spielen: *Sünde, Lippen, Heilige, Hände, Pilger, Kuss.*
Erschließe dir die Bedeutung, indem du das folgende Schaubild ins Heft überträgst und fortsetzt:

4 a Worin unterscheidet sich Romeos Verhalten von dem Verhalten des Jungen in „So lonely" (Texte 2 und 3)?

	Junge in „So lonely"	Romeo in „Romeo und Julia"
Auftreten	unsicher, ungeschickt	sicher und gewandt
Sprache	■	bildhaft
■	■	■

b Übertragt Text 4 in die heutige Zeit. Überlegt, wo die Handlung stattfinden könnte. Lasst aber den Jungen ähnlich bildhaft sprechen wie bei „Romeo und Julia".
c Tragt eure Szenen (vielleicht in verteilten Rollen) vor und besprecht, wie das Mädchen jeweils auf Romeo reagiert hat. Welche Reaktion wäre wohl die wahrscheinlichste? Begründet eure Einschätzung.

Kirsten Boie
Moppel wär gern Romeo

Text 5

Bungalow vierundsiebzig lag ganz nahe beim großen schmiedeeisernen Tor. Der Uniformierte von vorgestern erkannte mich wieder und tippte sich an die Mütze. Aber vielleicht tat er das ja auch bei jedem.
Die Sonnenbrille lag auf ihrer Terrasse auf einem riesengroßen Badelaken und
5 sonnte sich. Ihre Haut glänzte am ganzen Körper und davon war reichlich zu sehen. Wahrscheinlich hielt sie sich an den Ratschlag mit Schutzfaktor zwölf.
„Hei", sagte ich und tat, als wäre ich ganz zufällig vorbeigekommen. „Na?"
Die Sonnenbrille rollte sich im Zeitlupentempo vom Bauch auf den Rücken. Dann nahm sie ihre Brille ab.
10 „Ja?", sagte sie und starrte mich an. Dabei zog sie die Brauen nach oben.
Ich merkte, wie alles in mir zusammensackte. Wenn einer „na?" sagt, dann sagt man auch „na?", und dann kann sich was entwickeln. Aber nicht, wenn man dann „ja?" fragt und die Brauen hochzieht. Wenn man dann „ja?" fragt und die Brauen hochzieht, dann heißt das, bitte, was willst du, du hast doch sicher einen Grund
15 für die Störung. Ich gebe dir dreißig Sekunden, dann rolle ich mich zurück.
Ich merkte, wie Panik in mir aufstieg. Dass gleich die erste Übungssituation unter so schwierigen Bedingungen stattfinden musste, hatte ich nicht erwartet. Aber wenn ich jetzt aufgab, brauchte ich es in den nächsten Tagen gar nicht mehr bei ihr zu versuchen.
20 „Wir – wir kennen uns, oder?", fragte ich. Das war doch jetzt gut gesagt. Es hätte vielleicht ein bisschen souveräner klingen können, so wie bei den Typen im Fernsehen vielleicht: „Hey Baby, haben wir uns nicht schon mal gesehen?"
Und sie müsste dann antworten ...
„Nicht, dass ich wüsste", sagte die Sonnenbrille und rollte schon wieder
25 langsam auf den Bauch.
„Auf dem Markt heute Morgen", sagte ich schnell. „Und wir sind auch – wir sind mit demselben Flugzeug gekommen." „Ja?", sagte die Sonnenbrille und zog wieder die Brauen hoch. Aber immerhin blieb sie halb gerollt liegen, zwischen Bauch und Rücken, und das ist ja eine anstrengende Lage.
30 „Ich hab dich da schon gesehen", sagte ich. Das klang schön neutral. Damit vergab ich mir nichts.
„Du bist mir jedenfalls nicht aufgefallen", sagte die Sonnenbrille und jetzt rollte sie sich endgültig zurück auf den Bauch. Dann setzte sie die Brille wieder auf und tat, als wäre ich gar nicht mehr da. Wahrscheinlich hatte sie sogar die Augen
35 geschlossen.
„Ja, also dann", sagte ich, aber auf dem Badelaken regte sich überhaupt nichts. „Also dann – tschüss."
Die Sonnenbrille lag weiter da wie tot. Vielleicht war sie längst eingeschlafen. Auf dem Weg zum Strand überlegte ich, ob ich deprimiert sein sollte, weil ich
40 nicht weitergekommen war, oder ob es nicht doch vielleicht Grund zur Zufriedenheit gab. Immerhin hatte ich jetzt schon mit ihr gesprochen. Wenn ich es das

nächste Mal versuchte, konnte sie unsere Bekanntschaft wenigstens nicht mehr leugnen. Und ich konnte gleich mit einem viel kühneren Ton anfangen. Wie man es bei alten Bekannten tut. Ich beschloss, die Situation hätte sich durch das Ge-
45 spräch verbessert.

5 Analysiere diesen Textauszug unter folgenden Gesichtspunkten:
  • Wie kommt die Begegnung zustande?   • Welches Interesse hat „Sonnenbrille"?
  • Welche Absicht verfolgt Moppel?   • Warum hat Moppel keinen Erfolg?
  • Welche Mittel setzt er ein?
  Notiere die Antworten und belege sie jeweils mit entsprechenden Zeilenangaben.

6 Muss man immer so sprachgewandt sein wie Romeo, um jemandem näher zu kommen, den man mag? Begründet eure Einschätzungen.

7 Notiere, wie sich das Mädchen in Text 5 verhalten und was sie gesagt hat, wie dies wohl auf den Jungen gewirkt haben muss und wie er es sich gewünscht hätte. Verwende den Konjunktiv II, Irrealis.
  Beispiel: „Sonnenbrille" sagte einfach nur: „Ja?". Dadurch sollte Moppels Ansprechen gekontert werden, was diesen verunsicherte und in seinen Handlungen stocken ließ oder zu unsinnigen Verhaltensweisen provozierte. – Er wünschte, sie hätte gesagt: „Hey, kennen wir uns nicht?"

8 a Schreibe die Situation in Text 5 um. Überlege vorher, ab wann die Situation einen anderen Verlauf hätte nehmen können und welche Möglichkeiten für einen anderen Verlauf der Begegnung es gibt.
  b Lest euch eure Ergebnisse vor und besprecht, was jeweils in euren Fortsetzungen den Ausschlag für einen anderen Verlauf der Begegnung gegeben hat.
  c „Sonnenbrille" möchte nicht von Moppel angebaggert werden. Beschreibe ihre Art, dies Moppel klar zu machen. Wie bewertest du ihr Verhalten?
  d Auf welche andere, respektvollere Weise könnte sie Moppel gegenüber ein „Nein" zum Ausdruck bringen?

9 a Auf welche überraschende, lustige, dramatische, alltägliche ... Arten und Weisen könnte man noch einem Menschen begegnen? Denke dir eigene aus.
  b Suche dir eine Möglichkeit aus und schreibe dazu eine Geschichte.

10 Der Erzähler Moppel erzählt die Geschichte aus der Rückschau. Er nennt dabei das Mädchen, das er anspricht, „die Sonnenbrille".
  a Welche Absicht verfolgt Moppel dabei gegenüber sich selbst?
  b Wie kann das auf die Leserin oder den Leser wirken?

Metonymie

Die **Metonymie** ist ein **Stilmittel** (sprachliches Bild), bei dem **ein Wort durch ein anderes ersetzt** wird, das mit ihm in enger Verbindung steht. Hier wird das Wort *Mädchen* ersetzt durch *die Sonnenbrille*, die es fast immer trägt.

  c Welche weiteren Metonymien kennt ihr, mit denen Personen bezeichnet werden und die eine ähnliche Funktion haben wie „Sonnenbrille"?
  d Wie beurteilt ihr ein solches sprachliches Verhalten? Diskutiert.

3. Sich erklären – Fragen zu Texten entwickeln

Sogar ein Liebesbrief – Schriftliche Kommunikation

Gottfried Keller
Brief an Fräulein Rieter

Text 6

Hottingen, im Oktober 1847

Verehrteste Fräulein Rieter!

Erschrecken Sie nicht, dass ich Ihnen einen Brief schreibe und sogar einen Liebesbrief, verzeihen Sie mir die unordentliche und unanständige Form desselben, denn ich bin gegenwärtig in einer solchen Verwirrung, dass ich unmöglich einen wohlgesetzten Brief machen kann, und ich muss schreiben, wie ich ungefähr sprechen würde. Ich bin noch gar nichts und muss erst werden, was ich
5 werden will, und bin dazu ein unansehnlicher, armer Bursche, also habe ich keine Berechtigung, mein Herz einer so schönen und ausgezeichneten jungen Dame anzutragen, wie Sie sind, aber wenn ich einst denken müsste, dass Sie mir doch ernstlich gut gewesen wären und ich hätte nichts gesagt, so wäre das ein sehr großes Unglück für mich, und ich könnte es nicht wohl ertragen.
Ich bin es also mir selbst schuldig, dass ich diesem Zustande ein Ende mache, denn denken Sie einmal,
10 diese ganze Woche bin ich wegen Ihnen in den Wirtshäusern herumgestrichen, weil es mir angst und bang ist, wenn ich allein bin. Wollen Sie so gütig sein und mir mit zwei Worten, ehe Sie verreisen, in einem Billett sagen, ob Sie mir gut sind oder nicht?
Nur damit ich etwas weiß; aber um Gotteswillen bedenken Sie sich nicht etwa, ob Sie es vielleicht werden könnten? Nein, wenn Sie mich nicht schon entschieden lieben, so sprechen Sie nur ein ganz
15 fröhliches Nein aus und machen Sie sich herzlich lustig über mich; denn Ihnen nehme ich nichts übel und es ist keine Schande für mich, dass ich Sie liebe, wie ich es tue. [...]
Ich bin sehr gespannt auf Ihre Antwort, ich müsste mich sehr über mich selbst verwundern, wenn ich über Nacht zu einer so holdseligen Geliebten gelangen würde. [...]
Es ist mir in diesem Augenblicke schon etwas leichter geworden, da ich direkt an Sie schreibe, und
20 ich weiß, dass Sie in einigen Stunden dieses Papier in Ihren lieben Händen halten.
Ich möchte Ihnen so viel Gutes und Schönes sagen, dass ich jetzt gleich ein ganzes Buch schreiben könnte; aber freilich, wenn ich vor Ihren Augen stehe, so werde ich wieder der alte unbeholfene Narr sein, und ich werde Ihnen nichts zu sagen wissen.
Soeben fällt es mir ein, dass man mir vorwerfen könnte: ich hätte wegen einiger scherzhafter Bezie-
25 hungen und mir erwiesener Freundlichkeit nicht gleich an ein solches Verhältnis zu denken gebraucht; aber ich habe lange genug nichts gesagt und einen traurigen und müßigen Sommer verlebt und ich muss endlich wieder in mich selbst zurückkehren. [...] Leben Sie wohl und grüßen Sie die verehrte Frau Orelli von mir und halten Sie einem armen Poeten etwas zugut.

Ihr ergebener
Gottfried Keller

1 Klärt zunächst folgende **Fragen**:
   a An wen ist der Brief adressiert?
   b Was ist die **Absicht** des Briefschreibers?
   c Was sind die **Beweggründe** für den Briefschreiber, diese Absicht zu diesem Zeitpunkt zum Ausdruck zu bringen?

2 Welche **Strategien** verfolgt der Briefschreiber, um sein Ziel zu erreichen?
   a Klärt hierzu, welchen Inhalt die einzelnen **Abschnitte** des Briefes haben.
   <u>Beispiel:</u> Z. 1–4 → *stellt sich bescheiden und verwirrt dar und entschuldigt sich im Vorhinein für Inhalt und Form des Briefes*
   b Besprecht eure Ergebnisse und diskutiert, welche Absicht hinter den einzelnen Abschnitten und dem Gesamt**aufbau** des Briefes steckt.

Rollenbiografie
→ S. 229

3 a Verfasse ein **Kurzporträt** des Briefautors in der Ich-Form. So kannst du beginnen: *Ich heiße Gottfried Keller und bin in Fräulein Rieter verliebt ...*
   b Was erfährt der Leser des Briefes über die Charaktereigenschaften des Briefschreibers? Belege deine Einschätzungen mit Zitaten aus dem Brief.
   c Klärt, wie der Briefschreiber sich selbst darstellt, und diskutiert, ob er eurer Meinung nach in Wirklichkeit seiner Selbstdarstellung entspricht.

4 Was gefällt dir aus heutiger Sicht an dem Brief, was gefällt dir nicht?

Friedrich Schiller

Text 7 **An Charlotte von Lengefeld**

Montag, 3. August 1789

Ist es wahr, teuerste Lotte? Darf ich hoffen, dass Caroline in Ihrer Seele gelesen hat und aus Ihrem Herzen mir beantwortet hat, was ich mir nicht getraute zu gestehen? O wie schwer ist mir dieses Geheimnis geworden, das ich, solange wir uns kennen, zu bewahren gehabt habe! Oft, als wir noch beisammen lebten,
5 nahm ich meinen ganzen Mut zusammen und kam zu Ihnen, mit dem Vorsatz, es Ihnen zu entdecken – aber dieser Mut verließ mich immer. Ich glaubte, Eigennutz in meinem Wunsche zu entdecken, ich fürchtete, dass ich nur meine Glückseligkeit dabei vor Augen hätte, und dieser Gedanke scheuchte mich zurück. Konnte ich Ihnen nicht werden, was Sie mir waren, so hätte mein Leiden
10 Sie betrübt, und ich hätte die schöne Harmonie unserer Freundschaft durch mein Geständnis zerstört, ich hätte auch das verloren, was ich hatte: ihre reine und schwesterliche Freundschaft. [...]
Vergessen Sie jetzt alles, was Ihrem Herzen Zwang auflegen könnte, und lassen Sie nur Ihre Empfindungen reden. Bestätigen Sie, was Caroline mich hoffen
15 ließ. Sagen Sie mir, dass Sie mein sein wollen und dass meine Glückseligkeit Ihnen kein Opfer kostet. O versichern Sie mir dieses und nur mit einem einzigen Wort. Nahe waren sich unsre Herzen schon längst. Lassen Sie auch noch das einzige Fremde hinwegfallen, was sich bisher zwischen uns stellte, und nichts, nichts die freie Mitteilung unserer Seelen stören.
20 Leben Sie wohl, teuerste Lotte. Ich sehne mich nach einem ruhigen Augenblick, Ihnen alle Gefühle meines Herzens zu schildern, die in dem langen Zeitraum,

dass diese einzige Sehnsucht in meiner Seele lebt, mich glücklich und wieder unglücklich gemacht haben. Wie viel habe ich Ihnen noch zu sagen!
Säumen Sie nicht, meine Unruhe auf immer und ewig zu verbannen. Ich gebe alle
25 Freuden meines Lebens in Ihre Hand. Ach, es ist schon lange, dass ich sie mir unter keiner andern Gestalt mehr dachte, als unter Ihrem Bilde.
Leben Sie wohl, meine Teuerste.

5 Mit welcher **Absicht** schreibt der Briefeschreiber diesen Brief?

6 Forme diesen Brief in ein **Gespräch** zwischen dem Briefeschreiber und zwei guten Freunden um. Dabei übernimmt der eine Freund die Rolle des Bedenkenträgers und der andere die Rolle des Zuredenden. Greife hierzu Argumente auf, die bereits im Brief vorkommen, und finde jeweils Gegenargumente.

7 Heutzutage schickt man auch Liebesbotschaften per Handy. Hierfür haben sich so genannte **Emoticons** entwickelt: z.B. heißt :-x „kleiner Kuss".
  a Sammelt in der Klasse die Emoticons, die ihr bereits kennt, und erklärt, was sie jeweils bedeuten.
  b Erstellt ein kleines Lexikon der Emoticons und hängt es in der Klasse auf.
  c Überlegt, wie bzw. warum diese Emoticons entstanden sind.
  d Was hältst du von Liebesbotschaften per SMS? Begründe deine Meinung.

8 Definiert die Kommunikationsart „flirten". Überlegt dabei genau, wer hierbei mit wem wie worüber redet.

> **Kommunikation**
>
> Kommunikation liegt dann vor, wenn zwischen Personen **Botschaften ausgetauscht** werden. Dabei unterscheidet man zwischen **Sender** und **Empfänger**, wobei ständig die Rollen gewechselt werden bzw. man auch gleichzeitig senden und empfangen kann.
> Die Botschaften können **verbal** (mit Worten), aber auch **non-verbal** (über Gestik, Mimik und Körperhaltung) vermittelt werden. Hierbei kann man beispielsweise noch während man sendet eine non-verbale Botschaft erhalten und damit gleichzeitig Empfänger sein.

9 Wenn es darum geht, über Gefühle zu sprechen, könnt ihr verschiedene Kommunikationsformen wählen. Für welchen Kommunikationsinhalt eignen sich jeweils die SMS, die E-Mail und der Brief am besten? Vergleicht eure Ergebnisse und diskutiert über strittige Unterschiede.

Kommunikationsform Anlass/Zweck	SMS	E-Mail	Brief	Begründung
Flirten	+	+	–	Flirten ist ein schnelles Hin und Her, das ist beim Brief nicht möglich.
über Liebeskummer sprechen	■	■	■	■
■	■	■	■	

10 Verfasse zu einem der beiden Briefe (Text 6 oder Text 7)
   a einen Antwortbrief,   b eine Antwort-SMS und
   c eine Antwortmail in heutiger Sprache.

11 Vergleicht eure Ergebnisse miteinander.
   a Überwiegen die positiven oder die negativen Antworten? Sucht nach Gründen.
   b Welche Antwortart haltet ihr für geeigneter: die SMS oder die E-Mail? Diskutiert.

Ich nehme dich beim Wort! – Sprachliche Bilder

William Shakespeare

Text 8 **Romeo und Julia (Fortsetzung)**

JULIA: O Romeo, Romeo! Warum bist du Romeo!
  Verleugne deinen Vater, deinen Namen,
  Oder wenn nicht, schwör nur, dass du mich liebst,
  Dann will ich keine Capulet mehr sein.
5 ROMEO: Soll ich noch weiter horchen? Soll ich sprechen?
JULIA: Denn nur dein Name ist es, der mein Feind ist.
  Du bist du selbst, auch ohne Montague.
  Was ist das: Montague? Nicht Hand, nicht Fuß,
  Nicht Arm und nicht Gesicht, noch sonst ein Teil, der
10 Zu einem Mann gehört. O heiß doch anders! –
  Was heißt das: Heißen? Was wir nennen Rose,
  das duftet grad so süß mit anderm Namen.
  Und Romeo, wenn er auch nicht Romeo hieße
  Er wär doch ganz so teuer und vollkommen
15 Auch ohne Namen. – Romeo, lass den Namen
  Und nimm für immer deinen Namen, der nicht du ist,
  Mein ganzes Ich.

12 a Worin besteht für Julia das Problem mit Romeos Namen? Lies dazu noch einmal den Infotext auf Seite 77.
   b Erkläre das Bild, das Julia findet, um deutlich zu machen, dass sie Romeo auch trotz seines Namens liebt.

Metapher

Eine Metapher ist ein **sprachliches Bild**, das ganz oder teilweise aus einem anderen Bedeutungsbereich stammt als der Sachverhalt, der dadurch vermittelt werden soll.
<u>Beispiel:</u> *gefesselte Herzen*
  Bedeutungsgehalt des Wortes *gefesselt*: Gefangenschaft, gebunden
  → Übertragung auf das Gemeinte: Die Liebenden sind in ihrer Liebe nicht frei, sondern an etwas (z. B. aneinander) gebunden.

William Shakespeare
Romeo und Julia (Fortsetzung)

Text 9

ROMEO: Ich schwör beim Segen dort des Mondes, Herrin,
   Der diese Obstbäume mit Silber krönt ...
JULIA: Schwör nicht beim Mond, beim unbeständigen Mond,
   Der seine Rundung jeden Monat wandelt.
5 Sonst könnt sich deine Liebe auch so ändern.
ROMEO: Wobei soll ich dir schwören?
JULIA: Schwöre gar nicht,
   Oder, wenn ja, so schwöre bei dir selbst,
   Du schöner Abgott meines Götzendienstes,
10 Ich wills dir glauben!
ROMEO: Meines Herzens Liebe! ...
JULIA: Nein, schwör nicht. Zwar, ich freu mich deiner; aber
   Ich freu mich nicht des Bundes dieser Nacht.
   Er kam zu rasch, zu unbedacht, zu plötzlich,
15 Zu sehr dem Blitz gleich, der schon aufhört, eh man
   Noch sagen kann: „Es blitzt". – Gut Nacht, du Teurer!
   Dies ist der Liebe Keim, den Sommerwind
   Zur schönen Blume reift, wenn wir beisammen sind.
   Gut Nacht, gut Nacht! Frieden und süße Ruh,
20 Die meine Brust jetzt füllen, find auch du!
ROMEO: So ohne Trost jetzt auf den Weg gemacht?
JULIA: O welchen Trost willst du denn noch heut nacht?
ROMEO: Den Treuschwur deiner Liebe für den meinen.
JULIA: Ich gab dir meinen, eh du danach fragtest,
25 O hätt ich ihn doch nochmals zu vergeben!
ROMEO: Willst du ihn denn zurück? Wozu, Geliebte?
JULIA: Um frei zu sein, ihn nochmals dir zu geben.
   Und doch, ich wünsche nur, was ich schon habe:
   Denn meine Lieb' ist endlos wie die See
30 Und tief: Je mehr ich dir davon gesteh,
   Je mehr hab ich, denn grenzenlos sind beide!

13 Julia vergleicht ihre Liebe mit der See. Warum?

14 „Romeo und Julia" ist mit großem Erfolg verfilmt worden und steht noch immer sehr häufig auf den Spielplänen von Theatern, aber auch von Theater-AGs. Wie erklärst du dir diesen Erfolg?

In der Spielzeit 2004/2005 stand *Romeo und Julia* 17 Mal auf den Spielplänen deutscher Theater. Damit gehörte Shakespeares Drama mit 303 Aufführungen und insgesamt 103 850 Zuschauern zu den zehn am häufigsten gespielten Stücken.

15 a Stellt euch vor, Romeo und Julia sollte heute wieder neu verfilmt werden. Diskutiert folgende Fragen:
- Welcher Schauspieler sollte den Romeo und wer die Julia spielen?
- Wo sollte es spielen, welche Orte würdet ihr auswählen?
- In welchem Umfeld sollte die Handlung heute spielen?

Begründet eure Entscheidungen.

b Überlegt, ob und warum es überhaupt wichtig sein kann, „Romeo und Julia" zu aktualisieren, es mit aktuellen Stars zu besetzen usw.

16 a Im *Romeo-und-Julia*-Text wird häufig der Konjunktiv verwendet. Erstelle eine Tabelle, in die du die jeweiligen Formen einträgst.

b Überlege, warum der Konjunktiv hier jeweils verwendet wird.

Konjunktiv II, Potentialis	Grund der Verwendung	Konjunktiv II, Irrealis	Grund der Verwendung
Wenn er auch nicht Romeo hieße, er wär doch ganz so teuer	Nur ein Gedankenspiel Julias, das aber nicht Realität ist.	*Hätt ich aufgeschrieben ihn hier,* ■	
■	■	■	■

4. Verliebtsein – Gedichte

Robert Gernhardt

Text 10   **Ebbe und Flut**

In meinem Kopf herrscht Ebbe,
in meinem Herzen Flut.
Kann dir nur eines sagen:
Ich bin dir ja so gut!
5 Ich bin dir – ja! – so gut, so gut,
ich bin – ja! – dir so gut!
Ja! Dir bin ich so gut, so gut!
Ja! Ich bin dir so gut!
Ja, ja! Ich bin dir gut, so gut,
10 so gut, so gut, so gut –
in meinem Kopf herrscht Ebbe ...

1 a Wie wirkt das lyrische Ich dieses Gedichts auf dich?
  b Wodurch kommt diese Wirkung zustande?
  c Nimm an, das lyrische Ich ginge durch die Stadt. Wie stellst du dir seinen Gang vor? Begründe deine Entscheidung.

2 a „In meinem Kopf herrscht Ebbe" – Wie verstehst du dieses Bild?
  b Wodurch wird der Eindruck von „Ebbe im Kopf" noch verstärkt?

literarische Figuren charakterisieren → S. 38–42

3 Zu welcher der bisher in diesem Kapitel vorkommenden literarischen Figuren würde das Gedicht am besten passen? Begründe.

Claire Goll
Von Herzen

Text 11

Alle Süßwasser fließen dir zu:
Die Wolken fallen vor dir in die Knie
Die Flüsse suchen dich durch die ganze Welt
Die Springbrunnen stellen sich auf die Zehenspitzen
5 Um dich besser zu sehen
Brunnen flüstern deine Lieder in allen Sprachen
Teiche erfinden neue Fische um dich zu nähren
Die Seen sind die zerbrochenen Spiegel deiner Träume
Ein Springquell steigt aus meinem Herzen:
10 Höher als die Säule des Trajan.

4 a Wie werden hier Wolken, Flüsse, Springbrunnen, Brunnen, Seen, Teiche dargestellt?
  b Was soll die Darstellung in Bezug auf die geliebte Person zum Ausdruck bringen?
  c Fallen euch weitere Bilder ein, die das Gleiche zum Ausdruck bringen? Schreibt sie auf und tragt sie euch vor.

Personifikation

Die **Personifikation** ist ein sprachliches Bild. Unbelebten Dingen werden dabei menschliche Verhaltensweisen oder Eigenschaften zugeschrieben, z. B. *Der Zahn der Zeit nagt ...*

Johann Wolfgang von Goethe
Verschiedene Empfindungen an einem Platze

Text 12

Ich hab ihn gesehen!
Ich schwanke zurück.
Wie ist mir geschehen?
Ich irre, ich träume!
Ich sah sie verschwinden,
Ihr Felsen, ihr Bäume,
O himmlischer Blick!
Verbergt meine Freude,
Er kommt mir entgegen;
Verberget mein Glück!

Dann trat sie verlegen
Hier muss ich sie finden!
Sie kam mir entgegen,
Entdeckt mir mein Glück!
Ich weiche verlegen,
Ist's Hoffnung, sinds Träume?
Und schamrot zurück.
Entdeckt mir die Liebste,
Ihr Felsen, ihr Bäume,
Ihr folgte mein Blick.

5 Eigentlich besteht das Gedicht aus zwei Strophen, wobei die eine die Gedanken eines Mädchens wiedergibt und die andere die Gedanken eines Jungen.
  a Versuche, die ursprüngliche Form des Gedichts wieder herzustellen.
  b Tragt euch eure Fassungen vor. Besprecht dabei zum einen, woran ihr euch bei der Rekonstruktion orientiert habt. Diskutiert zum anderen, welche Fassung ihr für die gelungenste haltet.

6 a Wie stehen das Mädchen und der Junge zueinander?
  b Wie gehen sie jeweils mit der Situation einer möglichen Begegnung um?
  c Glaubt ihr, dass das eine typische Rollenverteilung zwischen Mädchen und Jungen ist? Begründet.
  d Wie beurteilt ihr diese Rollenverteilung?
  e Spielt diese Szene mit dem Mädchen und dem Jungen nach. Vertauscht dabei die Rollen und beurteilt die dadurch entstehende Wirkung.

Text 13 *Helmut Krausser*

heute hat sie nicht angerufen.
es wird nichts zu bedeuten haben.
es bedeutet einfach nur:
sie hat nicht angerufen.
5 genaugenommen nicht mal das.
sie hat nur mich nicht angerufen.
sonst alle menschen der welt,
und ich bedeute ihr nichts. das
bedeutet das.
10 sonst aber nichts.

7 a Worüber denkt das lyrische Ich in diesem Text nach?
  b Welches Wort taucht besonders häufig auf und in welchem Zusammenhang wird es jeweils verwendet?
  c Wie verändern sich die Gedanken des lyrischen Ich im Laufe des Gedichts? Wie erklärt ihr euch diese Veränderung?
  d Was wäre, wenn die Geliebte plötzlich anriefe? Verfasst einen möglichen Dialog.

Johann Wolfgang von Goethe
Gretchen am Spinnrad

Text 14

Meine Ruh' ist hin,
Mein Herz ist schwer,
Ich finde sie nimmer
Und nimmermehr.

5 Wo ich ihn nicht hab',
Ist mir das Grab,
Die ganze Welt
Ist mir vergällt.

Mein armer Kopf
10 Ist mir verrückt,
Mein armer Sinn
Ist mir zerstückt.

Meine Ruh' ist hin,
Mein Herz ist schwer

15 Ich finde sie nimmer
Und nimmermehr.

Nach ihm nur schau' ich
Zum Fenster hinaus,
Nach ihm nur geh' ich
20 Aus dem Haus.

Sein hoher Gang,
Sein' edle Gestalt,
Seines Mundes Lächeln,
Seiner Augen Gewalt,

25 Und seiner Rede
Zauberfluss,
Sein Händedruck,
Und ach, sein Kuss!

Meine Ruh' ist hin,
30 Mein Herz ist schwer,
Ich finde sie nimmer
Und nimmermehr.

Mein Busen drängt
Sich nach ihm hin,
35 Ach dürft' ich fassen
Und halten ihn.

Und küssen ihn,
So wie ich wollt',
An seinen Küssen
40 Vergehen sollt'!

8 a In welcher Gemütsverfassung ist das lyrische Ich in diesem Gedicht?
 b Worin bestehen Gemeinsamkeiten mit den anderen Gedichten? Du kannst sie in einer Tabelle ordnen. Gib dabei den entsprechenden Vers an.

sprachliche und inhaltliche Gemeinsamkeiten	Gedichttitel	Textbeispiele
lyrisches Ich ist kopflos	Ebbe und Flut	*In meinem Kopf herrscht Ebbe* (V. 1)
	Gretchen am Spinnrad	*Mein armer Kopf ist mir verrückt* (V. 10f.)
	■	■
kein Reim	■	■

Bertolt Brecht
Liebeslieder

Text 15

Als ich nachher von dir ging
An dem großen Heute
Sah ich als ich sehn anfing
Lauter lustige Leute

5 Und seit jener Abendstund
Weißt schon, die ich meine
Hab ich einen schönern Mund
Und geschicktere Beine

Grüner ist, seit ich so fühl
10 Baum und Strauch und Wiese
Und das Wasser schöner kühl
Wenn ich's auf mich gieße.

9 a Welchen Blick auf die Welt hat das lyrische Ich gewonnen?
 b Was könnte der Auslöser hierfür sein?

10 Wie wird dieser veränderte Blick zum Ausdruck gebracht?
  a Welche Wortart wird in dem Gedicht häufig verwendet?
  b In welcher Form werden die Wörter in dieser Wortart zumeist verwendet?
  c Verfasse weitere Strophen des Gedichtes, die zum Ausdruck bringen, was das lyrische Ich noch anders wahrnehmen könnte.

11 Die Gedichte in diesem Unterkapitel sind zu verschiedenen Zeiten entstanden.
  a Überlege, in welcher zeitlichen Reihenfolge sie verfasst wurden. Zeichne hierzu einen Zeitstrahl, der ungefähr 1780 beginnt und heute endet. Trage die Titel der Gedichte an den Stellen ein, wo du das Entstehungsdatum vermutest.
  b Begründet eure Einschätzung und untersucht, was sich in der Art und Weise, über Liebe zu schreiben, verändert hat.
  c Überprüft eure Einschätzungen, indem ihr Informationen über die Entstehungszeiten der Gedichte recherchiert.

5. Eifersucht und Trennungsschmerz –
Von Gefühlen erzählen

Per Nilsson

Text 16 **So lonely (Fortsetzung)**

Der Junge und Foxi sind tatsächlich zusammen gekommen. Doch kurz danach musste der Junge in den Sommerferien für mehrere Wochen in die USA zu einem Schüleraustausch. Als er wieder nach Schweden zurückgekehrt ist, hat Foxi Besuch von einem Jungen aus Deutschland, der sogar bei ihr wohnt.

Er sah ihnen nach und nickte. Ja. Die würden bestimmt a nice time haben.
Und in diesem Moment drehte er sich zu ihr um, zu Herztrost. In diesem Moment sah er ihren Blick. Ihren Blick und das Lächeln, das sie Nazi-Hans schenkte.
Die beiden hatten ebenfalls hinter Lotta und Jürgen hergeblickt, jetzt sahen sie
5 einander an und ...
Dieses Lächeln erkannte er wieder. Mona Lisa. Er wusste, was es bedeutete.
Erst in diesem Augenblick gingen ihm die Augen auf.
So lange hatte es gedauert, bis er es kapierte. Erst in diesem Augenblick begriff er, dass er draußen war. Dass er am Ende war. Dass er aus dem Spiel geflogen war.
10 Offside. Weg vom Fenster. Draußen.
Erst in diesem Augenblick entdeckte er, dass er blind gewesen war.
Vor ihm tat sich ein Abgrund auf. Er begann zu frieren, zitterte, als hätte er Schüttelfrost, schwitzte, scharfe Zähne begannen an seinem Herzen zu nagen, ein schwerer, harter Klumpen wuchs in ihm heran, seine Augen füllten sich mit
15 Tränen, er wollte weinen, er wollte um sich schlagen, er wollte ... er wollte gar nichts, er wollte sterben.

„So, für uns wird es jetzt auch Zeit ...", begann Herztrost, doch dann entdeckte sie ihn, wie er mit gesenktem Kopf über sein Fahrrad gebeugt dastand. „Was ist? Bist du krank? Ist dir schlecht? Du ... du bist ja ganz weiß im Gesicht!"
20 Sie kam zu ihm her, wollte ihn stützen, ihm helfen, aber er schüttelte sie ab.
„Lass mich in Ruhe!" Sie sah ihn erstaunt an. Er wandte sich ab.
Sie, die nicht mehr Herztrost war, sondern sich innerhalb von ein paar Sekunden in eine fremde Person verwandelt hatte, sah ihn an.
War ihr klar, dass er begriffen hatte? Nein, noch nicht ganz. Die ehemalige Herz-
25 trost sah ihn erstaunt an.
Die Fortsetzung existiert in vielen Versionen. Bei jeder Vorführung des Films-im-Kopf fällt diese Szene anders aus. [...]
Version 0:
Er hob den Kopf und sah sie an.
30 War es tatsächlich möglich? Ihm wurde allmählich übel. Seine Beine weigerten sich, ihn zu tragen.
„Ich muss jetzt nach Hause", sagte er mit matter Stimme. „Mir geht's nicht gut."
Sie sah ihn prüfend an. Jetzt begriff sie, dass er alles verstanden hatte.
„Du", sagte sie ernst, „geh jetzt erst mal nach Hause und schlaf dich aus. Ich ruf
35 dich morgen an. Wir müssen uns unterhalten."
„Ich will nicht", flüsterte er hilflos.
„Was?", fragte sie und beugte sich zu ihm vor. „Was denn?"
Er sagte nichts mehr, drehte sich nur um, sprang auf sein Fahrrad und fuhr davon.

1 Was ist dem Jungen bewusst geworden?

2 a Zitiere aus dem Text, welche körperlichen Reaktionen diese Erkenntnis in ihm auslöst.
b Welche anderen Bilder nennt der Erzähler, um die Gefühle des Jungen auszudrücken?
c Kennt ihr andere Gefühle, die in Form körperlicher Reaktionen bzw. von Bildern beschrieben werden können? Sammelt sie und erstellt ein „Lexikon der Gefühlsumschreibungen". Sichtet dazu auch Songs und Liebeslieder und die darin verwendeten Ausdrücke.

sprachliche Bilder
→ S. 78ff.

Per Nilsson
So lonely (Fortsetzung)

Text 17

Jetzt weint er. Die Tränen fallen auf die Hand, die auf dem Telefonhörer liegt. Aber dies sind keine Tränen der Verzweiflung mehr. Dies sind Tränen der Befreiung. Und er nimmt den Hörer nicht ab.
RRRRRRRRRR!!
5 „Du ... Es ist vorbei. Es ist aus", flüstert er, ohne den Hörer abzunehmen. „Du ..."
RRRRRRRRRR!!

Erzähltexte: Gefühle darstellen

Über das Telefon gebeugt weint er.
Er weint glückliche Tränen. Aber er antwortet nicht. RRRRRRRRR! ! „Du…"
Er antwortet nicht. Er nimmt den Hörer nicht ab.
10 RRRRRRRRR! !
„Du. Soll ich dir was sagen", flüstert er, ohne den Hörer abzunehmen.
RRRRRRRRR! !
„Ich liebe dich."
Das Telefon verstummt.
15 Das Telefon schweigt.
[…]
Er und er und er.
Wen versuche ich zu täuschen?, denkt er mit Tränen in den Augen. Will sagen, denke ich mit Tränen in den Augen.
20 Das alles handelt doch von mir. Er ist ich. Ich bin er.
Erste Person Singular: Ich.
Es gibt keinen Film mehr. Es gibt keine Hauptperson. Das ist jetzt vorbei.
Aber mich gibt es.
Und dich. Irgendwo da draußen gibt es dich. Und ich bin froh, dass es dich gibt.
25 Und ich bin froh, dass ich weiß, dass es dich gibt.
Und irgendwo, irgendwo in einem verborgenen Winkel gibt es ein kleines Wir. Ein kleines Wir, das weiterbestehen darf, was auch immer geschieht.
Erste Person Plural: Wir. Ich. Und du.
Wir.

3 Wie verstehst du das Ende des Textes?
   a Wovon genau hat sich der Junge befreit?
   b Wieso weint er glückliche Tränen?
   c Kann man von einem Happy End sprechen?

Klischee und Kitsch
→ S. 95

4 a Verfasse ein möglichst kitschiges, klischeehaftes Happy End.
   b Tragt euch eure Happy Ends vor und besprecht folgende Fragen:
      • Passen sie zu der bisherigen Handlung? Begründet.
      • Gefallen sie euch? Begründet.

Die Sprache in literarischen Texten untersuchen

Matthias Claudius

Die Liebe hemmet nichts; sie kennt nicht Tür noch Riegel
Und dringt durch alles sich;
Sie ist ohn' Anbeginn, schlug ewig ihre Flügel
Und schlägt sie ewiglich.

Text 18

1 Auch hier wird ein Bild verwendet, um die Liebe zu beschreiben.
  a Übertrage das Bild von Tür und Riegel auf die Situation von Romeo und Julia.
  b Tür und Riegel können aber auch in einer Person liegen. Worin besteht dann ihre übertragene Bedeutung?

2 Finde andere Metaphern, Vergleiche oder auch Personifikationen für die Liebe und lass sie deine Banknachbarin/deinen Banknachbarn erklären.
  Beispiele:
  • *Die Liebe ist ein Dieb in der Nacht ...*
  • *Die Liebe ist wie ein Feuer ...*
  • *Die Liebe ist eine Pflanze ...*

3 Suche aus allen Texten in diesem Kapitel die verwendeten sprachlichen Bilder heraus. Lege hierzu eine Tabelle an:

Metapher	Personifikation	Vergleich	Erklärung
■	■	■	■

Heinrich Heine

Und wüssten's die Blumen, die kleinen,
Wie tief verwundet mein Herz,
sie würden mit mir weinen,
Zu heilen meinen Schmerz.

5 Und wüssten's die Nachtigallen,
Wie ich so traurig und krank,
Sie ließen fröhlich erschallen
Erquickenden Gesang.

Und wüssten sie mein Wehe,
10 Die goldnen Sternelein,
Sie kämen aus ihrer Höhe,
Und sprächen Trost mir ein.

Die alle können's nicht wissen,
Nur eine kennt meinen Schmerz:
15 Sie hat ja selbst zerrissen,
Zerrissen mir das Herz.

Text 19

4 a In welcher Situation befindet sich das lyrische Ich in diesem Gedicht?
  b Suche die Konjunktive heraus. Was wird durch sie zum Ausdruck gebracht?
  c Hält das lyrische Ich in seiner Situation Trost für möglich? Begründe deine Einschätzung.
  d Schreibe einen zusammenhängenden Text, der die Frage klärt, worin Gemeinsamkeiten zwischen dem lyrischen Ich in diesem Gedicht und dem Jungen in „So lonely" bestehen.

Und jetzt kommst du!

Projekt Foto-Lovestory – Satire, Klischee und Kitsch

1 Entwerft eine eigene Foto-Lovestory. Entscheidet dabei vorher, welche Absicht ihr mit der Foto-Lovestory verfolgt, d. h. wen ihr wie ansprechen wollt.
- Wollt ihr euch zum Beispiel über Foto-Lovestorys lustig machen, müsst ihr auch die Mittel der **Satire** wählen.
- Wollt ihr eine ernste, anrührende Geschichte zeigen, darf sie nicht zu unglaubwürdig sein. Einen **Spannungsbogen** aber sollten alle eure Geschichten haben.

Text 20

Alles Liebe

Satire

Die **Satire** ist eine literarische Form, die durch **Spott**, **Ironie** und **Übertreibung** Kritik an Personen/Figuren, Ereignissen oder Zuständen übt und sie lächerlich macht.
In diesem Zusammenhang wäre das Ziel der Satire, den Kitsch und die Klischees in Foto-Lovestorys zu entlarven und sich darüber lustig zu machen.

Hinweise:
- Entwerft zunächst ein **Handlungsgerüst** für eure Foto-Lovestory.
- Teilt dann das Gerüst so auf, dass die einzelnen **Handlungsschritte** in Form von Fotos dargestellt werden können.
- Verfasst für jedes Foto detaillierte **Regieanweisungen**.
- Wer ist zu sehen, mit welcher Körperhaltung, Gestik, Mimik?
- Was haben die Figuren an?
- Wo spielt die Szene?
- Welche Kameraeinstellungen sollen gewählt werden?
- Was sagen die Figuren?
- Welche **Bildunterschriften** müssen notwendige Hintergrundinformationen liefern, z. B. darüber, was zwischen den Bildern passiert?

Klischee und Kitsch

Von **Klischee** spricht man immer dann, wenn es sich in der Literatur oder im Film (nur) um einen „Abklatsch" von etwas bereits Dagewesenem handelt. Man spricht auch von Schablonenhaftigkeit, da man mit einer Schablone ein Muster immer wieder genau gleich übertragen kann. Auch eingefahrene Vorstellungen, z. B. über die Rollenverteilung von Mann und Frau, bezeichnet man als Klischees.

Der Begriff **Kitsch** wird häufig abwertend gebraucht. Man bezeichnet etwas als Kitsch, wenn man eine Darstellung (zumeist eine gefühlsbezogene) als übertrieben oder völlig realitätsfern empfindet. Auch Problemlösungen, die zu einfach sind und die Kompliziertheit einer Situation missachten, gelten als kitschig.

2 Überlegt, ob Teile der Erklärungen der Begriffe „Klischee" und „Kitsch" auf
  a die Foto-Lovestory aus der BRAVO (Text 20),
  b *Romeo und Julia* (Texte 4, 8 und 9) und
  c auf eure eigenen Foto-Lovestorys zutreffen.
  Begründet eure Einschätzung.

3 a Berichtet euch von Sendungen oder typischen Filmszenen, die ihr kitschig findet.
  b Habt ihr immer alle die gleiche Einschätzung? Diskutiert.

Forschungsvorhaben

Sachtexten und literarischen Texten Informatione

Forschungsvorhaben 97

entnehmen

1. Jugend forscht – Über funktionale Zusammenhänge berichten

Text 1 **Teilnahmebedingungen „Jugend forscht"**

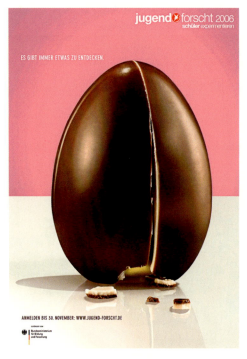

Am Wettbewerb können junge Menschen bis zum Alter von 21 Jahren teilnehmen. Jugendliche bis 14 Jahre treten in der Juniorensparte „Schüler experimentieren" an. Die 15- bis 21-Jährigen starten in der Sparte „Jugend forscht". Entscheidend für die Zuordnung zur jeweiligen Sparte ist das Alter am 31. Dezember des Anmeldejahres. Studenten können sich nur im Jahr ihres Studienbeginns anmelden. Die Teilnehmer melden sich in dem Bundesland an, in dem sie wohnen oder ihre Ausbildung absolvieren. Für deutsche Schülerinnen und Schüler im Ausland gelten Ausnahmeregelungen.
Teilnehmen können Einzelpersonen oder Gruppen. Eine Gruppe besteht aus zwei oder drei Personen. Jedes Team benennt einen Sprecher, der Ansprechpartner ist. Der Wohn- oder Ausbildungsort des Gruppensprechers ist ausschlaggebend für die Einordnung in das entsprechende Bundesland. Das Alter des Teamältesten entscheidet über die Zuordnung zur jeweiligen Wettbewerbssparte.
Die Teilnehmer wählen das Thema ihres Projekts frei aus. Es muss sich jedoch einem der sieben Fachgebiete des Wettbewerbs zuordnen lassen: Arbeitswelt, Biologie, Chemie, Geo- und Raumwissenschaften, Mathematik/Informatik, Physik, Technik.

1 a In welcher der beiden Sparten des Wettbewerbs könnten die Schülerinnen und Schüler aus eurer Klasse teilnehmen?
   b Was fällt euch ein, wenn ihr an Kinder und Jugendliche denkt, die experimentieren? Sammelt eure Gedanken in Form eines Clusters.
   c Was, denkt ihr, tun Jugendliche, die forschen? Beschreibt die Tätigkeiten möglichst genau und versucht, Bezeichnungen dafür zu finden, die aus nur einem Wort bestehen.

2 a Überlegt in der Klasse, ob und wie „experimentieren" und „forschen" sich unterscheiden und was sie gemeinsam haben.
   b Und wie passt „entdecken" dazu?
   c Findet weitere Bezeichnungen für diese Arten von Tätigkeiten und stellt das **Wortfeld** in einer Mindmap dar.

Schüler experimentieren – Projekte aus dem Wettbewerb

Texte 2 a–c

Technik: Huhn aus dem Computer (Der 3D-Drucker)

Als Meike Spiess zum ersten Mal über den Bau eines 3D-Druckers las, war sie sofort fasziniert. Sie wollte es selbst versuchen. Er sollte – im Gegensatz zu den herkömmlichen 3D-Druckern für große Firmen – preiswert und leicht zu bedienen sein. Mithilfe der Programme MORAY und POVRAY entwarf die junge Schülerin zunächst 3D-Figuren und zerlegte sie im Computer in gleich dicke Scheiben. Dann baute sie den alten Drucker ihres Vaters so um, dass er problemlos 3 Millimeter dickes Styropor einziehen konnte. Sie druckte die Schnitte aus, klebte sie aufeinander und heraus kam z. B. Hanna, das 3D-Huhn. Die übrig gebliebenen Styroporplatten legte Meike aufeinander und füllte die so entstandene Form mit Gips: Hanna – noch einmal als Gips-Version.

Physik: Durch den Tropfen geschaut (Wassertropfen-Mikroskop)

Zum Vergrößern von Gegenständen ist nicht immer ein kompliziertes Gerät erforderlich – einfache Mikroskope, die nur eine Linse haben, tun es auch. Matthias Thumann und Florian Satzger wollten ein solches Mikroskop selbst bauen, doch wussten sie nicht, wie sie die winzigen Glaslinsen herstellen sollten. So suchten die beiden nach einem Material mit ähnlicher Brechkraft wie Glas und fanden die Alternative: Wasser. Mithilfe von Stativen befestigten sie übereinander Lampe, Blende, Objekthalter und einen Spiegel zur Projektion. Als Linsenträger fungierte ein Stück Blech mit einem Loch in der Mitte, auf das der Wassertropfen aufgebracht wurde. Nach verschiedenen Zwischenstufen entstand letztlich dieses Wassertropfen-Mikroskop, dessen Vergrößerungsgrad und Auflösungsvermögen fast ebenso gut war wie beim Glaslinsen-Mikroskop.

Technik: Bilder aus dem Gartenteich (U-Boot zum Fotografieren im Gartenteich)

Wer wissen will, was mitten in seinem Gartenteich los ist, hatte bis vor Kurzem schlechte Karten. Tauchvorrichtungen für spezielle Kameras konnten nämlich nur am Teichrand befestigt werden – die Mitte blieb somit im Dunklen. Christoph Tiefenbeck und Bernhard Nold konstruierten nun ein Mini-U-Boot mit einer Kamera an Bord: ein Abflussrohr – an einer Seite mit einer Plexiglasscheibe, an der anderen mit einem Deckel abgedichtet. Das Rohr beherbergt einen Fotoapparat, der sich per Hand auf verschiedene Entfernungen einstellen lässt und mit einem Druckzylinder ausgelöst wird. Ein ausgeklügeltes System aus Wassertank, Luftballon, Schlauch, Kompressor und ehemaligem CD-Player-Motor sorgt für Auf- und Abtrieb des U-Bootes – zwei Pumpen mit Düsen treiben es an. […]

3 Junge Forscherinnen und Forscher erhalten Preise für ihre Forschungsvorhaben.
  a Welche Fragen könnten am Anfang ihrer Überlegungen gestanden haben?
  b Stelle Vermutungen an: Wie könnten sie den Lösungsweg gefunden haben?

4 a Stellt eure Ergebnisse aus Aufgabe 3 in der Klasse vor.
  b Diskutiert, ob es sich bei den preisgekrönten Arbeiten um sinnvolle bzw. nützliche Projekte handelt.

5 a Entscheidet, ob und in welchen Beispielen die Preisträgerinnen und Preisträger experimentiert, „Entdeckungen gemacht" oder „etwas erfunden haben".
  b Wobei könnte ihnen der Zufall geholfen haben? Wobei ihre Neugier?

6 a Welche Schulfächer oder Wissensbereiche spielen in diesem Wettbewerb keine Rolle?
  b Recherchiert nach weiteren Wettbewerben für Schülerinnen und Schüler. Prüft, ob dort die hier fehlenden Schulfächer oder Wissensbereiche vorkommen.
  c Welche Teilnahmebedingungen gibt es für diese Wettbewerbe? Warum wohl?

7 a Stellt euch vor, bei „Jugend forscht" gäbe es auch einen Fachbereich Deutsch. Berichtet über ein erfundenes Forschungsprojekt in diesem Fachbereich.
  b Habt ihr die wichtigsten Merkmale der Textsorte **Bericht** beachtet? Überprüft eure Texte in Schreibkonferenzen und überarbeitet sie anschließend, wenn nötig.

2. Lernen und Forschen – Versuchsbeschreibung

Bertolt Brecht

Text 3 **Das Leben des Galilei (Auszug)**

GALILEO GALILEI, ein Forscher, der sein Brot als Lehrer der Mathematik verdient
ANDREA SARTI, Sohn der Haushälterin, fast 11 Jahre alt
FRAU SARTI, Galileis Haushälterin, Andreas Mutter

Galileo Galilei, Lehrer der Mathematik zu Padua, will das neue kopernikanische
5 *Weltsystem beweisen […].*
Das ärmliche Studierzimmer des Galilei in Padua. Es ist morgens. Ein Knabe, Andrea, der Sohn der Haushälterin, bringt ein Glas Milch und einen Wecken.

GALILEI *sich den Oberkörper waschend, prustend und fröhlich:* Stell die Milch auf den Tisch, aber klapp kein Buch zu.
10 ANDREA: Mutter sagt, wir müssen den Milchmann bezahlen. Sonst macht er bald einen Kreis um unser Haus, Herr Galilei.
GALILEI: Es heißt: er beschreibt einen Kreis, Andrea.
ANDREA: Wie Sie wollen. Wenn wir nicht bezahlen, dann beschreibt er einen Kreis um uns, Herr Galilei.
15 GALILEI: Während der Gerichtsvollzieher, Herr Cambione, schnurgerade auf uns zu kommt, indem er was für eine Strecke zwischen zwei Punkten wählt?

ANDREA *grinsend*: Die kürzeste.

GALILEI: Gut. Ich habe was für dich. Sieh hinter den Sterntafeln nach.

Andrea fischt hinter den Sterntafeln ein großes hölzernes Modell des Ptolemäischen Systems hervor.

ANDREA: Was ist das?

GALILEI: Das ist ein Astrolab; das Ding zeigt, wie sich die Gestirne um die Erde bewegen, nach Ansicht der Alten.

 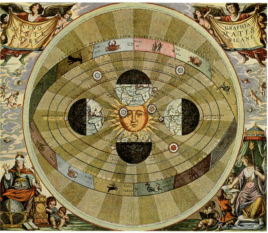

Das ptolemäische und das kopernikanische Weltbild.

ANDREA: Wie?

GALILEI: Untersuchen wir es. Zuerst das erste: Beschreibung.

ANDREA: In der Mitte ist ein kleiner Stein.

GALILEI: Das ist die Erde.

ANDREA: Drum herum sind, immer übereinander, Schalen.

GALILEI: Wie viele?

ANDREA: Acht.

GALILEI: Das sind die kristallnen Sphären.

ANDREA: Auf den Schalen sind Kugeln angemacht ...

GALILEI: Die Gestirne.

ANDREA: Da sind Bänder, auf die sind Wörter gemalt.

GALILEI: Was für Wörter?

ANDREA: Sternnamen.

GALILEI: Als wie?

ANDREA: Die unterste Kugel ist der Mond, steht drauf. Und darüber ist die Sonne.

GALILEI: Und jetzt laß die Sonne laufen.

ANDREA *bewegt die Schalen*: Das ist schön. Aber wir sind so eingekapselt.

GALILEI *sich abtrocknend*: Ja, das fühlte ich auch, als ich das Ding zum ersten Mal sah. Einige fühlen das. […] Mauern und Schalen und Unbeweglichkeit! Durch zweitausend Jahre glaubte die Menschheit, daß die Sonne und alle Gestirne des Himmels sich um sie drehten. Der Papst, die Kardinäle, die Fürsten, die Gelehrten, Kapitäne, Kaufleute, Fischweiber und Schulkinder glaubten, unbeweglich in dieser kristallenen Kugel zu sitzen. Aber jetzt fahren wir heraus, Andrea, in großer Fahrt. Denn die alte Zeit ist herum, und es ist eine neue Zeit. Seit hundert Jahren ist es, als erwartete die Menschheit etwas.

[…] Selbst die Hundertjährigen lassen sich noch von den Jungen ins Ohr schreien, was Neues entdeckt wurde. […]

Hast du, was ich dir gestern sagte, inzwischen begriffen?

ANDREA: Was? Das mit dem Kippernikus seinem Drehen?

GALILEI: Ja.

ANDREA: Nein. Warum wollen Sie denn, daß ich es begreife? Es ist sehr schwer, und ich bin im Oktober erst elf.

GALILEI: Ich will gerade, daß auch du es begreifst. Dazu, daß man es begreift, arbeite ich und kaufe die teuren Bücher, statt den Milchmann zu bezahlen.

ANDREA: Aber ich sehe doch, daß die Sonne abends woanders hält als morgens. Da kann sie doch nicht stillstehn! Nie und nimmer.

GALILEI: Du siehst! Was siehst du? Du siehst gar nichts. Du glotzt nur. Glotzen ist nicht sehen. *Er stellt den eisernen Waschschüsselständer in die Mitte des Zimmers.* Also das ist die Sonne. Setz dich. *Andrea setzt sich auf den einen Stuhl. Galilei steht hinter ihm.* Wo ist die Sonne, rechts oder links?

ANDREA: Links.

GALILEI: Und wie kommt sie nach rechts?

ANDREA: Wenn Sie sie nach rechts tragen, natürlich.

GALILEI: Nur so? *Er nimmt ihn mitsamt dem Stuhl auf und vollführt mit ihm eine halbe Drehung.* Wo ist jetzt die Sonne?

ANDREA: Rechts.

GALILEI: Und hat sie sich bewegt?

ANDREA: Das nicht.

GALILEI: Was hat sich bewegt?

ANDREA: Ich.

GALILEI *brüllt*: Falsch! Dummkopf! Der Stuhl!

ANDREA: Aber ich mit ihm!

GALILEI: Natürlich. Der Stuhl ist die Erde. Du sitzt drauf.

FRAU SARTI *ist eingetreten, das Bett zu machen. Sie hat zugeschaut.* Was machen Sie eigentlich mit meinem Jungen, Herr Galilei?

GALILEI: Ich lehre ihn sehen, Sarti.

FRAU SARTI: Indem Sie ihn im Zimmer herumschleppen?

ANDREA: Laß doch, Mutter. Das verstehst du nicht.

FRAU SARTI: So? Aber du verstehst es, wie? Ein junger Herr, der Unterricht wünscht. Sehr gut angezogen und bringt einen Empfehlungsbrief. *Übergibt diesen.* Sie bringen meinen Andrea noch so weit, daß er behauptet, zwei mal zwei ist fünf. Er verwechselt schon alles, was Sie ihm sagen. Gestern abend bewies er mir schon, daß die Erde sich um die Sonne dreht. Er ist fest überzeugt, daß ein Herr namens Kippernikus das ausgerechnet hat.

ANDREA: Hat es der Kippernikus nicht ausgerechnet, Herr Galilei? Sagen Sie es ihr selber!

FRAU SARTI: Was, Sie sagen ihm wirklich einen solchen Unsinn? Daß er es in der Schule herumplappert und die geistlichen Herren zu mir kommen, weil er lauter unheiliges Zeug vorbringt. Sie sollten sich schämen, Herr Galilei.

GALILEI *frühstückend*: Auf Grund unserer Forschungen, Frau Sarti, haben, nach heftigem Disput, Andrea und ich Entdeckungen gemacht, die wir nicht länger der Welt gegenüber geheimhalten können. Eine neue Zeit ist angebrochen, ein großes Zeitalter, in dem zu leben eine Lust ist.

FRAU SARTI: So. Hoffentlich können wir auch den Milchmann bezahlen in dieser neuen Zeit, Herr Galilei. *Auf den Empfehlungsbrief deutend*: Tun Sie mir den einzigen Gefallen und schicken Sie den nicht auch wieder weg. Ich denke an die Milchrechnung. *Ab*.

GALILEI *lachend*: Lassen Sie mich wenigstens meine Milch austrinken! – *Zu Andrea*: Einiges haben wir gestern also doch verstanden!

ANDREA: Ich habe es ihr nur gesagt, damit sie sich wundert. Aber es stimmt nicht. Den Stuhl mit mir haben Sie nur seitwärts um sich selber gedreht und nicht so. *Macht eine Armbewegung vornüber*. Sonst wäre ich nämlich heruntergefallen, und das ist ein Fakt. Warum haben Sie den Stuhl nicht vorwärts gedreht? Weil dann bewiesen ist, daß ich von der Erde ebenfalls herunterfallen würde, wenn sie sich so drehen würde. Da haben Sie's.

GALILEI: Ich habe dir doch bewiesen ...

ANDREA: Aber heute nacht habe ich gefunden, daß ich da ja, wenn die Erde sich so drehen würde, mit dem Kopf die Nacht nach unten hängen würde. Und das ist ein Fakt.

1 Worum geht es in dieser Szene? Fertige eine schriftliche **Inhaltsangabe** an.

2 a Beschreibe die beiden Weltbilder, das ptolemäische und das kopernikanische, und erkläre, worin der wesentliche Unterschied zwischen ihnen besteht.
  b Beschreibe Galileis ‚Versuchsanordnung', mit der er Andrea begreifen lassen möchte, warum die Sonne „abends woanders hält als morgens" (Z. 57 – 73).
  c Wodurch wird Andrea vom ‚Glotzenden' zum ‚Sehenden'?

3 a Zeige an diesem Dialog auf, inwiefern die Fragen, die Andrea und Galilei stellen, zu Erkenntnisgewinn und Klarheit beitragen.
  b Sammelt Vorschläge, wie Galilei Andreas Einwand (Z. 101–110) entkräften kann.

4 a Inwiefern ist Andrea zugleich ein Lernender und ein Forschender? Teilt folgende Aufgaben untereinander auf:
  • Verfasse einen **Sachtext**, der das Vorgehen Galileis beschreibt und erklärt.
  • Erstelle eine **Präsentation**, die Galileis Methode veranschaulicht und darstellt, wie er seinem Schüler Andrea das neue Weltbild verständlich macht.
  • Studiert die **Szene** mit dem Stuhl aus Brechts Theaterstück ein und führt in eurem **Spiel** Galileis Methode vor.
  b Vergleiche den Sachtext, die Präsentation und die Aufführung miteinander: Wobei hast du Galileis Behauptung „Ich lehre ihn sehen" am besten verstanden?

Inhaltsangabe
→ S. 48–54
Bildbeschreibung
→ S. 254

Vorgangsbeschreibung und Versuchsbeschreibung

In einer **Vorgangsbeschreibung** wird ein Vorgang oder Ablauf **sachlich** beschrieben. Dabei muss man darauf achten, dass die **Reihenfolge** der einzelnen Schritte des Vorgangs eingehalten und **nichts Wichtiges ausgelassen** wird. Aufgabe eines solchen Textes ist es, den entsprechenden Vorgang so zu beschreiben, dass auch eine Person, die diesen Vorgang nicht kennt, genau weiß, wie er abläuft.

In vielen Fällen sind Vorgangsbeschreibungen zugleich auch **Anleitungen**: z.B. Spiel- oder Bastelanleitungen, Gebrauchsanweisungen und Kochrezepte.
Sie müssen so genau und korrekt sein, dass eine andere Person den beschriebenen Vorgang wiederholen kann, z.B. das Spiel spielen oder das Gericht kochen.

Die **Sprache** der Vorgangsbeschreibung ist **sachlich und genau,** häufig werden passende **Fachwörter** verwendet. Das **Tempus** ist das **Präsens**; wenn es sich um eine Anleitung handelt, stehen oft **Imperative**.

Eine **Versuchsbeschreibung** ist eine besondere Form der Vorgangsbeschreibung.

3. Forschungsreisen – Informationen aus literarischen Texten entnehmen

Daniel Kehlmann

Text 4 **Die Vermessung der Welt**

Alexander von Humboldt war in ganz Europa berühmt wegen einer Expedition in die Tropen, die er fünfundzwanzig Jahre zuvor [1799] unternommen hatte. Er war in Neuspanien, Neugranada, Neubarcelona, Neuandalusien und den Vereinigten Staaten[1] gewesen, hatte den natürlichen Kanal zwischen Orinoko und Amazonas entdeckt, den höchsten Berg der bekannten Welt bestiegen, Tausende Pflanzen und Hunderte Tiere, manche lebend, die meisten tot, gesammelt, hatte mit Papageien gesprochen, Leichen ausgegraben, jeden Fluss, Berg und See auf seinem Weg vermessen, war in jedes Erdloch gekrochen und hatte mehr Beeren gekostet und Bäume erklettert, als sich irgend jemand vorstellen mochte.

[1] Die Vereinigten Staaten zur Zeit Alexander von Humboldts umfassten dreizehn damalige Bundesstaaten und sind nicht identisch mit den U.S.A. von heute.

Er war der jüngere von zwei Brüdern. Ihr Vater, ein wohlhabender Mann von niederem Adel, war früh gestorben. […]

Fünfzehn hoch bezahlte Experten hielten ihnen Vorlesungen auf Universitätsniveau. Für den jüngeren Bruder Chemie, Physik, Mathematik, für den älteren Sprachen und Literatur, für beide Griechisch, Latein und Philosophie. Zwölf Stunden am Tag, jeden Tag der Woche, ohne Pause oder Ferien.

Der jüngere Bruder, Alexander, war wortkarg und schwächlich, man musste ihn zu allem ermutigen, seine Noten waren mittelmäßig. Wenn man ihn sich selbst überließ, strich er durch die Wälder, sammelte Käfer und ordnete sie nach selbst erdachten Systemen. Mit neun Jahren baute er den von Benjamin Franklin erfundenen Blitzableiter nach und befestigte ihn auf dem Dach des Schlosses, das sie nahe der Hauptstadt bewohnten. Es war der zweite in Deutschland überhaupt; der andere stand in Göttingen auf dem Dach des Physikprofessors Lichtenberg. Nur an diesen zwei Orten war man vor dem Himmel sicher.

Der ältere Bruder sah aus wie ein Engel. Er konnte reden wie ein Dichter und schrieb früh altkluge Briefe an die berühmtesten Männer des Landes. Wer immer ihn traf, wusste sich vor Begeisterung kaum zu fassen. Mit dreizehn beherrschte er zwei Sprachen, mit vierzehn vier, mit fünfzehn sieben. Er war noch nie bestraft worden, keiner konnte sich erinnern, dass er je etwas falsch gemacht hätte. Mit dem englischen Gesandten sprach er über Handelspolitik, mit dem französischen über die Gefahr des Aufruhrs. […]

Kunth[1] gab den beiden Jungen Bücher zu lesen, in denen es um Mönche ging, um offene Gräber, Hände, die aus der Tiefe ragten, in der Unterwelt gebraute Elixiere und Séancen, bei denen Tote zu schreckensstarren Zuhörern sprachen. […] Einmal stießen sie auf eine Geschichte über Aguirre, den Wahnsinnigen, der seinem König abgeschworen und sich selbst zum Kaiser ernannt hatte. In einer Alptraumfahrt ohnegleichen waren er und seine Männer den Orinoko entlanggefahren, an dessen Ufern das Unterholz so dicht war, dass man nicht an Land gehen konnte. Vögel schrien in den Sprachen ausgestorbener Völker, und wenn man aufblickte, spiegelte der Himmel Städte, deren Architektur offenbarte, dass ihre Erbauer keine Menschen waren. Noch immer waren kaum Forscher in diese Gegend vorgedrungen und eine verlässliche Karte gab es nicht.

Aber er werde es tun, sagte der jüngere Bruder. Er werde dorthin reisen.

Sicherlich, antwortete der Ältere.

Er meine es ernst!

Das sei ihm klar, sagte der Ältere und rief einen Diener, um Tag und Stunde zu bezeugen. Einmal werde man froh sein, diesen Augenblick fixiert zu haben.

In Physik und Philosophie unterrichtete sie Marcus Herz […]. Er goss zwei Substanzen in einen Glaskrug: Die Flüssigkeit zögerte einen Moment, bevor sie mit einem Schlag die Farbe wechselte. Er ließ Wasserstoff aus einem Röhrchen strömen, hielt eine Flamme an die Mündung und mit einem Jauchzen schoss das Feuer auf. Ein halbes Gramm, sagte er, zwölf Zentimeter hoch die Flamme. Wann immer einen die Dinge erschreckten, sei es eine gute Idee, sie zu messen.

---

[1] Hauslehrer der Humboldts

Literarischen Texten Informationen entnehmen

1 a An welchen Stellen in diesem Romanausschnitt über Alexander von Humboldts Jugend wirst du als Leserin oder Leser darauf vorbereitet, dass er einmal ein bedeutender Forscher werden wird? Zitiere wörtlich.
  b Verfasse aufgrund der Informationen in diesem literarischen Text einen **Tagebucheintrag** zu einem Tag im Leben des jungen Alexander von Humboldt, in dem er niederschreibt, womit er sich als Kind oder Jugendlicher beschäftigte, welche Pläne er hatte und was ihn faszinierte.

Daniel Kehlmann

Text 5 Die Vermessung der Welt (Fortsetzung)

Jahre später bricht Alexander von Humboldt zusammen mit seinem Begleiter Bonpland zu seiner Reise nach Südamerika auf.

Sie nahmen die erste Fregatte, die von La Coruña aus in die Tropen aufbrach. Der Wind blies scharf von Westen, der Seegang war stark. Humboldt saß in einem Klappstuhl an Deck. Er fühlte sich frei wie noch nie. Zum Glück, schrieb er in sein Tagebuch, sei er niemals seekrank. Dann musste er sich übergeben. Auch das war
5 eine Willensfrage! Mit äußerster Konzentration und nur manchmal unterbrechend, um sich über die Reling zu beugen, schrieb er drei Seiten über das Gefühl des Aufbruchs, die übers Meer sinkende Nacht und die im Dunkel verschwindenden Küstenlichter. Bis zum Morgen stand er neben dem Kapitän und beobachtete ihn beim Navigieren. Dann holte er seinen eigenen Sextanten hervor. Gegen
10 Mittag begann er den Kopf zu schütteln. Nachmittags um vier legte er sein Gerät beiseite und fragte den Kapitän, wieso er so unexakt arbeite.
Er mache das seit dreißig Jahren, sagte der Kapitän.
Bei allem Respekt, sagte Humboldt, das erstaune ihn.
Man tue das doch nicht für die Mathematik, sagte der Kapitän, man wolle übers
15 Meer. Man fahre so ungefähr den Breitengrad entlang und irgendwann sei man da.
Aber wie könne man leben, fragte Humboldt, reizbar geworden vom Kampf gegen die Übelkeit, wenn einem Genauigkeit nichts bedeute?
Bestens könne man das, sagte der Kapitän. Dies sei übrigens ein freies Schiff. Falls jemandem etwas nicht passe, dürfe er jederzeit von Bord. […]
20 Am Abend musste der nächste Tote unter Wasser.
Dies beunruhige ihn, sagte Humboldt zum Kapitän. Das Fieber dürfe seine Expedition nicht gefährden. Er habe entschieden, nicht bis Veracruz mitzufahren, sondern in vier Tagen von Bord zu gehen.
Der Kapitän fragte, ob er ein guter Schwimmer sei.
25 Das sei nicht nötig, sagte Humboldt, gegen sechs Uhr früh in drei Tagen werde man Inseln sehen, einen Tag später das Festland erreichen. Er habe es ausgerechnet.
Der Kapitän erkundigte sich, ob es gerade nichts zu zerschneiden gebe. Stirnrunzelnd fragte Humboldt, ob man sich an ihm belustigen wolle. Keineswegs, sondern
30 bloß an die Kluft zwischen Theorie und Praxis erinnern. Berechnungen in Ehren, aber dies sei keine Schulaufgabe, dies sei der Ozean. Niemand könne Strömungen

und Winde voraussagen. So genau sei das Auftauchen von Land einfach nicht vorherzusehen.
Am frühen Morgen des dritten Tages bildeten sich langsam die Umrisse einer Kü-
35 ste im Dunst. Trinidad, sagte Humboldt ruhig. Wohl kaum. Der Kapitän wies auf
die Seekarte. Die sei nicht exakt, sagte Humboldt. Die Entfernung zwischen altem
und neuem Kontinent sei offenbar falsch eingeschätzt worden. Es habe noch niemand die Strömungen gewissenhaft gemessen. Wenn es recht sei, werde er morgen
früh nach Terra Firma übersetzen.
40 Vor der Mündung eines großen Flusses gingen sie von Bord.

2 Entnimm dem Text alle Informationen zur Überfahrt Alexander von Humboldts:
   a Worum geht es in dem Gespräch zwischen von Humboldt und dem Kapitän des Schiffes?
   b Weshalb will Alexander von Humboldt das Schiff vorzeitig verlassen?
   c Woher nimmt er seine Gewissheit, in vier Tagen an Land gehen zu können?
   d Auf welche Methoden stützt er sich? Begründe mithilfe von Textbelegen.

3 Überlegt: Inwiefern könnten seine Kindheitserlebnisse und seine Erziehung ihn in seiner Entschlossenheit bestärkt haben, unbedingt ein Forscher zu werden?

4 Lies noch einmal die Texte 4 und 5. Fasse anschließend die wichtigsten Stationen im Leben Alexander von Humboldts in einer Tabelle oder Liste als **Lebenslauf** zusammen.

5 a Entnimm den Texten 4 und 5 Aussagen darüber, was einen Forscher wie Alexander von Humboldt anspornt. Zitiere die Textstellen wörtlich.
   b Sammelt alle Begriffe, die euch dazu einfallen (z. B. *Ehrgeiz, Ruhmsucht* …), z. B. in Form eines Clusters.
   c Welche Begriffe kennzeichnen am treffendsten, was Alexander von Humboldt antreibt? Begründe deine Meinung mithilfe von Belegen aus Text 5 und 6.

6 **Projekt „Wer war Wilhelm von Humboldt"?**
   Auch Alexanders Bruder Wilhelm hat sich als Gelehrter einen Namen gemacht.
   a **Recherchiert** nach Informationen zu Wilhelm von Humboldt. Arbeitet dabei in Gruppen und teilt die einzelnen Bereiche unter euch auf, z. B. die Zeit, in der die Humboldts lebten, Kindheit und Jugend, Ausbildung, …
   b **Präsentiert** die Informationen, die ihr recherchiert habt, übersichtlich in eurer Klasse. Das kann z. B. auf Schautafeln oder als Wandzeitung geschehen oder ihr erstellt Folien mit einer Präsentationssoftware. **Visualisiert** die Informationen mit geeigneten Abbildungen, z. B. Fotos, Bildern, Karten.
   c Erläutert eure Rechercheergebnisse in einem **mündlichen Vortrag**.
   d Falls ihr als Zuhörerinnen und Zuhörer etwas nicht versteht, müsst ihr nachfragen. Bittet die Referenten, die Punkte ihrer Darstellung genauer zu erläutern, die euch nicht klar geworden sind.

7 Vergleicht abschließend die beiden Brüder miteinander.

4. Sprachforschung – Ergebnisse präsentieren

Sprachräume – Allgemeines Verständnis eines Textes entwickeln

Gudrun Schury

Text 6 **Die Geschichte von Jean-François Champollion**

Der begabte, elfjährige Buchhändlersohn Jean-François Champollion lebte seit 1801 im Haus seines älteren Bruders Jacques-Joseph. Dieser Bruder war von der napoleonischen Ägypten-Begeisterung angesteckt. So sehr faszinierte ihn das fremde Land, dass er die Zeitschrift *Courier de l'Egypte* abonniert hatte, die sich
5 ausschließlich den Erkenntnissen und Funden widmete, welche die Gelehrten auf Napoleons Feldzug gewonnen hatten. Eines Tages blätterte auch Jean-François in einer Ausgabe der Zeitschrift, der Nummer 37. In diesem Heft gab es eine Abbildung, die ihn nicht mehr losließ: der rätselhafte Stein von Rosette! So jung Jean-François Champollion war, so entschlossen war er auch, eines Tages die
10 Schriften zu entziffern ... , sein Lebenstraum!
Konsequent verfolgt er nun diesen Traum, geht auf das Gymnasium von Grenoble, lernt Griechisch und Latein, beginnt mit 17, an der Schule für orientalische Sprachen in
15 Paris zu studieren. Dort beschäftigt er sich mit chinesisch, mittelpersisch, sanskrit, arabisch, koptisch geschriebenen Texten. Bereits zwei
20 Jahre später, im Jahr 1809, kehrt er aus Paris als Assistenzprofessor für Geschichte nach Grenoble zurück. Seinen Lebenstraum hat er
25 nicht vergessen. [...]
Immerhin hatte Champollion einige Vorläufer bei seinen Entzifferungsversuchen. Besonders der Engländer
30 Thomas Young, eigentlich Physiker, war schon vor 1814 auf einer heißen Spur.

Er fand heraus, dass die Hieroglyphenschrift aus phonetischen und nichtphonetischen Zeichen bestand. Das heißt, manche Zeichen gaben offenbar den Lautwert eines Buchstabens wieder: Immer wenn man „tsch" lesen und sprechen sollte, stand da eine bestimmte Hieroglyphe. Andere waren ein Bild, das für einen ganzen Begriff stand. Young vermutete, dass nur fremdsprachige Wörter oder Namen phonetisch buchstabiert waren, die meisten der Hieroglyphen aber einfach Begriffe symbolisierten: Das Bild einer Schlange stünde wahrscheinlich für das Wort „Schlange" und vielleicht für das Wort „gefährlich". Diese Auffassung ging in die falsche Richtung und hinderte Young daran, den Stein richtig zu entziffern. Er hatte den Nussknacker für die harte Nuss von Rosette noch nicht gefunden. […] Youngs Methode aber, bei der Entzifferung der Hieroglyphen zunächst von den „Kartuschen" auszugehen, brachte Champollion weiter. Kartuschen? Dieses Wort stammt von den französischen Soldaten in Napoleons Armee. Immer wieder sahen sie inmitten der ägyptischen Inschriften an den Wänden und auf den Obelisken ovale Ringe, die eine Gruppe von Hieroglyphen umschlossen. Diese Ringe ähnelten den Patronen in ihren Gewehren, den „car-touches". Wenn die Kartuschen eine Anzahl von Hieroglyphen hervorhoben, musste der Inhalt etwas Besonderes sein!

Auch Champollion begann also mit den Kartuschen. Er sagte sich, dass sie wahrscheinlich den Namen des jeweiligen Herrschers umschlossen. In dieser Ansicht wurde er bestärkt durch eine griechisch-hieroglyphische Inschrift auf einem ägyptischen Obelisken aus Philae, die ihm ein englischer Forscher zugänglich gemacht hatte. Zwei Namen aus dem griechischen Text – Cleopatra und Ptolemäus – kamen sicherlich auch bei den Hieroglyphen vor, denn dort gab es genau zwei Kartuschen. Eine glich sehr stark einer Kartusche auf dem Stein von Rosette, auf dem es ebenfalls um Ptolemäus ging, wie man aus dem griechischen Teil wusste. Das war ein Anfang! Wenn er nun den einzelnen Hieroglyphen in der Ptolemäus-Kartusche einzelne Laute zuordnete, müssten sich einige auch in der Cleopatra-Kartusche wiederfinden lassen. Beispielsweise enthielten beide Namen ein „l", das jeweils mit einem liegenden Löwen wiedergegeben war.

Nicht nur das „l", auch die Buchstaben „p, t, o" waren in beiden Namen vorhanden. Allerdings unterschied sich das „t". Bei „Cleopatra" glich es einer Hand im Profil, bei „Ptolemäus" einem Halbkreis. Aber das war ja gar nicht ungewöhnlich für Sprachen. Im Deutschen zum Beispiel spricht man „Aale" und „Ahle" gleich aus, schreibt es aber unterschiedlich. Man hört auch nicht, dass der Laut „F" in „Verein" und der Laut „F" in „Ferien" anders geschrieben werden. […]

Wäre Champollion auf der richtigen Spur, so müsste er jetzt mit dem Buchstabenmaterial aus den beiden Kartuschen, nämlich A, C, E, L, M, O, P, R, S und T, vorwärts kommen. Er versuchte sich an weiteren Namenskartuschen: Alexander, Caesar, Berenike, Autokrator. Es funktionierte! Und es funktionierte wahrscheinlich deswegen, weil diese für die Ägypter fremdländischen Eigennamen phonetisch wiedergegeben waren, also Buchstabe für Buchstabe nach ihrem Lautwert. Alles andere war sicherlich kein Alphabet, sondern eine reine Symbolschrift, davon war Champollion nach wie vor überzeugt. Bis er probehalber auch andere Wörter dem

Test unterzog. Auch da funktionierte es oft! […] Damit war aber noch nicht alles erklärt. Außer den phonetischen Zeichen gab es eine Menge noch unerklärter Symbole. Erst als Champollion auf die Idee kam, dass die Hieroglyphen eine Mischform aus Lautzeichen und aus Wortzeichen sein könnten, war er auf der richtigen Spur. Jetzt wurde ihm das System klar: Manche der Hieroglyphen standen für einen einzigen Laut (wie „t"), manche für eine bestimmte Lautfolge (wie „nfr"), andere für ein ganzes Wort (wie „geliebt" oder „Leben" oder „ewig"). Letztere sind semantische oder Sinn-Zeichen.

Wollte man solche Sinn-Zeichen im Deutschen verwenden, so müsste man sich für häufig vorkommende Wortteile ein Symbol ausdenken, zum Beispiel ein ▲ für „wert". Wörter, die „wert" enthalten, schriebe man dann so: Mehr▲, ▲voll, Ver-▲ung, sehens▲, Stellen▲, Voll▲kost, Aller▲ester, ▲her, Sch▲.

Champollion näherte sich der harten Nuss Rosette-Stein durch logisches Denken, Kombinieren, Auszählen, Folgern. Leider musste er feststellen, dass die griechische Schrift keine wörtliche Übersetzung der Textstellen in Hieroglyphisch und Demotisch war, sondern den Inhalt nur sinngemäß wiedergab. Er musste also bei jedem Zeichen ganz von vorn anfangen. Dabei kamen ihm besonders seine Kenntnisse des Koptischen zustatten, einer Sprache und Schrift mit ägyptischen und griechischen Anteilen, die die christlichen Nachkommen der alten Ägypter entwickelt hatten. Das Koptische bewahrte noch Wortschatz und auch Schreibweisen des Altägyptischen. Erschwerend beim Lesen der Hieroglyphen war, dass Vokale meist nicht mitgeschrieben, sondern beim Lesen der Konsonanten ergänzt wurden. Hatte man „Amon" auszusprechen, stand da nur „mn".

Aber am Ende lag eine Liste vor Jean-François Champollion, auf der er das gesamte griechische Alphabet mit seinen Entsprechungen der demotischen Zeichen sowie der Hieroglyphen aufgeschrieben hatte! Bis Champollion von sich sagen konnte, er verstehe nicht nur das Alphabet, sondern die gesamte altägyptische Schrift, dauerte es noch bis zum September 1822. Dann erst war das Rätsel gelöst und die Nuss geknackt! Natürlich gab es für ihn noch Weiteres zu erforschen, so die Grammatik der Hieroglyphen. Auch für kommende Forschergenerationen blieb noch Einiges zu entdecken und zu verbessern, aber das System der Hieroglyphen war zuerst von Champollion entschlüsselt worden. […]

Das Spannende an den Hieroglyphen ist, dass sie eigentlich doch keine tote Sprache sind. Zwar werden höchstens ein paar Freaks, die ihre Gedanken geheim halten möchten, sie als Schrift benutzen, doch ihr Prinzip ist allgegenwärtig. Wir sind heute überall von einer Art moderner Hieroglyphen umgeben: Symbolen und Piktogrammen. Statt der Schrift „Achtung! Dies ist eine Sackgasse" sehen wir ein Zeichen aus zwei Balken. Statt „Entferne den markierten Text" zeigt die Menüleiste des Computers eine Schere. Statt mit dem Hinweis „urheberrechtlich geschützt" ist die CD bloß mit einem © bedruckt. Statt des Schilds „Die Rolltreppe vor Ihnen führt zur Stadtbahn" hängt über dem Eingang ein großes „S". Statt „Dieses Kleidungsstück muss in die chemische Reinigung" ist nur ein „P" eingenäht.

1 Entnimm dem Text alle wichtigen Informationen mithilfe der **Fünf-Schritt-Lesemethode**.

2 a Fasse zusammen: Wer war Jean-François Champollion und worin besteht seine Forschungsleistung?
  b Beschreibe den Ablauf der Entschlüsselung: Nenne die einzelnen Schritte, durch die es Champollion schließlich gelingt, den Stein zu entziffern.

3 Schreibt einen Poster-Wettbewerb in der Klasse aus. Welches erklärt am überzeugendsten, mit welcher Methode Champollion schließlich die ‚Nuss knackt'?

4 a Was fasst Gudrun Schury alles unter dem Begriff „moderne Hieroglyphen" zusammen (Z. 111–119)?
  b Auf welche der von ihr genannten Zeichen passt eurer Meinung nach die Bezeichnung „Hieroglyphe" nicht? Begründet mit Zitaten aus dem Text.

5 a Welche Piktogramme kennt ihr noch? Welche Bedeutung haben sie?
  b Erstellt Merktafeln für Zeichen und Piktogramme zu folgenden Themenfeldern:

  Zeichen, die ich kennen muss,
  • wenn ich ein Verkehrsmittel benutze,   • wenn ich Gefahren vermeiden will,
  • wenn ich Sport treibe,   • ■

Frauen erkunden die Welt

Text 7

Frauen wie Freya Stark (Erkundung des Nahen Ostens), Jane Goodall (Primatenforscherin) oder auch Kathryn Sullivan (Spaziergang im All), die Vieles entdeckten und dabei aufregende Abenteuer erlebten, kennen eher wenige. Bis 2006 wurden die über 450 Nobelpreise an 735 Männer und an 33 Frauen vergeben[2]:

Physiologie oder Medizin (verliehen seit 1901)	**Physik** (verliehen seit 1901)	**Literatur** (verliehen seit 1901)
1947 – Gerty Theresa Cori	1903 – Marie Curie	1909 – Selma Lagerlöf
1977 – Rosalyn Sussman Yalow	1963 – Maria Goeppert–Mayer	1926 – Grazia Deledda
1983 – Barbara McClintock		1928 – Sigrid Undset
1986 – Rita Levi–Montalcini	**Frieden** (verliehen seit 1901)	1938 – Pearl S. Buck
1988 – Gertrude B. Elion	1905 – Bertha von Suttner	1945 – Gabriela Mistral
1995 – Christiane Nüsslein–Volhard	1931 – Jane Addams	1966 – Nelly Sachs
2004 – Linda B. Buck	1946 – Emily Greene Balch	1991 – Nadine Gordimer
	1976 – Betty Williams	1993 – Toni Morrison
Chemie (verliehen seit 1901)	1976 – Mairead Corrigan	1996 – Wislawa Szymborska
1911 – Marie Curie	1979 – Mutter Teresa	2004 – Elfriede Jelinek
1935 – Irène Joliot–Curie	1982 – Alva Myrdal	2007 – Doris Lessing
1964 – Dorothy Crowfoot Hodgkin	1991 – Aung San Suu Kyi	
	1992 – Rigoberta Menchú Tum	
Wirtschaft (und Mathematik; verliehen seit 1969)	1997 – Jody Williams	
—	2003 – Schirin Ebadi	
	2004 – Wangari Maathai	

[2] Da Forschung in den allermeisten Fällen Teamarbeit ist, teilen sich häufig mehrere Forscherinnen und Forscher einen Nobelpreis: Das ganze Forschungsteam wird mit dem Preis ausgezeichnet.

6 a Entnimm der Auflistung Informationen:
- Handelt es sich bei allen Nobelpreisen um Preise für Forschung? Begründe.
- In welchen Nobelpreis-Kategorien gibt es vergleichsweise viele Frauen?

b Wie erklärst du dir die unterschiedliche Verteilung?

7 a Informiere dich über die Geschichte der Rechte von Mädchen und Frauen, zur Schule zu gehen und/oder zu studieren. Dazu kannst du z. B. in Bibliotheken, im Internet oder in Geschichtsbüchern recherchieren.

b Berichte vor der Klasse mündlich, was du dazu herausgefunden hast.

c Diskutiert mögliche Ursachen für die geringe Anzahl der Nobelpreisträgerinnen.

8 **Ausstellung „Nobelpreisträgerinnen":**

a Teilt die oben genannten Nobelpreisträgerinnen in der Klasse auf: Jede bzw. jeder von euch informiert sich über eine der Frauen. Dabei könnt ihr z. B. das Internet oder eine Bibliothek nutzen.

b Gestalte zu der Nobelpreisträgerin, über die du Informationen gesammelt hast, ein Plakat im DIN-A3-Format. Achte dabei darauf, dass du die Informationen gut und sinnvoll visualisierst, dass du sie übersichtlich anordnest und dass die Texte und Überschriften auf deinem Plakat informativ und gut lesbar sind.

c Bereite eine kurze mündliche Präsentation deines Plakats vor.

d Gestaltet euren Infomarkt und macht ihn z. B. anderen Schülerinnen und Schülern zugänglich, beispielsweise in der Pausenhalle oder bei gutem Wetter auf dem Schulhof.

e Ihr könnt eure Informationen zu den Nobelpreisträgerinnen auch in einer anderen Form präsentieren: Erstellt Steckbriefe oder Kurzportraits und fasst sie zu einem Heft oder Buch zusammen.

Hut, Fernglas, Mikrofon – Interviews Informationen entnehmen

Tilmann Lahme (Interview mit der Wissenschaftlerin Julia Fischer)

Text 8 **Verstehen Sie die Sprache der Tiere, Frau Fischer?**

FRAGE: Frau Fischer, wie gehen Sie vor, um herauszufinden, wie Wildtiere, zum Beispiel Affen, kommunizieren?

ANTWORT: Die wichtigsten Utensilien: Hut, Fernglas, Mikrofon. Wir folgen den Tieren im Freiland – bei uns sind es meist Paviane – und nehmen ihre
5 Laute auf, analysieren sie dann computergestützt und klassifizieren sie statistisch: Wie unterscheiden sich ihre Laute, wenn ein Löwe auftaucht oder ein Krokodil? Oder wenn ein Affe sein Kind verliert oder den Kontakt zur Gruppe. Gibt es da systematische Unterschiede? Man kann natürlich auch Zusammenhänge zwischen der Physiologie herstellen und den Lauten, etwa
10 bei Männchen, ob sie gerade einen hohen Testosterongehalt im Blut haben, also voll im Saft stehen und angriffslustig sind. Oder ob an den Lauten zu erkennen ist, dass ein Weibchen gerade empfängnisbereit ist. […]

Frage: Sie haben aber nicht nur mit Affen geforscht, sondern auch den Hund Rico studiert, einen Border-Collie, weit bekannt seit einem Auftritt bei „Wetten, dass …?".

Antwort: Zuerst habe ich über Affen geforscht. Ich habe mich mit Alarmrufen beschäftigt, das ist ein klassisches Thema in der Kommunikationsforschung, seitdem bekannt wurde, dass Grüne Meerkatzen drei verschiedene Alarmrufe haben, als Reaktion auf Leopard, Adler und Schlange. Die Grünen Meerkatzen waren also gewissermaßen die Stars. Und dann habe ich von Rico gehört, der damals 70 verschiedene Spielzeuge und die dazugehörigen Namen kannte – inzwischen sind es mehr als 250. Das ließ die Affen etwas alt aussehen und das wollte ich mit zwei Kollegen mal genauer wissen: Wie lernen Tiere eigentlich, Laute mit Bedeutung zu belegen?

Frage: Was war das Ergebnis?

Antwort: An Rico konnten wir zeigen, dass Tiere eine Fähigkeit haben, die wir bislang für menschlich gehalten haben: das „fast mapping", das so genannte „schnelle Zuordnen". Dreijährige Kinder sind in der Lage, sich im Zuge des Spracherwerbs Dinge zu erschließen. Auf einem Tisch liegen Gegenstände, die dem Kind bekannt sind, und darunter ist einer, der neu ist. Und wenn die Mutter sagt: „Hol doch mal bitte das Doggelmoggel", dann versteht das Kind ohne weiteren Hinweis, dass es ja nur die eine, unbekannte Sache sein kann, da es die anderen ja alle kennt und ausschließen kann. Und genau das ist das Erstaunliche bei Rico: Er kann das auch. Bei ihm sind es Stofftiere, die er Lauten zuordnen kann, und wenn ein neues Stofftier zwischen seinen bekannten Stofftieren liegt, für die er Namen kennt, dann kann er ein neues Wort genau so wie die Kinder zuordnen. Der Unterschied ist nur, dass die Kinder dann lernen, den neuen Laut selbst zu benutzen, während Rico ihn „nur" versteht. […]

Wir kommen bei unseren Forschungen immer auch an die Grenzen der tierischen Kommunikationsfähigkeiten. Da gibt es wohl evolutionäre Beschränkungen, Hürden, die sie nicht überwinden können. Da fragt man sich manchmal: Warum kann er das jetzt nicht? Der ist doch sonst nicht blöd! Gerade in der Kommunikation ist es verblüffend, dass Tiere, selbst solche, die sehr intelligent sind, sich kaum über Dinge austauschen, jedenfalls nicht aktiv. Da würde kein Affe sagen: „Achtung, hinter dir stürmt ein Flusspferd auf dich zu, das dich gleich umnietet." Wenn überhaupt, dann gibt es einen Entsetzensschrei, aber wenn der, der das Flusspferd sieht, nicht erschrickt, dann gibt es eben gar nichts, keine Warnung. […]

Affen sind die besten Affenbeobachter, die es gibt. Die machen fast nichts anderes, als permanent zu beobachten, wer mit wem was veranstaltet, wer wem gerade was angetan hat. Da ist Denver-Clan nichts dagegen. Man sieht, dass in der Gruppe […] immer etwas passiert. Und sie sind auch nachtragend. Wenn einer einem vorgestern dumm kam und dann trifft man sein Kind und keiner guckt, dann kriegt der eben eins drauf. Also, sie sind hauptsächlich mit den anderen beschäftigt – aber sie reden nicht darüber. […]

Frage: Man weiß inzwischen von elektrischen oder Infrarot-Signalen bei Tieren. Ist zu erwarten, dass da noch neue Kommunikationswege gefunden werden?

Antwort: Neue Modalitäten vielleicht nicht mehr. Aber es gibt noch viel herauszufinden. Wir wissen etwa noch zu wenig über den Geruch. Der Geruchssinn spielt auch bei uns selbst eine größere Rolle, als wir uns oft eingestehen. Aber es gibt Tiere, für die der Geruch die absolut primäre Form der Kommunikation ist, bei denen praktisch alles geruchlich dargestellt wird. Das ist für uns schwer vorstellbar und deshalb dauert es wohl auch länger, bis dies so intensiv erforscht ist wie im Moment die visuelle und akustische Kommunikation. Bei den Kattas, das sind Lemuren, gibt es zum Beispiel regelrechte Stink-Kämpfe, von denen wir nicht recht wissen, was sie genau bedeuten. Die reiben sich ihre Schwänze mit Sekret ein und wedeln sie vor sich her, um zu beeindrucken.

FRAGE: Was ist aktuell besonders spannend in der Affenforschung?
ANTWORT: Eine Frage, die viele umtreibt, betrifft die Imitationsfähigkeit von Affen. Man würde ja denken: Affen, nachäffen – aber das ist nicht so. Ganz allgemein, aber speziell was die Lautgebung angeht. Singvögel können das, die lernen den Gesang von ihrem Vater oder den Nachbarn, Delfine können die Pfiffe ihrer Artgenossen imitieren, aber Affen nicht. Die haben überhaupt keine Voraussetzungen, um Modifikationen zu lernen, und das ist für uns ja die Basis der sprachlichen Kommunikation, dass wir uns überhaupt in eine Sprachgemeinschaft einfügen können, durch Imitation und Verstehen lernen. Warum können Affen das nicht, was steht dem im Wege? Welche Gene sind dafür vielleicht verantwortlich? Und inwieweit hängen Kognition und Kommunikation zusammen? Das sind wohl die Fragen der Zukunft. […]

9 Entnimm dem Interview die wichtigen Informationen mithilfe der **Fünf-Schritt-Lesemethode.**

10 a Wie heißt die Forschungsrichtung, in der Julia Fischer tätig ist?
   b Was untersucht sie an den Tieren?

11 Erläutere mithilfe des Interviews, was „Fast Mapping" bedeutet.
   a Was hat Rico gelernt?
   b Inwiefern lässt sich das mit dem Lernen von Kindern vergleichen?
   c Wo liegen die Unterschiede?

12 Entnimm dem Text, auf welche Weise die Foschung mit Affen und mit Rico durchgeführt und welche Erkenntnisse daraus jeweils gewonnen werden. Du kannst dazu eine Tabelle anlegen.

13 a Erkläre: Wodurch unterscheidet sich ein Interview von einem **Sachtext**?
   b Verfasse auf der Grundlage dieses Interviews aus einer Tageszeitung einen Sachtext für eine Jugendzeitschrift:
   • Entnimm dem Interview alle wichtigen Informationen (du kannst hier auch deine Arbeitsergebnisse aus den Aufgaben 9 bis 12 verwenden).
   • Überlege dir, wie du deinen Sachtext **aufbauen** willst. Welche großen **Abschnitte** soll er enthalten?
   • Was soll bei deinem Sachtext im **Vordergrund** stehen – die Person Julia Fischer, die Ergebnisse ihrer Forschungen oder etwas ganz anderes?

- Welche **Themen bzw. Themenschwerpunkte** sollen in deinem Sachtext vorkommen? Liste sie auf und überlege dir, in welcher **Reihenfolge** du sie am sinnvollsten ansprechen solltest.
- Beachte dabei, dass du die **Fachtermini** (Fachbegriffe) so erklärst, dass Jugendliche sie verstehen können.

c Überprüft eure Sachtexte anschließend in Schreibkonferenzen und überarbeitet sie aufgrund eurer Besprechungsergebnisse.

Vom Interview zum Sachtext – Situations- und adressatengerechtes Schreiben

Ein **Interview** kann informierende, meinungsbildende sowie unterhaltende Elemente enthalten; nicht alles, was in einem Interview gesagt wird, muss auch wahr und objektiv sein.

Der **Gesprächsgegenstand** (das **Thema**) wird für die Leserinnen und Leser dadurch lebendig, dass sie das Gefühl haben, bei dem Gespräch dabei zu sein.

Ein **Sachtext** will informieren, er soll objektiv sein und sich mit wertenden Kommentaren und Urteilen zurückhalten.
Seine Sprache ist **sachlich**, der Text ist möglichst **genau** und **enthält alle wichtigen Einzelheiten**, die für das Verständnis des Textgegenstandes (des Themas) hilfreich sind. Er beantwortet die **W-Fragen**.

Wenn du ein Interview in einen Sachtext verwandeln willst, musst du die Äußerungen in Interview danach unterscheiden, ob sie sachlich-informativ, objektiv, unterhaltend, argumentativ oder meinungsbildend sind. Nur die echten Sachinformationen (**Achtung**: Dazu können auch Gründe und Argumente gehören!) solltest du in deinen Sachtext aufnehmen.

- Dein Text soll **verständlich** formuliert sein und einen sinnvollen **Aufbau** haben.
- Dazu musst du wissen, für wen du den Sachtext schreiben willst, wer genau deine **Adressatinnen und Adressaten** sind.
- Überlege dir also, bevor du mit dem Schreiben beginnst, welches **Vorwissen** du von deinen Leserinnen und Lesern erwarten kannst.
- Schreibe deinen Text so, dass diese Leserinnen und Leser ihn verstehen, und ergänze gegebenenfalls **weitere Informationen**, wenn das Interview nicht genug Material zum jeweiligen Thema enthält.

Denke daran, dass du direkte Rede aus dem Interview in deinem Sachtext **entweder als wörtliches Zitat** (Anführungszeichen) **oder als indirekte Rede** (Konjunktiv I) wiedergeben musst.

Wörter unter der Lupe – Alltagssprache untersuchen

Werner Schäfer

Text 9 **Wörter unter der Lupe**

In einem Vortrag anlässlich der Kinder-Universität Trier erläutert Werner Schäfer, wie ein Sprachforscher arbeitet.

Eine Studentin hat mir mal ein Foto mitgebracht, auch von der Trierer Innenstadt, von einer Döner-Bude, vor der stand ein Schild mit der Aufschrift „Hühner-Kebap 2,50 Euro". Wir wissen, das ist ein Kebap aus Hühnerfleisch für 2,50 Euro. Darunter stand: „Kinder-Kebap 1,50 Euro". Ihr kennt das schon, dass wir auch hier
5 wieder unser Weltwissen benutzen, denn im Hühner-Kebap – das wissen wir – ist Hühnerfleisch drin, aber beim Kinder-Kebap ist das doch ein bisschen anders. Ein Kinder-Kebap ist für Kinder, aber ein Hühner-Kebap nicht für Hühner.
Stellt euch einmal folgende Situation vor: Das Telefon klingelt und zufällig ist gerade ein kleines Kind in der Nähe. Das kleine Kind nimmt den Hörer ab und am
10 anderen Ende der Leitung sagt jemand: „Ist deine Mutter zu Hause?" Das kleine Kind sagt „Ja" und legt den Hörer auf. Ist deine Mutter zu Hause, ja, Hörer aufgelegt, Gespräch beendet. Würde ich euch jetzt fragen, ob ihr das auch so machen würdet, würdet ihr sagen, nee natürlich nicht. Verrückt, wir würden unsere Mutter natürlich ans Telefon holen. Ist doch ganz klar. Die Frage ist nur: Woher wisst ihr
15 überhaupt, dass ihr eure Mutter ans Telefon holen sollt? Sehen wir uns noch einmal die Äußerung des Anrufers ganz genau an. Der Anrufer sagt: „Ist deine Mutter zu Hause?" Da ist überhaupt nicht davon die Rede, dass ihr eure Mutter ans Telefon holen sollt. Trotzdem aber wisst ihr, was ihr tun sollt, weil ihr nicht nur die Wörter und Sätze eurer Sprache versteht, sondern weil ihr auch Regeln
20 über den Gebrauch der Sprache kennt. […]
Wir in der Sprachwissenschaft, […] sprechen hier manchmal von „unsichtbarer Bedeutung". Das finde ich eigentlich einen ganz schönen Ausdruck, an dem man erkennen kann, dass manchmal eine Bedeutung da ist, die man gar nicht zu sehen vermag, die aber trotzdem da ist und die wir trotzdem wahrnehmen, wie hier z. B.
25 die Aufforderung, die Mutter ans Telefon zu holen. Wir in der Sprachwissenschaft sind der Meinung, dass das keine Ausnahme ist, sondern genau die Regel, dass nämlich in der täglichen Kommunikation fast immer unsichtbare Bedeutungen mitschwingen und wir Dinge mitverstehen, die zwar gemeint sind, aber gar nicht ausdrücklich gesagt werden. […]
30 [U]nser Hauptaugenmerk gilt eigentlich der Alltagssprache. Man kann sich das ein bisschen so vorstellen wie ein Ingenieur. Der will erst mal gar keine Kaffeemaschine bauen, sondern der guckt sich erst einmal an, wie funktioniert eigentlich meine eigene Kaffeemaschine. Was muss da passieren, damit am Ende Kaffee herauskommt, was ist möglicherweise nicht passiert, wenn am Ende kein Kaffee dabei
35 herauskommt. Oder wie jemand, der zwei Schachspielern zuguckt und sich erst mal ganz dumm stellt und sagt, ich will jetzt erst einmal herausfinden, welche

Züge die überhaupt machen dürfen, welche Züge sie nicht machen dürfen, welche Züge sie machen können und welche Züge sie tatsächlich machen. Und das, was dieser Beobachter mit den Schachspielern macht, das machen wir mit der Sprache.
Ich habe einmal ein Interview gehört mit einem Kriminologen […], der hat ein schönes Motto: Man muss auf alles achten, was einem auffällt. Aber noch mehr auf das, was einem nicht auffällt. Und genau das machen wir Sprachwissenschaftler mit der Sprache. Wir versuchen, auf das zu achten, was einem normalerweise nicht auffällt. […]
Fotos zu machen ist natürlich nicht die Hauptbeschäftigung eines Sprachwissenschaftlers, aber es ist eine Möglichkeit, sich Daten zu besorgen, also geschriebene oder gesprochene Äußerungen. Ein wichtiges anderes Instrument ist das Mikrofon. Wir können Leute befragen, interviewen, um etwas durch das Fragen herauszubekommen. Das Problem ist nur, wenn man jemandem ein Mikrofon unter die Nase hält, dann spricht er schon nicht mehr so, wie er das tun würde, wenn kein Mikrofon da wäre. Das ist ein ganz großes Problem für die Sprachwissenschaftler. Vor dem Mikrofon reden die Leute nicht mehr auf „natürliche" Weise.
Eine weitere wichtige Stütze ist für uns heute auch der Computer, denn er kann uns vor allem viele gespeicherte und sortierte Daten liefern. Früher, als man die noch selbst sammeln musste, hatte man vielleicht ein paar Hundert oder ein paar Tausend Daten. Aber jetzt kann uns der Computer Hunderttausende und sogar Millionen von Daten liefern. Es gibt Universitäten, die sammeln solche sprachlichen Äußerungen. Mehrere Millionen sind in diesen Sammlungen drin. Und damit kann man ziemlich verlässlich herausfinden, wie Sprache gebraucht wird. Das Denken aber nimmt der Computer uns nicht ab. Das bedeutet, das Auswählen, Werten und Deuten der Daten müssen wir weiterhin selbst machen. Und dazu müssen wir weiterhin auch ganz viel lesen. Wir müssen z. B. lesen, was andere Sprachwissenschaftler schon herausgefunden haben, um daran anknüpfen zu können.

14 Entnimm Text 9 alle wichtigen Informationen zur Tätigkeit einer Sprachforscherin oder eines Sprachforschers und **stelle sie grafisch dar**, z. B. in einer Mindmap oder in einem Merkbild.

15 Erkläre: Worin ähneln Sprachforscherinnen und Sprachforscher den Forscherinnen und Forschern, die du bisher kennengelernt hast?
   a Nenne Tätigkeiten, die sie ausführen, wenn sie Sprache untersuchen.
   b Was ist bei der Erforschung von Sprache besonders zu beachten?
   c Zähle die Methoden der Sprachwissenschaft auf, über die dich der Text informiert.
   d Warum nennt Werner Schäfer seinen Vortrag „Wörter unter der Lupe"?

16 Ihr könnt euch auch selbst als Sprachforscherinnen und Sprachforscher betätigen.
   a Achtet z. B. auf Werbeplakate und oder Türschilder. Schreibt sie auf oder fotografiert sie.

b Gestaltet eine kleine Ausstellung im Klassenraum dazu.
c Bewertet die Fundstücke nach dem Grad ihrer Außergewöhnlichkeit. Diskutiert, woran ihr das messen wollt (z. B. grammatische Fehler, schräge sprachliche Bilder, ...).

17 a Sucht einige typische **Redewendungen** aus, die Jugendliche benutzen.
b Befragt Mitschüler, Eltern, andere Erwachsene nach der Bedeutung dieser Redewendungen. Zeichnet deren Antworten mit einem Mikrofon auf.

18 a Erläutere an dem Beispiel „Hühner Kebap" – „Kinder Kebap" aus dem Vortrag von Werner Schäfer (Z. 1–7), wann die Zusammensetzung zweier Nomen (**Komposita-Bildung**) im Deutschen zu Missverständnissen führen kann.
b Bildet ähnliche Komposita, wie z. B. *Fahrstuhl, Rollstuhl, Feuerstuhl.*
c Was muss man wissen, um grammatisch ähnliche Strukturen unterscheiden und die Bedeutungsunterschiede erkennen zu können?

5. Sprache in der Sprache? –
Niederdeutsch

1 Eine Möglichkeit, Forschungsergebnisse darzustellen, ist die **Statistik**.
Janne, Lina und Tayfun aus der Klasse 8c haben in der Fußgängerzone eine Umfrage zum Thema Dialektsprechen durchgeführt und ihre Ergebnisse in Form einer Tabelle zusammengefasst.
a Welche Fragen haben sie den befragten Personen gestellt?
b Formuliere mindestens fünf Aussagen der Statistik in ganzen Sätzen.
c Diskutiert: Warum ist es manchmal sinnvoll, Angaben in Form von Statistiken zu präsentieren (und nicht in ganzen Sätzen)?

Text 10 **Dialektkenntnisse (befragte Personen: insgesamt 500)**

	unter 15 J.		16-25 J.		26-50 J.		über 51 J.	
	Stadt	Land	Stadt	Land	Stadt	Land	Stadt	Land
spreche sehr gut	1%	5%	2%	6%	3%	12%	5%	15%
spreche gut	3%	8%	2%	7%	5%	15%	7%	20%
spreche ein wenig	3%	10%	4%	12%	6%	20%	10%	25%
verstehe etwas	8%	22%	10%	27%	10%	19%	3%	10%
verstehe gar nichts	30%	10%	25%	5%	8%	2%	4%	1%

d Führt selbst eine ähnliche Umfrage durch, z. B. in eurer Klasse, eurer Schule oder eurem Bekanntenkreis, und formuliert die Ergebnisse wie in Text 10.

2 Dialekt sprechen – ja oder nein? Was meint ihr? Diskutiert.

snacken

Hier köönt Se sehn, dat alleen dat „Snacken" nich överall gliek is

Text 11

In Ostfreesland doot de Lüüd mooi proten.
In Hamborg doot uns Lüüd scheun snacken.
In Sleswig-Holsteen doot de doore [jene] Lüüd snacken.
In Mekelnbörg schnackt hei.
In Bremen un Ollnborg doot us Lüüd snacken.
In Westfalen doot de Lüe proaten oder küaren.
In Ostfalen sprääk ick mit dick platt.

Die Bezeichnungen für *Junge* in den Mundarten des ehem. dt. Sprachgebiets

Die Bezeichnungen für *Mädchen* in den Mundarten des ehem. dt. Sprachgebiets

3 Erstelle nach dem Muster der Sprachkarten „Junge" und „Mädchen" eine Karte zu Text 11.

4 Fasse die Sprachkarte „Mädchen" in Worte – natürlich nicht in Niederdeutsch.

Norichten op platt
Freedag, 18.05.2007

Jugend forscht

Text 12

Plietschste junge Lüüd wüllt in de tokamen Daag bi den Erfinnerwettstriet in Hamborg wiesen, wat se allens utklamüüstert hebbt. Bet Sünndag wüllt 189 junge Forschers ehr Projekte op dat Gelänne vun de Beiersdorf-AG vörstellen. Denn schüllt de Winners uttekent warrn. Mittenmang sünd ok acht plietsche Jungs un Deerns ut Hamborg.

Sprachvarianten: Niederdeutsch

Dat Weder

Vundaag kriegt wi en heel sünnigen Dag, de Sünn schall uns negen bit veertein Stünnen lang wat lachen. Dat Thermometer geiht rop op eenuntwintig Grood. Nu sünd dat in Altona negen Grood. Mitünner treckt mol en poor lüttje Wulken langs den Heven, aver de Schangs op Regen liggt man bloots bi fief Perzent.

5 Wo geiht dat wieder?

Morgen schall't ook wedder fründlich un mehrstiets droög warrn bi negentein Grood, Sünndag blift dat jüst so, un Maandag ook, dat köhlt denn bloots en beten af op söventein Grood.

Wat weer dat Warmste in de letzten veeruntwintig Stünnen?

10 Hamborg 13 (dörtein) Grood

Wat weer dat Koolste?

Hamborg 3 (dree) Grood

5
a Lies die auf Niederdeutsch verfassten Nachrichten laut. In der Regel gilt dabei: Es wird gesprochen, wie es geschrieben wird.
b Woran liegt es, dass du einen großen Teil der Texte verstehst?
c Übersetze die Meldungen ins Hochdeutsche, soweit dir das möglich ist.
d An welchen Stellen gelingt euch das nicht?
e Tauscht euch aus: Wo könntet ihr euch Hilfe suchen?

6 Recherchiert das Programmangebot der norddeutschen Sendeanstalten. Das könnt ihr im Internet, in Fernsehzeitschriften oder bei den Sendern direkt tun. Was für Sendungen werden regelmäßig auch auf Niederdeutsch angeboten?

Text 14 **Wortpaare – Niederdeutsch und Hochdeutsch**

7 a Bilde Wortpaare, indem du die niederdeutschen Wörter und ihre hochdeutschen Übersetzungen einander zuordnest.
  b Tauscht euch in der Klasse darüber aus, wie ihr beim Zuordnen vorgegangen seid.

8 Untersuche die Wortpaare:
  a Welche Buchstaben werden im Niederdeutschen anstelle der Buchstaben des Hochdeutschen benutzt?
  b Stellt dazu Regeln auf wie z. B.

  - *Immer, wenn im Hochdeutschen pf steht, steht im Plattdeutschen p.*
  - *Für das lange u im Hochdeutschen hat man im Plattdeutschen oo.*

  c Vergleicht die Regeln, die ihr gefunden habt, mit den Regeln in der folgenden Sachinformation.

Orthografie des Niederdeutschen

Die Regeln für die niederdeutsche Rechtschreibung wurden im Jahr 1956 in Hamburg auf Veranlassung und unter Mitwirkung der Fehrs-Gilde zwischen Vertretern aus Schleswig-Holstein, Hamburg und Oldenburg vereinbart und im Jahr 2002 aktualisiert.

1) Es werden nur solche Schriftzeichen verwendet, die auch im Hochdeutschen gebräuchlich sind.

3) Das Dehnungs-h steht nur in solchen Wörtern, deren hochdeutsche Entsprechungen es ebenfalls enthalten, z. B. *Stohl* (Stuhl), *Koh* (Kuh).

4a) Endsilben werden ausgeschrieben, z. B. *hebben* (hochdt.: *haben*).

12) Bei kurzen, wenig betonten Wörtern tritt die Konsonantenverdoppelung nicht ein, z. B. *af* (ab), *as* (als), *al* (schon), *bet* (bis), *bün* (bin), *dit* (dies), *ik* (ich), *sik* (sich), *op* (auf), *wat* (was).

13) *d* und *t*, *g* und *ch* im Auslaut richten sich in der Schreibung nach dem Hochdeutschen. z. B. *goot* (gut), *Bruut* (Braut), *Tiet* (Zeit), *Bett, Gott,* aber *Kind, Kleed (Kleid), Hund, Dag (Tag), Tog (Zug), weg.*

9 a Für welche Bereiche der Rechtschreibung (Orthografie) des Niederdeutschen finden sich Regeln in der Sachinformation?
  b Nenne zu den aufgeführten Regeln 3, 4, 12 und 13 die jeweils passende Regel für das Hochdeutsche.
  c Stelle auf der Grundlage der Texte 12 bis 14 weitere möglichen Orthografie-Regeln für das Niederdeutsche auf.

Sprachvarianten: Niederdeutsch

Hochdeutsche Lautverschiebung

Etwa zwischen 600 und 900 n. Chr. haben sich **einige Laute** in Teilen des damaligen deutschen Sprachgebietes **regelhaft verändert**. Auf diese Weise unterschieden sich die hochdeutschen Dialekte von allen anderen germanischen Sprachen (z. B. auch dem Englischen).

Diese deshalb so genannte **Hochdeutsche Lautverschiebung** drang **nach und nach von Süden nach Norden vor, aber nur bis ungefähr zum Nordrand der deutschen Mittelgebirge**.

Die Grenze dieser Lautverschiebung verläuft von West nach Ost und heißt **„Benrather Linie"**, weil sie bei Düsseldorf-Benrath den Rhein schneidet. Die deutschen Dialekte nördlich dieser Linie bilden den Bereich des Niederdeutschen. Die niederdeutschen Dialekte sind mit anderen germanischen Sprachen (z. B. Niederländisch, Englisch) näher verwandt als das Hochdeutsche.

Übersicht über die Verschiebung der einzelnen Laute:

/p/ → /pf/ (niederdeutsch **P**eper; hochdeutsch **Pf**effer)
/p/ → /f/ (niederdeutsch Pe**p**er; hochdeutsch Pfe**ff**er)
/t/ → /ts/ (niederdeutsch **T**ied; hochdeutsch **Z**eit)
/k/ → /ch/ (niederdeutsch i**k**; hochdeutsch i**ch**)
/d/ → /t/ (niederdeutsch **D**ag; hochdeutsch **T**ag)

10 a Finde weitere Beispiele, an denen man heute noch die im Infokasten genannten Regelmäßigkeiten der Hochdeutschen Lautverschiebung erkennen kann.

b Versuche, weitere **Lautverschiebungsregeln** zu formulieren, die Niederdeutsch von Hochdeutsch unterscheiden.

c Recherchiere die vollständigen Regeln der Hochdeutschen Lautverschiebung und vergleiche deine Ergebnisse aus Aufgabe 10b.

Sachtexte erschließen

Was macht die Sprache Plattdeutsch aus?

Text 13

Plattdeutsch hat die hochdeutsche Lautverschiebung nicht mitgemacht. Damit ist Plattdeutsch gemeinsam mit Friesisch, Dänisch, Schwedisch, Norwegisch, Isländisch und Färöerisch sowie weitgehend auch Englisch und Niederländisch von den mittel- und oberdeutschen Sprachgruppen abgegrenzt.
Der plattdeutsche Wortschatz weist einen erheblichen Anteil an Wörtern auf, die es im Hochdeutschen und den mittel- und oberdeutschen Dialekten nicht gibt, wohl aber z. B. im Englischen und in den skandinavischen Sprachen. [...]
Die Grammatik zeigt deutliche Unterschiede zum Hochdeutschen:

- Es gibt – wie im Englischen – nur drei Kasusformen. Dativ und Akkusativ sind nicht getrennt, sondern zu einem Objektfall (object case) vereint.
- Es gibt – wie im Niederländischen – nur zwei Artikelgenera: *de* (m, f) und *dat* (n).
- Im Niederdeutschen kann man die Verben mit *doon* umschreiben, vor allem, wenn man sie betonen will – ähnlich wie die Umschreibung in englischen Fragesätzen mit *to do*.
- Ersatzdehnung anstelle von Nasal, z. B. *fief* (niederdt.) = *five* (engl.) = *fiif* (fries.) = *vijf* (niederl.) an Stelle von hochdeutsch *fünf*
- *he* (niederdt.) = *he* (engl.) = *he* (fries.) = *hij* (niederl.) als Personalpronomen 3. Person Singular maskulinum gegenüber hochdeutsch *er*.

Immerhin sind die plattdeutschen Dialekte auch entfernter Dialektfamilien einander doch so ähnlich, dass sich ein Mecklenburger, ein Holsteiner, ein Ostfriese und ein Groninger problemlos auf Platt verständigen können, wenn sie ihren jeweiligen Heimatdialekt sprechen. Hingegen ist eine spontane Verständigung auf reiner Dialektebene zwischen einem Holsteiner und einem Schweizer, Schwaben, Tiroler oder Bayern nahezu ausgeschlossen.

1 Zu welchen niederdeutschen Wörtern, die ihr kennt (z. B. aus diesem Kapitel), fallen euch englische Wörter ein, die ähnlich klingen und das Gleiche oder etwas Ähnliches bedeuten? Stellt sie in einer Tabelle zusammen.

2 Stelle die Unterschiede des Niederdeutschen gegenüber dem Hochdeutschen, die du bisher kennengelernt hast und die in diesem Text aufgeführt werden, übersichtlich geordnet (Aussprache, Orthografie, Grammatik) in einer Tabelle zusammen.

Und jetzt kommst du!

Projekt Wörterbuch: Sprachvarianten selbst erforschen

Vorbereitung

Projektidee
„Konversationslexikon" für die an unserer Schule gesprochenen Sprechweisen: Dialekt, Umgangssprache, Jugendsprache, die Sprechweise einer bestimmten Gruppe usw.

1. a Legt fest, was genau das Ziel eures Projekts sein soll (z. B. eine Bestandsaufnahme von Sprachvarianten, ein Vergleich von Wörtern und Wendungen, eine „Übersetzungshilfe" für neue Schülerinnen und Schüler …)
   b Wer sind die Adressat/innen eures Wörterbuchs? Wer soll es später benutzen?

Planung

2. Zu welchen Stichwörtern soll euer Wörterbuch Einträge enthalten? Fangt mit einer überschaubaren Anzahl an, z. B. mit Einträgen aus dem Wortfeld „Begeisterung ausdrücken".

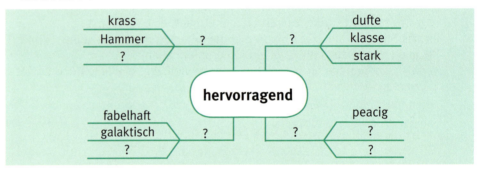

3. Einigt euch darauf, wie das Wörterbuch und die Einträge darin aufgebaut sein sollen:
   - Die Stichwörter können streng **alphabetisch** angeordnet sein, nach Wortfeldern oder nach Situationen, in denen sie verwendet werden (z. B. im Supermarkt).
   - Die „Übersetzungen", die den Stichwörtern zugeordnet werden, können in unterschiedlicher Reihenfolge angeordnet werden, z. B. alphabetisch, nach der Häufigkeit, in der sie vorkommen usw.
   - ■

4. a Überlegt genau, was ihr wissen wollt. <u>Beispiel:</u> *Wie sprechen unsere Mitschüler/innen, Nachbar/innen, Verwandten, wenn sie nur unter sich sind?*
   b Wie könnt ihr diese Informationen beschaffen? Listet Recherchemöglichkeiten auf.

   - *Umfrage in der Klasse, Klassenstufe, Schule …*
   - *Befragung von Bekannten*
   - *Zuhören*
   - ■

5. a Arbeitet in Gruppen und teilt die Arbeit auf:
   - Wer untersucht welche Gruppe von Sprecherinnen und Sprechern?
   - Nehmt ihr Stichwortlisten mit, die ausgefüllt werden sollen, oder führt ihr eine mündliche Befragung durch?
   - Zeichnet ihr den Ton auf (viele mp3-Geräte bieten diese Möglichkeit)?

   b Entwerft einen Fragebogen bzw. einen Auswertungsbogen für Tonaufnahmen.

Wortmaterial sammeln:

6 Führt mit dem erstellten Material und der evtl. einzusetzenden technischen Ausrüstung einen Probelauf in der Klasse oder im Freundeskreis durch und überarbeitet, wenn nötig, den Frage- bzw. Auswertungsbogen.

7 Befragt nun Mitschülerinnen und Mitschüler, Lehrerinnen und Lehrer, Eltern, Personen auf der Straße usw. danach, welche Worte sie in ihrem Dialekt, in der Jugendsprache usw. verwenden, um ihre Begeisterung für etwas auszudrücken.

8 Teilt die Arbeit auf und befragt möglichst viele Personen. Achtet darauf, das erhaltene Material (Tonaufzeichnungen und/oder schriftliche Aufzeichnungen) gut zu sortieren.

9 Durchforstet Familien-, Orts- und Straßennamen, Ortseingangsschilder, Werbetexte, Speisekarten usw. auf sprachliche Besonderheiten hin.

10 **Wörterbuch analog:** Erstellt eine Kartei für euer Wörterbuch.
   a Legt für jedes Stichwort, das ihr erarbeitet habt, eine Karteikarte an, auf der ihr das Stichwort und die entsprechenden Übersetzungen festhaltet.
   b Vermerkt darauf auch die Quelle(n) eurer Information(en).
   c Verfasst die Einträge für das Wörterbuch, vervielfältigt die Seiten und bindet oder heftet sie.

11 **Wörterbuch digital:**
   a Erstellt eine Dateivorlage (ähnlich einer Karteikarte) für die Einträge in das Wörterbuch.
   b Legt für jedes Stichwort eine Datei an und verlinkt an dieser Stelle ggf. Soundfiles mit entsprechenden Sprachbeispielen.
   c Kopiert alles in ein Verzeichnis und entwerft eine Startseite, von der aus auf die einzelnen Stichwörter verlinkt wird (Hyperlink einfügen und Zieldatei wählen).

Hyperlink → S. 210

12 Das Wörterbuch kann nun überprüft werden. Überlegt euch dafür entsprechend eurer Zielsetzung geeignete Fragen und Methoden, z. B.:
   • Ist das „Konversationslexikon" für die von euch gewählte Zielgruppe geeignet?
   • Stimmen die Einträge? Dies könnt ihr am besten überprüfen, indem ihr Stichprobenbefragungen macht.
   • Lassen sich „Übersetzungen" anfertigen? Wo liegen die Grenzen?
   • Überprüft anhand von Jugendzeitungen oder Dialektbeiträgen in Zeitungen oder im Hörfunk, ob ihr die wichtigsten sprachlichen Muster zusammenstellen konntet.

Musik in meinen Ohren

Argumentatives Schreiben, Lyrik, Sachtexte

Musik in meinen Ohren 127

1. Hingehört! – Musik beschreiben

Musik im Alltag – Über Wahrnehmung nachdenken

Bildbeschreibung
→ S. 254

1 Beschreibe eines dieser Bilder und erläutere, welche Rolle die Musik in der abgebildeten Situation spielt.

2 In vielen Alltagssituationen hörst du Musik. Überlege, wann und wo das geschieht. Übertrage dazu folgende Mindmap in dein Heft und vervollständige sie.

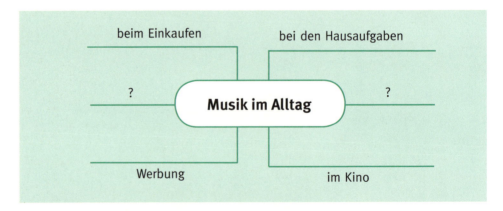

3 In vielen Geschäften läuft im Hintergrund Musik.
  a Beschreibe die Musik und gib an, welcher Stilrichtung du sie jeweils zuordnen würdest.
  b Passt die Musik deiner Meinung nach zu den betreffenden Geschäften? Begründe deine Ansicht.

Musik in meinen Ohren 129

c Wie wirkt sich die Musik beim Einkaufen auf deine Stimmung aus? Gehst du z. B. in manchen Geschäften wegen der Musik lieber einkaufen oder vielleicht auch weniger gerne?

4 Man kann auf verschiedene Art und Weise Musik hören – manchmal wird Musik bewusst wahrgenommen, manchmal aber auch unbewusst gehört.
  a In welchen Situationen hörst du Musik, während du dich zusätzlich noch mit anderen Dingen beschäftigst?
  b Inwiefern richtet sich die Art der Musik, die du auswählst, oder die Art, wie du Musik hörst, nach deiner Stimmung?
  c Beschreibe möglichst genau, welche Art von Musik du gerne in welcher Situation oder Stimmung hörst. Sammle dazu zunächst Wörter und Wendungen, z. B. Adjektive, die du für die Beschreibung der Musik verwenden kannst: *tiefe Töne, hohe Töne, Klangteppich, schwebende Klänge, rhythmisch, melodisch, aggressiv, schrill, dumpf, markant, ...*

5 Führe zwei Wochen lang ein **„Musiktagebuch"**.
  a Trage in dieses Tagebuch ein, wann, wie lange, wo und in welcher Situation du welche Art von Musik hörst und ob du dich dabei noch anders beschäftigst.
  b Darüber hinaus schreibst du kurz auf, inwiefern die Musik eventuell deine Stimmung beeinflusst hat.
  c Vergleicht eure Ergebnisse und besprecht Gemeinsamkeiten und Unterschiede.

Musiktagebuch vom 3.–9. September

	Montag	Dienstag	Mittwoch	Donnerstag	Freitag	Samstag	Sonntag	
Musik	15:00 – 15:30 19:00 – 20:30	13:00 – 14:00 19:00 – 20:00	16:00 – 17:00 18:00 – 18:20	10:00 – 11:30 18:30 – 20:00	gar nicht 18:00 – 20:30	ca. 1 Stunde 16:00 – 16:30 19:00 – 21:00	gar keine Musik gehört	gesamt 15 Stunden + 20 Minuten
zusätzliche Beschäftigung	nein Hausaufgaben	Mittagessen Hausaufgaben	beim Sport mit Lisa telefoniert	Musikunterricht Hausaufgaben	— Geburtstag Pedro	beim Shoppen im Café mit Lisa geredet	—	

6 Erstellt eine **Statistik** auf der Grundlage eurer Musiktagebücher. Dabei könnt ihr z. B. auf folgende Punkte eingehen:
  • Wie viele von euch (evtl. in %) hören weniger als eine halbe Stunde am Tag Musik, wie viele eine halbe bis eine Stunde, wie viele mehr als eine Stunde?
  • Welche Arten oder Richtungen von Musik werden bei euch in der Klasse gehört? R&B, Pop, Klassik, Rap ...
  • Welche Tätigkeiten werden zusätzlich zum Musikhören ausgeübt?
  • Usw.

Statistik
→ S. 118f.

7 Was ist dir wichtiger: der Text eines Liedes oder die Musik? Begründe deine Antwort und überlege dabei, inwiefern es (dir) wichtig ist zu wissen, wovon die Musik, die du gerne hörst, eigentlich handelt.

Musik ist für mich … – Den eigenen Standpunkt formulieren

Text 1a **Mein Tag mit Musik (Wladi, 8. Klasse)**
Ich könnte mir meinen Tag bzw. mein Leben ohne Musik nicht vorstellen, Musik gehört bei mir zum Alltag: Ich höre Musik bei jeder Gelegenheit, bei guter und bei schlechter Laune, beim Joggen, Chillen … Andererseits hilft mir Musik, zu chillen und alles etwas lockerer zu sehen. Ich bekomme oftmals sehr gute Laune, nachdem ich bestimmte Lieder gehört habe. Wenn ich Musik höre, dann läuft diese bei mir nicht einfach im Hintergrund. Ich konzentriere mich auf die Musik. Mir gefällt zwar nicht jede Art von Musik, aber für die meisten Arten habe ich Verständnis. Ohne Musik wäre das Leben langweilig, eintönig und viel zu normal für meinen Geschmack.

Text 1b **Warum ist mir Musik wichtig? (Annika, 8. Klasse)**
Wenn ich Musik jeglicher Art höre, ist es so, als ob ich in einer anderen Welt bin. Ich fühle mich entspannt, sicher und frei. Ich fühle mich nicht abhängig von der Musik, aber sie ist schon ein Teil meines Lebens. Musik ist ein Geräusch des alltäglichen Lebens. Manche Menschen hören halt mehr Musik als andere. Das ist mir jedoch egal. Mir ist Musik wichtig, um einfach mal abzuschalten und in eine andere Welt zu schweben. Manche Musik finde ich nicht so gut, weil sie mich aufwühlt, mich traurig macht. Rap, Hip Hop oder Pop ist aber einfach ein Teil meines Lebens.

Text 1c **Musik (Paul, 8. Klasse)**
Für mich ist Musik Entspannung. Eigentlich höre ich aber nicht einfach nur Musik, sondern tue nebenbei immer etwas anderes. Viele Dinge machen mit Musik mehr Spaß als ohne, so zum Beispiel das Lesen. Komisch ist es dann auch, wenn ich Musik höre und mir plötzlich wieder Bücher, Handlungen aus Büchern oder sogar einzelne Textstellen einfallen, an die ich gar nicht mehr gedacht hatte. Musik gibt den Büchern etwas Lebendiges, Filmartiges, und bei guten Büchern, die mir sehr gefallen haben, gehört die Musik dann einfach zum Buch dazu. Musik macht mir großen Spaß, und zwar nicht nur Musikhören, sondern auch Musikmachen. Sie entspannt, und wenn ich Musik höre oder mache, versetzt sie mich in eine andere Welt.

Text 1d **Musik ist für mich … (Matthias, 11. Klasse)**
Musik ist wie ein Rückgrat, auf das man sich fallen lassen kann. Musik ist ein Ausdruck von Kreativität und Gefühlen. Jeder empfindet sie anders, interpretiert und lässt sie anders auf sich wirken.
Musik ist zu vergleichen mit einer Leinwand. Künstler bemalen sie kreativ nach ihrem Traum, und ist die Leinwand fertig, so ist sie zu betrachten. Das Bild ist dann eine Quelle der Anregung zum Träumen und Denken. Es ist das, was der Künstler ausdrücken wollte, was wir dann verstehen und als Unterstützung im Leben aufnehmen.

8 a Untersuche die Äußerungen der Schülerinnen und Schüler und stelle Gegensätze und Übereinstimmungen fest. Eine tabellarische Übersicht hilft dir dabei.

	Wladi	**Annika**	**Paul**	**Matthias**
Musik und Alltag	*Musik gehört bei mir zum Alltag (Z. 1f.)*	*Musik ist ein Geräusch des alltäglichen Lebens (Z. 14f.)*	–	–
andere Dinge gleichzeitig tun	■	■	■	■
■	■	■	■	■

b Welche der Schüleraussagen trifft am meisten auch auf dich zu? Begründe.
c Untersuche, inwieweit du dennoch auch den anderen Aussagen zustimmen kannst, und begründe jeweils deine Meinung.
d Welche Aussagen lehnst du ab? Begründe auch hier deine Meinung.

9 Untersuche, wie diese vier Standpunkte aufgebaut und formuliert sind. Wie versuchen die Schülerinnen und Schüler, ihre Standpunkte möglichst wirkungsvoll (z. B. einleuchtend, überzeugend) zu gestalten?

> *Songs sind wie Träume, die man wahrzumachen versucht. Sie sind wie fremde Länder, die man bereist. (Bob Dylan)*

10 a Ebenso wie Bob Dylan verwendet Matthias im vierten Beispiel zur Verdeutlichung seiner Aussage einen **Vergleich**. Zitiere die entsprechende Textstelle.
b Welcher Vergleich erscheint dir als der treffendere – der von Matthias oder der von Bob Dylan? Begründe.
c Welche Gemeinsamkeiten kannst du zwischen beiden Vergleichen erkennen?
d Welche anderen Vergleiche für Musik fallen dir ein? Notiere sie.

11 Du hast erfahren, was anderen Menschen Musik bedeutet. Formuliere nun deinen eigenen Standpunkt.

Tipp: Achte dabei darauf, so adressatengerecht und wirkungsvoll wie möglich zu formulieren.

> *Die Musik hat ihre eigene Sprache, der man nicht mit Worten auf die Beine hilft. (Yehudi Menuhin)*

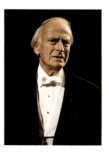

12 a Diskutiert die Aussage des Geigers Sir Yehudi Menuhin und erklärt dabei, welche Art des Sprechens oder Schreibens über Musik er meint.
b Vielen Menschen fällt es schwer, über Musik zu sprechen oder zu schreiben oder Musik zu beschreiben. Woran könnte das liegen? Stelle Vermutungen an.

Wie ein Paukenschlag! – Redewendungen und non-verbale Kommunikation

Text 2
- Das ist Musik in meinen Ohren!
- Das klingt gut!
- die erste Geige spielen
- Der Ton macht die Musik.
- der musikalische Ellenbogen
- Musik im Blut haben
- Ich pfeife darauf!
- Das hat er aber echt vergeigt!
- auf die Pauke hauen
- Die Nachricht kam wie ein Paukenschlag.

Redewendungen → S. 161

13
a Was sagen diese **Redewendungen** aus? Versuche, sie zu übersetzen.
b Finde noch andere Redewendungen, in denen „Musik" im weitesten Sinne vorkommt.
c Erkläre, warum in diesen Redewendungen Bilder aus dem Bereich Musik verwendet werden.
d Suche ähnliche Redewendungen in anderen Sprachen.

14 Wortfeld „Stimme":
a Fertige eine Übersicht an, in der du alle Begriffe und ihre Bedeutungen zum Thema „Stimme – Stimmung" aufschreibst, z. B. in Form einer Mindmap.
b Stelle Vermutungen darüber an, wie die Begriffe zustande gekommen sind

Text 3 ### Sprechtrommel und Pfeifsprache

Besonders interessante Funktionen haben Sprechtrommeln, wie sie in fast allen Naturvolkkulturen der Nachrichtenübermittlung dienen. Auf Malekula, einer den Neuen Hebriden zugehörigen Insel, hat man für jeden wichtigen Gegenstand und jedes typische Alltagsereignis ein eigenes Trommelmotiv. [...] Solche Trommelmo-
5 tive sind keineswegs nur rhythmische Abfolgen von Schlägen nach der Art „kurz-lang-lang", „lang-kurz-kurz". Vielmehr versucht der Trommler, die Klangschattierungen der menschlichen Stimme nachzuahmen, sein Instrument also wirklich zum „Sprechen" zu bringen. Dazu braucht er im wahrsten Sinne des Wortes Fingerspitzengefühl; und die Empfänger seiner Botschaften müssen feine und geübte
10 Ohren haben.
Die Mazateco-Indianer aus der Provinz Oaxaca in Mexiko verwenden anstatt der Trommel- eine Pfeifsprache. Will eine Mazateco die Aufmerksamkeit eines anderen wecken, pfeift er dessen Namen. Dann stellt er ihm pfeifend eine Frage, warnt ihn vor einem Fremden oder Ähnliches. Sechs-, siebenmal kann der Dialog hin-
15 und hergehen.

15 Erkläre: Mit welcher Funktion bzw. zu welchem Zweck werden hier das Instrument Trommel und die Pfiffe verwendet?

Standpunkt fomulieren → S. 130f.

16
a Inwiefern kann man die Musik als Sprache betrachten? Lege deinen Standpunkt in dieser Frage schriftlich dar.
b Erläutere: Welcher Zusammenhang besteht zwischen Musik und Sprache?

17 Versucht, eine Kommunikation durch Pfeifen in Gang zu setzen.

2. Schläft ein Lied – Lyrische Texte

Joseph von Eichendorff

Text 4

Schläft ein Lied in allen Dingen,
Die da träumen fort und fort.
Und die Welt hebt an zu singen,
Triffst du nur das Zauberwort.

1 Überlege dir einen passenden Titel für das Gedicht und begründe, warum du dich für diesen Titel entschieden hast.

2 Schreibe das Gedicht in einen Prosa-Text um, in dem du inhaltlich so nah wie möglich an der Vorlage bleibst.
   a Welche verschiedenen Möglichkeiten ergeben sich?
   b Überlege, durch welche Wörter du das Wort **nur** (V. 4) ersetzen kannst.

Prosa → S. 71

3 Der tatsächliche Titel des Gedichtes lautet *Wünschelrute*.
   a Erkläre: Was ist eine Wünschelrute?
   b Wie bringst du den Inhalt des Gedichtes mit dem Titel in Zusammenhang?

Franz von Schober
An die Musik

Text 5

Du holde Kunst, in wie viel grauen Stunden,
Wo mich des Lebens wilder Kreis umstrickt,
Hast du mein Herz zu warmer Lieb' entzunden,
Hast mich in eine bessre Welt entrückt!
⁵ In eine bessre Welt entrückt!

Oft hat ein Seufzer, deiner Harf' entflossen,
Ein süßer, heiliger Akkord von dir
Den Himmel bessrer Zeiten mir erschlossen,
Du holde Kunst, ich danke dir dafür!
¹⁰ Du holde Kunst, ich danke dir!

4 a Wofür bedankt sich das lyrische Ich im letzten Vers in Franz von Schobers Gedicht?
   b Durch welche sprachlichen Mittel wird die Dankbarkeit des lyrischen Ichs verdeutlicht?

5 Untersuche: Welche Wörter haben innerhalb des Textes eine besondere Bedeutung? Durch welche sprachlichen Mittel werden sie besonders hervorgehoben?

134 Lyrik: Metrum und Reim

6 Untersuche das **Metrum** des Gedichts.
   a Schreibe das Gedicht mit immer einer Zeile Abstand zwischen den Zeilen ab.
   b Markiere jetzt die betonten (x́) und unbetonten Silben (x) und zeichne die Grenzen zwischen den Takten ein. Welche Taktart(en) findest du?

7 Welches **Reimschema** liegt in Text 5 vor?

8 **Vergleiche** die beiden Strophen hinsichtlich des Reimschemas, des Metrums und der Silbenanzahl.

Text 6

Anmerkungen zum Notentext

Viervierteltakt: Das ₵ zu Anfang des Stückes hinter den beiden Violinschlüsseln und dem Bassschlüssel bedeutet, dass ein **Viervierteltakt** vorliegt – es werden also insgesamt vier Viertelnoten innerhalb eines Taktes gespielt.
Der erste (besonders) und dritte Viertelschlag werden dabei betont, während der zweite und vierte Viertelschlag eher unbetont sind.

Dynamik: Im Notentext findest du die Buchstaben p (*piano* = leise) und pp (*pianissimo* = sehr leise). Die wechselnde Lautstärke in der Musik bezeichnet man als „**Dynamik**".

9 Untersuche den Notentext (Text 6) der Vertonung von Schobers Gedicht und überprüfe, ob die Vertonung die formalen Merkmale des Gedichts berücksichtigt.

Text 7

Hermann Hesse

Widmungsverse zu einem Gedichtbuch

Blätter wehen vom Baume,
Lieder vom Lebenstraume
Wehen spielend dahin;
Vieles ist untergegangen,
5 Seit wir zuerst sie sangen,
Zärtliche Melodien.
Sterblich sind auch die Lieder,
Keines tönt ewig wieder,
Alle verweht der Wind:
10 Blumen und Schmetterlinge,
Die unvergänglicher Dinge
Flüchtiges Gleichnis sind.

Text 8

Clemens Brentano

■

Hör', es klagt die Flöte wieder,
Und die kühlen Brunnen rauschen,

Golden wehn die Töne nieder –
Stille, stille, lass uns lauschen!

5 Holdes Bitten, mild' Verlangen,
Wie es süß zum Herzen spricht!

Durch die Nacht, die mich umfangen,
Blickt zu mir der Töne Licht.

10 a Vergleiche die **Stimmungen** in den beiden Gedichten (Text 7 und Text 8).
   b Durch welche **sprachlichen Mittel** wird diese Stimmung jeweils erzeugt?

11 a Benenne das **Thema** jedes der beiden Texte.
   b Formuliere anschließend mit eigenen Worten einen kurzen Text zu jedem der beiden Gedichte, in dem du zusammenfasst, worum es jeweils geht.
   c Gib dem Gedicht von Clemens Brentano einen passenden Titel.

12 Untersuche das **Metrum** der beiden Gedichte.
   a Was fällt dir dabei auf?
   b Welche Wirkung hat das Metrum jeweils?

13 a Untersuche das **Reimschema** in beiden Gedichten.
   b Welche Gemeinsamkeiten, welche Unterschiede erkennst du?

14 Sammle die Ergebnisse deiner Vergleiche in einer Tabelle.

	Text 7: Hermann Hesse „Widmungsverse ..."	Text 8: Gedicht von Clemens Brentano
Stimmung	■	■
sprachl. Mittel	■	■
Metrum	■	■
Reimschema	■	■

15 Fasse die Ergebnisse deines Gedichtvergleichs in einem ausformulierten Text zusammen.

136 Gedichte interpretieren

Hermann Hesse

Text 9 Das Glasperlenspiel

Musik des Weltalls und Musik der Meister
Sind wir bereit in Ehrfurcht anzuhören,
Zu reiner Feier die verehrten Geister
Begnadeter Zeiten zu beschwören.

5 Wir lassen vom Geheimnis uns erheben
Der magischen Formelschrift, in deren Bann
Das Uferlose, Stürmende, das Leben
Zu klaren Gleichnissen gerann.

Sternbildern gleich ertönen sie kristallen,
10 In ihrem Dienst ward unserm Leben Sinn,
Und keiner kann aus ihren Kreisen fallen,
als nach der heiligen Mitte hin.

16 Bereite einen **gestaltenden Vortrag** des Gedichts vor:
  a Schreibe es ab und markiere, welche Wörter du bei deinem Vortrag besonders betonen möchtest, wo du schneller oder langsamer, lauter oder leiser sprechen willst, wo deine Stimme sich heben oder senken und wo eine kürzere oder längere Pause gemacht werden soll.
  b Untersuche und beschreibe, wie die Sätze auf die Verse des Gedichts verteilt sind. Wie nennt man dieses Stilmittel?
  c Überlege, wie du mit diesen Zeilensprüngen bei deinem Vortrag umgehen willst.
  d Trage das Gedicht gestaltend vor und überlege dir anschließend zusammen mit deinen Mitschülerinnen und Mitschülern, wie du deinen Vortrag noch verbessern bzw. wirkungsvoller gestalten kannst.

17 a Fasse schriftlich zusammen, welche Rolle die Musik in den Texten 4 bis 9 spielt.
  b Begründe, welches Gedicht dich am meisten und welches dich am wenigsten anspricht.
  c „Antworte" auf das Gedicht, das dir am besten gefällt, mit einem selbst verfassten Gedicht. Das kann ein Parallelgedicht oder ein Gegentext sein.

Parallel- und Gegentext
→ S. 68

Gedichte interpretieren – Eine Checkliste

Vorbereitung:
- Vergewissere dich, was das **Thema** des Gedichts ist.
- Überlege, wie die Überschrift (der **Titel**) zum Inhalt passt.
- Untersuche Auffälligkeiten der **Gestaltung** des Gedichts: Strophen- und Versaufbau, Reim, Metrum, Takt und Rhythmus.
- Ordne die Gestaltungsmerkmale den Inhalten zu.

Eine Interpretation verfassen:
Bei der schriftlichen Ausarbeitung der Deutung (Interpretation) eines Gedichtes solltest du einen durchschaubaren Aufbau wählen:
- in einem **einleitenden Überblickssatz** das Wesentliche zusammenfassen (z. B. die Autorin/den Autor des Textes sowie den Titel und das Thema nennen),
- im **Hauptteil** schrittweise nach den oben genannten Aspekten vorgehen. Dabei musst du dich nicht unbedingt an die Strophen-Abfolge halten.

Minnesang und Rap – Liedtexte untersuchen

Heinrich von Morungen
Selige Tage

Text 10

In sô hôher swebender wunne	*In einem so gewaltigen Glückstaumel*
sô gestuont mîn herze ane vröiden nie.	*schwebte mein Herz noch nie, niemals noch war es so voller*
ich var, als ich vliegen kunne,	*Freude. Ich kreise, gleich als ob ich fliegen könnte,*
mit gedanken iemer umbe sie,	*in Gedanken stets um sie,*
5 Sît daz mich ir trôst enpfie,	*weil ein ermutigendes Wort von ihr kam,*
der mir durch die sêle mîn	*welches durch meine Seele*
mitten in daz herze gie.	*mitten in das Herze drang.*
Swaz ich wunneclîches schouwe,	*Alles, was ich an Beglückendem schaue,*
daz spile gegen der wunne, die ich hân.	*spiegele sich wider in dem Lustgefühl, das ich empfinde!*
10 luft und erde, walt und ouwe	*Himmel und Erde, Wald und Aue*
suln die zît der vröide mîn enpfân.	*sollen den Frühling meiner Freude begrüßen.*
Mir ist komen ein hügender wân	*Zu mir ist eine freudige Hoffnung*
und ein wunneclîcher trôst,	*und eine beseligende Zuversicht gedrungen.*
des mîn muot sol hôhe stân.	*Darum soll mein Herz empor sich schwingen.*
15 Wol dem wunneclîchen maere,	*Gepriesen sei die Freude spendende Nachricht,*
daz sô suoze durch mîn ôre erklanc,	*die so lieblich in meinem Ohr klang,*
und der sanfte tuonder swaere,	*gepriesen der so angenehm wirkende Schmerz,*
diu mit vröiden in mîn herze sanc,	*der zugleich so freudevoll sich in mein Herz senkte.*
Dâ von mir ein wunne entspranc,	*Daraus entsprang ein Entzücken,*
20 diu vor liebe alsam ein tou	*das mir wie der Tau vor Freude*
mir ûz von den ougen dranc.	*aus den Augen perlte.*
Saelic sî diu süeze stunde,	*Gepriesen sei die beglückende Stunde,*
saelic sî diu zît, der werde tac,	*gepriesen der Frühling, der hohe Tag,*
dô daz wort gie von ir munde,	*da das Wort von ihrem Munde kam,*
25 daz dem herzen mîn sô nâhen lac,	*das mir so sehr am Herzen lag,*
Daz mîn lîp von vröide erschrac,	*dass ich vor Freude erschrak*
und enweiz von liebe joch,	*und vor Entzücken nicht weiß,*
waz ich von ir sprechen mac.	*was ich von ihr sagen kann.*

18 Erkläre in wenigen Worten, worum es in Text 10 geht.

19 a Lies den mittelhochdeutschen Text (linke Spalte) und versuche, Parallelen zur neuhochdeutschen Übersetzung (rechte Spalte) zu finden.
  b Worin bestehen die Unterschiede? Untersuche auch die formalen Merkmale der Texte.

20 Untersuche, welche Wörter und Begriffe aus dem Bereich Musik in der Übersetzung verwendet werden.

Was ist Minnesang?

Minnesang ist ein Begriff aus der Literaturwissenschaft und bezeichnet eine Gattung von **Gedichten bzw. Liedern** aus dem **Mittelalter**.

Das **vordergründige Thema** des Minnesangs war die so genannte **Minne**, eine spezielle Form der Liebe, zu einer höhergestellten (verheirateten) Frau.

Tatsächlich ging es in vielen dieser Texte aber auch (oder sogar hauptsächlich) um **grundsätzliche Fragestellunge**n, z. B. in welchem Verhältnis das Ich zur Gesellschaft steht oder welche Ansprüche es stellen darf, um glücklich zu leben.

Minnesänger waren vorwiegend **Adlige und Ritter**, erst später auch einfache Bürger. Beeinflusst wurde der deutsche Minnesang hauptsächlich von **französisch-provenzalischen Vorbildern** (von den Trobadors und Trouvères), aber auch von der **mittellateinischen Liebeslyrik**. Die Dichter komponierten zu ihren kunstvoll gereimten Texten **auch eigene Melodien**.

Der Minnesang beginnt etwa um 1150/1170, erreicht zwischen 1190 und 1220 seine Blütezeit und endet mit seiner Spätphase im 15. Jahrhundert.

Bedeutende Vertreter waren Heinrich von Veldeke, Heinrich von Morungen, Reinmar der Alte, Hartmann von Aue, Walther von der Vogelweide, Wolfram von Eschenbach und später Neidhart von Reuental sowie Oswald von Wolkenstein.

Die wichtigste aus dem Mittelalter stammende **Sammlung von Minneliedern** ist der **Codex Manesse.** Man nennt sie auch die Große Heidelberger Liederhandschrift, weil sie in der Heidelberger Universitätsbibliothek aufbewahrt wird.

Eine berühmte moderne Sammlung mittelhochdeutscher Minnelyrik heißt **„Des Minnesangs Frühling"**. Sie ist vor ca. 200 Jahren entstanden und wird seitdem immer wieder neu aufgelegt.

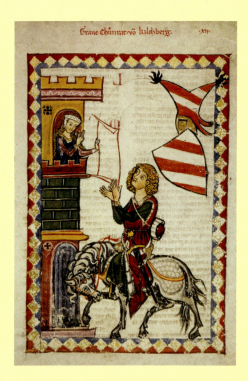

Torch
Der flammende Ring (2002)

Text 11

Minnesang immer schon war eine redliche Kunst
mir dünkt nun zu erlangen den höchsten Rang dieser göttlich Gunst
König Torchmann leistet hiermit feierlich seinen Schwur
dass ihm nichts so heilig sei wie das Mikrophon Excalibur[1]
5 die Worte klüglich zu stellen so sei auf ewig mein Geheiß
und wer einst ward eingeweiht, verlässt nimmermehr den Kreis
[...]
Ich reit hoch zu Ross mit dem Pferde geschützt durch Panzer und Helm
über Aue und Erde hinfort mit dir du Schelm
10 zieh von dannen mit all deinen Mannen sogleich
sonst treffe dich meine Prophezeiung hart wie ein Donnerstreich
hinfort mit dir ich künde dir des Wortes Gewalt
im Text-Turnier wurde keiner meiner Gegner alt
nun, ihr mordet gern mit dem Morgenstern doch wolltet ihr weiter leben
15 so solltet ihr den Kampf mit dem Worte lernen
aus Camelot kam Lord Lanzelot er war zwar mit der Lanze flott doch
meine Rede Kunst schaffte seiner einer auf's Schafott
und solltet ihr etwa heißen Prinz Eisenherz und waget ihr nur einen leisen stillen Scherz,
werdet ihr reisen himmelwärts begleitet von heißem schrillem Schmerz
20 ein lebenswürdig Wohlgefühl mein Busen spricht
derweil Schmiedes Kunst kühl euer Fleische sticht
mit klirrenden Zähnen die Zunge feil, wie dem Schwerte gleich geführt
dem Gegner frech Arm und Bein sowie Charme und Reim entführt
ja, nun führ ich die Fackel gen eures gleichen Vasallen
25 Rivalen euch bleibet blutige Schlacht zu bestehen voller Schrecken und Qualen
ha, ihr zeiget welch kecken Mut und für einen Recken tut ihr fürwahr mich nun necken
gut
[...]

[1] Das sagenhafte Schwert von König Artus heißt Excalibur.

21 a Welche Vorstellungen von „Mittelalter" werden in dem Rap von Torch geweckt?
Belege deine Aussagen mit Textzitaten.
  b In den Versen 1 bis 2 bezieht sich der Text auf den Minnesang. Erkläre, warum.
  c Das ganze Lied durchzieht ein ganz bestimmtes Bild. Um welche Metapher handelt es sich? Erkläre.

Metapher → S. 84

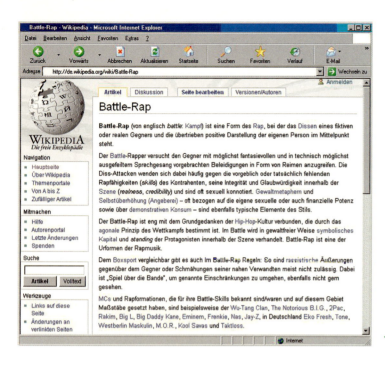

Text 12

22 Bereite einen Vortrag des Textes 11 (S. 139) vor.
  a Schreibe den Text ab und lasse dabei nach jeder Zeile immer mindestens eine Zeile frei.
  b Markiere den Text so, dass du weißt, welche Wörter bzw. Silben du stärker betonen möchtest, welche Textabschnitte schneller gesprochen werden sollen, wo du eine Pause machen willst usw.
  c Beachte die Vortragsarten, die beim Rap wichtig sind.

Vortragsarten beim Rap

Mit dem Begriff **„Flow"** wird das **Zusammenwirken von Melodie, Rhythmus (Beat) und Stimme** (Aussprache sowie Text) bezeichnet; die Worte fließen in einer Art **Sprechgesang** mit dem Rhythmus der Musik, was unterschiedlich schnell geschehen kann:
- im Takt rappen,
- Doubletime: rappen im doppelten Tempo,
- Trippletime: rappen im dreifachen Tempo.

Im **Refrain** kann wirklich gesungen werden, bevorzugt werden hier sehr einfache Melodien.
Insgesamt muss auf eine deutliche Aussprache, gerade auch beim Doubletime und Trippletime, geachtet werden.

23 Inwiefern unterscheidet sich Text 11 von den herkömmlichen deutschen Rap-Texten, die du kennst? Begründe und gib Beispiele.

Stilmittel
→ S. 45

24 Welche sprachlichen Bilder und Stilmittel verwendet Torch in seinem Text?
  a Liste die Textbeispiele in einer Tabelle auf und benenne sie mit den entsprechenden Fachbegriffen.
  b Beschreibe die Wirkung der sprachlichen Bilder und Stilmittel.

Beispiel	sprachl. Bild/Stilmittel	Wirkung
göttliche Gunst (Z. 2)	Alliteration	■
■	■	■

25 Was macht deiner Meinung nach einen guten Rap-Text aus? Entwickle einen Kriterienkatalog für die Qualität eines Rap-Textes, z. B.
- sprachliche Bilder,
- Binnenreim,
- Stilmittel,
- ■

26 Verfasse selbst einen Rap-Text.
a Wähle ein geeignetes Thema aus (beispielsweise Musik).
b Versuche, einige der Grundelemente des Rap, die du kennengelernt hast, in deinem Text zu verwenden.
c Überarbeite deinen Text, indem du auf die zuvor entwickelten Qualitätskriterien (Aufgabe 25) achtest.
d Übe den Vortrag deines Textes. Welche Silben solltest du besonders betonen, welche Wörter müssen schneller gesprochen werden? Markiere dies im Text.
e Trage den Text deiner Klasse vor.
f Bewertet eure Texte und die Präsentationen gegenseitig mithilfe der von euch entwickelten Kriterienkataloge.

3. Was ist Musik? – Sachtexten Informationen entnehmen

Die Anfänge der Musik

Text 13

Die Entstehung der Musik
Solange es Menschen gibt, scheinen sie Klänge und Geräusche erzeugen zu wollen, die nicht nur der sprachlichen Kommunikation dienen, sondern dem Ausdruck von Gefühlen wie Freude und Leid, vor allem aber der Beschwörung und Anbetung unbekannter höherer Mächte. Bis in die Altsteinzeit zurück reichen Ausgrabungsfunde primitiver Musikinstrumente: lochlose Flöten, erste Grifflochflöten, Musikbögen aus dem Ende der Altsteinzeit. Aus späterer Zeit stammen Trommeln, erst aus Holz gebaut, dann auch fellbespannt.
In allen alten Kulturen gibt es Mythen über die Entstehung der Musik, überliefert in Bild und Schrift. Der Glaube an Musik als eine göttliche Gabe hat sich bis ins Mittelalter erhalten; zugleich galt immer noch Pythagoras als „Erfinder" der Musik. Heute existieren mehrere Theorien über die Entstehung der Musik. Einige leiten sie im Darwinschen Sinne vom Naturlaut der Vogelstimmen ab oder deuten frühkindliche Lautäußerungen als musikalische Vorstufe, andere führen Musik auf die Sprache zurück oder ordnen sie dem emotionalen Äußerungsbedürfnis zu.

Die Musik der frühen Hochkulturen
Zur reichen Kultur der führenden Regionen der frühen Antike im Vorderen Orient – Ägypten und Mesopotamien – gehört auch die Musik, deren Zeugnisse uns über bildliche Darstellungen und Ausgrabungsfunde, aber auch durch schriftliche Dokumente erreicht haben. Groß war ihr Einfluss auf die Musik der hellenistischen Hochkultur in Griechenland und seinen Nachbarregionen.

Zeugnisse aus dem alten Ägypten sind vorwiegend in Grabanlagen gefunden worden. In bildlichen Darstellungen, vor allem auf Wandmalereien, erscheinen bereits in der Zeit des Alten Reiches (etwa 2860-2160 v. Chr.) Blas-, Zupf-, und Schlaginstrumente; man erkennt Menschen, die rhythmische Geräusche mit ihrem Körper erzeugen (Händeklatschen), andere leiten mit ihren Handzeichen zum Musizieren an. [...]

Aus dem Mittleren Reich (etwa 2140-1780 v. Chr.) sind Darstellungen weiterer Instrumente erhalten: Grifflochhorn, Leier und Röhrentrommel sowie verschiedene Flöteninstrumente, die erste Hinweise auf verwendete Tonsysteme geben konnten. Das aus dem Alten Reich stammende Sistrum, eine Art der Klapper, erscheint in zahlreichen Darstellungen [...].

Im Neuen Reich (1560-1080 v. Chr.) kam es zu einer musikalischen Hochblüte. Neben neuen Schlaginstrumenten sind sogar Musikernamen bekannt; die Harfe blieb in zahlreichen Varianten wichtig. Über Ansätze einer Notation[1] wird spekuliert, ohne sie beweisen zu können. Es kam zu wechselseitiger Beeinflussung mit Nachbarkulturen, die sich bis zum Ende des ägyptischen Weltreiches im 4. Jahrhundert v. Chr. verstärkte und zu einer beachtlichen Vielfalt an Instrumenten führte.

[1] „Aufschreibesystem" für Musik; Notenschrift

Mesopotamien

Die Keilschrift [...] verbindet den vorderen Orient mit seinen vielfältigen Sprachen. Als wichtigste und brauchbarste Schrift bleibt sie rund 3000 Jahre in Gebrauch. Die Erinnerungszeichen der mesopotamischen Musikkultur sind Bilder und Texte, doch fehlt, wie in Ägypten, eine Notation; dagegen blieben weniger Instrumente als dort erhalten, denn die feuchte Erde des Zweistromlandes ließ Holz, Bambusrohr sowie Trommelfelle aus Tierhaut und Darmsaiten restlos verrotten. Erhalten blieben Rasseln, Glocken, Pfeifen und Flöten aus Ton sowie Glocken, Becken, Gegenschlagstäbe und Blasinstrumente aus Metall und anderem dauerhaften Material. Leiern als wichtige Kultinstrumente finden sich auf Bildern der Zeit vor 3000 v. Chr.; wenig später wurden Musikernamen von Priestern festgehalten, die instrumentenbegleitete Vokalmusik im kultischen Raum gemacht haben. [...]

Die Harmonie der Sphären

Wie u. a. Aristoteles in seiner Schrift *De caelo (Vom Himmel)* berichtet, glaubten die Anhänger des griechischen Philosophen Pythagoras (gest. um 500 v. Chr.) an eine Musik, die nicht der Menschen bedurfte: die Sphärenharmonie. „Wenn Sonne und Mond und die Gestirne in solcher Menge und solcher Größe sich bewegen, sei es unmöglich, dass daraus nicht ein unvorstellbar lauter Schall entstehe. Da sie dies also voraussetzen und ebenso, dass die Geschwindigkeit infol-

65 ge der jeweiligen Abstandsverhältnisse die rationalen Verhältnisse musikalischer Harmonien hätte, behaupten sie, der Klang der sich im Kreise bewegenden Gestirne sei ein harmonischer."

1 Arbeitet in Viergruppen:
   a Jedes Gruppenmitglied erschließt jeweils einen Absatz von Text 13.
   b Schreibe dir wichtige Schlüsselbegriffe aus „deinem" Absatz heraus, sodass du anhand dieser Begriffe mit deinen Mitschülerinnen und Mitschülern die Kugellagerübung durchführen kannst.

Kugellagerübung

Für die Kugellagerübung müssen die Stühle in zwei Sitzkreisen (Außenkreis, Innenkreis) einander gegenüberstehend aufgestellt werden.
In mehreren Runden erzählen sich die einander gegenübersitzenden Personen die Informationen aus dem Text.

- **1. Runde:** Der im Außenkreis Sitzende erzählt dem im Innenkreis sitzenden Partner den Inhalt des Textes (Zeitvorgabe: 3 Minuten).
- **2. Runde:** Der im Innenkreis Sitzende fasst zusammen, was sein Partner erzählt hat, und ergänzt die Aussagen.
- **3. Runde:** Die im Innenkreis Sitzenden rücken drei Plätze nach rechts.
- **4. Runde:** siehe 1. Runde
- **5. Runde:** siehe 2. Runde

Leonard Bernstein
Konzert für junge Leute

Text 14

Was ist klassische Musik?
Die Frage, die uns jetzt beschäftigen soll, lautet: Was ist klassische Musik? Nun, jeder weiß, dass Händel klassische Musik schrieb, und es klingt auch klassisch [...]. Fast jedermann meint, er wisse doch, was klassische Musik sei: einfach jede Musik,
5 die kein Jazz ist oder ein bekannter Schlager oder Volksmusik wie ein afrikanischer Kriegstanz oder das Liedchen „Komm, lieber Mai...". Aber so kann man klassische Musik nicht erklären. Man kann sie nicht beschreiben, indem man aufzählt, was klassische Musik *nicht* ist.
Man benutzt oft das Wort „klassisch", um Musik zu definieren, die kein Jazz oder
10 keine Schlager- oder Volksmusik ist, weil es kein anderes Wort zu geben scheint, das diese Musik besser erklärt.

2 Der Dirigent Leonard Bernstein überlegt, wie er den Begriff „klassische Musik" genau definieren kann. Verfasse selber eine Definition der Stilrichtung, die dir am besten gefällt.

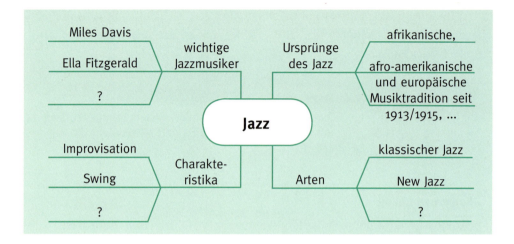

3 Welche verschiedenen Arten von Musik werden in deiner Klasse gehört? Nutzt dazu euer Musiktagebuch (siehe Aufgabe 5, S. 129).
  a Sammelt die verschiedenen Begriffe (zum Beispiel *Jazz, Hip Hop, Soul* ...) und stellt jeweils mithilfe einer Mindmap zusammen, was ihr darüber wisst.
  b Manche Stilrichtungen haben sich aus anderen Musikarten heraus entwickelt. Schlagt ergänzend im Lexikon nach oder recherchiert im Internet, sodass ihr auch auf die Entwicklung der jeweiligen Stilrichtung eingehen könnt.

4 Präsentiert eure Ergebnisse anhand von Kurzvorträgen und Plakaten.

Einen Kurzvortrag zu verschiedenen Musikstilen gestalten

Ein Kurzvortrag soll **nicht länger als fünf bis zehn Minuten** dauern.

Folgende Aspekte solltest du bei der Erarbeitung des Vortrags zu einer bestimmten Musikrichtung beachten:

- Grundlegende Fragestellung, an der du deinen Vortrag ausrichten kannst (z. B. Warum höre ich diese Musik gerne? Warum spielt man diese Stilrichtung kaum noch?)
- Entstehung des Stils
- Charakteristika des Musikstils; ggf. Vergleiche mit anderen Musikstilen
- wichtige Vertreter (Sänger, Bands, ...)
- Auswahl eines passenden Musikbeispiels
- Beantwortung der Ausgangsfrage
- Quellen (Welche Informationsmaterialien habe ich verwendet? Was habe ich daraus wörtlich übernommen, was nur sinngemäß?)

Außerdem sollte dein Vortrag gut strukturiert sein, also einen für das Publikum durchschaubaren **Aufbau** haben:
1. Zu Beginn gibst du in der **Einleitung** einen Überblick über die Aspekte, die du deiner Fragestellung entsprechend behandeln wirst.
2. Im **Hauptteil** erläuterst du diese dann ausführlich (auch anhand des Musikbeispiels) und
3. schließlich fasst du im **Schlussteil** noch einmal die wichtigsten Informationen übersichtlich zusammen.

4. Rhythm is it! – Texte in Beziehung setzen

Musiké

Text 15

Was die Griechen *musiké* nannten, entspricht nicht exakt unserem Musikbegriff, sondern geht über diesen hinaus. *Musiké* meint den gesamten Bereich, der von den Musen[1] vertreten wird: die poetisch-musikalische Kunst, darüber hinaus geistige Tätigkeiten wie die Philosophie. […] Als erster verwendete der Odendichter[2] Pindar (um 518-446 v. Chr.) den Terminus *musiké* für Sprache, Musik und Tanz gleichermaßen. Griechische Musik war zumindest in der klassischen Epoche nie eine eigenständige Kunst mit klaren Grenzen zu den übrigen Künsten. Gemeinsam mit ihnen stand sie stets im Dienste der Götter und des ihnen gewidmeten Kultes, aber auch des repräsentativen öffentlichen Lebens. […] Erst am Ende des 5. Jahrhunderts begannen Musik und Dichtung, eigene Wege zu gehen, und gewannen künstlerische Selbstständigkeit.

[1] neun griechische Göttinnen der Künste
[2] Ode: feierliches Gedicht

1 Schlage die Wörter, die du nicht kennst, im Lexikon nach, sodass du Text 15 anschließend in eigenen Worten zusammenfassen kannst.

2 Sammle Gemeinsamkeiten und Unterschiede zwischen Sprache, Tanz und Musik und erstelle eine Tabelle, in der du diese einander gegenüberstellst.

	Sprache	Tanz	Musik
Rhythmus	Sprache hat einen natürlichen Rhythmus; in Gedichten: Metrum	Tanzen zum Rhythmus	Rhythmus – Taktart
■	■	■	■

3 Diskutiert: Hängen Sprache, Tanz und Musik auch heute noch eng zusammen?

Le Sacre du Printemps

Text 16

„Le Sacre du Printemps" wurde von Igor Strawinsky in der musikalischen Epoche des Expressionismus komponiert. Diese Komposition unterschied sich sowohl musikalisch als auch thematisch grundlegend von allen bis zu diesem Zeitpunkt komponierten Stücken.

In Paris […] verwirklichte Strawinsky 1913 eine Vision. Vor seinem geistigen Auge erschien ihm da ein archaischer Ritus, bei dem sich ein Mädchen, umringt vom Kreis der Dorfältesten, zu Tode tanzt, um den Gott des Frühlings günstig zu stimmen. Die Idee des *Sacre du printemps* (Frühlingsopfer) war geboren. […]. Starr, mythisch und grausam vollzieht sich das Ritual des Menschenopfers. Das hartnäckige Hämmern der Akkorde macht die Unaufhaltsamkeit der Vorgänge fühlbar. Die Musik verfolgt keine Entwicklung, sondern stellt einen Ist-Zustand vor, das uralte Gesetz des Rituals. Monströs und elektrisierend steigert sich die Komposition im Vollzug unterschiedlicher Bräuche im zweiten Teil zur Danse sacrale (Heiliger Tanz) […]. Kein Takt gleicht dem anderen. Die Musik ist in Motivsplitter zerrissen. Die Opferung des Mädchens bleibt eine namenlose Grausamkeit. Den traditionellen Klangkern des Orchesters, die Streicher, macht Strawinsky zu einem riesigen Schlagwerk.

Das alles wurde bei der Pariser Uraufführung als ungeheure Provokation erlebt. Am 29. Mai 1913 ereignete sich im Théatre des Champs-Elysées einer der größten Theaterskandale der Geschichte. Es kam zu Beschimpfungen und Handgreiflichkeiten. Die Musiker und Tänzer konnten sich nur mit Mühe gegen den Tumult durchsetzen. […]. Und zu den Schlusstakten traf die herbeigerufene Gendarmerie ein.

4 Setze die Texte 15 und 16 zueinander in Beziehung:
   a Beschreibe, welche Zusammenhänge du zwischen dem Artikel zum Stichwort *Musiké* (Text 15) und der in Text 16 erläuterten Konzeption des „Sacre du printemps" erkennen kannst.
   b Überlege, in welchen Situationen dir Musik in Zusammenhang mit Ritualen begegnet.

5 Wie stellst du dir die Musik zu dem Stück „Sacre du printemps" vor? Beschreibe den Klang.

Gute Musik, schlechte Musik? – Rezensionen untersuchen

Simon Rattle

Text 17 Rhythm is it!

An einem Weihnachten, war ich drei oder vier? Ich weiß es nicht mehr. Meine Eltern schenkten mir ein Schlagzeug-Set – und das war's. Endgültig verloren. […] Da ist ein Teil des Gehirns, der urzeitliche Teil des menschlichen Hirns, ich meine beinah vielleicht, welcher Teil auch immer von den Echsen abstammt, wo Rhythmus alles ist. Die erste Idee, denke ich, wohl die erste Kommunikation, war durch Rhythmus, bevor es Worte gab. Und ich denke, wenn du das als Kind mitkriegst, bekommst du irgendwie einen Draht zu deinen urzeitlichen Wurzeln. Aber ich wusste von dem Moment an: Was immer es war, was mich angesprochen hat, es würde mein Leben sein.

6 Fasse in eigenen Worten zusammen, was das Zitat des Dirigenten Sir Simon Rattle, der das Projekt „Rhythm is it" initiiert und durchgeführt hat, aussagt.

Frédéric Jaeger
Rhythm is it!

Text 18

Schüler werden mal diszipliniert, mal motiviert. Sie sollen tanzen lernen und zu Strawinskys *Le Sacre du Printemps* eine Choreographie einstudieren. *Rhythm is it!* ist ein Film über das erste *Education*-Großprojekt der Berliner Philharmoniker, in dem letztes Jahr 239 Jugendliche gemeinsam auftraten. Der Dokumentarfilm ist
5 zwar häufig zu gewollt emotionalisierend, aber die Umsetzung des Themas und die Portraits sind lohnenswert.
Rhythm is it! folgt mehreren Gruppen Jugendlicher, zum Teil bestehend aus Tanzlaien, vom Lernen erster Tanzschritte und Einstudieren einer Choreographie bis hin zu einer Großaufführung in der Tempelhofer Arena mit den Berliner Philhar-
10 monikern. Der Film konzentriert sich dabei auf drei Jugendliche unterschiedlicher Herkunft.
Marie ist 14 Jahre alt, geht zur Hauptschule und beschreibt sich selbst als faul. Sie hebt sich aber langsam vom Gros der Schüler ab, das ständig diszipliniert werden muss. Immer mehr investiert sie in das Projekt und merkt zuletzt, dass sie durch
15 Engagement vieles erreichen kann – vielleicht macht sie doch ihren Realschulabschluss. Der 15-jährige Olayinka aus Nigeria, Asylant und Kriegswaise, ist in Berlin völlig auf sich gestellt und freut sich auf die Schule und das für ihn fremde europäische Tanzen. Die vielleicht bemerkenswertesten Passagen zeigen Martin, 19, der große Ängste zu überwinden hat. Er ist es nicht gewohnt, Menschen körper-
20 lich an sich heran zu lassen, sogar aufs Händeschütteln verzichtet er am liebsten. Und doch bricht er das Projekt nicht ab, weil er sich selbst überwinden will. An diesen Stellen gewinnt *Rhythm is it!* seine spezifisch filmische Kraft. Die Aussagen der Bilder sind eindringlicher, als die, die der Film nur anhand von Worten formu-

liert. Die reinen Tanzszenen sind eine gelungene Abwechslung, die dank dem Einsatz von mehreren Kameras nicht aus einer Frontalsicht von einer einzigen Position aus gezeigt werden, sondern geschickt aufgelöst, sowohl den ausgewählten Jugendlichen als auch den Gruppen gerecht werden.

Parallel zu den Portraits der jungen Tänzer werden auch Choreograph Royston Maldoom und Dirigent Simon Rattle zu zentralen Figuren der Dokumentation. Maldoom, der schon an den verschiedensten sozialen Brennpunkten gearbeitet hat, hält das Projekt zusammen. Engagiert und motiviert ist Simon Rattle auch, aber die Untermalung seiner Interviews mit eher unpassender Musik verleiht dem Ganzen einen lehrerhaften Ausdruck. Auch Olayinkas Geschichte wird in ihrer Tragik unnötig von sehr pathetischer Musik unterstützt. Es scheint, als habe Karim Sebastian Elias, der die Musik zum Film arrangierte und teilweise selbst komponierte, eine bestimmte Stimmung künstlich aufbauen wollen, die aber bereits ausreichend durch die Geschichte gegeben ist. Selbst der Einsatz von Strawinskys *Le Sacre du Printemps* ist dabei nicht immer geglückt.

Der Film berichtet von interessanten Personen, die an einem spannenden Projekt arbeiten. Dabei gelingt es den Regisseuren, auch noch den richtigen Rhythmus zu erzeugen: Sie stellen eine Balance zwischen den drei Jugendlichen, den zwei älteren Protagonisten und den Gruppen als Ganzes her. Das ist ihnen hoch anzurechnen, denn bei 200 Stunden Rohmaterial fiel die Wahl sicherlich nicht leicht. Sie entgehen der Gefahr, in das eine oder andere Extrem zu fallen: Der Film ist weder eine langweilige Aneinanderreihung unterschiedlicher Erfahrungsberichte noch ein klassischer personalisierter Film, der sich nur auf einen oder ganz wenige Charaktere konzentriert. Thomas Grube und Enrique Sánchez Lansch müssen dennoch auf vieles verzichten, um die Dokumentation auf Spielfilmlänge zu halten. Da bleibt es nicht aus, dass man gerne mehr über die Protagonisten erfahren würde. Doch die Geschichten von Martin, Marie und Olayinka können nur Beispiele für die vielen Erlebnisse aller Teilnehmer des Projektes sein. Auch wenn der Film nicht ganz überzeugt: Das Education-Projekt und die Aufführung der Jugendlichen zu Strawinskys *Le Sacre du Printemps* waren ein voller Erfolg.

Rezension → S. 150

7 Erläutere anhand der Informationen aus der Rezension, worum es bei dem Projekt „Rhythm is it!" geht und welche Zielsetzung dabei verfolgt wurde.

8 Warum werden im Film Olayinka, Marie und Martin vorgestellt?

9 a Zitiere die Wörter und Textpassagen, anhand derer die Meinung des Kritikers Frédéric Jaeger zum Film über das Projekt deutlich wird.
b Beschreibe, wie der Kritiker seine Meinung darlegt.
c Fasse seine Meinung anschließend schriftlich zusammen.

Jan Brachmann
Spaß? Was für ein Spaß?

Text 19

Mit dem Film „Rhythm is it!" sahnt Simon Rattle als geistiger Nothelfer an Berlins Schulen ab.

Schwarzbraune Ziegelmauern, Schornsteine qualmen, der Winterhimmel macht die Stadt ganz hart. Die Musik rappt los. Ein Schriftzug schießt blutrot durch die kalten Bilder: „Berliner Philharmoniker". Die schroffen Schlünde Harlems oder der Bronx liegen wohl vor uns, Armut, Rassismus, Jugendbanden, Drogenhandel – eine Welt mit einem Herz aus Stein. Der nächste Schriftzug: „Simon Rattle". Der Vorspann geht weiter. „Dancers" treten in diesem Film auf. „Dancers from Heinrich Mann school" und „from Lenau school". Der Film heißt „Rhythm is it!", und bald bekommen wir, auf Englisch, Nachhilfe in Geografie: „Wir sind hier in Berlin. In einer Stadt, die bankrott ist. In den nächsten Jahren werden die Künste hier um ihre Existenz kämpfen müssen und wir sind dabei, die Leute daran zu erinnern, dass Kunst kein Luxus ist, sondern eine Notwendigkeit." Es spricht Simon Rattle, der brutalstmögliche Aufklärer mit menschlichem Antlitz.

„Rhythm is it!" ist ein Dokumentarfilm von Thomas Grube und Enrique Sanchez Lansch über das erste große Musikerziehungsprojekt der Berliner Philharmoniker unter ihrem Chefdirigenten Simon Rattle. Von September 2002 bis Januar 2003 erarbeitete der Brite Royston Maldoom mit 250 Schülern aus Berlin eine Choreografie zu Igor Strawinskys Ballett „Le Sacre du Printemps". Am 28. Januar 2003 führten die „Kids", wie der Film sie nennt, das Ballett zusammen mit den Philharmonikern und Rattle in der Arena Treptow auf. Ein Glücksmoment für alle Beteiligten. Der Film zeigt den Weg dahin.

Dennoch ist dieser Film ein Ärgernis. Zum einen, weil die Philharmoniker und Rattle, an Schnute und Popo mit Goldstaub gepudert, plötzlich auch als Pioniere der Schulpädagogik in der öffentlichen Wahrnehmung kräftig absahnen. Die Berliner Symphoniker gingen seit Jahren in die Schulen, führten Kinder an Orchestermusik heran und bekamen nicht einen Pfennig dafür. Inzwischen erhalten sie vom Senat überhaupt kein Geld mehr. Die Musiker sind seit dem 1. September offiziell arbeitslos, aber einen Film über Helden wie den Trompeter Andreas Moritz und seine tapferen Kollegen hat noch niemand gemacht. Als es nötig gewesen wäre, sich demonstrativ mit den Symphonikern zu solidarisieren, gab Rattle den sensiblen Zauderer. Mit diesem Film aber versuchen die Berliner Philharmoniker und ihr Chef nun, sich zur goldenen Nase noch ein goldenes Herz zu verdienen.

[…] Ja, sie sei faul, und die Beziehungen zu ihren Eltern seien auch nicht besonders gut, gibt die 14-jährige Marie zu. Und die Hauptschullehrerin Miriam Pech sagt: „Hier gibt es Eltern, die wissen nicht, was ihre Kinder machen, oder die interessiert das nicht. Weil sie es selbst auch so erfahren haben. Das ist wie eine Spirale."

Marie ist neben dem 19-jährigen Martin und dem 15-jährigen Olayinka eine von drei Figuren, denen der Film porträthaft nahe kommt. Während viele Spielfilme sich heute eine dokumentarische Anmutung geben, um besonders wirklich zu wir-

ken, sind Grube und Sanchez Lansch einen entgegengesetzten Weg gegangen: Sie haben ihre Dokumentation dramatisiert, personalisiert, emotional angewärmt. Die Grenze zum Spielfilm ist durchlässig geworden. Es wird nicht nur gezeigt, sondern
45 man erlebt es geradezu, wie Martin seine Angst vor körperlicher Intimität abbaut. Es war ihm bislang unangenehm, einem Freund auch nur die Hand zu geben. Jetzt muss er andern auf die Schultern springen, sich anfassen und tragen lassen. Und er will das lernen, mit zäher Energie, bohrender Selbstbeobachtung.

Das Lernenwollen aber haben viele nie gelernt. Die Konflikte in der Arbeit des
50 Choreografen mit den Schülern treten schonungslos zu Tage […]. Der 60-jährige Royston Maldoom besitzt nämlich die Unverfrorenheit, den Kindern als Autorität entgegenzutreten. Er wagt es sogar, sie so ernst zu nehmen, dass er ihnen Leistung abverlangt. Das sind die meisten nicht gewöhnt und sträuben sich. Sie wollen Spaß. „Was für einen Spaß?", bellt Maldoom. Einen Spaß, der von außen dazu-
55 kommt, es ihnen leicht macht, vor der Anstrengung wegzulaufen? Oder einen Spaß, der aus der Sache selbst erwächst? Aus der Arbeit und ihrer Ernsthaftigkeit? Es knallt, das Projekt steht kurz vor dem Abbruch.

Olayinka […] sagt in diesem Film: „Ich will etwas lernen, will herausgefordert sein, etwas tun. Ich mag es nicht, einfach nur frei zu sein." Olayinka stammt aus
60 Nigeria. Seine gesamte Familie wurde dort ermordet. Er blieb übrig. Jetzt lebt er in Berlin, einsam meist, aber voller Zuversicht.

10 a Entnimm dem Text alle wichtigen Informationen mithilfe der **Fünf-Schritt-Lesemethode**.
 b Untersuche, durch welche sprachlichen Mittel der Autor versucht, von seiner Meinung zu überzeugen bzw. die Leserinnen und Leser zu beeinflussen.

11 a Vergleiche Text 18 und Text 19 miteinander, indem du gegenüberstellst, welche Aspekte angesprochen und auf welche Weise sie bewertet werden.
 b Wie lassen sich die Unterschiede erklären?

12 Beurteile abschließend, welche der beiden Rezensionen dich mehr anspricht, und begründe deine Meinung.

Rezension

Eine **Rezension** (von lat. *recensio* – Musterung) äußert **Kritik** zu einem Medium oder Ereignis, z. B. zu einem Buch, zu einem Film, zu einer Theaterinszenierung oder zu einem Konzert. Anders als etwa bei einer Buchempfehlung geht es bei einer Rezension nicht darum, nur die positiven Aspekte zu erwähnen, sondern **detailliert zu beschreiben, was positiv und was negativ zu bewerten ist.**

Die Verfasserin oder der Verfasser der Rezension, die Rezensentin oder der Rezensent, bringt eine **persönliche Meinung** zum Ausdruck; diese muss sie bzw. er gut **begründen**, damit sie die Leserinnen und Leser nachvollziehen können.

Eine Rezension enthält folgende **Elemente**: 1. kurze **Inhaltsangabe** (z. B. Handlung des Films, des Buches), 2. **Beschreibung** des Gegenstandes (z. B. Sprache des Romans, Stimmung der Musik), 3. kritische **Beurteilung**, 4. Schluss/**Fazit**.

Starkult – Darstellungen von Stars untersuchen

13 Stelle eine Sängerin, einen Sänger oder eine Band, die dir sehr gut gefällt, in einer kurzen, knappen Präsentation vor.
   a Fasse die wichtigsten Informationen zu dieser Person bzw. zur Band in einer Art „Steckbrief" zusammen.
   b Versuche, den Charakter der Musik dieser Person oder Gruppe möglichst präzise zu beschreiben.
   c Überlege dir, welche Medien du nutzen kannst. Es wäre auch sinnvoll, ein passendes Musikbeispiel vorzustellen, zu dem du Informationen gibst.

14 In vielen Zeitungen und Zeitschriften gibt es Musikkritiken. Schreibe einen Beitrag für eine Schülerzeitung, in dem du deine Lieblings-CD, dein Lieblingslied oder deine Lieblingssängerin oder -band vorstellst und empfiehlst.
   • Begründe, warum du die CD, das Lied, die Band etc. empfiehlst.
   • Überlege dir, wem du die CD, das Lied, die Sängerin, die Band etc. empfehlen würdest – und für wen das eher nichts wäre.

15 a Welche Musik-Zeitschriften werden bei euch in der Klasse gelesen?
   b Besorgt euch einige Zeitschriften, sucht Musikkritiken heraus und untersucht, was positiv und was negativ bewertet wird.
   c Überzeugt dich jeweils die Argumentation? Begründe deine Entscheidung.

Zu Hause bei Marianne Rosenberg

Text 20

Übertragbarkeit ist wichtig für die Bindung zwischen Star und Leser: Am besten funktionieren in der BRAVO Stars, die direkt aus der Mitte der Leserschaft kommen könnten. Jung, bodenständig, eben zum Anfassen. Marianne Rosenberg zum Beispiel ist 15, als sie mit „Mr. Paul McCartney" ihren ersten Hit landet und so
5 ins Blickfeld der BRAVO rückt: „Vater Otto und Mutter Christel, Marianne und ihre sechs Geschwister – und Papagei Joey. ‚Ein bisschen eng ist es schon bei uns. Aber zu mehr hat's bisher noch nicht gereicht', sagt Marianne. ‚Wir verputzen ja schon zum Frühstück ein Vermögen: 23 Semmeln, an die zwei Pfund Wurst und Käse, ein halbes Pfund Butter und neun Eier. Trotzdem
10 finde ich es toll, dass wir so eine große Familie sind.'" (BRAVO 27/1972, S. 32)
Die BRAVO sitzt mit am Frühstückstisch, wenn Rosenbergs in den Tag starten – und Tochter Marianne zeigt stolz Stofftiere, Fanpost und die Briefmarkensammlung ihres kleinen Bruders. Homestorys sind eines der beliebtesten
15 Mittel des Magazins, um Nähe zum Star zu erzeugen. [...] Je mehr die Teenie-Stars zum Produkt werden, desto mehr schwindet allerdings auch der Einfluss der BRAVO – zumindest im internationalen Bereich merkt man den Geschichten irgendwann an, dass die Distanz wächst: Image, Geschichte, Umfeld und das ganze Drumherum werden fix und fertig von den Managements erdacht. Der BRAVO
20 bleibt es, im Rahmen der Vorgaben ihre Storys zu machen.

Text 21 *Kai Kolwitz*

Stars! Stars! Stars!

Die BRAVO-Zielgruppe ist gierig und Stars sind ein Verkaufsfaktor. Wer also bei den Lesern funktioniert, der sollte möglichst in jeder einzelnen Ausgabe vorkommen – Britney Spears etwa schaffte es Ende der 90-er Jahre, ein komplettes Jahr lang in keinem Heft zu fehlen.

5 Um das zu erreichen, reicht es bei weitem nicht aus, einfach nur zu berichten, an welcher neuen Platte oder welchem neuen Film Herr X oder Frau Y gerade arbeitet. Gefragt sind Neuigkeiten aus dem Privatleben, kleine bunte Begebenheiten oder gerne auch mal ein kleiner kalkulierter Skandal zwischendurch. Naturgemäß lässt sich für Zeitschriften wie BRAVO am besten mit solchen Stars arbeiten, die
10 aktiv kooperieren, die BRAVO an ihrem persönlichen Leben teilhaben lassen oder deren Agenturen zumindest in der Lage sind, den Markt mit netten Kleinigkeiten zu versorgen, die die Leute lesen wollen.

16 a Fasse kurz zusammen, auf welche Art und Weise Stars diesen beiden Artikeln zufolge dargestellt werden.
  b Erläutere, welche Aspekte oder Begebenheiten für welche Leserinnen und Leser welcher Zeitschriften besonders interessant sind.

17 a Beschreibe den Schreibstil, in dem Kai Kolwitz seinen Artikel verfasst hat, und vergleiche ihn mit Text 20.
  b Erläutere, welche Funktion dieser Stil hat bzw. welche Absicht der Verfasser verfolgt.

Die in einer Casting-Show im Jahr 2007 zusammengestellte Gruppe „Monrose"

18 Suche aus Musikzeitschriften Artikel über Stars heraus und untersuche, wie die Stars in diesen Artikeln dargestellt werden. Gehe dabei auf folgende Aspekte ein: Zusammenhang mit Familie, Ehrgeiz und Streben, Natürlichkeit …

19 Versuche zu erklären, warum manche Stars schon nach kurzer Zeit nicht mehr aktuell, andere jedoch über Jahre oder Jahrzehnte hinweg berühmt sind.

Lyrische Texte untersuchen

Herbert Grönemeyer
Musik nur wenn sie laut ist (1. Strophe)　　　　　　　　　　Text 22

Sie sitzt den ganzen Tag auf ihrer Fensterbank
lässt ihre Beine baumeln zur Musik
der Lärm aus ihrem Zimmer macht alle Nachbarn krank
sie ist beseelt lächelt vergnügt
5　sie weiß nicht dass der Schnee lautlos auf die Erde fällt
merkt nichts vom Klopfen an der Wand

1 a Um wen geht es in der ersten Strophe dieses Liedes?
　b Erkläre: Welche Rolle spielt die Musik in dieser Strophe?

Herbert Grönemeyer
Musik nur wenn sie laut ist (Fortsetzung)　　　　　　　　　Text 23

Sie mag Musik nur wenn sie laut ist das ist alles was sie hört
sie mag Musik nur wenn sie laut ist wenn sie ihr in den Magen fährt
sie mag Musik nur wenn sie laut ist wenn der Boden unter den Füßen bebt
dann vergisst sie dass sie taub ist

5　Der Mann ihrer Träume muss ein Bassmann sein
das Kitzeln im Bauch macht sie verrückt
ihr Mund scheint vor lauter Glück still zu schrein
ihr Blick ist der Welt entrückt
ihre Hände wissen nicht mit wem sie reden solln
10　es ist niemand da der mit ihr spricht

Sie mag Musik nur wenn sie laut ist das ist alles was sie hört
sie mag Musik nur wenn sie laut ist wenn sie ihr in den Magen fährt
sie mag Musik nur wenn sie laut ist wenn der Boden unter den Füßen bebt
dann vergisst sie dass sie taub ist

15　*Sie mag Musik nur wenn sie laut ist das ist alles was sie hört*
sie mag Musik nur wenn sie laut ist wenn sie ihr in den Magen fährt
sie mag Musik nur wenn sie laut ist wenn der Boden unter den Füßen bebt
dann vergisst sie dass sie taub ist

© Grönland Musikverlag, Berlin

2 Wie deutest du jetzt die erste Strophe dieses Liedes (Text 22), nachdem du den Refrain und den Rest des Textes gelesen hast?

3 Untersuche das Lied sprachlich: Reimschema, Metrum, Takt und Rhythmus sowie sprachliche Bilder und Stilmittel.

Gedichte
→ S. 133–136

4 Beschreibe aus der Sicht des lyrischen Ichs sowie aus der des Mädchens/der jungen Frau die Bedeutung, die sie der Musik jeweils geben.

Und jetzt kommst du!

Projekt – Poetry Slam

Poetry Slam

Der „Erfinder" des Poetry Slam heißt Marc Smith. Er veranstaltete 1986 den ersten Poetry Slam in Chicago. Mitte der 90-er Jahre kam der Poetry Slam dann auch nach Deutschland und ganz Europa.

Beim Poetry Slam stehen das Dichten **und** die Darbietung im Vordergrund. Jede Teilnehmerin und jeder Teilnehmer hat eine bestimmte Zeitvorgabe (zum Beispiel 5-7 Minuten) und kann dann auf die unterschiedlichsten Arten und Weisen sein Publikum in seinen Bann ziehen. Erlaubt sind sowohl komödiantische, satirische oder geflüsterte Beiträge als auch nachdenkliche Geschichten. Wichtig ist, dass es dem Publikum gefällt.

In der Regel ist ein Poetry Slam als Wettbewerb angelegt, bei dem sowohl die Texte als auch die Performance (Darbietung) vom Publikum bewertet werden.

Vorbereitung

Rap → S. 139ff.

gestaltend vortragen → S. 140

1 Damit ihr genügend Kandidatinnen und Kandidaten für euren eigenen Poetry Slam findet, müsst ihr selbst vorangehen: Einzeln oder in kleinen Gruppen verfasst ihr eigene Texte, z.B. Rap-Text wie in Aufgabe 26 auf S. 141.
   a Wählt zunächst ein Thema (z.B. aus eurem Alltag) oder einen Gegenstand aus.
   b Denkt beim Schreiben immer daran, dass das Publikum in wenigen Minuten in den Bann gezogen werden soll.

2 a Tragt euch eure Texte gegenseitig vor und macht Verbesserungsvorschläge für Text und Vortragsweise.
   b Überarbeitet eure Texte und arbeitet an eurer Performance.

3 a Gestaltet ein Plakat mit einem Ankündigungs- und Einladungstext, das ihr dann an verschiedenen Stellen in der Schule aushängt.

Musik in meinen Ohren 155

Tipp: Ein Foto oder eine Zeichnung könnte die Aufmerksamkeit der Mitschülerinnen und Mitschüler wecken.
   b Nicht nur die Plakate, auch kleinere Vorträge von Textausschnitten in den Pausen können eure Mitschülerinnen und Mitschüler motivieren, am Poetry Slam teilzunehmen.

4 a Listet auf, was bis wann organisiert und erledigt werden muss, und verteilt dann die Aufgaben:
   b Legt eine „Wer macht was bis wann?"-Liste an und hakt darauf ab, wenn ihr etwas erledigt habt.

Planung

- Termine
- Plakate
- Informationsmaterial
- Preise
- Publikumsjury?
- Moderatorin/Moderator (heißt beim Poetry Slam auch MC (= Master/Mistress of Ceremony))
- Bewertungsrichtlinien, anhand derer ihr den Wettbewerb ausrichten könnt

Durchführung und Präsentation

5 a Woran haben die Schülerinnen und Schüler in dieser Zeichnung bei der Vorbereitung gedacht?
   b Überprüft, ob ihr das auch vorbereitet habt oder ob ihr es anders machen wollt.

6 Veranstaltet euren Poetry Slam.

7 Besprecht: Was ist gut gelaufen, was könnte verbessert werden?

8 Wie kann die Veranstaltung dokumentiert werden, damit man auch im Nachhinein noch etwas davon hat?

Nachbearbeitung: Bewertung

„Nein" sagen, aber wie?

Konflikte erkennen und lösen

„Nein" sagen, aber wie? | 157

1. „Nein" hören – Konfliktsituationen untersuchen

Die fantastischen 4

Text 1 **Genug ist genug**

Den ganzen Tag versuchst du zu befehlen, was ich machen soll
Ich kann das nicht mehr hören, ich hab die Nase voll
Solang du deine Füße unter meinem Tisch – ach hör' doch auf
Du kommst mir in die Quere, du läufst in meinen Lauf
5 Wie oft willst du mir noch erzählen, wer der Herr im Hause ist
Wo du doch nur an deinen Werten misst, wie erfahren du bist
Und was du erreicht hast, denn was du verpasst
Hast, wird dann für mich zur Last, verstehst du das?
Du hast nicht das Recht, dein Leben auf mich zu projizieren,
10 Um dann deine Meinung in meinen Kopf zu tätowieren
Jeder neue Anlauf wird dich nur noch mehr frustrieren
Und dadurch wirst du mich verlier'n

Nein nie wieder niemals nie mehr
Ich nehm' mein Leben in die Hand, ich geb es nicht mehr her
15 *Nein nie wieder nie mehr, ich sag' nein*
Genug ist genug und ab hier geh' ich allein

Verdammt, was soll ich von dir nehmen, wenn du mir nichts gibst
Außer Regeln, die beweisen sollen, dass du mich liebst
Mich in deinen Fußstapfen zu sehen, würde dich freu'n
20 Ich würd' es für den Rest meines Lebens bereu'n
Du lässt es nicht nur zu, nein, du willst es ja sogar
Was ist los, was lässt du mit dir machen?
Ist dir denn nicht klar, das ist nicht gut für mich
Das tut mir weh, das macht mich krank
25 Und dabei willst du nur mein Bestes vielen Dank
Doch ich lass mich nicht mehr von dir beschränken
O nein, ich hab es satt, so zu denken
Und ich lass mich nicht mehr von dir rumkommandieren
Nein, du wirst mich einfach verlieren

30 *Nein nie wieder niemals nie mehr*
Ich nehm' mein Leben in die Hand ich geb' es nicht mehr her
Nein nie wieder nie mehr ich sag' nein
Genug ist genug und ab hier geh' ich allein
[...]

© Die 4. Demision Edition
Musikverlag EMI Quattro GmbH, Hamburg

1 a Beschreibe in wenigen Sätzen, wie du dir das Ich und das Du aus dem Liedausschnitt (Text 1) vorstellst.
  b Vergleicht eure Beschreibungen und besprecht Gemeinsamkeiten und Unterschiede.

2 Erkläre mit eigenen Worten und in wenigen Sätzen, welches Problem und welche Situation in Text 1 dargestellt werden. Zitiere dazu Textstellen als Belege.

3 a Welche **Thesen** stellt das Ich in Text 1 in seinen Vorwürfen auf, welche benutzt das Du? Stelle sie in einer Tabelle mit **Zitaten** dar.

	Ich	Du
Zitat 1	„Du hast nicht das Recht, dein Leben auf mich zu projizieren" (V. 9)	„Solang du deine Füße unter meinen Tisch" (V. 3)
Kurzkommentar:	These, die nicht mit Argumenten begründet wird	Redewendung, die ■
Zitat 2	■	■
Kurzkommentar:	■	■
■	■	■
■	■	■

  b Untersuche, ob – und wenn ja: welche – Argumente im Liedtext verwendet werden, um die jeweiligen Thesen zu begründen.
  c Falls die Begründungen nicht ausreichen, finde weitere Argumente.
  d Diskutiert die Thesen, auch im Vergleich mit euren eigenen Lebensvorstellungen.

Argument
→ S. 167

These

Eine **These** ist eine Behauptung bzw. eine Aussage, die in einer guten Diskussion oder Stellungnahme mit Argumenten **begründet** werden muss. Mit einer These bezieht man eine **Position** in einer streitbaren Angelegenheit (z. B. in einer Diskussion) und macht mittels der genannten **Argumente** die vertretene Position deutlich und verständlich.

4 a Versetze dich in die Rolle des im Liedtext angesprochenen Du:
  • Welche Argumente könntest du ihm für das Gespräch mit dem Ich an die Hand geben?
  • Wie würdest du an seiner Stelle handeln oder antworten?
  Tipp: Wähle passende **Konjunktionen**, um deine Argumente aussagekräftiger zu gestalten.
  b Überprüfe die Argumentation: Wurden verallgemeinernde Beschreibungen verwendet? Wenn ja: Welche konkreten Situationen würden dazu passen?

Konjunktionen

Eine Wortart, die beim Argumentieren unersetzlich ist, ist die **Konjunktion**.

Beispiel: **Weil** ich lernen muss, eigene Entscheidungen zu treffen, solltest du nicht mehr über mein Leben bestimmen.

Konjunktionen **verbinden** Wörter, Wortgruppen oder Sätze.
Bei den **Satzverbindungen** unterscheidet man **nebenordnende** und **unterordnende Konjunktionen**:

- **Nebenordnende** Konjunktionen verbinden gleichrangige Sätze (also Hauptsätze oder Nebensätze gleichen Grades).
- **Unterordnende** Konjunktionen verbinden Sätze unterschiedlichen Grades (also Haupt- und Nebensatz oder Nebensätze unterschiedlichen Grades).

Je nach Art der Satzverbindung lassen sich Gruppen von Konjunktionen bilden. Jede Gruppe hat besondere Aufgaben bei der Verknüpfung von Aussagen: Es gibt **kausale** (Grund), **konditionale** (Bedingung), **finale** (Zweck), **konsekutive** (Folge), **konzessive** (Einräumung), **temporale** (Zeit), **lokale** (Ort), **adversative** (Gegensatz) und **modale** (Art und Weise) **Konjunktionalsätze**.

5 Stelle diese in der Sachinformation genannten Gruppen von Konjunktionen bzw. Konjunktionalsätzen grafisch dar (z. B. in einer Mindmap oder einer Tabelle) und ordne die Konjunktionen, die du in deinen Argumenten in Aufgabe 4 verwendet hast, sowie weitere Konjunktionen, die dir einfallen, zu.

6 Übertrage die folgenden Sätze in dein Heft und
- kreise die nebenordnenden Konjunktionen ein,
- umrahme die unterordnenden Konjunktionen,
- bestimme die Art der Konjunktionen bzw. des Konjunktionalsatzes.

Obwohl ich deinen Ansichten nicht zustimme, kann ich deine Meinung akzeptieren. Du solltest mir weiter zuhören, denn ich bin auch fair zu dir gewesen. Wir könnten jetzt eine kurze Pause machen, damit unsere Diskussion nicht zum Streit wird. Indem wir die Gesprächsregeln einhalten, tragen wir dazu bei, dass unsere
5 Diskussion fair verläuft. Wenn wir eine Lösung finden wollen, dürfen wir nicht aufgeben. Wir werden uns schon einigen, weil wir kompromissbereit sind.

7 a Gibt es einen anderen Ausweg aus der in Text 1 dargestellten Situation als den vom Ich angekündigten Abschied? Diskutiert.
 b Entwickelt Vorschläge für ein gelingendes Zusammenleben von Ich und Du. Bewertet die Tipps und sortiert sie in geeignete Kategorien.
 c Erklärt und begründet eure Bewertungen.

8 a Finde in Text 1 die Wörter, mit denen das Ich „nein" sagt, und bestimme die Wortart.

Wörter aus dem Text	Wortart
nein (Z. 13)	Partikel
niemals (Z. 13)	Adverb
■	■

b Bestimme die Wortarten der folgenden Wörter.

niemand, nirgends, ohne, keinesfalls, verneinen, außer, nichts, weder...noch, widersprechen

Partikel, Präposition, Konjunktion, Verb, Adverb, Indefinitpronomen

c Welche Wörter und Wortbestandteile (z. B. Präfixe) kennst du noch, mit denen man verneinen kann? Notiere sie und bestimme auch hier die Wortart.

d Formuliere mithilfe der Wörter, die du zum Verneinen gefunden hast, Regeln, die das Zusammenleben von Ich und Du in Text 1 erleichtern könnten.
<u>Beispiel:</u> *Niemand darf den anderen missachten oder schlecht behandeln.*

9 Auf welche Arten wird in Text 1 verneint? Umschreibe jeweils die verschiedenen Formen mit eigenen Worten.

Redewendungen

Verneinen kann man nicht nur mit einzelnen Wörtern, sondern auch mit **Redewendungen**. Das sind feststehende, oft bildhafte Ausdrücke, die etwas anderes bedeuten, als sie wortwörtlich sagen.
<u>Beispiel:</u> *Ich hab die Nase voll!*

10 a Welche Redewendungen kennst du noch, mit denen man verneint oder ablehnt?
b Überlege, welche Funktion Redewendungen haben können und warum sie im dargestellten Konfliktfall vom Ich verwendet werden.
c Ersetze die Redewendungen durch Thesen, die durch Argumente gestützt sind, und füge sie unter Verwendung von Konjunktionen zu einem Text zusammen.

11 a Bestimme im folgenden Satzgefüge aus Text 1 Hauptsatz und Nebensatz:
Wie oft willst du mir noch erzählen, wer der Herr im Hause ist? (V. 5)
b Man bezeichnet diese Art Nebensatz auch als **Objektsatz**. Erkläre, warum.
Tipp: Bestimme die Satzglieder im Hauptsatz. Was „fehlt"?
c *Mir ist klar, dass du nicht so leben möchtest wie ich.*
Der Nebensatz in diesem Satzgefüge ist *kein* Objektsatz. Begründe und finde eine geeignete Bezeichnung.
d Es gibt Verfahren, die dabei helfen, eine gute Diskussion zu führen. Eine Regel besagt, man soll das Argument des Diskussionspartners zu Beginn des eigenen Gesprächsbeitrags wiederholen. Dabei verwendet man oft Objektsätze.
<u>Beispiel:</u> *Du meinst also, dass du so nicht leben möchtest?*
Übt dieses Verfahren in einer Diskussion zu einem euch als Klasse betreffenden Thema.

2. So nicht! – Konflikte erkennen, beschreiben und lösen

Text 2
1) Paul lacht Bettina immer aus, wenn sie rechts und links verwechselt.
2) Marek, Stefan und Katerina spielen Karten. Stefan will unbedingt gewinnen.
3) Sabine und Melanie spielen Fangen auf dem Schulhof. Sie wollen nicht, dass Kim und Vittorio mitspielen.
4) Herr Schulz fordert seine Klasse regelmäßig auf, sich gegenseitig zu helfen. In einer Mathematikarbeit hilft Sabine Max beim Rechnen. Herr Schulz bemerkt das, schimpft und notiert für Sabine ein „Mangelhaft".
5) Stefanie ist in einer Boutique und will ein T-Shirt kaufen. Eine Frau, die vor ihr steht, macht einen Schritt rückwärts und tritt Stefanie mit ihren Stöckelschuhen auf ihre neuen Schuhe.
6) Susanne und Felix sind befreundet. Susanne ist Vegetarierin. Als beide in der Stadt sind, kauft Felix zwei Döner.
7) In Linas Familie gibt es nur einen CD-Player. Ihr Vater hört gerne Schlagermusik und findet Hip Hop, Linas Lieblingsmusikrichtung, furchtbar.
8) Lena und Christina sind im Lesen die Besten in der Klasse. Sie lachen über Mitschülerinnen und Mitschüler, die langsam und stockend und manchmal falsch vorlesen. Sina ärgert sich deswegen, sagt aber nichts.
9) In einem professionellen Boxkampf sind beide Gegner erschöpft und verwundet. Beide machen weiter.
10) Mathias schubst Tomas, der sich beim Hinfallen verletzt. Mathias sagt, es sei nur ein Scherz gewesen.

1 Die Wahrnehmung von Konflikten ist individuell verschieden.
  a Überlege dir, welche der in Text 2 geschilderten Situationen du eher als Konflikt betrachtest, welche weniger und welche gar nicht.
  b Legt im Klassenraum eine Skala von Null bis Zehn aus und ordnet euch bei jeder Situation einem Wert zu, je nachdem, wie stark ihr die Situation als Konflikt empfindet.

c Diskutiert anschließend die unterschiedlichen Bewertungen der Situationen.
d Woran könnte es liegen, dass ihr unterschiedliche Auffassungen darüber habt, was ein Konflikt ist und was eher nicht?

Konflikte

Konflikte sind Situationen, in denen sich zwei oder mehr **verschiedene, unvereinbar erscheinende Standpunkte oder Wünsche** gegenüberstehen.

Konflikte begleiten uns ein Leben lang. Gemeinschaft ohne Konflikte ist kaum vorstellbar. Das heißt aber nicht, dass alle Konflikte einfach hingenommen und ertragen werden müssen. In Konfliktsituationen sollte man immer nach einer Lösung oder nach **Kompromissen** suchen.

Manche Konflikte bezeichnet man als **unterschwellige Konflikte**, das heißt, sie werden nicht offen ausgesprochen.

Es gibt auch **innere Konflikte**, die nicht zwischen verschiedenen Menschen oder Gruppen, sondern innerhalb einer Person stattfinden.

Voltaire

Ich missbillige, was du sagst, aber bis in den Tod werde ich dein Recht verteidigen, es zu sagen.

Text 3

2 Was könnte Voltaire mit diesem Satz meinen? Begründe.

Mascha Kaléko
Zwei Seiten

Text 4

Eines lässt sich nicht bestreiten:
Jede Sache hat zwei Seiten:
Die der andern, das ist eine,
und die richtige Seite: Deine.

3 a Erkläre: Was meint Mascha Kaléko mit der Redewendung, jede Sache habe zwei Seiten? Suche Beispiele und prüfe, ob du Gegenbeispiele finden kannst.
b Beurteile die Aussage der Redewendung auf ihre Richtigkeit.

4 a Meinen Voltaire und Kaléko genau das, was sie sagen? Erläutere.
b Wie unterscheiden sich Kalékos und Voltaires Positionen?
c Welcher Position stehst du selbst näher? Erläutere und begründe schriftlich. Verwende dabei geeignete Konjunktionen.

5 Beide Autoren thematisieren **Konfliktsituationen**. Finde konkrete Beispiele für diese Situationen.

3. „Nein" sagen – Streitgespräche führen, argumentieren und diskutieren

Ich möchte lieber nicht … – Argument und Diskussion

Herman Melville

Text 5 **Bartleby, der Schreiber**

Eine Geschichte aus der Wall-Street

Den bekanntesten Neinsager in der Literatur hat Herman Melville, der Autor von „Moby Dick", geschaffen. Der Erzähler der Geschichte, die im 19. Jahrhundert spielt, ist Notar und beschäftigt mehrere Schreiber, von denen Bartleby einer ist. Eines Tages benötigt der Erzähler Bartlebys Hilfe.

In ebendieser Haltung saß ich da, als ich nach ihm rief und schnell erklärte, was er tun sollte – nämlich mit mir zusammen ein kurzes Schriftstück durchsehen. Man stelle sich meine Überraschung, nein meine Bestürzung vor, als Bartleby, ohne sich aus seiner Abgeschiedenheit zu rühren, mit eigentümlich sanfter, entschiedner
5 Stimme erwiderte: „Ich möchte lieber nicht."
Ich saß eine Weile vollkommen stumm da und sammelte meine betäubten Geisteskräfte. Gleich darauf kam mir in den Sinn, meine Ohren hätten mich getäuscht oder Bartleby habe meine Worte völlig missverstanden. Ich wiederholte meine Aufforderung so deutlich, wie ich nur konnte. Aber genauso deutlich kam die glei-
10 che Antwort wie vorher: „Ich möchte lieber nicht."
„Möchte lieber nicht", wiederholte ich, stand in großer Erregung auf und durchquerte das Zimmer mit ein paar langen Schritten. „Was soll das heißen? Sind Sie verrückt geworden? Sie sollen mir helfen, dieses Blatt hier zu vergleichen – nehmen Sie es!", und ich stieß es ihm entgegen.
15 „Ich möchte lieber nicht", sagte er.
Ich blickte ihn unverwandt an. Sein Gesicht war hager unbewegt, das graue Auge trüb ruhig. Nicht eine Falte der Erregung kräuselte sein Gesicht. Hätte sein Verhalten auch nur einen Anflug von Unbehagen, Ärger, Ungeduld oder Unverschämtheit gezeigt, mit anderen Worten, wäre etwas im gewöhnlichen Sinne Mensch-
20 liches an ihm gewesen, so würde ich ihn bestimmt voller Zorn aus der Kanzlei entlassen haben. Doch so, wie die Dinge lagen, hätte ich ebensogut auf den Gedanken kommen können, meiner bleichen Cicero-Gipsbüste die Tür zu weisen. Ich stand da und starrte ihn eine Weile an, während er mit seiner eigenen Schreibarbeit fortfuhr, und setzte mich dann wieder an mein Pult. Das ist sehr seltsam, dachte ich.
25 Was tut man da am besten? Doch die Arbeit drängte. Ich beschloss, die Sache fürs erste auf sich beruhen zu lassen und sie für eine spätere Mußestunde zurückzustellen. Daher rief ich Nippers aus dem anderen Zimmer, und das Schriftstück wurde rasch durchgesehen.

Ein paar Tage darauf beendete Bartleby vier lange Dokumente, die vierfache
Ausfertigung von Zeugenaussagen, welche eine Woche lang vor mir in meinem
High Court of Chancery aufgenommen worden waren. Es wurde jetzt notwendig,
sie durchzusehen. Es handelte sich um einen wichtigen Rechtsstreit, und größte
Genauigkeit war geboten. Nachdem ich alles vorbereitet hatte, rief ich
Turkey, Nippers und Ginger Nut aus dem Nebenzimmer in der Absicht, die vier
Kopien meinen vier Angestellten in die Hand zu geben, während ich das Original
vorlesen würde. Dementsprechend hatten Turkey, Nippers und Ginger Nut in
einer Reihe ihre Plätze eingenommen, jeder sein Dokument in der Hand, als ich
nach Bartleby rief, damit er sich dieser interessanten Gruppe zugeselle.
„Bartleby! schnell, ich warte!"
Ich hörte, wie die Beine seines Stuhles langsam auf dem kahlen Fußboden
scharrten, und kurz darauf stand er am Eingang seiner Einsiedelei.
„Was wird gewünscht?", sagte er sanft.
„Die Abschriften, die Abschriften!", sagte ich hastig. „Wir wollen sie durchsehen.
Hier ...", und ich hielt ihm die vierte Kopie hin.
„Ich möchte lieber nicht", sagte er und verschwand sachte hinter dem Wandschirm.
Einige Augenblicke stand ich, zur Salzsäule erstarrt, an der Spitze meiner sitzenden Angestelltenkolonne. Dann fasste ich mich wieder, trat auf den Wandschirm
zu und fragte nach dem Grund solch ungewöhnlichen Verhaltens.
„*Warum* weigern Sie sich?"
„Ich möchte lieber nicht."
Bei jedem anderen Menschen wäre ich auf der Stelle in einen furchtbaren Zorn
geraten, hätte es verschmäht, noch ein einziges weiteres Wort zu sagen, und ihn
schimpflich hinausgeworfen. Aber Bartleby hatte etwas an sich, was mich nicht
nur seltsam entwaffnete, sondern auch auf eine wunderliche Art rührte und in
Verwirrung brachte. Ich begann, ihm vernünftig zuzureden.
„Es sind Ihre eigenen Kopien, die wir durchsehen wollen. Ihnen wird dadurch
Arbeit erspart, weil eine Durchsicht für Ihre vier Schriftstücke genügt. Es ist allgemein so üblich. Jeder Kopist ist
verpflichtet, beim Durchsehen seiner Kopie zu
helfen. Stimmt das etwa nicht? Wollen Sie nicht sprechen?
Antworten Sie!"
„Ich möchte nicht", erwiderte er in einem flötenartigen
Ton. Mir schien, dass er, während ich mit ihm sprach, jede
meiner Feststellungen sorgfältig erwog, den Sinn ganz erfasste, den unwiderlegbare Schluss nicht bestreiten konnte,
doch zugleich eine übergeordnete Erwägung ihn bestimmte, mir auf diese Weise zu antworten.
„Sie sind also entschlossen, meiner Aufforderung nicht
nachzukommen – einer Aufforderung, die dem allgemeinen Brauch und dem gesunden Menschenverstand entspricht?"

Er gab mir kurz zu verstehen, dass ich in diesem Punkte richtig geurteilt hätte. Ja, sein Entschluss sei unwiderruflich.

75 Es ist nicht selten der Fall, dass ein Mensch, wenn ihm auf eine noch nie dagewesene und krass der Vernunft widersprechende Weise entgegengetreten wird, in seiner eigenen, simpelsten Überzeugung zu schwanken beginnt. Er beginnt gewissermaßen, dunkel zu argwöhnen, dass alles Recht und alle Vernunft, so verwunderlich es auch sein mag, auf der anderen Seite seien. Wenn unbeteiligte Personen anwesend sind, wendet er sich folglich an sie, um bei ihnen Unterstützung für sein eigenes, ins Wanken geratenes Denken zu finden.

„Turkey", sagte ich, „was meinen Sie zu dem, was ich gesagt habe? Habe ich nicht Recht?"

„Mit Verlaub, Sir", sagte Turkey in seinem mildesten Ton, „ich meine, Sie haben
85 Recht."

„Nippers", sagte ich, „was meinen *Sie* dazu?"

„Ich meine, ich würde ihn aus der Kanzlei hinauswerfen."

(Der Leser von feiner Wahrnehmung wird hier bemerken, dass Turkey seine Erwiderung, da es Vormittag ist, in höfliche und ruhige Worte kleidet, Nippers dagegen
90 gereizt antwortet. Oder, um einen früheren Satz zu wiederholen, Nippers' üble Laune hatte Dienst und Turkeys dienstfrei.)

„Ginger Nut", sagte ich in der Absicht, auch die geringste Stimme für mich zu gewinnen, „was meinst *du* dazu?"

„Ich meine, er ist ein bisschen *übergeschnappt*, Sir", erwiderte Ginger Nut grin-
95 send.

„Sie hören, was die anderen sagen", rief ich, zum Wandschirm gewandt, „kommen Sie hervor und tun Sie Ihre Pflicht!"

Doch er würdigte mich keiner Antwort. […]

1 Verfasse eine schriftliche **Inhaltsangabe** zu Text 5.

2 a Erkläre: Worüber ist der Erzähler irritiert?
  b Welche Gründe kannst du für seine Irritation nennen?

3 a Was hältst du von den Deutungen und Vorschlägen der Kollegen (Z. 81 – 94)?
  b Was würdest du an Stelle des Erzählers empfinden und tun?

4 a Beschreibe, wie die einzelnen Figuren in der Geschichte auf Bartlebys Verhalten reagieren. Belege deine Aussagen mithilfe von Zitaten aus dem Text.
  b Stellt euch vor, der Konflikt würde weitergehen. Gestaltet Varianten dieser Situation im **Rollenspiel**:

  - Eine Hälfte eurer Klasse entwickelt und präsentiert in Gruppen Varianten der **Eskalation** (der Verschärfung) des Konflikts zwischen Bartleby und dem Erzähler. Es können auch die Kollegen mitspielen.
  - Die andere Hälfte stellt ein **sachliches Gespräch** zwischen beiden dar. Die Elemente des Argumentierens aus der Sachinformation helfen euch dabei.

Argumentationsmodell: Elemente des Argumentierens

Beim Argumentieren unterscheidet man zwischen verschiedenen Aussagetypen. Die **einfache Argumentation** besteht aus These und Argument.
In der **erweiterten Argumentation** wird das Argument durch Belege, Beispiele oder weitere Argumente unterstützt.

- Eine **These** ist eine noch unbegründete, behauptende Aussage.
  Beispiel: *Herr Meier, Sie sind nicht fair.*
- Ein **Argument** begründet die These in meist allgemeiner Form:
  Beispiel: *Sie verstoßen nämlich gegen die mit uns geschlossenen Vereinbarungen.*
- Mit einem **Beleg** verweist man auf etwas, was das Argument stützen soll:
  Beispiel: *Sie hatten uns beispielsweise zugesagt, dass wir gehen dürfen, wenn wir fertig sind.*
- **Beispiele** sollen die Position veranschaulichen:
  Beispiel: *Gestern durften wir nicht raus, obwohl wir fertig waren. Das ist nun schon mehrfach passiert.*
- Die **Folgerung** wird aus der Beweisführung gezogen:
  Beispiel: *Ein Verhalten, das gegen die Regeln verstößt und andere benachteiligt, kann man unfair nennen.*

c Liste die Verstöße gegen Gesprächsregeln in dem **eskalierenden** (sich verschärfenden) **Konflikt** in Text 5 auf.
d Formuliere angemessene **Gesprächsregeln** für Streitgespräche und Diskussionen und stelle diese Regeln in der Klasse vor.
e Findet Gemeinsamkeiten zwischen den Regelwerken und legt fest, welche Regeln notwendig sind, um ein für beide Seiten erträgliches Gespräch zu führen.

5 Gespräche mit **Diskussionsleitung oder Moderation** funktionieren anders als Gespräche ohne eine solche Leitung. Aus der Schule, aber auch aus den Medien sind dir angeleitete Gespräche bekannt. Stelle zusammen, welche Funktionen und welche Aufgaben eine Diskussionsleitung hat.

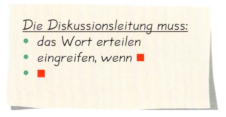

6 a Untersucht eine beliebige Fernsehdiskussion
  - auf Einhaltung der Gesprächsregeln,
  - im Hinblick auf die Verwendung von Thesen, Argumenten, Belegen und Beispielen,
  - auf die Rolle (Funktion) der Moderatorin bzw. des Moderators.
 b Warum werden in bestimmten Talkshows Gesprächsregeln teilweise nicht eingehalten?

7 Der rhetorische „Giftschrank":
Beim Argumentieren werden nicht immer Argumente benutzt, die eine These sachlich untermauern. Es gibt verschiedene Mittel der Redekunst (so genannte rhetorische Mittel), um eine gegnerische Position fragwürdig erscheinen oder die eigene Position überzeugend(er) wirken zu lassen, obwohl sie es nicht ist.

1. rhetorische Frage	a. Das weiß doch jeder!
2. Andeutung	b. Dass er das sagt, ist ja wohl klar. (3)
3. Personalisieren	c. Schon Goethe wusste die Vorzüge der deutschen Sprache zu schätzen.
4. Meinungen als Fakten ausgeben	d. Glaubst du etwa, ich stehe hier zum Spaß rum? (1 und 3)
5. gesunder Menschenverstand	e. Ich glaube, darin sind wir uns einig.
6. zitieren	f. Man kann nur für oder gegen das Projekt sein.
7. Scheinalternativen	g. Es ist jetzt hier nicht der richtige Ort, über deine früheren Provokationen zu sprechen.
8. emotionalisieren	h. Es kann verdammt noch mal nicht sein!
9. falsches Lob	i. Sie sind ja ein kluger Mensch. Daher werden Sie mir wohl zustimmen, wenn ...
10. relativieren	j. Das ist jetzt bestimmt nicht der richtige Zeitpunkt, um darüber zu reden.
11. ausweichen	k. Das hat eh keiner Lust zu machen. (13)
12. Killerphrase	l. Das hätte ich früher auch nicht gedacht, dass ...
13. Autoritätsbeweis	m. Leonardo di Caprio ist der beste Schauspieler der Welt.

a Ordnet die Beispielsätze (a.–m.) den entsprechenden Mitteln (1.–13.) zu.
b Erläutere drei der genannten rhetorischen Tricks und finde weitere Beispiele.

8 Ich bin dafür / Ich bin dagegen:
a Wähle eines der folgenden Themen.

- Fitnessstudios
- Autofahren ab 16
- Talkshows
- Bauchfrei in die Schule
- Männer mit rasierten Beinen
- Abschreiben
- Petzen
- Kollektivstrafe bei Unruhe in der Klasse
- Nachsitzen
- Schüler ab der 11. Klasse siezen
- Klingeltöne runterladen
- Schuluniformen
- Handy in der Schule

b Recherchiere gegebenenfalls, um zusätzliche Informationen und Meinungen zu diesem Thema zu erhalten.
Tipp: Du kannst dich mit deinen Mitschülerinnen und Mitschülern austauschen, um weitere Informationen und Anregungen für Argumente zu erhalten.
c Entwickle These(n), Argument(e), Beispiel(e), Beleg(e) und Folgerungen nach oben gezeigtem Muster. Berücksichtige, dass die im Argumentationsmodell gezeigte Reihenfolge meist sinnvoll ist, es aber Ausnahmen geben kann: Z. B. erfordern selbstverständliche Tatsachen nicht unbedingt Beispiele, andererseits müssen Argumente oft mehrfach begründet werden, wenn sie erfolgreich sein sollen.

9 a Führt **Podiumsdiskussionen** zu den von euch gewählten und vorbereiteten Themen durch. Eine Podiumsdiskussion sollte **Pro- und Kontra-Postionen** enthalten und erfordert eine **Diskussionsleitung**.
b Das Publikum, also alle nicht an der Diskussion beteiligten Schülerinnen und Schüler, notiert sich, an welchen Stellen der Diskussion in den „rhetorischen Giftschrank" gegriffen wurde. Wichtig ist dabei, die Folgen zu beobachten:

- Wurde die Diskussion gestört?
- Hat die Diskussionsleitung eingegriffen?

c Das Publikum sollte den Teilnehmerinnen und Teilnehmern anschließend Feedback geben, z. B.:

- Was war gelungen?
- Was könnte man besser machen?
- Müssen die Regeln für die Diskussion geändert, genauer formuliert oder erweitert werden?
- Welche Aspekte des Themas waren interessant und haben neue Einsichten geboten?

Gemeinsam in den Abgrund? – Konflikte lösen

10 a Erinnere dich an einen Konflikt, von dem dir berichtet wurde, von dem du gelesen, den du beobachtet oder selbst miterlebt hast.
b Notiere möglichst genau, wie er sich angebahnt und welchen weiteren Verlauf er genommen hat.
c Sammelt eure Darstellungen und lost einige Texte aus, die vorgetragen werden.
d Untersuche, wie die Konflikte sich in den vorgetragenen Beispielen entwickelt haben. Versuche dabei, verschiedene Schritte oder Stufen der **Eskalation** (Verschärfung) des Konflikts zu benennen.

Eskalation eines Konflikts

Der Konfliktforscher Friedrich Glasl hat viele verschiedene Konflikte untersucht und daraufhin ein **allgemeingültiges Modell der Konflikteskalation** (Verschärfung eines Konflikts) entwickelt. Er unterteilt den Ablauf von Konflikten in neun Stufen.

1. Verhärtung → **Lösung?**
Die Standpunkte der Konfliktpartner verhärten sich immer mehr und prallen aufeinander. Sie erscheinen den Beteiligten aber noch verhandelbar.
↓
2. Debatte → **Lösung?**
Die Positionen werden in der offenen Auseinandersetzung zu Gegensätzen, der Blick auf Übergänge zwischen den Positionen und für Gemeinsames geht dabei verloren. Die Konfliktpartner fühlen sich zunehmend überlegen bzw. unterlegen.
↓
3. Taten → **Lösung?**
Die Einfühlung in die Position des anderen ist nicht mehr möglich. Die gegnerische Position wird einseitig und oft falsch interpretiert. Vollendete Tatsachen werden geschaffen.
↓
4. Koalitionen (= Verbindungen) → **Lösung?**
Der Gegner wird zum negativen Gegenspieler hochgespielt und über den eigentlichen Gegenstand des Konfliktes hinaus als Person bekämpft. Neue Anhänger für die eigene Sichtweise werden geworben.
↓
5. Gesichtsverlust → **Lösung?**
Der Gegner wird nun auch öffentlich angegriffen, wobei man versucht, ihn zu diskreditieren (= ihn unglaubwürdig zu machen). Er soll möglichst sein Gesicht verlieren.
↓
6. Drohungen → **Lösung?**
Der Gegner wird bedroht. Es folgen Gegendrohungen. Indem man ein Ultimatum stellt, beschleunigt man den Konflikt.
↓
7. Begrenzte Vernichtungsschläge → **Lösung?**
Dem Gegner wird in begrenztem Maß Schaden zugefügt. Wenn der eigene Schaden geringer ist, wird dies bereits als Gewinn betrachtet.
↓
8. Zersplitterung → **Lösung?**
Der Feind soll vernichtet werden.
↓
9. Gemeinsam in den Abgrund → **Lösung?**
Die Selbstvernichtung wird mit in Kauf genommen.

11 Was spricht dafür, was dagegen, die Reihenfolge von Stufe 1 („Verhärtung") und 2 („Debatte") zu tauschen?

12 a Vergleicht das Modell von Glasl und euer selbst entwickeltes Modell (Aufgabe 10d S. 169) im Hinblick auf Gemeinsamkeiten und Unterschiede.
    b Prüft anhand der Beispiele in Text 2, S. 162, ob dieses Modell auf alle Arten von Konflikten anwendbar ist.
    c „Nein" sagen kann man in Konflikten entweder zur anderen Position oder zum Konflikt selbst. Entwickelt anhand eurer Beispiele konkrete Möglichkeiten, die weitere Eskalation des Konfliktes auf den jeweiligen Stufen zu verhindern.
    d Diskutiert, warum eine Konfliktlösung schwieriger wird, je weiter ein Konflikt fortschreitet.

4. Mut zum Neinsagen – Literarische Texte analysieren

Heinrich Böll
Die Waage der Baleks

Text 6

In der Kurzgeschichte „Die Waage der Baleks" erzählt Heinrich Böll von einem Dorf, in dem es nur im Haus der herrschenden Familie Balek von Bilgan eine Waage gab. Dort konnten die Kinder z. B. die gesammelten Pilze und Strohblumen wiegen lassen und anschließend an die Baleks verkaufen. Weil die Herrscherfamilie geadelt wurde, beschließt sie, allen Familien im Dorf ein viertel Pfund Kaffee zu schenken.

Aber am Tage vor dem Fest schon wurde der Kaffee ausgegeben in der kleinen Stube, in der seit fast hundert Jahren die Waage der Baleks stand, die jetzt Balek von Bilgan hießen, weil der Sage nach Bilgan, der Riese, dort ein großes Schloss gehabt haben soll, wo die Gebäude der Baleks stehen. Mein Großvater hat mir oft
5 erzählt, wie er nach der Schule dort hinging, um den Kaffee für vier Familien abzuholen: für die Cechs, die Weidlers, die Vohlas und für seine eigene, die Brüchers. Es war der Nachmittag vor Silvester: Die Stuben mussten geschmückt, es musste gebacken werden und man wollte nicht vier Jungen entbehren, jeden einzeln den Weg ins Schloss machen lassen, um ein Viertelpfund Kaffee zu holen.
10 Und so saß mein Großvater auf der kleinen, schmalen Holzbank im Stübchen, ließ sich von Gertrud, der Magd, die fertigen Achtelkilopakete Kaffee vorzählen, vier Stück, und blickte auf die Waage, auf deren linker Schale der Halbkilostein liegengeblieben war; Frau Balek von Bilgan war mit den Vorbereitungen fürs Fest beschäftigt. Und als Gertrud nun in das Glas mit den sauren Bonbons greifen wollte,
15 um meinem Großvater eines zu geben, stellte sie fest, dass es leer war: Es wurde jährlich einmal neu gefüllt, fasste ein Kilo von denen zu einer Mark.
Gertrud lachte, sagte: „Warte, ich hole die neuen", und mein Großvater blieb mit den vier Achtelkilopaketen, die in der Fabrik verpackt und verklebt waren, vor der Waage stehen, auf der jemand den Halbkilostein liegengelassen hatte, und mein

Großvater nahm die vier Kaffeepaketchen, legte sie auf die leere Waagschale und sein Herz klopfte heftig, als er sah, wie der schwarze Zeiger der Gerechtigkeit links neben dem Strich hängen blieb, die Schale mit dem Halbkilostein unten blieb und das halbe Kilo Kaffee ziemlich hoch in der Luft schwebte; sein Herz klopfte heftiger, als wenn er im Walde hinter einem Strauch gelegen, auf Bilgan, den Riesen, gewartet hätte, und er suchte aus seiner Tasche Kieselsteine, wie er sie immer bei sich trug, um mit der Schleuder nach den Spatzen zu schießen, die an den Kohlpflanzen seiner Mutter herumpickten, drei, vier, fünf Kieselsteine musste er neben die vier Kaffeepakete legen, bis die Schale mit dem Halbkilostein sich hob und der Zeiger endlich scharf über dem schwarzen Strich lag. Mein Großvater nahm den Kaffee von der Waage, wickelte die fünf Kieselsteine in sein Sacktuch, und als Gertrud mit der großen Kilotüte voll saurer Bonbons kam, die wieder für ein Jahr reichen musste, um die Röte der Freude in die Gesichter der Kinder zu treiben, als Gertrud die Bonbons rasselnd ins Glas schüttete, stand der kleine blasse Bursche da und nichts schien sich verändert zu haben. Mein Großvater nahm nur drei von den Paketen und Gertrud blickte erstaunt und erschreckt auf den blassen Jungen, der den sauren Bonbon auf die Erde warf, ihn zertrat und sagte: „Ich will Frau Balek sprechen." „Balek von Bilgan, bitte", sagte Gertrud. „Gut, Frau Balek von Bilgan", aber Gertrud lachte ihn aus und er ging im Dunkeln ins Dorf zurück, brachte den Cechs, den Weidlers, den Vohlas ihren Kaffee und gab vor, er müsse noch zum Pfarrer. Aber er ging mit seinen fünf Kieselsteinen im Sacktuch in die dunkle Nacht. Er musste weit gehen, bis er jemand fand, der eine Waage hatte, eine haben durfte; in den Dörfern Blaugau und Bernau hatte niemand eine, das wusste er und er schritt durch sie hindurch, bis er nach zweistündigem Marsch in das kleine Städtchen Dielheim kam, wo der Apotheker Honig wohnte. Aus Honigs Haus kam der Geruch frischgebackener Pfannkuchen und Honigs Atem, als er dem verfrorenen Jungen öffnete, roch schon nach Punsch und er hatte die nasse Zigarre zwischen seinen schmalen Lippen, hielt die kalten Hände des Jungen einen Augenblick fest und sagte: „Na, ist es schlimmer geworden mit der Lunge deines Vaters?" „Nein, ich komme nicht um Medizin, ich wollte ..." Mein Großvater nestelte sein Sacktuch auf, nahm die fünf Kieselsteine heraus, hielt sie Honig hin und sagte: „Ich wollte das gewogen haben." Er blickte ängstlich in Honigs Gesicht, aber als Honig nichts sagte, nicht zornig wurde, auch nicht fragte, sagte mein Großvater: „Es ist das, was an der Gerechtigkeit fehlt", und mein Großvater spürte jetzt, als er in die warme Stube kam, wie nass seine Füße waren. Der Schnee war durch die schlechten Schuhe gedrungen und im Wald hatten die Zweige den Schnee über ihn geschüttelt, der jetzt schmolz, und er war müde und hungrig und fing plötzlich an zu weinen, weil ihm die vielen Pilze einfielen, die Kräuter, die Blumen, die auf der Waage gewogen worden waren, an der das Gewicht von fünf Kieselsteinen an der Gerechtigkeit fehlte. Und als Honig, den Kopf schüttelnd, die fünf Kieselsteine in der Hand, seine Frau rief, fielen meinem Großvater die Geschlechter seiner Eltern, seiner Großeltern ein, die alle ihre Pilze, ihre Blumen auf der Waage hatten wiegen lassen müssen, und es kam über ihn wie eine große Woge von Ungerechtigkeit und er fing noch heftiger an zu weinen, setzte sich, ohne dazu aufgefordert zu sein, auf einen der Stühle in Honigs Stube, übersah den Pfannkuchen, die heiße Tasse Kaffee, die die gute und dicke Frau Honig ihm vorsetzte, und hörte erst auf zu weinen, als Honig selbst aus dem Laden vorn zurückkam und, die Kieselsteine in der Hand schüttelnd, leise zu seiner Frau sagte: „Fünfeinhalb Deka, genau." Mein Großvater ging die zwei Stunden durch den Wald zurück, ließ sich prügeln zu Hause, schwieg, als er nach dem Kaffee gefragt wurde, sagte kein Wort, rechnete den ganzen Abend an seinem Zettel herum, auf dem er alles notiert hatte, was er der jetzigen Frau Balek von Bilgan geliefert hatte, und als es Mitternacht schlug, vom Schloss die Böller zu hören waren, im ganzen Dorf das Geschrei, das Klappern der Rasseln erklang, als die Familie sich geküsst, sich umarmt hatte, sagte er in das folgende Schweigen des neuen Jahres hinein: „Baleks schulden mir achtzehn Mark und zweiunddreißig Pfennig." Und wieder dachte er an die vielen Kinder, die es im Dorf gab, dachte an seinen Bruder Fritz, der viele Pilze gesammelt hatte, an seine Schwester Ludmilla, dachte an die vielen hundert Kinder, die alle für die Baleks Pilze gesammelt hatten, Kräuter und Blumen, und er weinte diesmal nicht, sondern erzählte seinen Eltern, seinen Geschwistern von seiner Entdeckung. Als die Baleks von Bilgan am Neujahrstage zum Hochamt in die Kirche kamen, das neue Wappen, einen Riesen, der unter einer Fichte kauert, schon in Blau und Gold auf ihrem Wagen, blickten sie in die harten und blassen Gesichter der Leute, die alle auf sie starrten. Sie hatten im Dorf Girlanden erwartet, am Morgen ein Ständchen, Hochrufe und Heilrufe, aber das Dorf war wie ausgestorben gewesen, als sie hindurchfuhren, und in der Kirche wandten sich die Gesichter der blassen Leute ihnen zu, stumm und feindlich, und als der Pfarrer auf die Kanzel stieg, um die Festpredigt zu halten, spürte er die Kälte der sonst so stillen und friedlichen Gesichter und er stoppelte mühsam seine Predigt herunter und ging schweißtriefend zum Altar zurück. Und als die Baleks von Bilgan nach der Messe die Kirche wieder verließen, gingen sie durch ein Spalier stummer, blasser Gesichter. Die junge Frau Balek von Bilgan aber blieb vorn bei den Kinderbänken stehen, suchte das Gesicht meines Großvaters, des kleinen blassen Franz Brücher, und fragte ihn in der Kirche: „Warum hast du den Kaffee für deine Mutter nicht mitgenommen?" Und mein Großvater stand auf und sagte: „Weil Sie mir noch so viel Geld schulden, wie fünf Kilo Kaffee kosten." Und er zog die fünf Kieselsteine aus seiner Tasche, hielt sie der jungen Frau hin und sagte: „So viel, fünfeinhalb Deka, fehlen auf ein halbes Kilo an Ihrer Gerechtigkeit"; und noch ehe die Frau etwas sagen konnte, stimmten die Männer und Frauen in der Kirche das Lied an: „Gerechtigkeit der Erden, o Herr, hat Dich getötet."

1 Fasse den Inhalt von Text 6 in einer **Inhaltsangabe** schriftlich zusammen.

Inhaltsangabe
→ S. 54

2 a Worin besteht der **Konflikt** in dieser Geschichte?
  b Wer ist wie daran beteiligt?
  c Wie könnte der Konflikt sich weiter entwickeln – zum Guten oder zum Schlechten? Erzähle die Geschichte weiter.

literarische Figuren charakterisieren
→ S. 38–42

3 a Charakterisiere den Jungen (also den Großvater des Erzählers).
  b Warum argumentiert der Junge nicht mit den Baleks oder zeigt sie an? Stelle Vermutungen an und begründe sie mithilfe von Textbelegen (Zitaten).
  Tipp: Bedenke dabei auch, in welcher Zeit die Geschichte spielt.
  c Überlege, warum die Waage in dieser Geschichte eine so bedeutende Rolle spielt. Gib Begründungen aus dem Text.

Bertolt Brecht

Text 7 **Maßnahmen gegen die Gewalt**

Als Herr Keuner, der Denkende, sich in einem Saale vor vielen gegen die Gewalt aussprach, merkte er, wie die Leute vor ihm zurückwichen und weggingen. Er blickte sich um und sah hinter sich stehen – die Gewalt.
„Was sagtest du?", fragte ihn die Gewalt. „Ich sprach mich für die Gewalt aus", antwortete Herr Keuner.
Als Herr Keuner weggegangen war, fragten ihn seine Schüler nach seinem Rückgrat.
Herr Keuner antwortete: „Ich habe kein Rückgrat zum Zerschlagen. Gerade ich muß länger leben als die Gewalt."
Und Herr Keuner erzählte folgende Geschichte: In die Wohnung des Herrn Egge, der gelernt hatte, nein zu sagen, kam eines Tages in der Zeit der Illegalität ein Agent, der zeigte einen Schein vor, welcher ausgestellt war im Namen derer, die die Stadt beherrschten, und auf dem stand, daß ihm gehören soll jede Wohnung, in die er seinen Fuß setzte, ebenso sollte ihm auch jedes Essen gehören, das er verlange; ebenso sollte ihm auch jeder Mann dienen, den er sähe.
Der Agent setzte sich in einen Stuhl, verlangte Essen, wusch sich, legte sich nieder und fragte mit dem Gesicht zur Wand vor dem Einschlafen: „Wirst du mir dienen?"
Herr Egge deckte ihn mit einer Decke zu, vertrieb die Fliegen, bewachte seinen Schlaf, und wie an diesem Tage gehorchte er ihm sieben Jahre lang. Aber was immer er für ihn tat, eines zu tun hütete er sich wohl: das war, ein Wort zu sagen. Als nun die sieben Jahre herum waren und der Agent dick geworden war vom vielen Essen, Schlafen und Befehlen, starb der Agent.
Da wickelte ihn Herr Egge in die verdorbene Decke, schleifte ihn aus dem Haus, wusch das Lager, tünchte die Wände, atmete auf und antwortete: […]

4 Am Ende von Text 7 wurde etwas weggelassen. Vervollständige die Geschichte. (Original-Ende auf S. 318)

5 a Diese Geschichte hat zwei Teile. Gib mithilfe der Zeilen an, von wo bis wo diese beiden Teile jeweils reichen.
   b Wie passen die beiden Teile zusammen?
   c Warum erzählt Herr Keuner die Geschichte von Herrn Egge? Belege deine Aussagen mit Zitaten aus dem Text.

6 a Welche Haltung hat Herr Keuner im Hinblick auf Gewalt? Begründe.
   b Warum sagt Herr Keuner, dass gerade er – mehr als andere? – länger leben müsse als die Gewalt?
   c Beurteile das Verhalten von Herrn Keuner und von Herrn Egge.

7 a Überlege, ob Herr Egge ein glücklicher Mensch ist.
   b Wie hättest du an seiner Stelle gehandelt?
   c Hat die Frage des Agenten überhaupt einen Sinn? Warum stellt er sie?

8 Herr Egge hatte „gelernt […], nein zu sagen". Gemeinsam mit der Frage des Agenten gibt diese Aussage Hinweise darauf, weshalb Brecht diese Geschichte geschrieben haben könnte. Erkläre.

9 a Schreibe eine Geschichte oder ein Gespräch, in der einer Figur der Mut fehlt, etwas zu sagen oder zu tun.
   b Deine Mitschülerinnen und Mitschüler sollen die Stellen herausarbeiten, an denen die von dir geschilderte Figur hätte mutig(er) sein können.
   c Diskutiert, was jeweils der Grund dafür gewesen sein könnte, dass die Figur nicht mehr Mut gezeigt hat und wie die Figur die Situation hätte meistern können.

10 Berichtet in einem Gesprächskreis über Ereignisse, in denen ihr oder jemand anders, den ihr kennt, mutig gewesen seid/ist.

11 Diese Abbildungen stammen aus der Aktion „Tu was" der Polizei.

www.aktion-tu-was.de

   a Beschreibe den Eindruck, den die Bilder auf dich machen.
   b Was sollen sie bedeuten? Wogegen könnten sie gerichtet sein? Wozu könnten sie auffordern (**Appellfunktion**)?
   c Recherchiere, z. B. auf der Webseite der Aktion „Tu was", welche Verhaltenshinweise und Tipps es für solche Situationen gibt.

Thomas Kleine-Brockhoff

Text 8 **Zivilcourage**

Zivilcourage bezeichnet den Mut, öffentlich einzuschreiten, ohne dies nur der Polizei oder anderen Ordnungskräften zu überlassen. Zum Thema äußert sich der Journalist Thomas Kleine-Brockhoff in der Wochenzeitung „Die Zeit". Er verweist auf eine Untersuchung der Psychologieprofessoren Bibb Latané und John Darley.

Wenn mehrere potentielle Helfer da seien, verringere sich das Gefühl der Verantwortlichkeit bei jedem einzelnen. Testreihen bestätigten die Annahme: Einem New Yorker College-Studenten, der einen epileptischen Anfall mimte, halfen beispielsweise 85 Prozent aller Zuschauer, sofern sie allein waren, aber nur 31 Prozent, wenn fünf Menschen dabeistanden. Waren noch mehr Beobachter da, sank die Hilfsbereitschaft auf ein noch beschämenderes Niveau. Die Studien der New Yorker Professoren sind übrigens von dem Politologen Peter Grottian 1993 und 1996 in der Berliner U-Bahn überprüft worden: mit ähnlichen Ergebnissen.

12 Erläutere den Einleitungssatz (Z. 1–2), indem du die Schlussfolgerungen aus der Untersuchung der Psychologen verwendest. Überlege, ob es sich mit deinen Erfahrungen deckt.

Text 9 *Die Polizei hat sechs Ratschläge für das Verhalten von Zeuginnen und Zeugen bei Straftaten formuliert:*

> 1. Ich helfe, ohne mich selbst in Gefahr zu bringen.
> 2. Ich fordere andere aktiv und direkt zur Mithilfe auf.
> 3. Ich beobachte genau und präge mir Täter-Merkmale ein.
> 4. Ich organisiere Hilfe unter Notruf 110.
> 5. Ich kümmere mich um Opfer.
> 6. Ich stelle mich als Zeuge zur Verfügung.

13 Welche dieser sechs Ratschläge versuchen, das in Text 8 beschriebene Problem zu lösen?

14 Diskutiert: Passt die Abbildung mit den drei Smileys (S. 175) zu den sechs Ratschlägen?

Ich mein, naja … – Nicht-Gesagtes untersuchen

Text 10 Stefan will eine Hose kaufen und ist deswegen in einem Modegeschäft. Seit einer halben Stunde probiert er dort schon Hosen an.

VERKÄUFERIN: Hier, probier die mal.
Stefan probiert die Hose, die Verkäuferin lässt ihn kurz allein. Stefan betrachtet sich in den Spiegeln und unterhält sich mit Petra. Die Verkäuferin kommt zurück.
VERKÄUFERIN: Und, wie ist die?

5 STEFAN: Ja hm, ich mein, na ja …
VERKÄUFERIN: Du suchst etwas anderes?
STEFAN: Es tut mir leid, ich glaub nicht, dass …; sie wär' auch n bisschen zu teu-. Das ist nicht so das, was ich mir vorgestellt hatte–
VERKÄUFERIN: Ich frag mal die Chefin, ob ich dir mit dem Preis noch etwas entge-
10 genkommen kann.
STEFAN: Tja, also, ich muss mir das noch einmal überlegen. Bis denne, Tschüss.

15 a Kennt ihr ähnliche Situationen? Berichtet.
b Wie bewertest du das Verhalten der Verkäuferin und das Verhalten von Stefan? Begründe.
c Warum sagt Stefan nicht klipp und klar, was er denkt?

5. „Nein" zeigen – Zeichen und Verbote

Nein sagen – auf immer und ewig?

Text 11

Die zivile Nutzung von Atomenergie hat zu heftigen Diskussionen über die Lagerung der verstrahlten Überreste (des so genannten Atommülls) geführt. Diese Überreste geben teilweise mehrere zehntausend Jahre lang tödliche unsichtbare Strahlen ab. Man muss einen Ort finden, der sicher genug ist, damit diese Materialien beispiels-
5 *weise nicht ins Grundwasser gelangen können. Nicht mehr benutzte Salzminen zum Beispiel. In Deutschland hat man nach über zwei Jahrzehnten Diskussion und Suche noch keinen geeigneten Lagerort festgelegt.*

In den USA wurden die besten Wissenschaftler mit der Aufgabe betraut, eine geeignete Endlagerstätten für hochradioaktives Material zu suchen sowie geeignete
10 Markierungen zur Warnung zu erfinden, die eindeutig und klar ausspricht: „Nein! Betreten verboten! Tödliche Gefahr!" Einen aus ihrer Sicht vertretbaren Lagerungsort haben sie gefunden, aber das Problem der Warnzeichen nicht gelöst. Wie das? Wir alle kennen doch das Zeichen für radioaktive Strahlung!

Dieses Zeichen gehört zu den so genannten symbolischen Zeichen. Das heißt, dass die Zeichenleser die Bedeutung der Bildelemente wie die Bedeutung der Wörter einer Sprache gelernt haben müssen, um das Zeichen zu verstehen: Gelb bedeutet eine Warnfarbe, die drei Kreisausschnitte sollen die unsichtbaren Strahlen darstellen, die von einem Objekt in der Mitte ausgehen. Niemand kann garantieren, dass dieses Zeichen noch in späteren Jahrtausenden verstanden oder gar verwendet wird. Denn es gibt keine Zeichen aus der Vergangenheit, deren Bedeutung sich über so lange Zeiträume erhalten hat. Und aus der Geschichte lernt man, dass man nicht davon ausgehen darf, unsere heutigen Kulturen würden sich über Jahrtausende erhalten und mit ihnen die Überlieferung von Zeichen oder deren Bedeutung. Im Gegenteil.

Abgesehen davon ist auch fraglich, ob das Material, aus dem die Zeichen bestehen sollen, 10000 Jahre haltbar sein kann: Gerade ihre Beständigkeit könnte sie zu wertvollem Material machen, das von späteren Generationen für andere Zwecke genutzt wird. Einige Wissenschaftler schlugen vor, möglichst viele verschiedenartige Warnzeichen zu verstreuen. Sprachwissenschaftler sagen, das würde höchstens 2000 Jahre verstanden werden. Auch abbildende Zeichen sind problematisch: Ein Psychologe stellte fest, dass das Totenkopfbild bei Kindern unterschiedliche Reaktionen hervorruft. Je nachdem, ob man es auf einer Flasche oder an einer Wand präsentiert, sei „Gift!" oder „Piraten!" die Reaktion.

Große Warnzeichen wurden in die Diskussion eingebracht. Groß würde als wichtig empfunden. Man denke an die Pyramiden oder an Stonehenge. Doch könnte damit auch erreicht werden, dass unsere Nachfahren diese Zeichen als Kunst verstehen und zur Besichtigung oder als Grabräuber kommen – das Gegenteil der Zielsetzung würde erreicht.

Die Forscher sind zu zwei überraschenden Ergebnissen gekommen: Mit einfachen Geschichten, ähnlich den Märchen, könnte man am besten vor den Gefahren der Endlagerstätte warnen. Sie würden von jeder Generation der sich verändernden Sprache angepasst und könnten, anders als Bilder, auch die unsichtbare Gefahr der Strahlen und ihre Wirkung schildern. Ein anderer geeigneter Vorschlag wäre die leichte radioaktive Verstrahlung des Eingangsbereichs. Immer neue Skelette von verstrahlten Lebewesen würden auf lange Sicht den Eindruck sichern, dass von diesem Ort eine tödliche Gefahr ausgeht.

1 Entnimm Text 11 alle wichtigen Informationen mithilfe der **Fünf-Schritt-Lesemethode**.

2 Benenne und erläutere die im Text genannten Schwierigkeiten, zukünftigen Generationen Verbote auszusprechen.

3 Im Februar 2007 hat die internationale Atomenergiebehörde ein neues Warnzeichen zum Schutz vor radioaktiver Strahlung vorgestellt (rechts). Das alte Zeichen (links) gilt als wenig verständlich.

a Ist das neue Zeichen aus eurer Sicht verständlich? Testet beide Zeichen an Mitschülerinnen und Mitschülern, die nicht wissen, dass sie vor radioaktiver Strahlung warnen sollen.
b Entwickelt selbst Warnzeichen vor Radioaktivität.

4 Führt eine vorbereitete **Diskussion** zu folgender Frage durch:

> Ist man für die Folgen seines Handelns verantwortlich (und muss daher z. B. Mitmenschen vor diesen Folgen warnen), auch wenn die Folgen sehr weit in die Zukunft reichen?

Formuliert **Thesen**, begründet eure Thesen mit **Argumenten** und verwendet **Belege** und **Beispiele**, um eure Argumente zu stützen.
Tipp: Benutzt beim Formulieren eurer Argumente **Konjunktionen**.

5 Ablehnung kann man auch mit Geräuschen und körpersprachlichen Mitteln (Mimik, Gestik, Raumverhalten) ausdrücken. Welche dieser Ausdrucksformen zum Neinsagen kennt ihr? Fertigt eine Tabelle an und führt sie mit Beispielen in kleinen Szenen vor.

6 a Was könnten diese Schilder bedeuten? Stelle Vermutungen an.
b Bei welchen Zeichen ist die Entschlüsselung eher schwierig? Welche Zeichen enthalten Bildsignale, die rasch auf ihre Bedeutung schließen lassen?

7 „Nein" sagen durch „Ja" sagen – Erläutere diese Möglichkeit mithilfe dieses Verkehrszeichens:

Zeichentypen

Man unterscheidet verschiedene Zeichentypen je nach der **Beziehung zwischen Form und Bedeutung des Zeichens**.

- **Ikonische Zeichen** (gr. *eikonos* = Bild) bilden das Bedeutete direkt ab.
  Beispiel: Porträts, Piktogramme, lautmalerische Wörter
- Bei **symbolischen Zeichen** hingegen gibt es keine notwendige Beziehung zwischen Form und Bedeutung. Dies gilt unter anderem auch für sprachliche Zeichen.
  Beispiel: Wörter (außer lautmalerische)

Viele Zeichen enthalten gleichzeitig sowohl Elemente von symbolischen als auch von ikonischen Zeichen.

8 a Versucht, eure Klassenregeln in Form von Piktogrammen bzw. Verkehrszeichen darzustellen.
  b Besprecht: Welche Möglichkeiten gibt es, welche Schwierigkeiten treten auf? Bei welchen Regeln kann dies sinnvoll sein? Begründe.

Argumentieren und diskutieren

Robert Gernhardt
Diät-Lied (mit Ohrfeigenbegleitung)

Text 12

Ich freu mich auf mein Frühstück
Da schneide ich zwei Hörnchen auf
(Klatsch Klatsch)
Da schneid ich etwas Graubrot auf
5 Und schmiere mir dick Butter drauf
Und Leberwurst und
(Klatsch Klatsch)
Und schmiere dünn Margarine drauf
Und etwas Kräuterpaste
10 Und reichlich Gorgonzola
(Klatsch Klatsch)
Und keinen Gorgonzola
Sodann greif ich zum Pfirsich
Den schneide ich in Stücke
15 Und haue massig Sahne drauf
(Klatsch Klatsch)
Und mache einen Joghurt auf
Und tu ihn auf den Pfirsich
Und reichlich Gorgonzola
20 *(Klatsch Klatsch)*
Und keinen Gorgonzola
Und zwanzig Löffel Müsli
(Klatsch Klatsch)
Und einen Löffel Müsli
25 Dann freu ich mich auf Mittag
Da brat ich einen Tofu auf
Und tue reichlich
(Klatsch Klatsch)
Sprossen drauf
30 Und jede Menge
(Klatsch Klatsch)
Kleie

Das ess ich, weil es sein muss
Und freue mich aufs Abendbrot
35 Da gibt's ein Riesenschnitzel
(Klatsch Klatsch)
Da gibt's ein kleines Schnitzel
(Klatsch Klatsch)
Da gibt es gar kein Schnitzel
40 Da mach ich einen Bratling warm
Und tu dick Majonäse drauf
(Klatsch Klatsch)
Und drei, vier Spiegeleier
(Klatsch Klatsch)
45 Und reichlich Gorgonzola
(Klatsch Klatsch)
Und schütt es in den Lokus
Dann drücke ich die Spülung
Und freu mich auf den Nachtisch
50 Da trinke ich vom feinsten
(Klatsch Klatsch)
Und stillsten Wasser, das es gibt
Sodann wird ein Versuch geübt:
Wie viel vom schweren roten Wein
55 Geht in den Durchschnittsmann hinein?
(Klatsch Klatsch)
Wenn der dabei im Schmalztopf wühlt
(Klatsch Klatsch)
Sich grad wie Gott in Frankreich fühlt
60 *(Klatsch Klatsch)*
Fünf Eisbein mit zehn Bierchen kühlt
(Klatsch Klatsch)
Und die mit Schnäpsen runterspült
(Klatsch Klatsch)

65 und reichlich
(Klatsch Klatsch)
Gorgonzola
(Klatsch Klatsch)
Das will ich ausprobieren
70 Und sollt' ich dran krepieren
Dann hab ich meine letzte Nacht
Zumindest lustvoll
(Klatsch Klatsch)
Zumindest heiter
75 *(Klatsch Klatsch)*
Zumindest spannend
(Klatsch Klatsch)
Zumindest nahrhaft
Zugebracht.

1   a Fasse zusammen, worum es in diesem Text von Robert Gernhardt geht.
    b Worin besteht der Konflikt in diesem Text? Wie verläuft er?
    c Um was für eine Art von Konflikt handelt es sich? Begründe.
    d Kann man davon sprechen, dass in diesem Text ein Gespräch oder sogar eine Diskussion stattfindet? Begründe deine Meinung.

2   Untersuche, ob und, wenn ja, wie in diesem Text argumentiert wird.

3   Wie kann das lyrische Ich den Konflikt lösen? Erarbeite Vorschläge.

Und jetzt kommst du!

Hier und anderswo – „Nein" sagen lernen

1 Es gibt zahlreiche Bücher zum Thema **„Nein" sagen**. Hier sind einige Buchumschläge abgebildet.
   a An wen wenden sich die Autoren jeweils?
   b Wie wird das Problem des Neinsagens jeweils dargestellt?
   c Welche Aspekte des Neinsagens werden in den einzelnen Büchern wohl thematisiert?

2 a Verfasse ein fiktives Inhaltsverzeichnis zu einem der abgebildeten Bücher.
   b Welche Ratschläge würdest du in diesem Ratgeber formulieren?

Nein sagen in anderen Kulturen
Eine Frage der Höflichkeit

Text 13

Ob und vor allem wie man „nein" sagt, ist nicht nur eine Frage der Meinung, sondern auch eine Frage der Höflichkeit. Hast du einmal überlegt, wem du „nein" sagst, wem gegenüber du versuchst, die Absage oder das Widersprechen zu verpacken oder nur anzudeuten, und wem gegenüber du gar nicht „nein" sagst?
5 Was noch als höflich gilt und was nicht, ist in vielen Kulturen unterschiedlich geregelt:
Ist man bei Chinesen zum Essen eingeladen, betont meist die Köchin oder der Koch während der Mahlzeit, dass sie oder er gar nicht kochen könne und dass das Essen sehr schlecht sei. „Es schmeckt Ihnen sicher nicht. Es ist nichts Besonderes."
10 Der Gast widerspricht daraufhin heftig, indem er ein Lob äußert: „Oh nein, es schmeckt ganz ausgezeichnet."
Ebenso muss man in manchen Kulturen mehrfach verneinen, bevor man etwas wirklich nicht serviert bekommen möchte. Wer, wie in Deutschland zumindest nicht unüblich, sofort „Ja" sagt, gilt als sehr direkt, mitunter sogar als unhöflich.

3 Erkundige dich bei Mitschülerinnen und Mitschülern mit Eltern aus anderen Ländern oder Kulturkreisen nach dem Höflichkeitsstil in ihrem Herkunftsland, insbesondere beim Essen: Wie sagt man „nein", wie lehnt man etwas ab, wie kann Ablehnung oder Kritik geäußert werden?

Deine Nein-Biografie

4 a Blicke auf dein bisheriges Leben zurück: Welche Möglichkeiten, „nein" zu sagen, hattest du mit sechs Jahren, mit zehn Jahren, welche heute?
b Welche Möglichkeiten erwartest du in zwei Jahren, mit 18, mit 30?
c Aus welchem einstigen Ja ist dann vielleicht ein Nein geworden, aus welchem Nein ein Ja?

Virtuelle Welten

Medientexte und fantastische Literatur

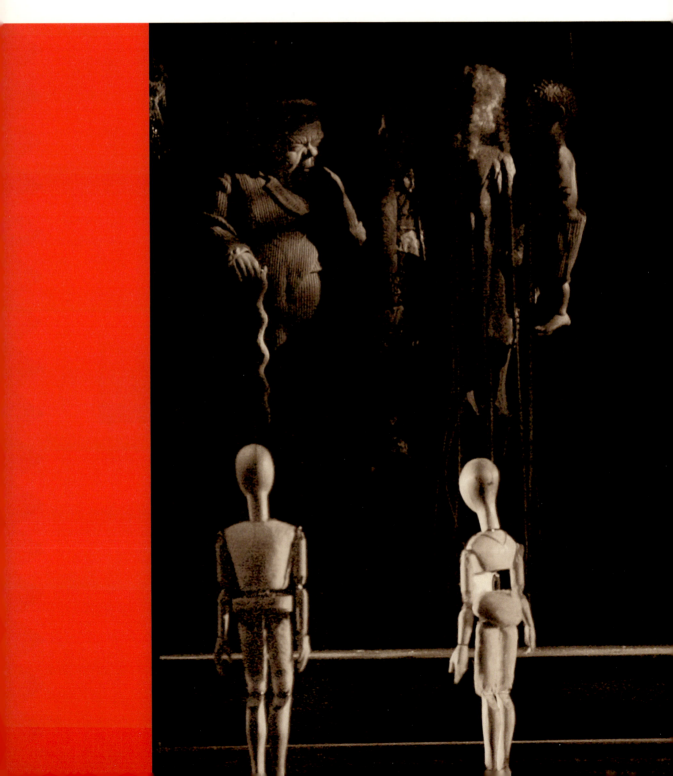

Virtuelle Welten 185

1. Ein Puppenspiel im virtuellen Raum? – Stellung nehmen

1 Welche PC-Rollenspiele kennst du, mit welchen hast du Erfahrungen gemacht?

2 a Wie steht eure Klasse PC-Rollenspielen gegenüber? Erstellt ein Meinungsbild: Gruppiert euch im Klassenraum in den Kategorien „positiv", „neutral" und „ablehnend".
  b Tauscht anschließend eure Argumente für eure Standpunkte aus.

3 a Wie funktionieren die Rollenspiele, die ihr kennt? Worum geht es? Informiert euch gegenseitig.
  b Welche grundsätzlichen Spielregeln gelten für PC-Rollenspiele? Tragt sie zusammen.

Text 1 Eine Spielanleitung zum PC-Spiel „Die Sims"

Als erstes erstellt man einen oder mehrere Sims und erstellt ihre Beziehungen zueinander. Danach lässt man sie in ein Haus einziehen und richtet ihnen das Haus ein. Wenn das gemacht wurde, könnt ihr mit einem erstellten Sim spielen. Ihr befriedigt ihre Bedürfnisse (Hunger, Schlafen, Hygiene, Freunde...) und führt sie durchs Leben.
Ihr sucht euch Freunde und einen Job und könnt einkaufen gehen.
An ihrer Laufbahn könnt ihr sehen, was eure Sims sich für ein Leben wünschen (Familie, Romantik, Freunde, Wissen...). Bei der Laufbahn „Romantik" müsst ihr viele Liebhaber/innen haben.
Bei „Familienlaufbahn" braucht ihr ein Ehepaar und macht euch Babys.
Die Fähigkeiten (Charisma, Kreativität, Mechanik ...) könnt ihr auch verbessern. Und für jeden Job müsst ihr bestimmte Fähigkeiten ausüben.
Ihr müsst eure Sims fröhlich durch das Leben führen. Und wenn ihr dies einfacher haben wollt, könnt ihr auch Cheats anwenden.

4 Diese Schülerarbeit ist verbesserungsbedürftig.
  a Entwickle zunächst Kriterien für eine gute Spielanleitung und fertige hierzu eine Checkliste an.

  Checkliste Spielanleitung
  - *Schreibziel:* ■
  - *Aufbau der Spielanleitung:* ■
  - *Abfolge der Spielschritte im Einzelnen:* ■
  - ■

  b Überarbeitet die Spielanleitung zu „Die Sims" (Text 1) in Schreibkonferenzen oder mit der Textlupen-Methode.
  Tipps:
  - Eure Checklisten helfen euch dabei.
  - Falls ihr das Spiel nicht kennt, erkundigt euch z. B. im Internet oder bei Mitschülerinnen und Mitschülern über den Inhalt und den Verlauf des Spiels.

5 *Das Spiel „Die Sims" ist doch bloß ein Puppenspiel im virtuellen Raum.*
Welche Gründe sprechen für diese Auffassung, welche dagegen? Erläutere in einer kurzen Stellungnahme, wie du persönlich zu dieser Behauptung stehst.

Artenschutz für digitales Leben? – Argumentative Texte

Klaus Neumann
Die Rechte der Sims

Sind die Sims […] Lebewesen? Verbirgt sich in diesem Computerspiel eine künstliche Intelligenz, die Leben nicht nur simuliert, sondern gar selbst auf irgendeine Weise lebt? Müssen Sims vor sadistischen Experimenten der Menschen geschützt werden? […]

Ich starte folgendes Experiment: Ich lade das Spiel und baue mir eine Testreihe auf. Meine acht Test-Sims lasse ich mir vom Zufallsgenerator erstellen. Dabei achte ich darauf, dass es vier Männer und vier Frauen im Erwachsenenalter sind, die keine verwandtschaftliche Beziehung zueinander haben. Dann schaffe ich eine Umgebung, in der sie alles finden, was sie zum Leben brauchen: Nahrungsquelle (Herd und Kühlschrank), ein Bett zum Schlafen für jeden, ein Klo für die Notdurft und ein abgetrenntes Zimmer für – nun ja – die Fortpflanzung. Außerdem bietet der Garten genug Raum für virtuelle Bewegung und eine Sitzgruppe dient als sozialer Treffpunkt. Meine Überlegung: Wenn es die Sims schaffen, zu überleben und sich über ein paar Generationen fortzupflanzen, ohne dass ich eingreifen muss, könnte es sich tatsächlich um Leben handeln.

Ich lasse die Sims einziehen und benutze die Maus nur noch zur Überwachung der Vitalfunktionen. Es scheint zu klappen. Die Sims schauen sich interessiert um, nehmen ihre Umwelt in Besitz und beginnen zu interagieren. Es gibt oft Staus vor dem Klo und die Laune sinkt schnell in den roten Bereich. Außerdem scheuen sie sich, das Doppelbett mit einem Sim des anderen Geschlechts zu teilen. Ich bleibe hart und greife nicht ein. Im Großen und Ganzen funktioniert es. Die Test-Sims fangen an, Beziehungen zueinander aufzubauen und ihre Umwelt zu verändern. Ich beobachte, wie einige die Ordnung im Haus und im Garten aufrecht halten, während andere besonders gerne kochen. Nach einer Woche gibt es plötzlich ein Feuer. Der Herd brennt und alle rennen schreiend in die Küche, um das Unglück aus nächster Nähe zu betrachten. Auf die Idee, die Feuerwehr zu rufen, kommt aber keiner. Nach und nach sehe ich, wie Einrichtung und Sims verbrennen. Der animierte Tod holt auch den letzten meiner Sims ab: Er benutzt skurrilerweise noch einmal die Toilette und verschwindet dann ebenfalls. Es ist furchtbar.

6 Welcher **grundsätzlichen Frage** will Klaus Neumann auf den Grund gehen?
   a Was will er mit seinem „Experiment" herausfinden?
   b Erkundige dich, was man gewöhnlich unter dem Begriff „Artenschutz" versteht.
   c Welche Bedeutung erhält das Wort „Artenschutz" in diesem Zusammenhang?
   d Untersuche den Text dahingehend, ob und wie der Verfasser seine Ausgangsfragen (Z. 1–4) beantwortet.

7 Untersuche die **Sprache** des Textes:
   a Welche Nomen, Verben und Adjektive fallen dir auf, weil sie in deinem Sprachgebrauch weniger geläufig oder dir sogar unbekannt sind?
   b Finde die Bedeutung dieser Wörter heraus und suche mithilfe eines Lexikons nach alternativen Begriffen mit gleicher oder ähnlicher Bedeutung (so genannten **Synonymen**).
   c Welche **Wirkungsabsicht** verfolgt der Verfasser mit der Verwendung dieser Wörter?

im Text verwendete Wörter	Wortart	Synonyme	Wirkungsabsicht
simulieren (Z. 2)	Verb	vorgeben, nachahmen	■
sadistisch (Z. 3)	Adjektiv	grausam	■
Notdurft (Z. 10)	Nomen	Stuhlgang, Darmentleerung	■
■	■	■	■

8 a Wie könnte der Text „Die Rechte der Sims" (Text 2) weitergehen? Sammelt eure Leseerwartungen; lasst euch hierbei auch von der Überschrift und dem ersten Abschnitt des Textes leiten.
   b Versetze dich in die Rolle des „Experimentators" und kombiniere in deiner Fortsetzung ebenfalls erzählende, beschreibende und bewertende Textpassagen.

Klaus Neumann
Die Rechte der Sims (Fortsetzung)

Text 3

Meine Testbedingungen waren nicht optimal, sage ich mir. Wenn man einem Urmenschen einen Gasherd in die Höhle gestellt hätte, wäre vielleicht auch die ganze Einrichtung in Flammen aufgegangen. Nicht in jeder Umgebung kann sich Leben entwickeln und existieren. Also installiere ich einen Feuermelder. Der ruft automatisch die Feuerwehr, wenn es in der Küche brennt. Bei der Gelegenheit installiere ich noch ein zweites Klo und ein paar mehr Betten. Es scheint, als würde das Spiel meinen Versuch ahnen. Beim zweiten Durchlauf fängt die Küche schon nach drei Tagen Feuer. Das kann zwar gelöscht werden, bricht aber daraufhin alle zwei Tage erneut aus. Das Leben meiner Sims dreht sich nur noch um die Angst vor dem Feuer. Viele sitzen auf dem Boden und plappern wirr vor sich hin. Verursacht mein Test Psychosen? Ich lasse ihn trotzdem weiterlaufen und beschäftige mich nebenbei noch ein bisschen mit Lebensmerkmalen.
[…]
Bei den Sims kann man die Zeit stoppen, schneller oder langsamer laufen lassen und speichern, um bei einem Fehler zu diesem Punkt zurückzukehren. Allerdings können die Sims das selber nicht. Ihre Lebensrealität beginnt mit dem Laden des gespeicherten Spiels und endet mit dem Verlassen des Programms. Mit meiner Wahrnehmung der Zeit haben sie nichts zu tun. Die Sims merken nicht, dass für mich Tage zwischen zwei Speicherpunkten vergehen können.
Zurück zum Experiment. Die Feuerwehr rückt mittlerweile fast täglich aus, um Schlimmeres zu vermeiden. Meine Sims haben echte psychische Probleme. Das scheint es auch zu sein, was ihren Fortpflanzungstrieb behindert. Es haben sich zwar einige Freundschaften, aber keine Liebesbeziehungen gebildet. Dazu kommt, dass der Kühlschrank leer ist und die Sims nicht in der Lage waren, ihn selbst wieder aufzufüllen. Einige wenden sich mir zu, scheinen mich anzublicken und mich zu bitten: „Tu doch was!" Aber ich bleibe hart. Sie müssen es selbst schaffen. Den

ersten Lebensformen auf der Erde wurde der Kühlschrank auch nicht aufgefüllt, sie mussten selbst in der Lage sein, ihre Struktur aufrecht zu erhalten. Das könnten die Sims auch, schließlich habe ich ihnen sogar ein Telefon zur Verfügung gestellt, mit dem man den Pizzaservice anrufen kann. Machen sie aber nicht. Stattdessen gibt es bereits erste Schwächeanfälle und Kreislaufzusammenbrüche. Es schmerzt – ich beschleunige das Spiel. Als ich wieder auf Normalgeschwindigkeit schalte, holt der Tod bereits den letzten weiblichen Sim ab. Sie ist vor dem Kühlschrank verhungert. Das Experiment ist gescheitert. Ich lese in einem Interview mit dem Sims-Erfinder Will Wright, dass die künstliche Intelligenz des Spiels während der Entwicklung zu gut gewesen sei. Die Sims wären in der Lage gewesen, völlig selbstständig ihr Leben zu bestreiten, Kinder zu bekommen und großzuziehen, so Wright. Damit sich der Spieler (und Käufer) aber gebraucht fühlt, habe man Störungen programmiert, die es den Sims unmöglich machen, allein zu überleben. Also ist es nicht meine Schuld. Die Entwickler des Spiels haben das künstliche Leben zuerst geschaffen, um es dann dem Spielspaß zu opfern. Ich bin entsetzt.

9 a Erläutere mit eigenen Worten, worüber der Verfasser „entsetzt" (Z. 49) ist.
    b Was will er mit dieser Äußerung zur Sprache bringen und kritisieren?

10 Setze die Untersuchung der **Wortwahl** aus Aufgabe 7 für diesen Textabschnitt fort und ergänze deine Tabelle.

11 Der Verfasser lässt in seinen Text Informationen einfließen, die über das bloße Experiment hinausgehen.
    a Untersuche, an welchen Stellen der Verfasser zusätzliche Informationen einstreut und um welche Informationen es sich dabei handelt.
    b Wo **beschreibt, kommentiert** und **bewertet** er?
    c Finde die typischen **Textsignale** (z. B. bestimmte Wörter, veränderte Perspektiven), an denen man Kommentare und Bewertungen erkennt.
    d Welche **Absichten** verfolgt der Autor mit dieser Vermischung von Textsorten?

12 Beschreibe, in welchen Situationen sich die Sims „menschenähnlich" verhalten und wann ihr Verhalten „unnormal" wird.

13 a Erkläre mit eigenen Worten, warum der Sims-Erfinder Will Wright die Figuren umprogrammiert hat.
    b Diskutiert vor diesem Hintergrund, ob man überhaupt davon sprechen kann, dass die Sims sich „verhalten".

14 Was haltet ihr von dem Experiment mit den Sims? Welche tiefer greifende Problematik verbirgt sich hinter den Versuchen, die der Autor mit den Computerfiguren anstellt? Berücksichtigt bei eurer Diskussion auch die Reaktionen des Experimentators auf die Ergebnisse seiner „Versuchsreihen".

15 Welche Gefahren, die sich im Umgang mit Computerspielen ergeben können, werden im vorliegenden Text indirekt zur Sprache gebracht? Verfasse einen Text, der aus der Sichtweise eines Kritikers solcher Computerspiele stammen könnte und der diese Gefahren thematisiert.

2. Second Life – Über digitale Welten nachdenken

Fabian Parusel
Second Life: Die ersten Schritte in einer anderen Welt   Text 4

Die Geburt lief problemlos, nach einigem Rattern und Stöhnen der Festplatte war ich auf der Welt. Zum zweiten Mal. Bekleidet wie der große Linden[1] mich schuf, mit Jeans und T-Shirt, so wie fast alle auf dieser Insel. Sie wird die Insel der Orientierung genannt und empfängt alle Neuankömmlinge. Es ist hübsch hier: Palmen,
5 die Sonne, der blaue Himmel und das türkisfarbene Meer im Hintergrund. Klingt nett, doch irgendwie wirkt das Szenario auch unheimlich, es ist so still, niemand spricht ein Wort.
Von dem Ort, an dem ich erwacht bin, verfolgte ich einen gepflasterten Weg über die Insel. Am Wegesrand gab es immer wieder Infotafeln mit Informationen zur
10 Bewegung und zum Spiel selbst. Nach kurzer Wanderung sah ich einen Papagei auf einer Stange, Grund genug, einmal draufzuklicken. Bei der linken Maustaste passiert nichts, doch nach dem Klicken der rechten erscheint ein Popup-Menü. Darin auch der Eintrag „Sit here". Gute Idee, dachte ich und klickte. Ich vermutete, mein Avatar würde sich neben den Papagei auf die Stange setzen, doch falsch ge-
15 dacht: Geht nicht, gibt's nicht. Auch auf Papageien kann man sitzen.
Niemand beachtete mich, während ich auf dem armen Papagei saß. Alle waren mit

---

[1] abgeleitet von „Linden Labs": Name der Firma, die Second Life (SL) programmiert hat

ihren eigenen Körpern beschäftigt oder liefen einfach an mir vorbei. Nach einiger Zeit wurde es auch mir auf dem Vogel zu öde und ich folgte weiter dem Weg. Auf einem Platz sah ich eine Frau, sie trug einen Schleier, als wolle sie heiraten. Ich ging selbstbewusst auf sie zu und sprach sie an: „Nette Klamotten. Kannst Du mir sagen, wo ich auch welche bekomme?" „Danke. Ich kann dir welche besorgen wenn du magst", antwortete die stylische Aya Anabuki. Kurz darauf taten sich mehrere kleine Fenster auf meinem Bildschirm auf und mein Inventar füllte sich mit unzähligen Jacken, Hosen, Shirts und anderen Accessoires. Freudig dankte ich der Gestalt und legte die Lederweste mit Drachenmotiv an, fühlte mich gleich ein Stück geborgener. Auch ein paar kostenlose Animationen fand ich nun in meinem Inventar. Schon tanzte ich mit Aya und die erste Bekanntschaft war gemacht.

Nachdem mich die nette Frau, wenn es denn eine Frau war, mit Kleidung eingedeckt hatte, konnte ich meinen Avatar konfigurieren. Doch nicht nur durch Kleidung ist eine Individualisierung möglich. Jedes Körperdetail kann verändert werden: Von der Länge der Nase bis zur Beule in der Jeans. Zu Beginn wählt jeder Spieler aus einem von sechs verschiedenen Körper-Layouts, darunter auch Anime-Figuren für Japaner und andere Comic-Fans.

Inhaltsangabe
→ S. 46–54

1 Worum geht es in diesem Text? Was erfährt man über das „Leben in einer neuen Welt"? Verfasse eine **Inhaltsangabe**.

- *1. Schritt*: erstes Lesen,
- *2. Schritt*: zweites, gründliches Lesen
- *3. Schritt*: Text gliedern, in Sinnabschnitte einteilen,
- *4. Schritt*: Zusammenfassung der Sinnabschnitte
- *5. Schritt*: Inhaltsangabe formulieren

2 Wie wird die Stimmung / Atmosphäre in „Second Life" beschrieben? Zitiere.

3 a Welche **Tempora** werden im Textabschnitt verwendet?
b Welche **erzähltechnische Funktion** könnte der Tempuswechsel erfüllen?

4 a Welche unbekannten Begriffe tauchen auf? Recherchiere deren Bedeutung, zum Beispiel im Internet oder in aktuellen Wörterbüchern.
  b Lege ein Fachglossar an, das du nach und nach um weitere Begriffe erweiterst, die im Laufe dieses Kapitels verwendet werden.

Mein Avatar – Personenbeschreibung

5 *Doch nicht nur durch Kleidung ist eine Individualisierung möglich. Jedes Körperdetail kann verändert werden: Von der Länge der Nase bis zur Beule in der Jeans.* (Z. 29ff.)
  a Verfasse zu der Figur, die im Vordergrund der Abbildung auf S. 192 zu sehen ist, eine **Personenbeschreibung**.

Personenbeschreibung

Eine Personenbeschreibung ist eine **genaue, anschauliche und sachliche Beschreibung der äußeren Merkmale einer Person**:
- Geschlecht
- Alter
- Größe
- Körperbau
- Kopf, und Gesicht
- Kleidung
- besondere Kennzeichen

Dabei ist auf eine **sinnvolle Reihenfolge** des Beschriebenen zu achten.
Adjektive, Attribute und **Vergleiche** machen die Beschreibung anschaulich und genau.
Das **Tempus** der Personenbeschreibung ist das **Präsens**.

  b Welche Körperideale sind in „Second Life" überwiegend vertreten? Schau dir die Abbildung an und beschreibe weitere Elemente, die idealisiert und somit nicht echt wirken („Menschen", Architektur usw.).

Fabian Parusel
Second Life: Virtuelle Welt, echtes Geld (Fortsetzung)   Text 5

Noch vor zehn Jahren war es technisch undenkbar, eine virtuelle Welt zu etablieren, an der jeder teilnehmen kann. Zu dieser Zeit kamen die ersten Virtual-Reality-Brillen auf den Markt, mit denen eine sehr schematische Landschaft dargestellt werden konnte. Grafisch bietet „Second Life" keine Meilensteine, aber eine durch-
5 aus ansehnliche Optik, die jedoch nicht gerade sparsam mit Ressourcen umgeht. Ein schneller Rechner mit neuer Grafikkarte ist Voraussetzung für die Expedition in diese Computerwelt.
Was in der realen Welt nicht überall Gültigkeit hat, ist oberstes Prinzip von „Second Life" (SL). Alle sind gleich und Diskriminierung wird nicht geduldet.
10 Bevor sich die Pforte zur virtuellen Welt öffnet, wird jeder Spieler auf die „Big Six" hingewiesen: Sechs Grundregeln für das Miteinander in SL. Die erste und wichtigste Regel lautet Toleranz. Niemand darf aus irgendwelchen Gründen ausgeschlossen werden.

Die Anmeldung und der Basis-Account sind kostenlos. Geld verdient LindenLab
15 mit dem Verkauf von virtuellen Grundstücken und anderem digitalen Gut. Die
Spieler selbst können durch die Programmierung von Skripten Gegenstände und
Gebäude erschaffen oder designen. Bezahlt werden diese Dinge in der eigens eingeführten Währung namens LindenDollar.
Der LindenDollar ist offizielles Zahlungsmittel innerhalb von SL. Das Interessante
20 daran ist, dass der LindenDollar jederzeit in reales Geld getauscht werden kann. Es
kann demnach echtes Geld mit virtuellen Waren verdient werden. Etwa vergleichbar mit dem Handel von Gold aus „World of Warcraft" bei eBay. So gelang es einer
Frau aus Hessen, mit dem Handel virtueller Grundstücke einen Gegenwert von
200.000 US-Dollar zu erwirtschaften. Ein US-Dollar entspricht in etwa 275 Lin-
25 denDollar. Je nach Marktlage.
Erst nachdem ich die Insel der Orientierung, auf der ich nach meiner Geburt gelandet war und wo mir Aya Kleidung geschenkt hatte, durchlaufen hatte, konnte
ich in die eigentliche Spielwelt von „Second Life" eintauchen. Ein riesiger virtueller
Planet, der unendlich groß werden kann, da jederzeit neues Land beziehungs-
30 weise neuer Speicher hinzugefügt werden kann.
Im letzten Geschäftsjahr wurden innerhalb von „Second Life" satte 64 Millionen
Dollar umgesetzt. Kein Spielgeld, harte Dollar. Das entspricht in etwa dem Bruttoinlandsprodukt von Kiribati, einem Inselstaat im Pazifik. Doch womit wird in einer virtuellen Welt Geld verdient? Genau mit denselben Dingen wie in der realen
35 Welt. Mit allem.

Rohstoffe gibt es im eigentlichen Sinne nicht, Gegenstände können aus dem
40 Nichts erschaffen werden. Im so genannten Sandkasten lassen sich mit etwas Geschick-
45 lichkeit 3D-Objekte jeglicher Form und Farbe basteln. Über Skripte können diesen Gegenständen
50 physische Eigenschaften auferlegt werden, zum Beispiel, ob das Objekt schweben oder rollen soll. Daraus ergeben
sich dann Berufe, wie Architekt oder Haustier-Händler. Aber auch neue Texturen
bringen Geld ein, so gibt es einige Tätowierer und Mode-Designer. Sie entwerfen
55 Motive beziehungsweise Muster für Kleidung und verkaufen diese an weniger
kreative Bewohner.

Die Frau aus Hessen ist schon zu Ruhm außerhalb der Computerwelt gekommen, sie handelt erfolgreich mit Grundstücken und Immobilien. Die Lehrerin Anshe Chung besitzt mittlerweile mehr als acht Millionen Quadratmeter Baugrund, die sie an rund 500 Pächter vermietet. Diese Grundstücke entsprechen einem Gegenwert von etwa 150.000 Euro, die die Lehrerin allerdings noch nicht abgehoben hat. Kreativität und Vermarktung sind die Zutaten für diesen Erfolg. Anshe Chung kauft Grundstücke vom Betreiber LindenLabs, gestaltet diese Grundstücke neu und verkauft sie dann. Auf ihrer Website können die Landschaften vorab besichtigt werden. Die Preise beginnen bei 4.000 LindenDollar für eine Parzelle von 1.024 Quadratmeilen, wer es gerne geräumig hat, muss für etwa 9.000 Quadratmeilen mit Meerblick 35.999 L$ hinblättern. In Euro sind das immerhin etwa elf Euro für das kleine und rund hundert Euro für das große Grundstück. Neben Anshe Chung verdienen noch rund 3.000 andere Bewohner mehr als 20.000 echte Dollar im Jahr.

6 In Text 5 werden die „Big Six", die sechs Grundregeln für das Miteinander in „Second Life", erwähnt (Z. 10f.).
   a Wie könnten diese Grundregeln lauten? Formuliere sie.
   b Vergleiche deine Spielregeln anschließend mit den Originalregeln, die du im Internet recherchieren kannst. Decken sie sich inhaltlich? Wo gibt es Unterschiede?
   c Lässt sich die Einhaltung dieser Regeln in einem Spiel, das von vielen Millionen Menschen auf der ganzen Welt gespielt wird, überprüfen? Wo siehst du Möglichkeiten und Grenzen einer solchen Kontrolle?

7 Arbeite heraus, was das Besondere am Leben der Anshe Chung ist.
   a Inwiefern schlägt sie in ihrem Leben eine Brücke zwischen realer und virtueller Welt?
   b Kennst du Beispiele oder Menschen, bei denen es einen solchen Brückenschlag auch gibt?

8 a Welche Rolle spielt Geld in „Second Life"? Was erfährt man hierzu in Text 5?
   b Sieh dir die Übersicht „Was kostet was in Second Life?" auf der nächsten Seite an. Erkundige dich nach dem aktuellen Wechselkurs zwischen US-Dollar und Euro und rechne die Preise in Euro um.
   c Welche Parallelen gibt es hinsichtlich der Bedeutung des Geldes zwischen „First Life", dem „echten" Leben, und „Second Life"? Nimm kritisch Stellung zu deinem Ergebnis.

Text 6 **Was kostet was in Second Life?**

10 Mio. US-Dollar	Diese Summe möchte IBM im nächsten Jahr in „Second Life" sowie in ein eigenes 3D-Intranet investieren.
589.224 US-Dollar	Umsatz in „Second Life" in den letzten 24 Stunden
1.250 US-Dollar	einmaliger Preis für eine 66.000 Quadratmeter große Insel
500 US-Dollar	Kosten für einen Executive-Avatar (Nachbau des Original-Menschen dauert circa eine Woche)
195 US-Dollar	monatliche Nutzungsgebühr für ca. 66.000 Quadratmeter Land
18,99 US-Dollar	Preis für ein Metaverse Messenger (M2)[2] T-Shirt aus Baumwolle (für Real Life)
9,95 US-Dollar	monatliche Gebühr für eine Premium-Mitgliedschaft in „Second Life"
3 US-Dollar	Kosten für The Trudeau Defender, eine Yacht, die innerhalb von „Second Life" gesegelt werden kann
etwas über 1 US-Dollar	Preis für einen virtuellen Toyota Scion (Auto)
0,004 US-Dollar	Preis eines LindenDollars
0 US-Dollar	magischer fliegender Teppich. Kostet nix.

(Stand: Ende 2006)

[2] wöchentlich erscheinende Online-Zeitung in „Second Life"

9 Online-Communities wie „Second Life" spielen im Leben vieler Menschen eine immer größer werdende Rolle. Die Medien berichten häufiger über „Second Life" und andere, vergleichbare Internet-Rollenspiele. Dabei geraten diese Spiele mitunter auch in negative Schlagzeilen, weil dieser Bereich vor Missbrauch nicht immer geschützt ist.
  a Recherchiert hierzu nach aktuellen Problemen und Zwischenfällen, die von den Medien (Printmedien, Fernsehen, Radio und Internet) aufgegriffen und thematisiert werden, und tragt eure Informationen zusammen.
  b Ordnet eure Informationen nach Kriterien, die das Sortieren erleichtern und systematisieren (etwa nach Problembereichen).
  c Worauf könnten derartige Probleme zurückgeführt werden? Wie ließen sie sich vermeiden? Formuliert eure Vermutungen und Vorschläge.

Abgedreht und crazy – Meinungen in einem Internet-Forum

In einem Internet-Forum finden sich zu PC-Spielen und Rollen-Spielen, die über das Internet gespielt werden, folgende Einträge:

Text 7

Beitrag von Bianca:

> pc-spiele find ich klasse. man kann alles selba bestimmen und ist sein eigener herr. was im echten leben nicht so gut läuft kann man manchmal am pc verwirklichen. man kann sich selber so gestalten wie man möchte und hat alles im griff.

Beitrag von Peter:

> ziemlich abgedreht und crazy. mit cursortasten hin und herbewegen und warten wie sich die bilder auf dem bildschirm langsam aufbauen. nix für ungeduldige. habs gelöscht.

Beitrag von Winny:

> Sehe ich genauso wie Peter: Ich habe mal ein Online-Spiel installiert und für 30 Minuten ausprobiert und war dann gelangweilt. Wirkt doch alles sehr unrealistisch, man kann nichts in die Hand nehmen und sitz nur glotzend vorm Bildschirm. Und nervig ist es schon, über Tastatur miteinander zu quatschen. Dann bauen sich die Textboxen so langsam auf, dass der Andere schon eine weitere Frage gestellt hat, bevor man die Antwort auf die vorherige Frage „abgeschickt" hat.

Beitrag von Markus:

> egal, was man am PC spielt: alles gefährliche Zeitfresser

Beitrag von Nancy:

> Online-Spiele sind der megahype. wer nicht mithält, ist außen vor und selber schuld. das ist doch die zukunft.

Beitrag von Katharina:

> Online-Welten sind doch gar nicht schlecht. Heutzutage kann man doch sogar schon Jobs in virtuellen Welten finden und damit richtig Geld verdienen. Das ist doch ne Chance für viele, die im echten Leben eher Pech haben.

Beitrag von bernymausi:

> PC-Spiele hat man schnell durchschaut. Der Reiz verschwindet schon nach wenigen Stunden. Denke mir dann im-

Beitrag von Steffen:

> was bernymausi sagt kann ich nich bestätigen. spiele ein pc-adventure-game schon seit überm monat. bin immer noch heiß drauf.

10 Trage mithilfe einer Mindmap zusammen, welche Erfahrungen, Eindrücke und Bewertungen in den Forumsbeiträgen zur Sprache kommen.
  a Sammle zunächst geeignete Kategorien, die das Ordnen systematischer machen (z. B. positive, negative, technisch bedingte, persönliche Erfahrungen …)
  b Lege die Mindmap an und ergänze sie ggf. um eigene Erfahrungen.
  c Welche Beiträge erscheinen dir verständlich und plausibel? Nimm Stellung.

11 a Auf welche Forumsbeiträge würdest du gerne reagieren? Warum?
  b Verfasse entsprechende Antworten, die du in das Internetforum stellen würdest.

12 Was fällt an der Sprache der Forumsbeiträge auf (Rechtschreibung, Grammatik, Ausdruck)? Wie lassen sich sprachliche Besonderheiten möglicherweise erklären? Halte die Ergebnisse in Form einer Tabelle fest.

	Besonderheiten (Rechtschreibung, Zeichensetzung, Grammatik, Ausdruck und Satzbau)	mögliche Ursachen
Forum-Beitrag 1	■	Bequemlichkeit im Umgang mit der Umschalttaste? Unsicherheit bei der Rechtschreibung? ■
Forum-Beitrag 2	■	■
■	■	■

13 Das **Internet-Forum** ermöglicht eine besondere Form der Veröffentlichung. Es dient dem **Informations- und Meinungsaustausch**.
  a Tragt mithilfe eines Clusters oder einer Mindmap euer Wissen über die Funktionsweise und die Besonderheiten eines Internet-Forums zusammen.

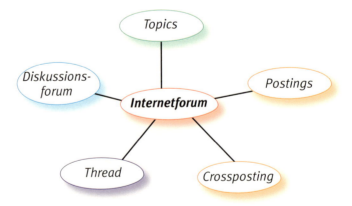

  b Formuliert einen kurzen **Lexikonartikel**, der die im Cluster erwähnten Fachbegriffe enthält.
    • Recherchiert in einem aktuellen Fremdwörterlexikon oder im Internet nach der Bedeutung der unbekannten Begriffe, die im Cluster stehen.
    • Formuliert kurze, verständliche Sätze.
  c Überlegt: Gibt es in der realen Welt etwas Vergleichbares?

3. „First Life" und „Second Life" – Medium und Kommunikation

Was heißt hier „virtuell"? – Begriffe definieren

„Virtuell" ist für mich eine nicht reale Welt, in die man zwar abtauchen kann, jedoch ist sie künstlich. Man erlebt so etwas zum Beispiel auch im Traum. ①

Virtuell ist für mich alles, was nicht in echt passiert. ②

Virtuell bedeutet nicht real. Es ist also etwas, was nicht der Wirklichkeit entspricht, aber aus ihr erbaut wird und somit der Wirklichkeit in gewisser Weise ähnelt. ③

Virtuelle Welten stellen nicht reale, per Computer aufgebaute Welten dar, die meist zweidimensional sind und den Anschein von Realität erwecken sollen. ④

1 a Prüfe die Schülerdefinitionen:
  • Welche Aussagen treffen im Einzelnen sachlich gesehen zu, welche nicht?
  • Was sollte man jeweils an Informationen ergänzen?
  • Welche Definition hältst du für am besten gelungen? Begründe.
 b Wie würdest du den Begriff *virtuell* bzw. *virtuelle Welt(en)* definieren?
 c Schlage das Wort *virtuell* in einem Fremdwörterbuch nach:
  • Wie definiert eine Wörterbuchredaktion dieses Wort?
  • Inwiefern und worin überschneiden sich sowohl die hier abgedruckten als auch deine eigene Definitionen mit der des Fremdwörterbuchs, wo gibt es Abweichungen?

Ein Gespräch an zwei Orten – Gesprächssituationen vergleichen

Kommunikation
→ S. 83

2 Beschreibe die Kommunikationssituation auf dem Bild, das ein Gespräch im virtuellen Raum zeigt:
 a Wer könnten die Gesprächsteilnehmerinnen und -teilnehmer sein?
 b Worüber wird wohl gesprochen? Was könnte das Thema des Gesprächs sein?
 c Wie werden die Gesprächsinhalte ausgetauscht?
 d Welche Bedeutung bekommen Bildschirm, Tastatur und Maus für die virtuelle Kommunikation?
 e Was zeichnet die Gesprächssituation im virtuellen Raum aus (Ort, Kulisse, Anwesenheit weiterer Gesprächsteilnehmer usw.)?

3 Vergleiche die in der Abbildung dargestellte Situation mit einer vergleichbaren Kommunikationssituation im „echten Leben":
   a Welche Gemeinsamkeiten weisen beide Kommunikationssituationen auf?
   b Welche Unterschiede ergeben sich? Warum kommen diese Unterschiede zwangsläufig zustande?
   c Wie wirken sich die Unterschiede auf die Kommunikation möglicherweise aus?

Text 8

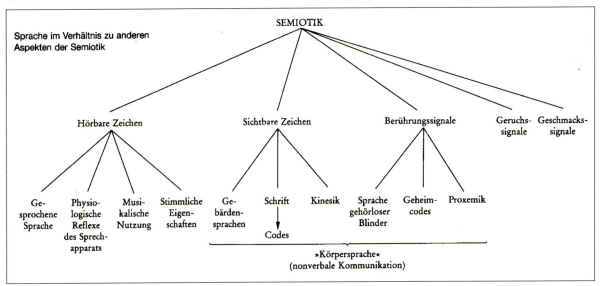

4 Übertrage das Schema in Text 8 in einen Fließtext. Was wird hier ausgedrückt? Schlage zuvor Wörter nach, die du nicht kennst.

Beginne so:

Semiotik ist die Wissenschaft, die sich mit Zeichen und Signalen sowie mit ihrer Theorie beschäftigt ...

5 Wende das Schema an:
   a In welche Zeichen-Kategorien würdest du **Reden**, **Pfeifen**, **Schnarchen**, **Winken**, **Schulterklopfen**, **Husten**, ein **Gedicht** und **Stirnrunzeln** einordnen? Begründe jeweils deine Entscheidung.
   b Inwiefern können **Geruchssignale** wie Schweiß, verkochtes Essen oder intensives Aftershave als Aspekte menschlicher Kommunikation aufgefasst werden? Formuliere Beispiele aus dem Alltag, die dies verdeutlichen.
   c Welche Aspekte der Semiotik spielen für die **nonverbale Kommunikation** eine wichtige Rolle? Erkläre anhand des Schaubildes das Zusammenspiel der verschiedenen Signale bzw. Zeichen.

Die Sprache als semiotisches System

Text 9

Es gibt viele Arten, sich zu verständigen: mündlich, schriftlich, mit Bildern, Piktogrammen, Flaggen- und Morsezeichen usw. Mit all diesen Zeichensystemen beschäftigt sich die Semiotik. Semiotik ist die Lehre von Zeichen. Die Semiotik untersucht zum Beispiel Verkehrszeichen, Bilderschriften, Formeln und sogar
5 Kleidermode: Welche Bedeutungen verbergen sich jeweils dahinter? Mit welchen Mitteln werden sie ausgedrückt? Welchen Regeln und Strukturen gehorchen diese Zeichensysteme? Auch unsere Sprache ist ein solches Zeichensystem und kann semiotisch untersucht werden.

6 Untersuche die Gesprächssituation, die in der Abbildung auf Seite 199 zu sehen ist, jetzt mithilfe von Text 8 nach semiotischen Gesichtspunkten:
  • Welche Arten von Zeichen kommen vor?
  • Welche Arten spielen in dieser Gesprächssituation keine Rolle?

7 a Erfinde eine Kommunikationssituation im „First Life" (etwa bei einem Treffen mit Freundinnen und Freunden im Eiscafé), in der möglichst viele Arten von Zeichen zum Tragen kommen.
  b Verfasse anschließend einen Text, in dem du die einzelnen Zeichenarten und deren Rollen erläuterst.

8 Wende ein dir bereits bekanntes **Kommunikationsmodell** (etwa das 4-Ohren-Modell) an, um Unterschiede und Gemeinsamkeiten der Kommunikationssituationen in „First Life" und „Second Life" herauszuarbeiten. Halte deine Ergebnisse in Form eines kurzen Informationstextes schriftlich fest.

9 a Versetze dich in die virtuelle Gesprächssituation, die in der Abbildung unten gezeigt wird, hinein:
  • In welchem Verhältnis stehen die Gesprächsteilnehmer zueinander?
  • Worüber könnten die beiden Figuren sprechen?
  • Was könnten Anlass und Gesprächsthema sein?
  b Verfasse einen fiktiven **Dialog**, wie er in diesem virtuellen Raum, der in der Abbildung zu sehen ist, stattfinden könnte.
  c Ergänze deinen schriftlich formulierten Dialog durch **Regie- und Rollenanweisungen** (Hinweise zu Gestik, Mimik usw.), die für die Gesprächsteilnehmer in der Situation angemessen wären.
  d Mache dir bewusst, welche semiotischen Zeichen in deinem Dialog zum Einsatz kommen.
  e Markiere in deinen Aufzeichnungen die Zeichen grün, die sich im virtuellen Raum „sprachlich" umsetzen lassen. Was sich in virtuellen Gesprächen nicht verwirklichen lässt, hebst du in deinem Text rot hervor.
  f Was fällt dir auf?

4. Utopia – Fantastische Literatur

Eva Strittmatter
Utopia

Text 10

Wer wird mir folgen, wenn ich gehe
Ins abseits ungelobte Land.
Freunde, die ich mir früh erfand
Und die ich noch von ferne sehe,

5 Werden mich ohne Liebe lassen.
Sie urteilen schon über mich.
Als Eichmaß setzen sie nun sich.
Und ich will ihrem Maß nicht passen.

Sie nehmen Welt, so wie sie ist,
10 Und suchen sie sich auszuschmücken.
Sie helfen sich mit kleinen Glücken.
Ich aber will Landdasnichtist.

Utopia der Traum als Leben.
Und Liebe, Währung, die man gibt.
15 Ohne zu fragen, wen man liebt.
Denn liebend wird man ihn erheben.

Gedichte
→ S. 136

1 a Untersuche das Gedicht von Eva Strittmatter. Folgende Fragen helfen dir dabei:
• Was ist mit „Utopia" gemeint? Wie wird erklärt, was sich dahinter verbirgt?
• Wie steht das lyrische Ich zu „Utopia"?
• Welches Verhältnis hat das lyrische Ich zu seinen „Freunden", von denen in der ersten und zweiten Strophe die Rede ist?
• Wovon will sich das lyrische Ich abgrenzen?
b Formuliere weitere Erschließungsfragen an den Text und beantworte sie.

2 Wie könnte das „Landdasnichtist" (V. 12) aussehen? Schildere deine eigenen Vorstellungen in einem anschaulichen Text.

3 Ist auch das „Landdasnichtist" (V. 12) eine virtuelle Welt? Diskutiert.

4 a Führt ein **Klassenprojekt** durch: Recherchiert, tragt Materialien zusammen und erstellt Wandzeitungen zum Themenfeld „Utopie" und „Utopia".
b Decken sich die Inhalte der Materialien mit den Überlegungen, die ihr im Zusammenhang mit Utopia aus Text 10 angestellt habt?

Ortsbeschreibung und Schilderung

Die **Ortsbeschreibung** ist ein Text, der **sachliche Informationen** vermittelt.
Die Sprache in einer Ortsbeschreibung ist **sachlich und präzise**. Durch die Verwendung von **treffenden Adjektiven, anschaulichen Vergleichen** und **Präpositionen** (*auf, an, unter, neben, bei...*) erhält die Leserin oder der Leser eine genaue Vorstellung von den örtlichen Gegebenheiten. Ortsbeschreibungen enthalten **weder eine persönliche Wertung noch direkte Rede**.
In der **literarischen Schilderung** eines Ortes oder einer Landschaft stehen **persönlich-subjektive Situationsbilder und Eindrücke** im Vordergrund. Durch **anschauliche Adjektive, Verben der sinnlichen Wahrnehmung** und **sprachliche Bilder** (z. B. Metaphern und Vergleiche) werden besondere Einzelheiten einer Landschaft oder eines Ortes vergegenwärtigt. **Direkte Rede** zu **Gedanken, Eindrücken und Gefühlen** ist zulässig.

Text 11

Utopie (griech. *u* = nicht, *topos* = Ort: „Nirgendheim"), nach dem Titel von Th. Morus' Staatsroman *Utopia* (1516) gebildete Bz. für e. nur in gedankl. Konstruktion in e. imaginierten, räumlich oder zeitlich entfernten Welt erreichbaren, praktisch nicht zu verwirklichenden Idealzustand von Menschheit, Staat und Gesellschaft, im Unterschied zum allg. fantast. Zukunftsroman der wiss.-techn. Science-Fiction. [...] Doch gilt U. heute zugleich als Oberbegriff aller dieser oft miteinander verschmolzenen Typen. Literar. Hauptformen und teils nur notdürftige fiktive Einkleidung der philos. U. sind der utop. Roman und der inhaltl.-themat. begrenzte ~Staatsroman. Beide Typen [...] gestalten menschl. und staatl. (polit., soz., wirtschaftl.) Leben in Romanform, in den seltensten Fällen als Selbstzweck, meist mit der erzieher. und theoret. Absicht, das nach Ansicht des Autors für seine Zeit ideale Bild des Sozialwesens (als Gegenbild der Wirklichkeit) als verwirklicht vorzuführen, und zwar entweder auf histor.-polit. Grundlage als Idealisierung e. bestehenden oder in der Vergangenheit vorhandenen Sozialwesens oder als Verwirklichung fordernde Zukunftsvision. Die erstere Form lässt trotz der Verlegung in ferne Länder und Zeiten die Gegenwartsbezüge deutlich erkennen, ohne mögl. Konflikte mit den herrschenden Mächten heraufzubeschwören, und bleibt stärker der Wirklichkeit verhaftet, aus der sie lernt; [...]. Phantastischer und ungebundener an die realen Möglichkeiten, als allzu unbesorgtes Wunschbild e. menschl. Gesellschaft der Zukunft erscheint die reine idealist. U.[...].

5 Entnimm dem **Lexikonartikel** alle wichtigen Informationen, z. B. mithilfe einer Mindmap.

6 Verfasse auf der Grundlage des Lexikonartikels einen ausformulierten **Informationstext** über literarische Utopien. Achte dabei auf Folgendes:
   - Erschließe die Bedeutung der Abkürzungen in Text 11.
   - Schlage Wörter und Abkürzungen nach, die du nicht kennst.
   - Formuliere kurze und verständliche Sätze.

7 In Vers 13 des Gedichtes „Utopia" (Text 10) schreibt die Dichterin Eva Strittmatter: „Utopia der Traum als Leben". Inwiefern deckt sich das, was in dieser Zeile zum Ausdruck gebracht wird, mit dem, was aus dem Lexikonartikel über „Utopie" (Text 13) hervorgeht?

Ein Besuch in Nirgendheim – Thomas Morus' Roman „Utopia"

Thomas Morus
Utopia (Auszug)
Von den Städten, insbesondere von Amaurotum.

Text 12

Wer eine Stadt kennt, kennt die andern alle, so ähnlich sind sie untereinander, sofern nicht der Charakter der Oertlichkeit eine Aenderung bedingt. Ich werde daher eine beliebige schildern, es kommt wirklich nicht besonders darauf an, welche. Aber welche lieber als Amaurotum? Denn sie ist die angesehenste, sodass ihr die andern den Vorrang des Senatssitzes überlassen; auch ist mir keine besser bekannt, insofern ich fünf Jahre ununterbrochen dort gelebt habe.

Amaurotum liegt also an einer sanften Berglehne und ist von Gestalt beinahe viereckig. Ihre Breite beginnt etwas unterhalb des Gipfels des Hügels und erstreckt sich zweitausend Schritt am Flusse Anydrus hin; den Fluss entlang beträgt die Länge etwas mehr.

Der Anydrus entspringt achtzig Meilen oberhalb Amaurotums aus einer mäßigen Quelle, aber durch den Zufluss anderer Flüsse, darunter zweier ziemlich großer, verstärkt, wird er vor der Stadt fünfhundert Schritt breit und nach einem weiteren Laufe von sechzig Meilen fällt er ins Weltmeer. Wenn bei der Flut das Meer gegen dreißig Meilen weit eindringt, so erfüllt es das ganze Bett des Anydrus mit seinen Wellen und drängt das Flusswasser zurück. Da wird sein Wasser eine ziemliche Strecke mit Salzgeschmack verdorben, sodann wird der Fluss allmählich wieder süß und durchfließt klar die Stadt; wenn dann die Ebbe eintritt, dringt umgekehrt sein unvermischtes reines Wasser fast bis zur Mündung vor.

Die Stadt ist mit dem gegenüberliegenden Ufer durch eine herrlich gewölbte Brücke von Steinwerk, nicht etwa bloß von hölzernen Pfeilern oder Pflöcken verbunden in jenem Stadtteile, der am weitesten vom Meere entfernt ist, damit die Schiffe dort ganz ungehindert vorüberfahren können.

Es gibt übrigens noch einen zweiten Fluss, nicht sehr groß, aber von sanftem und anmutigem Lauf. Er entspringt demselben Berge, auf dem die Stadt liegt, fließt mitten durch diese und fällt in den Anydrus. Quelle und Ursprung dieses Flusses haben die Amaurotaner, weil sie etwas außerhalb der Stadt liegen, mit Befestigungen eingefasst und so mit der Stadt verbunden, damit, wenn eine feindliche Macht eindränge, sie das Wasser in derselben weder auffangen, noch ableiten, noch verderben könne. Von da wird das Wasser in aus Backsteinen gemauerten Kanälen in verschiedenen Richtungen in die unteren Teile der Stadt geleitet, und wo das der örtlichen Beschaffenheit nach nicht möglich ist, wird das Regenwasser in geräumigen Cisternen gesammelt und leistet denselben Dienst. Eine hohe und breite Mauer mit zahlreichen Thürmen, Basteien und Bollwerken umgibt die Stadt; trockene, aber tiefe und breite Gräben, mit Zäunen von Dorngestrüpp unwegsam gemacht, ziehen sich von drei Seiten um die Stadtmauern, auf der vierten versieht der Fluss die Stelle des Grabens.

Die Straßen sind nicht allein zum Fahren, sondern auch die Winde abzuhalten geeignet; die Gebäude sind schmuck und bilden mit der Vorderfront eine zusammenhängende Reihe in einer Straßenbreite von fünfzehn Fuß.
An der Hinterseite der Häuser liegen große Gärten, die ganze Länge der Straße entlang, an die wieder die Rückseite anderer Straßen stößt. Kein Haus, das nicht, wie vorneheraus die Straßentür, so nach hinten ein Pförtchen in den Garten hätte. Diese Türen sind zweiflügelig, mit einem leichten Druck der Hand zu öffnen und gehen dann auch von selber wieder zu und lassen Jedermann ein, denn Privateigentum gibt es ja nicht. Denn selbst die Häuser vertauschen sie alle zehn Jahre durchs Los.

8 a Wie wird die Stadt Amaurotum auf der Insel Utopia beschrieben?
   b Welche sprachlichen Mittel fallen im Text auf?
   c Welche Atmosphäre erzeugt der Autor bei seiner Beschreibung der Stadt? Worauf legt er besonderen Wert?

9 „Privateigentum gibt es […] nicht", schreibt Thomas Morus (Z. 45f.).
   a Was haltet ihr von dieser Vorstellung? Welche Vor- und Nachteile hat es, wenn es statt Privateigentum nur noch Gemeinschaftseigentum gibt? Diskutiert über mögliche Vor- und Nachteile.
   b Welche Rolle spielen Privateigentum, Geld und Konsum in „Second Life"? Denkt auch an Anshe Chung, die in „Second Life" als Immobilienhändlerin ein zweites Leben führt.

Thomas Morus
Utopia (Fortsetzung)

Text 13

Diese Gärten halten sie hoch. Darin haben sie Weinberge, Früchte, Kräuter, Blumen, von solcher Pracht und Pflege, dass ich nirgends mehr Üppigkeit und Zier gesehen habe. Ihr Eifer in dieser Art Gärtnerei entspringt nicht nur bloß dem Vergnügen, sondern auch einem Wettstreite der Straßen untereinander in Bezug auf die Pflege der einzelnen Gärten und sicherlich ist in der ganzen Stadt nichts Nützlicheres und Angenehmeres für die Bürger zu finden. Der Gründer der Stadt scheint denn auch auf nichts mehr Sorgfalt verwendet zu haben als auf diese Gärten. Und richtig heißt es, Utopos selbst habe von allem Anfang diese Gestalt und Anlage der Stadt vorgesehen. Aber die Ausschmückung und den weiteren Ausbau, wozu, wie er voraussah, ein Menschengeschlecht nicht genügen würde, hat er den Nachkommen überlassen.
Und so steht in ihren Annalen geschrieben, die sie von der ersten Besitzergreifung der Insel an, die Geschichte von siebzehnhundertundsechzig Jahren umfassend, fleißig und gewissenhaft zusammengestellt aufbewahren, dass die Häuser im Anfang niedrig, wie Baracken und Schäferhütten, waren, aus beliebigem Holze errichtet, die Wände mit Lehm verschmiert, die Dächer spitz zulaufend und mit Stroh gedeckt.

Heutzutage ist jedes Haus elegant mit drei Stockwerken gebaut, die Außenseite der
Mauer entweder von Kieselstein, Cement oder gebrannten Steinen, auf der Innen-
seite mit Bruchstein ausgekleidet. Die Dächer sind flach und werden mit einer
Kalkmasse belegt, der das Feuer nichts anhaben kann und die gegen die Unbilden
des Wetters sich widerstandsfähiger als Blei erweist. Den Wind halten sie durch
Glas ab (dessen Gebrauch ihnen ganz geläufig ist). Doch gibt es auch Fenster von
sehr dünner, mit klarem Oel oder Bernstein getränkter Leinwand, was den doppelten Vortheil hat, dass mehr Licht und weniger Wind durchgelassen wird.

10 Arbeite heraus, welche typischen Inhalte und Merkmale einer Utopie, die im
Lexikonartikel (Text 11) erwähnt werden, in den beiden Romanauszügen (Texte
12 und 13) wiederzufinden sind. Zitiere geeignete Textstellen.

11 a Welches Bild von Gesellschaft entwirft Thomas Morus in seinem Roman?
b Wie stellst du dir eine ideale Gesellschaft vor? Verfasse einen **fiktiven Brief** an
Thomas Morus, in dem du deine eigene Meinung zu *Utopia* äußerst.

12 Hat die Welt von „Second Life" Gemeinsamkeiten mit *Utopia* (Texte 12 und 13)?
Gibt es grundsätzliche Unterschiede? Diskutiert diese Fragen in eurer Klasse.

Otherland – Fantasy-Texte schreiben

Tad Williams, 1957 in Kalifornien geboren, schreibt Comics, Drehbücher und
Hörspiele. Er gehört außerdem zu den erfolgreichsten Fantasy-Autoren der Ge-
genwart. Sein Zyklus „Otherland" besteht aus derzeit vier Bänden und gilt als
„Herr der Ringe" des 21. Jahrhunderts.

Tad Williams

Text 14 **Otherland: Stadt der goldenen Schatten (Auszug)**

Das mächtige steinerne Gelass hinter dem Tor war eigentümlich kahl, der einzige
Schmuck war ein einzelnes großes Banner, Rot mit Schwarz und Gold bestickt, das
an der gegenüberliegenden Wand hing. Darauf war eine Vase oder ein Kelch abgebildet, woraus zwei verschlungene Rosen wuchsen, und über den Blumen eine
Krone. Unter dem Bild stand die Inschrift „Ad Aeternum".
Als er darauf zutrat, um es genauer zu betrachten, hallten seine Schritte nach dem
dämpfenden Wolkenteppich so laut durch den leeren Saal, dass er erschrak. Er
nahm sicher an, jemand würde nachsehen kommen, wer eingetreten war, aber die
Türen an beiden Enden des Saales blieben geschlossen und kein anderer Laut gesellte sich zu dem ersterbenden Echo.
Es fiel schwer, das Banner lange anzuschauen. Jeder einzelne schwarze und
goldene Faden schien sich zu bewegen, sodass ihm das ganze Bild verschwommen
vor den Augen tanzte. Erst als er fast bis zum Eingang zurücktrat, sah er es wieder
deutlich, aber trotzdem verriet es ihm nichts über das Schloss und seine Bewohner.

Paul musterte die Türen an den beiden Enden. Es gab kaum einen Anhaltspunkt, zwischen ihnen zu wählen, und so wandte er sich der zur Linken zu. Obwohl sie höchstens zwanzig Schritte entfernt zu sein schien, brauchte er überraschend lange, um sie zu erreichen. Paul schaute zurück. Das Portal gegenüber war jetzt nur
20 noch ein dunkler Fleck in weiter Ferne und der Vorraum selbst schien sich mit Nebel zu füllen, als ob die Wolken von außen hereintrieben. Er drehte sich um und sah die Tür, auf die er zugegangen war, jetzt unmittelbar vor sich aufragen. Kaum hatte er sie berührt, schwang sie auch schon auf und er trat hindurch.
Und befand sich in einem Dschungel.
25 Aber es war kein richtiger Dschungel, erkannte er gleich darauf. Die Vegetation war überall dicht, aber zwischen den herabhängenden Lianen und langen Blättern hindurch erspähte er schattenhafte Mauern; Rundbogenfenster hoch oben in diesen Mauern gewährten Durchblick auf einen Himmel mit dahinjagenden Sturmwolken – einen ganz anderen Himmel als den reinblauen Schild, den er vor dem
30 Eingangstor hinter sich gelassen hatte. Der Dschungel war überall, aber Paul war trotzdem noch innerhalb des Schlosses, auch wenn das Außen hier ganz anders aussah.
Dieser Raum war noch größer als der riesige Eingangssaal. Ganz oben, hoch über den nickenden, giftig wirkenden Blumen und dem grünen Gewucher, erstreckte
35 sich eine mit komplizierten Winkelmustern aus schimmerndem Gold überzogene Decke, die einem juwelbesetzten Lageplan eines Labyrinths glich.
Eine andere Erinnerung trieb nach oben, angestoßen vom Geruch und der feuchtwarmen Luft. Einen solchen Ort nannte man ... nannte man ... ein Gewächshaus. Es war ein Ort, wo Sachen gezogen wurden, erinnerte er sich dunkel, wo Sachen
40 wuchsen, wo Geheimnisse verborgen waren.

13 a Fasse kurz zusammen, was Paul in diesem Textausschnitt erlebt.
    b Wie stellst du dir die Figur Paul vor? Fertige einen Steckbrief oder eine Rollenbiografie an.
    c In welchem Zeitalter lebt Paul? Begründe deine Vermutungen mithilfe entsprechender Textstellen.

Inhaltsangabe
→ S. 46–54

14 a Welche Fragen wirft der Textausschnitt auf?
    b Welche Leseerwartungen werden erzeugt?

Fragen an Texte stellen
→ S. 81–85

15 a Welche Bilderwelten werden aufgebaut, welche Szenerien werden erzeugt?
    b Welche Fantasien lösen die von Tad Williams erzeugten Bilder aus?
    c Warum muss Paul sich erst mühsam erinnern, um auf das Wort „Gewächshaus" zu kommen (Z. 38)? Welche Vermutungen können über das Zeitalter und die Situation, in der Paul lebt, entstehen?

16 Untersuche die **Sprache** des Textes: Welche **Metaphern** tauchen auf? Welche Arten von **Attributen** werden verwendet, welche **Verben** werden benutzt?

17 Verfasse einen **inneren Monolog**, der Pauls Gedanken und Gefühle in diesem Textausschnitt verdeutlicht.

18 In einem Fachbuch über literarische Formen steht: „Fantastische Texte fordern das Denken in Bildern als notwendiges Pendant (Gegenstück) zum logisch-rationalen Weltverstehen, sie halten Grenzen offen, verhindern starre Denk- und Verhaltensgewohnheiten."
   a Erläutere, was damit gemeint ist.
   b Untersuche, ob diese Aussage auch für den Textauszug aus *Otherland* (Text 14) zutrifft. Zitiere geeignete Textbelege.

19 a Wodurch unterscheiden sich die Ausschnitte aus Thomas Morus' und Tad Williams' Romanen sprachlich und thematisch voneinander?
   b Welche Gemeinsamkeiten haben sie?

20 Wie könnte Text 14 weitergehen? Setze ihn nach deinen Vorstellungen fort.

Literarisches Erzählen fantastischer Geschichten

Um einen **Text im Anschluss an eine literarische Vorlage** zu verfassen, bedarf es einer guten **Vorbereitung und Planung des Schreibprozesses**.

1. Textplanung
Es ist sinnvoll, vor dem eigentlichen Schreiben einen **Schreibplan** aufzustellen. Dieser Schreibplan kann aus einem Cluster oder einer Mindmap entwickelt werden, wenn man bereits alle wesentlichen Ideen und Gedanken gesammelt hat.
Wenn man **im Anschluss an eine literarische Vorlage** einen Text erzählerisch fortsetzen möchte, muss man **an die Inhalte der Vorlage anknüpfen**.
Für das literarische Erzählen fantastischer Geschichten ist es wichtig, mit **gedanklichen Bildern** zu arbeiten – gerade dies regt die Fantasie der Leserinnen und Leser an und kennzeichnet dieses Textgenre.
Die Bilderwelten der Fortsetzung sollten erkennbar an die der Vorlage anknüpfen. Die Bilder und die Handlung müssen für die Leserinnen und Leser des Textes im Ganzen nachvollziehbar und schlüssig sein (**innere Glaubwürdigkeit**).

2. Textformulierung
Wenn man einen literarischen Text fortsetzen will, sollte man versuchen, dabei auch den Sprachstil der Vorlage einzuhalten. Damit dies gelingt, muss man sich die sprachlichen Besonderheiten der Textvorlage bewusst machen:
- Gibt es Auffälligkeiten im Satzbau und in den Satzlängen?
- Benutzt die Autorin bzw. der Autor bestimmte Wörter, etwa Adjektive und Metaphern aus konkreten bildlichen Bereichen (Farben, Natur, Technik usw.)?
- Wird auffallend häufig mit Vergleichen gearbeitet?
- Usw.

3. Textüberarbeitung
Für die Textüberarbeitung bietet sich beispielsweise eine **Schreibkonferenz** oder die Methode der **Textlupe** an: Gemeinsam werden – neben Rechtschreibung und Zeichensetzung – in besonderer Weise Inhalt, Schlüssigkeit, Aufbau, Figurengestaltung, Sprache und Stil dahingehend untersucht, ob der eigene Text inhaltlich und sprachlich lückenlos, schlüssig und überzeugend an die literarische Vorlage anknüpft und diese fantasiereich und wirkungsvoll (z. B. spannend oder lustig), aber auch authentisch und überzeugend fortsetzt.

Fantasy-Literatur untersuchen

Text 15

1 Setze dich mit dem Schaubild zur Definition von **Fantasy-Literatur** (Text 15) auseinander:
   a Formuliere eine eigene Definition für Fantasy-Literatur, die zugleich Unterschiede zur utopischen Literatur erklärt.
   b Entschlüssle anschließend den gespiegelten Text aus einem Fachlexikon (Text 16), schreibe die wesentlichen Informationen heraus und vergleiche, ergänze und korrigiere deine eigene Definition.

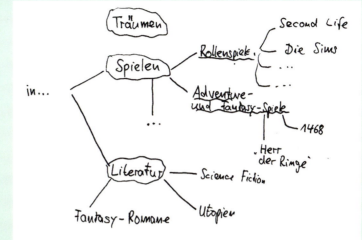

Text 16

Fantasy-Literatur (engl. /ˈ… /, im Unterschied zur phantastischen Literatur neue Form der Phantasiedichtung im 20. Jh. im Gefolge von C. S. LEWIS, H. P. LOVECRAFT und J. R. R. TOLKIEN (The Hobbit, 1937, The lord of the rings, 1954), die die Phantasie mit ganz[sic] imaginären Welten, Wesen, Pseudomythologien u. ä. evozieren will und neben Science Fiction und Utopie eine eigene Gattungsform entwickelt, von phantast. Kinder- und Jugendlit. jedoch leicht zu Trivialit. und Comics absinkt.

2 Verfasse einen Textausschnitt bzw. eine Szene, die aus einem Fantasy-Roman stammen könnte. Dieser Textausschnitt sollte deinem Lexikonartikel als Beispiel für Fantasy-Literatur beigefügt werden und der Veranschaulichung dienen.
   • Achte beim Verfassen auf die Einhaltung der Merkmale, die aus dem Lexikonartikel hervorgehen.
   • Berücksichtige die Schritte des literarischen Erzählens fantastischer Geschichten (S. 208).

3 a Welche Fantasy-Romane kennt ihr? Welche Schauplätze und Figuren sind für dieses Genre typisch?
   b Stellt Gemeinsamkeiten und Unterschiede zwischen den euch bekannten Fantasy-Romanen und dem Romanauszug aus *Otherland* (Text 16) in einer Tabelle zusammen.

Und jetzt kommst du!

Texte im virtuellen Raum – Hypertext-Schreibprojekt

1. Planung

Die Projektidee

Das Hypertext-Schreibprojekt ist wie ein groß angelegtes Geschichtenpuzzle, das aus mehreren Teilen besteht, die jeweils beliebig miteinander kombiniert werden können.

Bei diesem Text handelt es sich um ein gebundenes Buch, das Schrift und Bild enthält und in der Regel **linear**, d. h. in einer „Richtung" von vorne nach hinten gelesen wird. Allerdings kann man auch ■. Die Reihenfolge ■.

Ein **Hypertext** kann aus mehreren Medien zusammengesetzt sein, die miteinander ■. Die Abfolge der Seiten und Medien ist ■. Die Rezipientin/der Rezipient muss ■. Man kann die Inhalte des Internets als einen einzigen ■ bezeichnen.

Technische Voraussetzungen

1 a Vervollständige die beiden Aussagen in deinem Heft.
   b Welche Vorteile hat ein Hypertext gegenüber einem linearen Text? Welche Probleme ergeben sich für die Leserin oder den Leser?

2 Jede Schülerin und jeder Schüler ist als Autorin bzw. Autor tätig und sollte die Möglichkeit haben, mithilfe eines Textverarbeitungsprogramms ihren/seinen Textabschnitt zu verfassen.
Ihr müsst die einzeln entstandenen

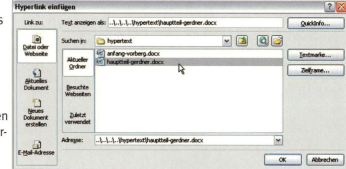

Texte in einem Dateiordner sammeln und dort mit Hyperlinks miteinander verbinden. Dafür müssen, wenn ihr an mehreren Computern arbeitet, die Geräte miteinander verbunden (per Intranet „vernetzt") sein und alle Dateien auf einem zentralen Rechner in einem bestimmten Ordner abgespeichert werden.

2. Vorbereitung

Inhaltliche Überlegungen

3 Damit aus dem Hypertext-Schreibprojekt ein stimmiges Ganzes entsteht und das Projekt nicht chaotisch verläuft, müsst ihr euch über folgende Dinge einigen:

- Genre (Fantasy oder Utopie)
- Figuren und deren Charaktere
- Handlungselemente und Konflikte (Worum geht es? Welche Gefahren und Herausforderungen gilt es zu überwinden? Usw.)
- ■

   a Setzt die Liste fort.

Virtuelle Welten

b Konkretisiert eure inhaltlichen Vereinbarungen und haltet sie schriftlich fest. Mindmaps, die eure Absprachen übersichtlich darstellen, könnt ihr im Klassenraum anbringen.

4 Teilt das Projekt in mehrere Roman-Bausteine ein. Hier geht es um die Verteilung der Roman-Puzzleteile auf die Schreibprojekt-Autoren: Wer verfasst welchen Baustein?

Organisatorisches

5 Entwickelt ein einheitliches Dateinamen-System, aus dem der Autorenname und der Erzählteil (Einleitung, Hauptteil Kapitel 1, Hauptteil Kapitel 2, …, Schluss) hervorgehen. Dies erleichtert später die Zuordnung der Romanteile bei der Verlinkung der Textdokumente.

6 Damit die Übergänge von einem Roman-Baustein zum anderen glatt verlaufen, müssen die Schlusssätze am Ende eines jeden Erzählteils sowie die Anfangssätze des nachfolgenden Romanteils vor Schreibbeginn eindeutig festgelegt und beim Schreiben übernommen werden.
   a Vereinbart die genauen Formulierungen der Anfangs- und Schlusssätze für die einzelnen Romanteile und haltet sie schriftlich fest, z.B. in Form einer Tabelle.
   b Es kann losgehen: Jede Schülerin/jeder Schüler verfasst einen Romanteil.

3. Durchführung

7 Kopiert alle fertigen Textdateien in einen Ordner und verlinkt anschließend die einzelnen Texte.
   a Zuerst markiert ihr das Wort in eurer Textdatei, von dem aus zu einem anderen Text „gesprungen" werden soll, z.B. das letzte Wort eines Kapitels.
   b Dann wählt ihr im Menü „Einfügen" die Option „Hyperlink" und markiert im sich öffnenden Fenster die Datei, zu der ihr verlinken möchtet.

4. Präsentation

8 **Den Hypertext lesen und überarbeiten**
   a Nehmt euch Zeit, den Hypertext zu lesen, damit ihr verschiedene Lesarten ausprobieren könnt. Falls noch Fehler gefunden werden, teilt den Verfasserinnen und Verfassern Verbesserungsvorschläge mit.
   b Die Textverarbeitungsprogramme ermöglichen es, die Dateien als HTML-Seiten (Hypertext Mark-Up Language) zu speichern, sodass das Projekt in einem Browser gelesen werden kann.

9 Besprecht anschließend, was bei eurem Hyptertext-Schreibprojekt schon gelungen ist und was ihr bei einem nächsten Projekt besser machen könnt.

5. Bewertung

Nachtschwärmer

Dramatische Texte erschließen

Nachtschwärmer

1. Konflikte – Spielszene und Lesung

1 Worüber sind Erwachsene und Jugendliche, vor allem Eltern und ihre Kinder, oft unterschiedlicher Meinung, worüber streiten sie sich manchmal? Sammelt Vorschläge und vervollständigt folgende **Mindmap**.

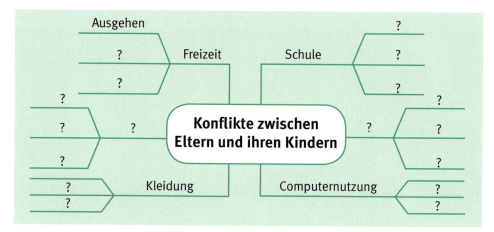

2 a Arbeitet in Gruppen: Wählt einen der Streitpunkte aus der Mindmap aus und verfasst einen **Dialog** zwischen Eltern und ihren Kindern, in dem es um den gewählten Konflikt geht.
- Wer ist an dem Gespräch beteiligt?
- Was wollen die Beteiligten jeweils erreichen?
- Welche Argumente führen die Beteiligten an?
- Wie wird der Konflikt gelöst?

b Tauscht euren Text mit einer anderen Gruppe und überarbeitet den Dialog. Aus dem Dialog soll eine Spielvorlage für eine kurze **Spielszene** werden, die einen deutlichen Spannungsbogen aufweist.

Im Flur. Tom zieht gerade seine Jacke an. Seine Mutter steht in der Flurtür.

Mutter: Das passt mir aber gar nicht, dass du jetzt noch rausgehst – du schreibst morgen eine Klassenarbeit! Du bist in spätestens einer Stunde wieder zuhause!

Tom: Aber warum denn so früh? Ich hab doch gelernt! Und alle anderen bleiben auch länger! Eine Stunde lohnt sich doch gar nicht! (genervt)

Mutter: Keine Widerrede! Wenn es dir nicht passt, gehst du gar nicht!

Spinnst du??? Da mache ich mich ja total lächerlich vor den anderen!

Tom: Nie gönnst du mir etwas! ~~Das ist so~~ unfair. → (wütend)
 Du bist total

c Tauscht die Dialoge erneut mit einer anderen Gruppe aus und bereitet szenische **Lesungen** vor. Überlegt euch dafür, was die einzelnen Figuren während des Gesprächs denken und fühlen und wie sich ihre Gedanken und Gefühle in der Stimme, der Lautstärke, der Art des Sprechens zeigen.

d Prüft: Welche Szene ist besonders gelungen? Woran liegt das?

2. Zertanzte Schuhe? – Dramatische Texte untersuchen

Wer ist Kyra König? – Steckbriefe und Szenen

1 Der Autor und Dramaturg Thomas Oberender hat 1998 ein Theaterstück geschrieben, das den Titel „Nachtschwärmer" trägt. In diesem Stück geht es um einen Konflikt zwischen Jugendlichen und Erwachsenen.
Wovon genau könnte das Stück handeln? Sammelt Vorschläge und besprecht, ob die genannten Konflikte zum Titel passen.

Thomas Oberender
Nachtschwärmer (Figurenverzeichnis)

Text 1

STEPHAN KÖNIG, *später*: SCHWARZER VOGEL
BARMANN, *später*: THIERRY
SOLDAT PATRICK LUFT
ISOBEL KÖNIG,
KYRA KÖNIG,
LAURETTA KÖNIG, *Töchter*
SYLVIA VAN DE MAR, *später*: SEEJUNGFRAU

JEAN
PAUL *Statisterie, Doppelbesetzung möglich*

2 a Welche Informationen könnt ihr dem **Figurenverzeichnis** zu dem Stück „Nachtschwärmer" von Thomas Oberender entnehmen? In welcher Beziehung stehen die Figuren zueinander? Arbeitet in Gruppen und stellt grafisch dar, wie ihr euch die **Figurenkonstellation** vorstellt.
  b Vergleicht die Vorschläge zur Handlung aus Aufgabe 1 mit eurer Figurenkonstellation. Passen die Vorschläge dazu oder müsst ihr sie abändern?

3 a Wie stellst du dir die einzelnen Figuren vor? Wähle eine der Figuren aus, verfasse ihren **Steckbrief** und beschreibe kurz ihre typischen Eigenschaften und Verhaltensweisen.
  b Stellt euch gegenseitig eure Steckbriefe vor und vergleicht eure Vorstellungen.
  c Arbeitet in Gruppen und verfasst kurze **Szenen**, in denen mindestens zwei der Figuren vorkommen. Legt fest, wo sich die Figuren treffen und um welchen der vorgeschlagenen Konflikte es geht, und schreibt dann eure Szene.
  d Spielt eure Szene in der Klasse vor. Erkennen die anderen, welche Figuren vorkommen und welcher Konflikt verhandelt wird? Wie beurteilen sie die Lösung des Konflikts?

Zwei Nächte noch, dann hab ich dich erlöst! – Die Exposition

Text 2

Thomas Oberender

Nachtschwärmer (Akt I, Szene 1)

Vorspiel: Die drei Schwestern tanzen.

Zimmer der Mädchen. Die Tür zur Unterwelt ist offen, Lauretta schläft an ihrer Schwelle ein, erwacht.

LAURETTA: Ich bin nicht müde.

ISOBEL: Komm endlich.

KYRA: Lauretta, wir wollen schlafen.

LAURETTA: Es ist das Treppensteigen. Tausend Stufen bis herauf. Ich muss aufstehen. Ich sollte. Warum. Ich möchte zurück. Thierry! Mein liebster Prinz dort unten. Hörst du mich? Der Tag beginnt, da hört er auch schon auf.

ISOBEL: Die erste Bahn, es wird gleich hell.

LAURETTA: Wie sich die Zeit jetzt breit macht, stockt, die Stunden dehnt. Zwei Nächte noch. Dann hab ich dich erlöst! Dann tauschst du dein bezauberndes Verlies, den süßen Höhlenkerker, ein, für unsere Welt hier oben. Du kannst dann tun und lassen, was du willst. Mein verwunschener Prinz. Du bist ein Mann, daneben wirken all die andern schwach, obwohl, du bist nicht eben kräftig, vielmehr ein Schlacks, und doch – da ist etwas, die ganze Art, dein Gang, auch was du sagst. Wie könnt ihr jetzt schon schlafen?

KYRA: Der Wächter ist fast wach.

LAURETTA: Fast heißt nur beinahe, oder: Nicht. Die Füße tun so weh. Das nackte Fleisch. Oh, Gott. Und hab es wieder nicht gemerkt, Papa!

Die drei Mädchen im Bett. Vor der Tür der schlafende Wächter.

ISOBEL: Ich kann nicht schlafen. Schlafen und vergessen. Mir brennen die Füße wie Feuer. Es ist nicht auszuhalten. [...] Weißt du, was ich mir wünsche? KYRA: Bessere Schuhe? ISOBEL: Dass wir irgendwann mit ihnen tanzen und die ganze Welt schaut zu. KYRA: Das kannst du heute im Fernsehen erzählen. ISOBEL: Noch nicht. Zwei Nächte noch, dann dürfen sie es wissen. LAURETTA: Dem Riesenbaby vor der Tür, dem hätten wir keinen Schlaftrunk geben müssen, der wäre auch so eingeschlafen.

Dem schlafenden Soldaten fällt ein Glas aus der Hand.

ISOBEL: Er ist wach. Habt ihr gehört?

Der schlafwandelnde Soldat kommt ins Zimmer.

KYRA: Wie waren die ganze Nacht lang hier.

LAURETTA: Sei still. KYRA: Was wollen Sie hier? Gehen Sie. LAURETTA: Er sieht uns nicht. KYRA: Ich habe Angst. Diesmal war es zu viel. Wir haben ihn vergiftet. LAURETTA: Der schläft doch noch. Seht ihr? Er schläft.

ISOBEL: Hoffentlich. KYRA: Wenn das nun einen Schaden hinterlässt, einen bleibenden?

LAURETTA: Der braucht keinen Arzt. Er muss nur munter werden. Er träumt ja noch.

Der Soldat erwacht.

SOLDAT: Mir ist schlecht.

KYRA: Sehen Sie mich? Ich bin es.

LAURETTA: Sie haben sich in der Tür geirrt.

SOLDAT: Was ist passiert?

LAURETTA: Ist etwas passiert?

[...]

---

4 Was erfährst du alles in Akt I, Szene 1 des Stücks „Nachtschwärmer"? Übertrage die folgende die Tabelle in dein Heft und vervollständige sie.
  a Welche **Orte** werden genannt? Wie werden sie geschildert?
  b In welcher **Zeit** (Tageszeit, Jahr) spielt die Szene?

c Welche weiteren **Figuren** werden genannt? Welche Rolle werden sie spielen?

	Information	Textbeleg
Handlungsorte	- Zimmer der Mädchen → 3 Betten, ■ - Unterwelt → ■	- Nebentext, Szene 1 (Z. ■) - Nebentext, Szene 1 (Z. ■)
Zeit	■	■
Figuren: – Soldat – Kyra – Lauretta – Isobel – ■	■	■
Konflikt	■	■

5 a Was hoffen die Mädchen? Was befürchten sie?
   b Welche Hinweise auf einen **Konflikt** erhältst du in der ersten Szene?
   c Worin liegt der Konflikt aus Sicht der Mädchen?

6 Welche Elemente des Theaterstücks erscheinen eher unrealistisch oder fantastisch? Markiere sie in deiner Tabelle und begründe deine Einschätzung.

7 Arbeitet in Gruppen und bereitet eine **szenische Lesung** von Text 2 vor.
   a Ergänzt zunächst den Nebentext um weitere Regieanweisungen, die deutlich machen, in welcher Stimmung sich die Figuren befinden und wie sie sprechen.
   b Probiert verschiedene Sprechweisen aus (z. B. ängstlich, aufgeregt, atemlos, …) und prüft, welche Sprechweisen am besten zu den einzelnen Figuren passen.
   c Probt eure Lesung und tragt sie den anderen vor.
   d Tauscht euch darüber aus, was an den Lesungen besonders gelungen war.

Wie lange können Schuhe halten? – Der Konflikt eines Dramas

Thomas Oberender

Nachtschwärmer (Akt I, Szene 2)

Text 3

Das Zimmer verwandelt sich in ein Fernsehstudio. […] Die drei Schwestern und ihr Vater sind zu Gast in einer Talkshow. Das Publikum ist das Publikum.

5 SYLVIA: Vertrauen gegen Vertrauen oder für die Liebe zu jung? Wir haben weitere Gäste. Herr König und seine Töchter Lauretta, Kyra und Isobel. Herr König hat ein Problem mit seinen Töchtern. Und zwar betrifft das ihre Schuhe.
10 VATER: Wie lange tragen Sie Ihre Schuhe?
SYLVIA: Meine Schuhe?
VATER: Diese. Eine Woche, einen Monat oder ein Jahr?
SYLVIA: Kommt ganz drauf an.
15 VATER: Und wie viele Schuhe haben Sie?
SYLVIA: Ziemlich viele.
VATER: Wahrscheinlich alle schwarz.
SYLVIA: Warum?
VATER: Das habe ich mitgebracht. Ein ganzer
20 Sack voll Schuhe. So sehen die jeden Morgen aus – die blutigen Reste. Was schätzen Sie, wie

lange die halten? Bei meinen Töchtern eine Nacht. Ganz normale Schuhe. Eine Nacht! Die Schuhe, das Bett, alles voll Blut. Und jetzt sehen Sie sich das an. Neue Schuhe! Gute, ganz normale Schuhe. Auch ein Sack! Ich werde noch verrückt – ich kaufe sie im Dutzend. Ich bestelle sie inzwischen beim Versand! Da muss ich nichts erklären. Drei Paar Schuhe, sieben Tage die Woche und das die ganze Zeit.

SYLVIA: Was sagt ihr dazu?
LAURETTA: Die brauchen wir eben.
KYRA: Es sind doch nur Schuhe.
LAURETTA: Ist das ein Verbrechen?
SYLVIA: Man weiß zwar nicht, wie das passiert, aber jeden Morgen das gleiche Bild: blutige Füße und Löcher in den Sohlen. Nun gehen Sie ja einen Schritt weiter. Sie haben einen Wächter engagiert und der bewacht die Tür zu ihrem Zimmer.
ISOBEL: Du brauchst den Wärter nur als Babysitter.
KYRA: Damit du ausgehen kannst.
LAURETTA: Und dauernd mit einer anderen.
SYLVIA: Moment mal. Jetzt lenkt nicht ab. Woher kommt denn das Blut?
VATER: Das wird von Mal zu Mal nur schlimmer.
ISOBEL: Denkst du, uns macht das Spaß?
KYRA: Papa, das hört auch wieder auf. Vertrau uns einfach.
VATER: Hab ich je geschimpft, wenn es im Leistungskurs nicht lief?
LAURETTA: Du hast selber kaum das Abitur geschafft.
KYRA: Stimmt, ich hab dein Zeugnis selbst gesehen.
VATER: Ich gebe euch auch den Schlüssel wieder.
SYLVIA: Na, das ist doch schon mal sehr schön.
ISOBEL: Brauchen wir aber nicht.
KYRA: Du denkst immer gleich, wir lügen.
ISOBEL: Wir wissen selber nicht, was mit uns los ist, ehrlich.
LAURETTA: Wahrscheinlich kommt das nur, weil du uns einsperrst.
FRAGE AUS DEM PUBLIKUM: Ich will nur sagen, mein Vater ließ mich nicht bewachen. Überhaupt, wo gibt es sowas: Einsperren. Fehlt nur noch, dass er sie an Ketten legt.
LAURETTA: Es geht doch darum, dass wir Hilfe brauchen.
VATER: Ich dachte, vielleicht kann mir jemand helfen. Wieso seid ihr in letzter Zeit so blass und schlaft den ganzen Tag?
SYLVIA: Mit vierzehn erwachsen? Euer Vater sagt: nein. Kyra.
KYRA: Der versteht das nicht.
SYLVIA: Wie ihr das anstellt, mit den Schuhen?
KYRA: Alles.
SYLVIA: Und ihr, versteht ihr ihn?
LAURETTA: Wir verstehen ihn.
SYLVIA: Also bei dem Anblick, den ihr ihm jeden Morgen bietet, blutige Füße und blutige Schuhe, da verstehe ich ihn auch.
ISOBEL: Vielleicht hört es ja auch wieder auf.
SYLVIA: Eine Frage aus dem Publikum.
FRAGE AUS DEM PUBLIKUM: Wenn Sie schon nicht selbst auf Ihre Töchter aufpassen, was sagt denn dieser Wächter, den Sie engagiert haben.
VATER: Der Wächter – statt aufzupassen, schläft er höchstwahrscheinlich ein. Wenn ich ihn frage, nichts! Wofür bezahle ich ihn. Fragen Sie ihn doch.
SYLVIA: Vorschlag zur Güte – wir bezahlen den Wächter und laden ihn zu unserer nächsten Sendung ein. Dann wollen wir doch mal sehen. Vertrauen gegen Vertrauen oder für die Liebe zu jung? Was hat es auf sich mit dem Geheimnis der Familie König. Wenn nichts mehr hilft, hilft nur ein Wächter? Gleich wird uns Viktoria ihre Geschichte erzählen, Viktoria, die noch vor kurzem Viktor war – gleich nach der Pause.

8 a Fasse zusammen: Worüber wird in der Talkshow diskutiert?
   b Wie argumentiert der Vater, wie argumentieren die Töchter? Analysiere den Verlauf und die sprachliche Gestaltung ihres Gesprächs.
      Beispiel:
         VATER: Drei paar Schuhe, sieben Tage die Woche und das die ganze Zeit.
         → Behauptung, Vorwurf
         → elliptischer Satz, Dreierfigur mit Steigerung

         LAURETTA: Die brauchen wir eben.   KYRA: Es sind doch nur Schuhe.
         → Erwiderung   → Abwertung des Vorwurfs
         → Ich-Botschaft, „eben"   → abschwächendes „nur"

   c Überprüfe die Argumente des Vaters und der Mädchen: Sind sie überzeugend?
   d Welche Rolle spielt Sylvia in dieser Szene, welche Rolle spielt das Publikum? Welche Meinungen unterstützen sie?
   e Hat das Gespräch zu einer Lösung geführt? Begründe deine Einschätzung.

9 Wie könnte diese Szene auf der Bühne aussehen? Wie könnte sie dargestellt werden?
   a Welche Vorüberlegungen musst du dazu anstellen? Notiere die Fragen:
      Spielweise: - Ist auch eine pantomimische Darstellung möglich?
                   - ■ ?
      Figuren: - Ist Sylvia von Anfang an auf der Bühne?
                   - ■ ?
      Requisiten: - ■ ?
      Text: - Wird der gesamte Text gesprochen oder streiche ich etwas?
                   - ■ ?
   b Arbeitet in Gruppen und beantwortet eure Fragen. Überlegt zunächst, welche Vorgehensweisen euch dabei helfen könnten, und vervollständigt die Mindmap.

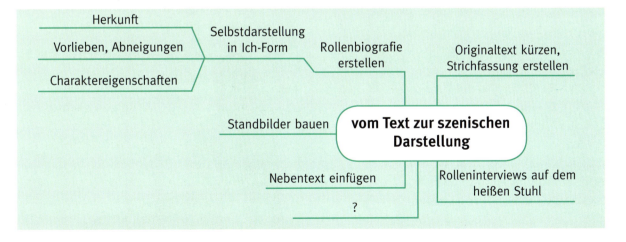

   c Wählt aus den Vorschlägen diejenigen Verfahren aus, die euch geeignet erscheinen, und wendet sie an.
   d Probt die Szene und erarbeitet eine eigene Inszenierung.
   e Spielt eure Szenen vor. Worin ähneln sich die Inszenierungen, worin unterscheiden sie sich?

Bad move, human! – Figuren beschreiben und Inhaltsangaben verfassen

Text 4

Thomas Oberender

Nachtschwärmer (Akt I, Szene 3)

HOUDINI-Bar. In der Bar steht ein Flipper namens »Centaur«. Er zeigt ein Wesen – halb Mensch, halb Motorrad. Happy Hour ohne Gäste. Der Soldat am Tresen. Verfolgt die Talkshow im Fernsehen.

SOLDAT: Wie redet der von mir.
BARMANN: Gintonic?
SOLDAT: Die sind die ganze Nacht in ihrem Zimmer.
BARMANN: Hast du gehört, Marc Dutroux, der Typ, der diese Mädchen in seinem Keller gefangen hielt und dann ermordet hat, der bekommt weibliche Fanpost. Im Ernst. Der bekommt weibliche Fanpost.
SOLDAT: Im Ernst?
BARMANN: Wenn ich es dir sage. Das Schwein kriegt Fanpost. Der ist doch ausgebrochen und da sind sie drauf gekommen, dass er wahrscheinlich ausgebrochen ist, weil ihn irgend ein Hinweis in dieser weiblichen Fanpost darauf gebracht hat. Das gibt's nicht, he?
SOLDAT: Das glaube ich nicht.
BARMANN: Charles Manson genauso, der die Frau von Roman Polanski ermordet hat, diese, fällt mir jetzt nicht ein, schöne Frau –
SOLDAT: Tate.
BARMANN: – genau, Sharon Tate, der hat auch Fanpost von Frauen bekommen.
SOLDAT: Warum erzählst du das?
BARMANN: Kam im Fernsehen.
SOLDAT: Ich komme auch bald ins Fernsehen.
BARMANN: Wenn du das Rätsel löst.
SOLDAT: Hast du auch Fanpost bekommen?
BARMANN *verneint*: Verstehst du die Frauen?
SOLDAT: Verstehst du Männer wie Dutroux?
BARMANN: Heute Abend hast du Wache?
SOLDAT: Zauberst du etwas?
BARMANN: Das soll man eigentlich nicht machen.
Der Barmann zaubert.
SOLDAT: Wie machst du das?
BARMANN: Das hast du doch gesehen.
SOLDAT: Warum hast du mit dem Zaubern aufgehört?
BARMANN: Ich bin halt kein Houdini.
SOLDAT: Mach das noch mal.
BARMANN: Regel Nummer eins: Niemals noch mal.
SPIELAUTOMAT: Centauer. Ce, Ce, Centauer. E, e energize me.
Der Soldat spielt.
SOLDAT: Machst du mir noch einen?
SPIELAUTOMAT: Dont drink.
SOLDAT: Dont drink. Was ist denn das?
SPIELAUTOMAT: Bad move, human.
SOLDAT: Cheers.
SPIELAUTOMAT: Guardian, release power orbs.
SOLDAT: Release power orbs.
SPIELAUTOMAT: Dont drink.
SOLDAT: Was?
SPIELAUTOMAT: Keep watch over them.
SOLDAT: Hörst du? Auf wen soll ich aufpassen?
SPIELAUTOMAT: Dont drink.

Soldat: Gleich muss ich auf Wache.
Spielautomat: Girls lie like mad.
Soldat: Ein richtiger Lebensberater: »Mädchen lügen wie verrückt.«
Spielautomat: E, e, energize me.
Soldat: Das Ding macht mich arm! Regel Nummer eins –.
Spielautomat: E, e, energize me.
Soldat: Double feature.
Spielautomat: Double feature.
Soldat: Hast du gesehen? Alle drei.
Spielautomat: Bad wine. Girls are liars.
Soldat: So, die Mädchen lügen also. Welcher Wein?
Spielautomat: Energize me. Ce, Ce, Centauer.
Soldat: Oh, Mann. Noch mal. Gibst du mir Münzen?
Spielautomat: Release power orbs.
Soldat: Na? Was. Sag schon. Ich höre.
Spielautomat: Bad move, human.
Soldat: Treffer.
Spielautomat: Wear your jacket other way round.
Soldat: Ich soll meine Jacke umdrehen?
Spielautomat: You are invisible. Follow them.
Soldat: Unsichtbar. Wenn ich die Jacke umdrehe?
Spielautomat: Energize me. E, e, energize me.
Soldat: Du machst mich arm.
Barmann: Alles in Ordnung?
Soldat: Ich weiß nicht. Ziemlich gefräßig, deine Maschine. Und eine Plaudertasche. Ich bin Luft. Ein Wachsoldat, der nichts mehr zu bewachen hat. Es hat sich alles aufgelöst, ist weg, verschwunden, unsichtbar – wie Luft. Wear your jacket other way round.

Macht sich unsichtbar. Der Barmann will sein Glas wegstellen.

Soldat: Ich trinke noch aus.
Barmann: Patrick?
Soldat: Du siehst mich nicht?

Macht sich wieder sichtbar.

Barmann: Wie machst das?
Soldat: Ich war nicht mal im Spiegel.
Barmann: Darf ich?
Soldat: Nichts zu machen.
Barmann: Mach das noch mal.
Soldat: Regel Nummer eins.
Barmann: Du musst auf Wache.

10 Was passiert in dieser Szene? Notiere den Handlungsverlauf in Stichpunkten und verfasse mithilfe deiner Notizen eine vollständige **Inhaltsangabe**.

Inhaltsangabe
→ S. 46–54

11 a In dieser Szene wiederholen sich etliche Elemente. Erstelle eine Übersicht:
• Was wiederholt sich?
• In welche Bereiche lassen sich die Wiederholungen gliedern?
b Welche Funktion haben die Wiederholungen für die Handlung? Welche Wirkung erzeugen sie?

Wiederholungen auf der ■ Ebene	Wiederholungen auf der ■ Ebene
Der Barmann zaubert – der Soldat zaubert/macht sich unsichtbar → ■	„Centauer. Ce, Ce, Centauer. E, e energize me." → Beschwörungsformel, Zauberspruch
■	■

12 a Der Spielautomat trägt den Namen einer antiken mythologischen Gestalt. Nutze verschiedene Informationsquellen, z. B. ein Lexikon oder das Internet, und informiere dich über den Centaur, suche nach Abbildungen und bereite einen Kurzvortrag vor.

Der Centaur

In der antiken griechischen bzw. römischen Mythologie ist ein Centaur (auch: Zentaur oder Kentaur) ein Pferdemensch. Kopf und Schultern dieses Wesens sind menschlich, Körper und Beine dagegen sind die eines Pferdes.
Die Centauren gelten einerseits als äußerst unbeherrscht, andererseits werden ihnen aber auch große Fertigkeiten bei der Jagd und heilende Fähigkeiten zugeschrieben.

b Tauscht euch aus: Warum ist der Spielautomat nach dieser mythologischen Gestalt benannt?
c Welche Funktion übernimmt der Centaur-Spielautomat im Stück? Welche Rolle spielt er für den weiteren Verlauf der dramatischen Handlung?

Es war einmal ein König – Literarische Texte vergleichen

Jakob und Wilhelm Grimm

Text 5 **Die zertanzten Schuhe**

Es war einmal ein König, der hatte zwölf Töchter, eine immer schöner als die andere, die hatten ihre zwölf Betten zusammen in einem Saal, und wann sie waren schlafen gegangen, wurde die Türe verschlossen und verriegelt und doch waren jeden Morgen ihre Schuhe zertanzt und wusste niemand, wo sie gewesen und wie
5 es zugegangen war. Da ließ der König ausrufen, wers könnte ausfindig machen, wo sie in der Nacht tanzten, der sollte sich eine davon zur Frau wählen und nach seinem Tod König sein; wer sich aber meldete und es nach drei Tagen und Nächten nicht herausbrächte, der hätte sein Leben verwirkt. […] Nun trug sichs zu, dass ein armer Soldat, der eine Wunde hatte und nicht mehr dienen konnte, nach der
10 Stadt zuging, wo der König wohnte. Da begegnete ihm eine alte Frau, die fragte ihn, wo er hin wollte. „Ich weiß selber nicht recht", sprach er, „aber ich hätte wohl Lust König zu werden und auszumachen, wo die Königstöchter ihre Schuhe vertanzten." „Ei", sagte die Alte, „das ist so schwer nicht, du musst nur den Wein nicht trinken, den dir die eine abends bringt, und musst tun, als wärst du fest einge-
15 schlafen." Darauf gab sie ihm ein Mäntelchen und sprach: „Wenn du das umhängst, so bist du unsichtbar und kannst den Zwölfen dann nachschleichen." Wie der Soldat den guten Rat bekommen hatte, wards Ernst bei ihm, sodass er sich ein Herz fasste, vor den König ging und sich als Freier meldete. Er ward so gut aufgenommen wie die andern auch und es wurden ihm königliche Kleider angetan.
20 Abends zur Schlafenszeit wurde er in das Vorzimmer geführt, und als er zu Bette gehen wollte, kam die älteste und brachte ihm einen Becher Wein, aber er hatte sich einen Schwamm unter das Kinn gebunden und ließ den Wein da hineinlaufen und trank keinen Tropfen. Dann legte er sich nieder, und als er ein Weilchen

gelegen hatte, fing er an zu schnarchen, wie im tiefsten
Schlaf. Das hörten die zwölf Königstöchter, lachten und
die älteste sprach: „Der hätte auch sein Leben sparen
können!"
Darnach standen sie auf, öffneten Schränke, Kisten
und Kasten und holten prächtige Kleider heraus,
putzten sich vor den Spiegeln, sprangen herum und
freuten sich auf den Tanz. Nur die jüngste sagte:
„Ich weiß nicht, ihr freut euch, aber mir ist so
wunderlich zu Mute, gewiss widerfährt uns ein
Unglück." „Du Schneegans", sagte die älteste, „du
fürchtest dich immer, hast du vergessen, wie viel Königssöhne schon umsonst dagewesen sind; dem Soldaten
hätt' ich nicht einmal brauchen einen Schlaftrunk zu geben, er
wär' doch nicht aufgewacht." Wie sie alle fertig waren, sahen sie erst
nach dem Soldaten, aber der rührte und regte sich nicht, und wie sie nun
glaubten, ganz sicher zu sein, so ging die älteste an ihr Bett und klopfte daran;
alsbald sank es in die Erde und öffnete sich eine Falltür. Da sah der Soldat, wie sie
hinunterstiegen, eine nach der andern, die älteste voran [...].

13 a Vergleiche den Anfang des Märchens (Text 5) mit den drei Szenen aus „Nachtschwärmer (Texte 2 bis 4):
• Welche Elemente finden sich in beiden Texten?
• Welche wurden unverändert übernommen, welche wurden verändert?
b Wähle einen der Handlungsschritte aus dem Märchenausschnitt aus, die in „Nachtschwärmer" nicht aufgenommen sind, und schreibe ihn zu einer Szene um, die sprachlich zum Stück passt.
c Finde in den ersten drei Szenen von „Nachtschwärmer" weitere Textstellen, die auf andere Texte und literarische Motive verweisen. Worauf verweisen sie jeweils?

14 a Die Handlungen in Szene 2 (Text 3) und Szene 3 (Text 4) laufen beinahe gleichzeitig ab. An welchen Textstellen in Szene 3 wird dies erkennbar? Zitiere.
b Auf welche Textstellen in Szene 2 beziehen sie sich? Fertige eine Gegenüberstellung an.

Szene 2
Die drei Schwestern und ihr
Vater sind zu Gast ■

Szene 3
Der Soldat am Tresen.
Verfolgt die ■

15 a Wie müsste die Bühne aussehen, damit die Szenen gleichzeitig gezeigt werden können? Entwerft gemeinsam ein Bühnenbild.
b Baut eure Inszenierungen von Szene 2 aus und fügt den Soldaten in der Bar ein. Zeigt seine Reaktionen auf das, was in der Talkshow gesagt wird, in Standbildern oder als Pantomime.

Mädchenzimmer, Talkshow, Bar – Szene und Akt

16 a Der erste Akt von „Nachtschwärmer" besteht aus diesen drei Szenen. Erkläre anhand der Texte 2 bis 4, worin der Unterschied zwischen Akt und Szene besteht.
  b Formuliere eine Definition dieser beiden Begriffe.

17 a Fasse die Handlung der ersten drei Szenen in Stichpunkten zusammen: Worüber erfahren die Leserinnen und Leser etwas?

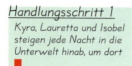
Handlungsschritt 1
Kyra, Lauretta und Isobel steigen jede Nacht in die Unterwelt hinab, um dort ■

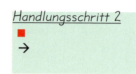
Handlungsschritt 2
■
→

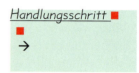
Handlungsschritt ■
■
→

  b Welche Funktion haben diese drei Szenen für die Zuschauerinnen und Zuschauer? Welche Funktion haben sie für den weiteren Verlauf der Handlung?

Das Drama

Literarische Texte werden in drei **Gattungen** eingeteilt: **narrative** Texte (Epik, erzählende Prosa), **lyrische** Texte (Lyrik, Gedichte) und **dramatische** Texte (Drama, Theater).

Dramentexte sind meist in verschiedene Abschnitte gegliedert, die **Szenen** (oder Bilder) genannt werden. Beginn und Ende einer Szene werden meist durch Auftritt oder Abgang einer oder mehrerer Figuren markiert.
Eine größere Aufteilung, die mehrere Szenen und meist einen in sich geschlossenen Handlungsabschnitt umfasst, wird **Akt** (oder Aufzug) genannt.

Der Anfang eines Dramas wird **Exposition** genannt. Diese Einleitung gibt einen Einblick in die Hintergründe der dargestellten Geschichte und vermittelt Informationen, die das Publikum braucht, um der Handlung folgen zu können. Oft wird in der Exposition die Vorgeschichte erzählt und die Hauptfiguren und ihre Beziehungen zueinander werden vorgestellt.

Der **Haupttext** eines Dramas enthält **Monologe** und **Dialoge**, die Gespräche der auftretenden Figuren.
Der **Nebentext** (Regieanweisungen) gibt Hinweise auf ihr Verhalten und ihre Reaktionen sowie auf Handlungsorte, Bühnenbild, Requisite, Kostüme usw.

18 a Welche Vorausdeutungen auf die weitere Handlung des Stücks enthält die dritte Szene? Zitiere aus dem Text.

  SOLDAT: Ich komme auch bald ins Fernsehen. → *Wahrscheinlich tritt auch der Soldat in der Talkshow von Sylvia van de Mar auf.*
  BARMANN: Wenn du das Rätsel löst. → *Der Soldat muss herausfinden, wohin die Mädchen jede Nacht gehen.*

  b Wie könnten sich die Handlungsstränge weiterentwickeln? Skizziere.

3. Alles, was wir sind – Figuren in dramatischen Texten charakterisieren

Thomas Oberender
Nachtschwärmer (Akt II, Szene 1 und 2)

Text 6

[…] *Er wendet seinen Mantel, folgt ihr; sie legt die Zeitung nach draußen, die Tür schließt von innen.*

Zimmer der Mädchen. Bei ihnen der unsichtbare Soldat. Sie trinken Wein.

5 KYRA: Was hast du da?
ISOBEL: Die ist für uns. KYRA: Wenn Vater das merkt? ISOBEL: Dann merkt er es eben. Nur heute noch und morgen – zwei Mal. Immer hast du Angst. KYRA: Ich habe keine Angst. Ob er
10 schon schläft? LAURETTA: Er hat ganz ordentlich getrunken. KYRA: Wisst ihr, was der war? LAURETTA: Grenzsoldat. ISOBEL: An welcher Grenze? LAURETTA: Der hätte mit seinem Leben auch etwas Besseres anfangen können. Zum
15 Wohl. KYRA: Am Anfang war alles so leicht. Und jetzt – wir sind regelrecht umstellt: Vater, ein Wächter und du mit deinem Brief ans Fernsehen. ISOBEL: War doch lustig. Vater kam ganz schön ins Stottern. Das hat er nun davon. KYRA: Sie
20 tanzen um ihr Leben und wir zeigen unsere Füße im Fernsehen. LAURETTA: Wir tanzen um ihres. ISOBEL: Dass sie auch noch den Wächter befragen. Das sehen wir uns an. Gib mir die Salbe. KYRA: Wollen wir gehen? LAURETTA: Irgend-
25 was ist heute anders. ISOBEL: Schläft er? LAURETTA: Ich glaube, er schnarcht. Ganz leise. ISOBEL: Dann los. LAURETTA: Ich weiß nicht, ihr freut euch, aber mir ist so wunderlich zu Mute. KYRA: Wunderlich, aber wieso denn?

30 *Sie schieben das Bett zur Seite, öffnen darunter eine Tür.*

ISOBEL: Du Schneegans fürchtest dich immer. Dem Riesenbaby hätten wir –
KYRA: – nicht einmal den Schlaftrunk zu geben
35 brauchen.
LAURETTA: Er kam hier rein wie ein Gespenst.

Sie steigen hinab. Lauretta zuletzt. Danach der Soldat, er tritt auf ihren Schal.

LAURETTA: Mein Schal. Es ist nicht richtig, dass wir
40 gehen.
ISOBEL: Du bist an einem Haken hängen geblieben.
LAURETTA: Ich sehe keinen Haken.
KYRA: Da ist wirklich nichts.
LAURETTA: Etwas hat mich festgehalten.
45 ISOBEL: Gut, dann bleibst du hier.
LAURETTA: Und ihr geht ohne mich?

Zweite Szene
– A –
Unterwelt. Vor dem Schloss am Ufer eines Sees.
THIERRY: Neunhundertachtundneunzig Nächte.
Gott,
50 Mir ist, als stünde ich auf einem Berg –
Den steilen Weg hab ich erklommen? Fast.
Zwei Nächte noch, dann ist das Tausend voll,
Zertanzt wie ihre Schuhe. Laura, komm –
So kurz vorm Ziel zählt jede Stunde doppelt.
55 Es ist ein böser Fluch, der mich verdammt:
Im Leichenhaus der Erde warten wir,
Bis Liebe uns von dieser Wanderschaft erlöst.
Doch Liebe, nun, das sagt sich leicht – Liebe.
Der Fluch hat seine Tücke: Sie müsste dauern,
60 Und was ist tödlicher für Liebe als
Gewohnheit, Wiederkehr, das immer Gleiche.
Gleichwohl – das tausendfache Neubeginnen
Ist auch erschöpfend, auch nicht so verschieden.
Man sieht sich, lernt sich kennen, tanzt und lacht

65 Und nach dem Tanzen, nach der kurzen Nacht,
Da schweigt man gern wünscht sich alles Gute.
Genügt nicht dieser Funken Ewigkeit?
Zur Besserung und Probe hat man uns
Verdammt. Und wirklich – nie hab ich
70   geglaubt,
Dass mir ein Mensch so fehlen kann wie sie.
Noch nie war diese Welt des Wartens hier
So quälend. Und sie wird es mehr und mehr,
Je öfter ich sie sehe. Da, na endlich.
75 Die Mitgefangenen kommen, höchste Zeit.

Paul und Jean kommen. Lassen die Boote ins Wasser.

THIERRY: Wir sehen uns schon ähnlich wie ein Ei
Dem andern; alles, was wir sind, wird gleich:
80 Die gleichen Mäntel, Masken – was bin ich?
Wir tanzen um Erlösung, aber wer
Erlöst mich denn von euch? Zwei Nächte noch.
Als Prinzen aus der Welt des Todes sind
Wir Träume, letzte Hoffnung, Bettgeflüster.
85 Dass wir nichts zu verlieren haben, lockt sie:
Die Welt der Keller, Bunker, Katakomben,
Erfüllt vom Echo der Musik, vom Schweiß
Durchtanzter Nächte, Nebel, Licht das wie
Im Krieg der Sterne plötzlich explodiert –
90 Vergiss die Hässlichkeit des Lebens, hier
Will keiner was von dir. Tu, was du willst.
Und irgendwann, du rechnest nicht damit,
Passiert es, dann kannst du es nie mehr lassen.
Ich hab gefunden, was ich suchte: sie.
95 Und sie ist so bezaubernd, dass alles andere
Verblasst, der Bann ist fast gebrochen, tanzen
Ist schön, doch heute Nacht, da will ich mehr.
Nennt es das Paradies, ein Wunderland.
Die Fenster leuchten wie die Hölle, kommt.

100 *Die Prinzen fahren mit dem Boot über den See.*

– B –

Die Mädchen und der Soldat kommen einen Weg herab. Unter einem Baum sitzt der Alte.

VOGEL: Da seid ihr, endlich –
105 KYRA: Wie geht es Ihnen?
VOGEL: Seid ihr allein?
KYRA: Dort oben schlafen alle.
VOGEL: Da sind die neuen Kleider.
LAURETTA: Ist das für mich?
110 ISOBEL: Das passt mir nicht.
KYRA: Lass mich einmal probieren.
LAURETTA: Was ist das für ein Stoff?
VOGEL: Probier es an.
KYRA: Gibst du mir deinen Schal?
115 VOGEL: Hier ist noch einer.
LAURETTA: Wo haben Sie das jeden Abend her?
VOGEL: Ich hüte sie und horte den Bestand
Und sorge dafür, dass sich die Welten nicht
Vermischen. Euch lass ich hier unten ein,
120 Und doch nicht so, wie ihr dort oben seid.
KYRA: Gefällt mir gut. Und was sagt ihr? Passt es?
VOGEL: Es ist nicht ungefährlich, herzukommen.
Denn alles, was zum Glück dort oben fehlt,
Hier unten ist es da: hier gibt es keine Not.
125 Doch wer zu lange bleibt, ist beinah tot.
Seid ihr euch sicher, dass ihr wieder geht?
LAURETTA: Ganz absolut. Die Prinzen kommen
                              mit.
VOGEL: Dann ist es gut. Mit euch lass ich sie gehen.
130 Wie ist es jetzt dort oben? Seltsame Mode.
Das schlechte Wasser sickert zu uns durch,
Es macht die Wände feucht, ein Ölfilm schillert
Auf allen Pfützen. Selbst das Wasser dort
Im See wird trüb. Genießen wir, was bleibt.
135 Seid ihr so weit? So könnt ihr gehen. Schön.
LAURETTA: Wer ist zuerst am Ufer. Los! *Ab.*

1 Was passiert in diesen beiden Szenen? Fasse die Handlung in Stichworten zusammen und untersuche, welche der **Handlungsstränge** aus dem ersten Akt weitergeführt werden.

2 a Wie stellst du dir jetzt die drei Töchter vor – sind sie einander ähnlich oder sind sie verschieden? Begründe deine Einschätzung mit Textbelegen.
   b Die Leserinnen und Leser eines Theaterstücks können auf unterschiedliche Art und Weise etwas über die Figuren erfahren. Erkläre, auf welche Weise in Text 6 etwas über Lauretta ausgesagt wird.

> LAURETTA: Ich weiß nicht, ihr freut euch, aber mir ist so wunderlich zu Mute.
> → ■
>
> ISOBEL: Du Schneegans fürchtest dich immer.
> → ■
>
> *Sie steigen hinab. Lauretta zuletzt.*
> → ■

   c Auf welche Weisen werden Kyra und Isobel charakterisiert? Was erfährt man über sie? Charakterisiere die Mädchen mithilfe von Textzitaten.
   d Was denken und fühlen die Mädchen vor ihrem Abstieg in die Unterwelt? Wähle eines der Mädchen und verfasse den **Subtext**, d. h. die unausgesprochenen Gedanken und Gefühle der Figur, zu ihren Aussagen in Akt II, Szene 1.

KYRAS Text	KYRAS Subtext
Was hast du da?	*Warum hat immer Isobel die guten Ideen und nie ich?*
Wenn Vater das merkt?	*Vielleicht sollten wir heute Nacht nicht hinabsteigen.*
Ich habe keine Angst.	■
■	■

   e Untersuche den Anfang von Akt II, Szene 1 und erkläre, inwiefern auch das Layout, die Anordnung der Textzeilen, zu den Vorstellungen über die Gedanken und Gefühle der Mädchen beiträgt, die beim Lesen entstehen.
   f Sylvia van de Mar möchte wissen, warum die Mädchen Nacht für Nacht in die Unterwelt hinabsteigen. Für ihre Talkshow hat sie die drei unabhängig voneinander interviewt. Schreibe aus der Perspektive eines der Mädchen und verfasse das Statement, das sie vor der Kamera abgibt.
   g Stelle eines der Mädchen pantomimisch dar. Woran erkennen die anderen, welches der Mädchen du spielst?

3 Die Theatergruppe der Viktoriaschule in Essen hat 2005 „Nachtschwärmer" aufgeführt. Das Foto auf der vorigen Seite zeigt einen Ausschnitt aus ihrer Inszenierungen.
  a Beschreibe, was auf dem Bild zu sehen ist.
  b Vergleiche das Bild mit den Textausschnitten aus „Nachtschwärmer". Welche Veränderungen wurden in der Inszenierung vorgenommen?
  c Welches der Mädchen im Bild stellt welche Figur dar? Begründe deine Vermutungen.
  d Vergleiche deine Vorstellung von Kyra, Isobel und Lauretta mit den Vorstellungen, die die Viktoriaschule entwickelt hat. Welche Gemeinsamkeiten und Unterschiede stellst du fest?

Das tausendfache Neubeginnen – Die sprachliche Gestaltung dramatischer Texte

4 a Worüber denkt Thierry in Text 6 nach? Fasse zusammen: Was sagt er über
  • den Ort, an dem er sich befindet,
  • die Liebe,
  • die ■
  b Thierry macht deutlich, wie er das, was er sagt, verstanden wissen will. Er verwendet Verben stets in einer ganz bestimmten Aussageweise (Modus) und Tempusform. Schreibe Beispiele aus dem Text heraus, bestimme ihre Form und erkläre, warum er sie verwendet.

  Mir ist, als stünde ich auf einem Berg. (Z. 50)
  → 1. Pers. Sg. Konjunktiv II → Thierry ■

  ■ (Z. 52)
  → 3. Pers. Sg. Präsens Indikativ → Thierry stellt etwas als ■ dar.

  c Welche der beiden Zeichnungen passt besser zum Beginn von Akt II, Szene 2? Überlege, zu wem Thierry spricht, und begründe deine Einschätzung.

  d Hätte Thierry seine Gedanken auch in einem Dialog äußern können? Wem hätte er sie offenbaren können? Begründe deine Einschätzung.

Dialog und Monolog

Wenn sich mindestens zwei Figuren auf der Bühne befinden und miteinander sprechen, so führen sie einen **Dialog**, ein Wechselgespräch.

Ist eine Figur allein auf der Bühne und spricht, dann hält sie einen **Monolog**, ein Selbstgespräch, in dem sie ihre Gedanken und Absichten offenbaren kann, weil sie sich von den anderen Figuren unbeobachtet fühlt.

Nachtschwärmer

5 a Was hast du bisher über Thierry erfahren? Worüber möchtest du noch mehr wissen? Sammle **Fragen**.
   b Setzt Thierry auf den „heißen Stuhl" und führt ein **Rolleninterview** mit ihm durch: Welche Fragen habt ihr an ihn? Was antwortet er?
   c Verfasse mithilfe der Informationen aus „Nachtschwärmer" und mithilfe seiner Antworten aus dem Rolleninterview eine **Rollenbiografie** für Thierry.

   Ich heiße Thierry und bin ■ Jahre alt. Ich stamme aus ■ ...

> **Rollenbiografie**
>
> Eine Rollenbiografie ist eine in der **Ich-Form verfasste Selbstdarstellung einer literarischen Figur**. Sie hilft, sich eine deutliche Vorstellung von der Figur zu machen und etwas über das Leben und die Vorgeschichte der Figur, über ihre Vorlieben und Abneigungen zu erfahren.
> Oft verfassen Schauspielerinnen und Schauspieler eine Rollenbiografie zu der Figur, die sie in einem Stück spielen, weil sie die Figur überzeugender darstellen können, wenn sie sich ein klares Bild von ihr gemacht haben.

6 a Vergleiche die **Sprache** der Mädchen und die Sprache, die Thierry verwendet. Übertrage folgende Tabelle in dein Heft und ergänze sie.

	Thierry	Die Mädchen
Satzbau	*Im Leichenhaus der Erde warten wir, bis Liebe uns von dieser Wanderschaft erlöst.* (Z. 56f.) → ■	*„War doch lustig".* (Z. 18) *„Gefällt mir gut."* (Z. 121) → kurze Hauptsätze, unvollständige, elliptische Sätze
Wortwahl	■	■
Metaphern	■	■
Metrum	■	■
Weitere Auffälligkeiten	*Träume, letzte Hoffnung, Bettgeflüster* (Z. 84) → Dreierfigur	■
Sprachvarietät	■	Umgangssprache

   b Erkläre: Warum verhalten sich die Mädchen und Thierry sprachlich unterschiedlich?
   c Welche Wirkung hat das auf das Publikum?

7 Arbeitet in Gruppen und entwerft eine **Szene**, die zeigt, wie sich Lauretta und Thierry kennengelernt haben.
   a Legt fest, wo und wie sich die beiden kennengelernt haben, wer bei ihrem ersten Treffen dabei war und worüber sie gesprochen haben.
   b Verfasst den Dialog und die Regieanweisungen (den Nebentext).
   c Erprobt Gestik, Mimik, Körperhaltung und Sprechweisen und übt eure Szene.
   d Spielt euch die Szenen gegenseitig vor und tauscht euch über die Darstellungsweisen aus. Welche Gemeinsamkeiten und Unterschiede bemerkt ihr?

4. In den Untergrund und zurück – Steigende Handlung und retardierendes Moment

Text 7

Thomas Oberender
Nachtschwärmer (Akt II, Szene 2)

- D -

Am Ufer gegenüber vom Schloss. Dichter Nebel über dem See.

THIERRY *im Boot*: Wo bleibst du, Paul. Du fährst zu weit nach rechts.
PAUL *fährt dich an ihm vorüber*: Bist du am Ufer? Warte doch auf mich.
LAURETTA *am Ufer*: Bist du es? Ich habe dich gehört, Thierry?
KYRA: Nein, ich bin es. Ich suche nach dem Boot.
LAURETTA: Was war das? Das war hier noch nie. Ein Knall.
KYRA: Ein Feuerwerk? Ich habe nichts gesehen.
ISOBEL *allein*: Ich habe keine Angst, ich warte hier.
Am Anfang schreckte mich das laute Echo –
Wenn ich ihn rufe, ruft der gleiche Name
Mich aus der Dunkelheit zurück. Jean!
LAURETTA: Ach, du bist es. Wir dachten schon, Thierry.
ISOBEL: Sein Boot hab ich dort vorn am Steg gesehen.
KYRA: Dann fahre ich mit euch, wenn Paul nicht kommt.
ISOBEL: Er kommt. Ich weiß es sicher. Dieser Nebel.
LAURETTA: Nein, ihr kommt mit. Ich gehe nicht allein.
KYRA: Ich suche ihn noch einmal dort. Bis gleich.
PAUL *kommt an Land*: Könnt ihr nicht warten? Wo lauft ihr denn hin?
Nachdem Paul sein Boot verlassen hat, stößt es der Soldat zurück auf den See.
SOLDAT: Und du? Bleib doch bei mir. Was willst du dort?
Ich bin der Wächter dieser Mädchen. Luft. Wenn du gut schwimmen kannst, dann mach.
PAUL: Mein Boot. Verdammt. Wenn ich dich je erwische.
Springt in den See.
SOLDAT: Adieu, Paul. Ich will dich heut Nacht vertreten.
Der Soldat zieht den Mantel und die Maske von Paul an. Kyra kommt.
KYRA: Wo wart ihr denn? Wir haben euch gesucht.
SOLDAT: Genau wie ich. Wie war der Weg herab?
KYRA: Wie immer. Meine Füße tun mir weh.
[…]
SOLDAT: Wir fahren heute nicht. Du gehst zurück.
KYRA: Hör auf, mich zu veralbern. Lass uns fahren.
SOLDAT: Das Boot ist fort. Wir können gar nicht fahren.
KYRA: Wenn du nicht tanzen willst, ich will. Komm mit.
SOLDAT: Wohin denn. Ohne Boot. Und wohin mit?
KYRA: Na rüber. Drüben tanzen sie. Sie warten.
SOLDAT: Das Boot liegt sicher irgendwo im Schilf.
KYRA: Im Schilf? Dann lass uns suchen. Du suchst dort.
Der Soldat zieht Pauls Mantel aus und wird wieder unsichtbar.
[…]

– E –

Auf dem See. Lauretta und Thierry im Boot. Im Nebel.

LAURETTA: Wir müssten es doch sehen. Bist du sicher?
THIERRY: Ja, ganz gewiss. Es leuchtet wie die Hölle.
LAURETTA: Die hundert Kerzen, die Musik, der Saal –
THIERRY: Der Boden glatt und glänzend wie ein Spiegel.
LAURETTA: Heut ist es nicht wie sonst. Es ist heut anders.
THIERRY: Weil es die vorletzte Nacht hier unten ist?
LAURETTA: Weil ich nicht weiß, was kommt. Du kommst doch mit.
THIERRY: Kommst du zu mir allein, um hier zu tanzen?
LAURETTA: Tanzt du mit mir allein, um frei zu kommen?
THIERRY: Frei bin ich hier doch auch. Gewissermaßen.
LAURETTA: Ich wäre dann so gut wie jede andere auch.
THIERRY: Wer redet nur vom Tanzen. Ich will mehr.
LAURETTA: Ich auch. Ich will mit dir nach oben gehen.

[…]

– F –

Kyra und Isobel fahren mit dem Boot. Bei ihnen der unsichtbare Soldat. Er angelt.

ISOBEL: Willst du nicht rudern? Mir reichen meine Blasen an
Den Füßen. Jean! Wir haben uns verpasst.
KYRA: Und mich hat Paul vorhin verlassen. Weg,
In Luft hat er sich plötzlich aufgelöst.
ISOBEL: Ich wusste nicht, wie schwer sich so was fährt.
Ich muss aus Leibeskräften rudern, dennoch –
KYRA: Was war das, dort im Wasser. Etwa Fische?
Der See liegt still. Nicht eine Welle, nichts.
ISOBEL: Zwei Nächte noch. Und heute das. Schwielen.
Dass man nichts sieht! Jean hat sich verfahren.
KYRA: Das Schloss. Als ob der Himmel Fenster hätte.
Wir hatten Glück. Der Wind trieb uns hierher.

Die Mädchen verlassen das Boot und gehen ins Schloss. Der Soldat bleibt im Boot.

– G –

SEEJUNGFRAU *taucht auf, verheddert in der Angelleine:*
Ich hänge. Was ist das? Das ist noch nie
Passiert. Es reißt mich fast in Stücke. Hat
Der Mensch kein Schamgefühl? Er zieht mich aus.
SOLDAT: *ihn trifft ein Schwall Wasser* Das Biest.
SEEJUNGFRAU: Wer bist du? Lass mich, lass mich los.
SOLDAT: Du siehst mich. Ist mein Spiegelmantel nass?
SEEJUNGFRAU: So hübsch du bist, so frech bist du. Du wagst es?
SOLDAT: Was bist du für ein Fisch? Wie redest du?
SEEJUNGFRAU: Ich bin die Tochter dieses Sees und mich –
Die angelt man nicht so. Du bist hier fremd,
Und recht betrachtet, war ich lang allein,
Deshalb verzeih ich dir. Befreist du mich,
Gewähre ich dir einen Wunsch. Danach.
SOLDAT: Ich habe tausend Wünsche, ich will alles.
Ich will Bedenkzeit.
SEEJUNGFRAU: Nun, dann denke. Mach.

[…]

– J –

Unter Wasser.

SEEJUNGFRAU: Hab keine Angst, du kannst hier unten atmen.
SOLDAT: Ich will nicht sterben, lass mich, ich will hoch.
SEEJUNGFRAU: Du wirst hier ewig leben. Wehr dich nicht.

Steigende Handlung und retardierendes Moment

[…]
SOLDAT: Ich glaube, ich bin tot. Ich leb nicht mehr.
SEEJUNGFRAU: Es ist nur neu. Du musst dich eingewöhnen.
SOLDAT: Wonach ich greife, alles fließt, vergeht. Du machst mir Angst. Bist du allein hier unten?
Ich glaube, dass das Wasser in mir wirkt. Mir ist, als wird mein ganzer Körper weich.
SEEJUNGFRAU: Ist das nicht gut? Was könnte schöner sein?
Ist es nicht so, dass alle Grenzen fallen? Und siehst du nicht die Schatten? Ich und allein.
Sie kommen alle. Und keiner will mehr gehen.
SOLDAT: Was willst du? Warum siehst du mich so an?
SEEJUNGFRAU: Was wäre, wenn der erste Augenblick,
Da ich dich sah, mich gleich verzaubert hat. Wenn ich nun nicht mehr von dir lassen kann?
Der Zufall wollte es, ich biss halt an.
SOLDAT: Hör zu, vielleicht lass ich das lieber sein. Es ist hier angenehm, doch nicht für immer.
[…]
SEEJUNGFRAU: Normalerweise wärst du längst schon tot.
Dass dich das Wasser jetzt berauscht wie Wein, Verdankst du mir. Lass dich verwandeln, komm,
Was dich jetzt stört, dort unten fällt es leicht.
SOLDAT: Vielleicht kommst du mit mir? Ich nehme dich mit.
SEEJUNGFRAU: Hier gibt es kein Zurück. Was war, vergiss.

SOLDAT: Und warum tanzen dann die Mädchen hier?
SEEJUNGFRAU: Bei mir tanzt keine mehr. Sie sind verliebt.
SOLDAT: Erzähl mir etwas über ihre Prinzen.
SEEJUNGFRAU: Die sind nur Tagesgäste. Das vergeht.
SOLDAT: Und ich soll ewig bleiben? Lass mich los.
SEEJUNGFRAU: Lass dich nur einfach treiben. Bleib bei mir.
SOLDAT: Ich will nicht raus aus meiner Haut. Verzeih mir.
SEEJUNGFRAU: Verzeihen? Du bist ein hoffnungsloser Fall.
SOLDAT: Wie wird mir plötzlich, überall ist Wasser.
SEEJUNGFRAU: Ich könnte dich ersticken lassen, Patrick.
SOLDAT: Ich kriege keine Luft. So hilf mir doch.
SEEJUNGFRAU: Es liegt allein an dir. Bleibst du bei mir?
SOLDAT: Du bringst mich um. Wie kann ich bei dir bleiben.
SEEJUNGFRAU: Wir leben hier. Du musst dich jetzt entscheiden.
SOLDAT: Ich bitte dich. Ich fleh dich an. Lass los.
SEEJUNGFRAU: Wenn du nur werden würdest, was du sollst.
SOLDAT: Ich kann nicht. Liebend gern. Nur ich ersticke.
SEEJUNGFRAU: Hast du geglaubt, du kommst nur zu Besuch?
Hast du geglaubt, du gehst hierher zur Arbeit?
Hast du geglaubt, wir finden dich nicht raus?
In deiner eigenen Leine hast du dich verfangen.
Nimm das mit auf den Weg: Verflucht seist du.
Hier hast du nichts verloren, armer Spitzel.

1 a Was passiert in dieser Szene? Welche Ereignisse spielen sich ab? Erstelle eine Grafik, die verdeutlicht, welche Ereignisse gleichzeitig und welche nacheinander stattfinden.

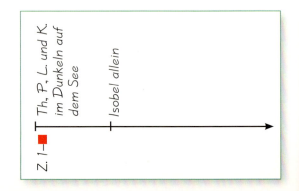

b Warum ist es für alle Beteiligten so wichtig, an das andere Ufer des Sees zu gelangen? Wem gelingt die Überfahrt? Wem nicht? Füge auch diese Informationen in deine Grafik ein.

2 a In welchen Szenen steigert sich die Spannung? Zeichne den **Spannungsbogen** für „Nachtschwärmer" und trage die Zeilennummern an den Stellen ein, an denen eine Spannungssteigerung oder ein Spannungsabfall zu bemerken ist.
b Wodurch wird die Spannung erzeugt?

3 a Fasse die Handlungsschritte von Text 7 zusammen und stelle den Handlungsablauf grafisch so dar, dass erkennbar wird, wer mit welchem Problem zu kämpfen hat.

b Woher erfahren die Leserinnen und Leser, welche Wege die Figuren zurücklegen? Notiere die Textstellen und unterstreiche dann die Wörter, die über die Wege informieren. Um welche Wortart handelt es sich?

Die Mädchen verlassen das Boot und gehen <u>ins</u> Schloss.

c Vervollständige den Merksatz: Übertrage ihn in dein Heft und fülle die Lücken.

▪
▪ drücken Verhältnisse oder Beziehungen zwischen Personen, Gegenständen, Sachverhalten und Vorgängen aus. Sie sind nicht ▪, d.h. man kann sie nicht ▪ (wie Verben) und nicht ▪ (wie Nomen und Adjektive); sie zählen deshalb zu den Partikeln. Sie verlangen immer einen bestimmten ▪, sie sind nie eigenständige ▪ oder ▪, sondern immer Teil von diesen.

d Welche weiteren Präpositionen finden sich in Haupt- und Nebentext? Schreibe sie heraus, bestimme den Kasus, den sie fordern, und benenne ihre Funktion.
e Wenn die Szene inszeniert wird, muss auch festgelegt werden, welche Figur sich zu welchem Zeitpunkt der Handlung auf der Bühne befindet, auf welchen Wegen die Figuren die Bühne betreten, wann und wo sie wieder abgehen.

Übertrage die Grafik in dein Heft und zeichne die Wege und Positionen der einzelnen Figuren ein.

4 Die Darstellerinnen und Darsteller müssen aber nicht nur über ihre Wege auf der Bühne Bescheid wissen, sie müssen auch wissen, wie sich ihre Figur in der Szene fühlt und wen oder was sie jeweils wahrnimmt.

Vervollständige die Übersicht und beantworte dabei folgende Fragen:
- Wer ist mit wem gleichzeitig auf dem See unterwegs?
- Wer nimmt andere wahr, wer nicht?
- Was wissen die Figuren jeweils voneinander?

Z = zusammen, ohne es zu wissen
X = wissentlich zusammen

	Kyra	Isobel	Lauretta	Soldat	Thierry	Jean	Paul	Seejungfrau
Kyra	■	■	X (F)	■	Z (F)	■	■	■
Isobel	■	X (F)	■	■	Z (F)	■	■	■
Lauretta	■	■	■	■	■	X (E)	■	■
Soldat	■	X (F)	■	■	■	■	■	■
Thierry	■	■	■	X (E)	■	■	■	■
Jean	■	■	■	■	■	■	■	■
Paul	■	■	■	■	■	■	■	■
Seejungfrau	■	■	■	■	■	■	■	■

Steigende Handlung und retardierendes Moment

Als **steigende Handlung eines Dramas** werden die Szenen bezeichnet, die die Handlung ohne Umwege voranbringen und auf den Höhepunkt zutreiben.

Szenen dagegen, die die dramatische Handlung aufhalten oder verzögern, bezeichnet man als **retardierende Momente**. Oft steigern diese Szenen die Spannung – vor allem dann, wenn sie nach dem Höhepunkt der Dramenhandlung liegen und eine andere Konfliktlösung noch möglich erscheinen lassen.

5. Und jetzt? – Höhepunkt und Katastrophe

Thomas Oberender
Nachtschwärmer (Akt III, Szene 3)   Text 8

Zimmer der Mädchen.
VATER: „Wir wissen selbst nicht, wie das jede Nacht passiert." Aber ich weiß es. Jetzt weiß ich es. Jetzt habe ich's kapiert. Schlafmittel –
5 ihr hättet den Wächter umbringen können. All die Nächte, jeden Morgen, wenn ihr wie tot in euren Betten lagt, da habe ich mir das Hirn zermartert, was euch nur fehlt! Doch nichts. Hier nachts verschwinden, irgend-
10 wie, ich weiß nicht wie, sich davonstehlen und mit irgendwelchen Prinzen, dass ich nicht lache, Nächte lang – was weiß denn ich? Seht euch doch an, wie Leichen blass, was haben sie mit euch gemacht. Raus mit
15 der Sprache. So lustig ist es dort anscheinend nicht. Kein Mensch tut das aus freien Stücken – schon wieder alles voller Blut. Wie können sie das machen? Da gehe ich selber runter. Die Kerle knöpfe ich mir vor.
20 Ende des Vortrags. Weg da. *Steht auf.*

LAURETTA: Das ist doch alles gar nicht wahr!
VATER: Hier habt ihr eure Schuhe. Nehmt sie, nehmt sie alle mit. Ich will euch nicht mehr sehen. Und eure Salben, eure Strümpfe, Binden, raus.
ISOBEL: Du wirfst uns raus?
LAURETTA: Wenn du da runter gehst, dann gehen wir.
VATER: Hebt die Sachen auf. Und runter von dem Bett.
KYRA: Papa, bitte nicht.
VATER: Wie geht das auf.
LAURETTA: Für immer.
In dem Moment, da er die Tür gewaltsam öffnet, verschüttet ein Erdrutsch den Eingang.
LAURETTA: Zurück.
VATER: Lass mich.
LAURETTA: Bleib doch.
VATER: Das grabe ich wieder auf.
ISOBEL: Hör auf. So hat es keinen Sinn.
VATER: Ich sagte, weg.
KYRA: Du machst es nur noch schlimmer.
VATER: Das werden wir ja sehen.
ISOBEL: Aufhören. Alles verloren.
KYRA: Du hast es zerstört.
LAURETTA: Geh zur Hölle.
ISOBEL: Es hat keinen Zweck.
LAURETTA: Wo sind die Schuhe?
VATER: Geht weg da.
LAURETTA: Fass mich nicht an.
ISOBEL: Was hast du gemacht?
VATER: Ich?
ISOBEL: Wie ich dich hasse.
LAURETTA: Ich ersticke.
KYRA: Und jetzt?
LAURETTA: Jetzt gehen wir.
VATER: Und wer macht hier sauber?
Sie gehen.

1 a Über wen ärgert sich der Vater? Gegen wen richtet sich seine Wut?
  b Wodurch wird das deutlich? Schreibe alle Wörter heraus, die das verdeutlichen.
  c Und worüber ärgert er sich? Schreibe die Wörter heraus, die Informationen dazu enthalten.
  d Welcher Wortart gehören diese Wörter an? Welche Funktion erfüllen sie? Vervollständige die Tabelle.

Beispiel	Art des ■	Funktion
wir, ich, ihr, sie	Personal■	■
euren	■	besitzanzeigend
kein	■	■

  e Warum verwendet der Vater diese **Pronomen**? Welche Wirkung hat das auf die anderen Figuren?
  f Welche Wirkung hat das auf das Publikum bzw. die Leserinnen und Leser?

2 Schreibe die Szene in einen **Prosatext** um.
  a Notiere in Stichpunkten, welche **Handlungsschritte** in der Szene enthalten sind.
  b Zeichne die **Gefühlskurven** der Figuren: Wie verändern sich ihre Gefühle im Verlauf der Szene?
  c Verfasse nun mithilfe deiner Notizen einen Prosatext.
  d Vergleiche deine Prosafassung mit der dramatischen Szene: Welche Gemeinsamkeiten und Unterschiede sind zu bemerken?

Prosa
→ S. 71

3 Wie könnten die Prinzen reagieren, als sie den verschütteten Eingang bemerken? Improvisiert Szenen im **Rollenspiel**.

Improvisieren

Improvisieren bedeutet, dass die Schauspielerinnen und Schauspieler **ohne vorher festgelegten Text spielen** und vor dem Spiel nicht genau wissen, wie die Szene ausgeht.

Improvisationen werden oft bei der **Probenarbeit** eingesetzt, weil man dabei viel über die Figuren und ihr Verhalten erfahren kann.

Szenen könnt ihr auf verschiedene Arten improvisieren:
- Eine Möglichkeit ist es beispielsweise, dass ihr nur festlegt, wer welche Figur spielt, dann die Ausgangssituation bestimmt und schließlich die Szene einfach spielt.
- Eine andere Möglichkeit besteht darin, dass ihr vorher die Gefühlslage wählt, in der die Darstellerinnen und Darsteller ihre Figuren dann spielen müssen.

Und ich? Was wird aus mir? – Den Ausgang eines Dramas untersuchen

4 Diskutiert das Verhalten des Vaters und der Töchter:
- War es richtig vom Vater, die Tür zu öffnen, oder war es falsch?
- War es richtig von den Töchtern, jede Nacht heimlich in die Unterwelt hinabzusteigen?
- Usw.

Text 9

Thomas Oberender

Nachtschwärmer (Nachspiel)

–A–

Die Bar kurz vor Mitternacht. Am Tresen Sylvia und der Soldat. [...]
Die Mädchen kommen in die Bar. [...]
BARMANN: Fanta, Cola, Bier?
5 KYRA: Wir haben dich gesucht. Den ganzen Tag.
LAURETTA: Der Eingang ist verschüttet, wir sind hier.
SOLDAT: Ich wusste nicht, dass das passiert.
ISOBEL: Kein bisschen Bedauern? Gar nichts?
10 LAURETTA: Gehen Sie zum Zirkus mit dem Mantel.
SOLDAT: Der Wein geht auf meine Rechnung.
ISOBEL: Das geht alles auf Ihre Rechnung, alles.
15 KYRA: Hat es dir Spaß gemacht? Du warst Paul.
SOLDAT: Ich war nicht Paul. Es war doch nur ein Spiel.
KYRA: Ich sag noch „du". Wie konnte ich das
20 verwechseln.
SOLDAT: Ich hab ihn dir nicht fortgenommen.
Kyra schüttet ihm den Wein ins Gesicht.
KYRA: Entschuldige, mein Paul. Das war nur, weil Du gestern nicht gekommen bist. Ich hab
25 Auf dich gewartet. Tut mir leid, mein Paul.
[...]
Musik. Der Barmann zaubert. Am Tisch.
LAURETTA: Habt ihr gesehen?
ISOBEL: Ich bin ja nicht blind.
LAURETTA: Ich meine ihn.
30 KYRA: Ich will ihn gar nicht sehen.
ISOBEL: Hör auf zu trinken.
KYRA: Wie ich ihn hasse.
LAURETTA: Seht ihn doch mal an.
KYRA: Wie konnte ich den verwechseln.
35 ISOBEL: Wenn du ihn doppelt siehst.

LAURETTA: Der Barmann ist Thierry.
ISOBEL: Was ist mit euch?
LAURETTA: Ich bin mir sicher.
ISOBEL: Das bildest du dir ein.
KYRA: Wäre ja noch schöner, hier.
[...]
Am Tisch.
ISOBEL: Hört ihr die Musik?
KYRA: Die ganze Zeit schon.
ISOBEL: Klingt wie dort.
LAURETTA: Finde ich auch.
KYRA: Habt ihr noch Wein?
ISOBEL: Wein?
KYRA: Frag mich jetzt nicht.
ISOBEL: Trink meinen.
KYRA: Ein Schluck.
ISOBEL: Alleine mag ich nicht.
KYRA: Mein Lieblingslied.
ISOBEL: Ich will jetzt tanzen.
KYRA: Ja, ich auch.
ISOBEL: Ich kann nicht anders.
KYRA: Tanzt du mit?
Kyra und Isobel tanzen.
[...]
Lauretta kommt an den Tresen.
LAURETTA: Du siehst so müde aus. Und blass. Was ist?
BARMANN: In meiner Bar sehe ich fast nie die Sonne.
LAURETTA: In deiner Bar. Du meinst wohl dein Gefängnis.
BARMANN: Das ist mein Reich – ich bin mein eigener Herr.
LAURETTA: Und trotzdem siehst du nie die Sonne.
BARMANN: Nachts bin ich hier und tags, da schlafe ich.
LAURETTA: Genau wie ich. Ich lebe auch nur nachts.
BARMANN: Die meiste Zeit verbringe ich mit warten.
LAURETTA: Ich weiß. Ich weiß das. Ich weiß alles. Komm.
BARMANN: Wo willst du hin?

LAURETTA: Wir wollten doch jetzt tanzen.
BARMANN: Wollten wir? Für heute mach ich Schluss.
LAURETTA: Mach Schluss. Jetzt auf der Stelle. Ich will tanzen.
BARMANN: Du hättest heute eher kommen sollen.
LAURETTA: Ich wollte ja. Ich kann doch nichts dafür.
BARMANN: Es tut mir leid. Doch jetzt ist es zu spät.
LAURETTA: Zu spät. Kannst du nicht für mich zaubern?
BARMANN: Ich bin nicht der, für den du mich jetzt hältst.
LAURETTA: Nur einen Wunsch. Houdini konnte alles.
BARMANN: Was wünschst du dir?
LAURETTA: Ich wünsche mir noch Zeit. Lass Mitternacht noch nicht vorbei sein, bitte. Verstehst du mich denn nicht? Was ist mit dir? Ich will Musik! Ich will, dass es jetzt nicht Zu Ende geht. Nur eine Stunde. Eine.
Der Barmann dreht die Zeiger der Wanduhr zurück. So wie er den Zeiger rückwärts bewegt, wird es dunkel. Wenn es hell wird, tanzen Kyra und Isobel. Lauretta sieht zu. Vielleicht Jahre später.

– B –

LAURETTA: Und ich? Was wird aus mir? Nette Gesellschaft. Ich kann ja mit den Stühlen reden. Bist du noch frei? Ihr seid verrückt!
BARMANN: Wie heißt du denn? LAURETTA: Ich? Lauretta. BARMANN: Schön. Willst du noch etwas trinken? LAURETTA: Sag Laura. Lauretta ist gestorben. BARMANN: Es ist bald zwölf. Dann habe ich Feierabend. LAURETTA: Feiernacht. Noch so viel Zeit. BARMANN: Magst du die Musik?
LAURETTA: Geht. Doch. Kommt mir bekannt vor.
BARMANN: Magst du nicht tanzen? LAURETTA: Ich hab genug getanzt. BARMANN: Wie alt bist du? Soll ich raten? Zwölf? War ein Witz.
LAURETTA: Blöder Witz. BARMANN: Geht es dir nicht gut? *Pause.* Die meiste Zeit verbringe

125 ich mit warten. Nachts bin ich hier und tags, da schlafe ich. Bist du müde? LAURETTA: Du siehst blass aus. BARMANN: In meiner Bar seh 130 ich fast nie die Sonne. Magst du wirklich nichts trinken? LAURETTA: Was hast du denn da? BARMANN: Fanta, Cola, Bier.
[...]

5 a Sammle alle Informationen, die im Haupt- und im Nebentext über die **Handlungsorte** dieser Szene zu finden sind.
   b Worin unterscheiden sich Oberwelt und Unterwelt aus Sicht der Mädchen? Welche der beiden Welten gefällt ihnen besser?

Oberwelt	←→	Unterwelt
Zimmer		Tanzsaal
Tag		Nacht
Soldat, Barmann, Vater		Prinzen
■		■

   c Wie reagieren die Mädchen darauf, dass die Unterwelt am Ende für immer verschlossen ist?

Geht. Doch. Kommt mir bekannt vor. – Zu einem literarischen Text Stellung nehmen

6 a Welche deiner anfänglichen **Leseerwartungen** zu Oberenders Stück „Nachtschwärmer" (Aufgabe 1, S. 215) haben sich erfüllt? Welche nicht?
   b Wie bewertest du die **Haupthandlung**, wie die **Nebenhandlungen**? Worüber hättest du gerne mehr erfahren?
   c An welchen Stellen hätte die Handlung auch einen anderen Verlauf nehmen können? Begründe deine Einschätzung mit Textzitaten.
   d An welchen Stellen hätte der Konflikt anders gelöst werden können? Begründe deine Einschätzung mit Textzitaten.
   e Gibt es Figuren, denen du auch ein anderes Verhalten zugetraut hättest? Begründe deine Meinung mit Textzitaten.
   f Diskutiert: Endet das Stück tragisch oder bieten sich den Mädchen auch positive Zukunftsaussichten ohne den Zugang zur Unterwelt? Belegt eure Einschätzungen mit Textzitaten.

Dramenquiz

1 Was stimmt an diesen Aussagen nicht? Berichtige die Fehler.

Ein Drama besteht immer aus Akten und Szenen.
Der Haupttext enthält die Regieanweisungen des Autors oder der Autorin.
Nach der Aufführung wird eine Strichfassung des Theaterstücks erstellt.
Eine Szene umfasst mehrere Akte.
Führt eine Figur ein Selbstgespräch, so spricht sie einen Dialog.
Die Exposition eines Dramas erzählt, was im Anschluss an die Dramenhandlung passiert.
Die Leserinnen und Leser eines Theaterstücks können auf zwei verschiedene Weisen etwas über eine Figur erfahren.
Ein anderes Wort für „Szene" ist „Aufzug".
Ein Theaterkonflikt besteht immer darin, dass zwei der Figuren miteinander streiten.
Eine Figur, die einen Monolog spricht, sagt immer die Wahrheit.

2 a Welche Fachbegriffe verbergen sich hinter den Erklärungen?

- der Moment der Handlung, in dem sich etwas ereignet, was das Erreichen des Handlungsziels für eine der Figuren unmöglich macht → ■
- Szenen, in denen die Haupthandlung aufgehalten wird → ■
- der Punkt der größten Spannung → ■
- der Teil des Theaterstücks, in dem die Informationen vermittelt werden, die das Publikum braucht, um die Handlung zu verstehen → ■
- das, was eine Figur erreichen will, stört das, was eine andere Figur erreichen will → ■

b Übertrage die Grafik in dein Heft und beschrifte sie mit den gefundenen Fachbegriffen.

3 Spielt in der Klasse ein Quiz zu „Nachtschwärmer".
  a Jeder/jede von euch formuliert drei Fragen zu Thomas Oberenders Theaterstück und schreibt jede Frage auf die Vorderseite einer Karteikarte und die Antwort auf die Rückseite.
  b Bildet zwei Gruppen. Jede Gruppe erhält die Hälfte der Karten.
  c Im Wechsel stellen die Gruppen sich gegenseitig die Fragen. Wird die Frage richtig beantwortet, erhält die antwortende Gruppe die Karte. Wird sie falsch beantwortet, verbleibt die Karte bei der fragenden Gruppe.
  d Die Gruppe, die am Ende die meisten Karten gesammelt hat, hat gewonnen.

Und jetzt kommst du!

Rapunzel – Ein Theaterstück verfassen und inszenieren

Jakob und Wilhelm Grimm

Text 10 **Rapunzel**

Es war einmal ein Mann und eine Frau, die hatten sich schon lange ein Kind gewünscht und nie eins bekommen, endlich aber ward die Frau guter Hoffnung. Diese Leute hatten in ihrem Hinterhause ein kleines Fenster, daraus konnten sie in den Garten einer Zauberin sehen, der voll Blumen und Kräutern stand, allerlei Art, keiner aber durfte wagen, hineinzugehen. Eines Tages stand die Frau an diesem Fenster und sah hinab, da erblickte sie wunderschöne Rapunzeln auf einem Beet und wurde lüstern danach und wusste doch, dass sie keine davon bekommen konnte, dass sie ganz abfiel und elend wurde. Ihr Mann erschrak endlich und fragte nach der Ursach. „Ach wenn ich keine von den Rapunzeln aus dem Garten hinter unserm Haus zu essen kriege, so muss ich sterben." Der Mann, welcher sie gar lieb hatte, dachte, es mag kosten was es will, so willst du ihr doch welche schaffen, stieg eines Abends über die hohe Mauer und stach in aller Eile eine Hand voll Rapunzeln aus, die er seiner Frau brachte. Die Frau machte sich sogleich Salat daraus und aß sie in vollem Heißhunger auf. Sie hatten ihr aber so gut, so gut geschmeckt, dass sie den andern Tag noch dreimal soviel Lust bekam. Der Mann sah wohl, dass keine Ruh wäre, also stieg er noch einmal in den Garten, allein er erschrak gewaltig, als die Zauberin darin stand und ihn heftig schalt, dass er es wage, in ihren Garten zu kommen und daraus zu stehlen. Er entschuldigte sich, so gut er konnte, mit dem Gelüsten seiner Frau und wie gefährlich es sei, ihr jetzt etwas abzuschlagen, endlich sprach die Zauberin: „Ich will mich zufrieden geben und dir selbst gestatten, Rapunzeln mitzunehmen, so viel du willst, wofern du mir das Kind geben wirst, das deine Frau gebiert." In der Angst sagte der Mann alles zu, und als die Frau in Wochen kam, erschien die Zauberin sogleich, nannte das kleine Mädchen Rapunzel und nahm es mit sich fort.

Dieses Rapunzel wurde das schönste Kind unter der Sonne, wie es aber zwölf Jahr alt war, so schloss es die Zauberin in einen hohen hohen Turm, der hatte weder Tür noch Treppe, nur bloß ganz oben war ein kleines Fensterchen. Wenn nun die Zauberin hinein wollte, so stand sie unten und rief:

„Rapunzel, Rapunzel!
lass mir dein Haar herunter."

Rapunzel hatte aber prächtige lange Haare, fein wie gesponnen Gold, und wenn die Zauberin so rief, so band sie ihre Zöpfe los, wickelte sie oben um einen Fensterhaken, und dann fielen die Haare zwanzig Ellen tief hinunter und die Zauberin stieg daran hinauf.

Eines Tages kam nun ein junger Königssohn durch den Wald, wo der Turm stand, sah das schöne Rapunzel oben am Fenster stehen und hörte sie mit so süßer Stimme singen, dass er sich ganz in sie verliebte. Da aber keine Türe im Turm war und keine Leiter so hoch reichen konnte, so geriet er in Verzweiflung; doch ging er alle Tage in den Wald hin, bis er einstmals die Zauberin kommen sah, die sprach:

„Rapunzel, Rapunzel,
lass dein Haar herunter."

Darauf sah er wohl, auf welcher Leiter man in den Turm kommen konnte. Er hatte sich aber die Worte wohl gemerkt, die man sprechen musste, und des andern Tages, als es dunkel war, ging er an den Turm und sprach hinauf:

„Rapunzel, Rapunzel,
lass dein Haar herunter."

Da ließ sie die Haare los, und wie sie unten waren, machte er sich daran fest und wurde hinaufgezogen.

Rapunzel erschrak nun anfangs, bald aber gefiel ihr der junge König so gut, dass sie mit ihm verabredete, er solle alle Tage kommen und hinaufgezogen werden. So lebten sie lustig und in Freuden eine geraume Zeit [...]. Die Zauberin aber kam nicht dahinter, bis eines Tages das Rapunzel anfing und zu ihr sagte: „Sag' sie mir doch, Frau Gothel, sie wird mir viel schwerer heraufzuziehen als der junge König."
„Ach du gottloses Kind", sprach die Zauberin, „was muss ich von dir hören", und sie merkte gleich, dass sie betrogen wäre, und war ganz aufgebracht.

Da nahm sie die schönen Haare Rapunzels [...], griff eine Schere [...], und, ritsch, ritsch, waren sie abgeschnitten. Darauf verwies sie Rapunzel in eine Wüstenei, wo es ihr sehr kümmerlich erging [...].

Denselben Tag aber, wo sie Rapunzel verstoßen hatte, machte die Zauberin abends die abgeschnittenen Haare oben am Haken fest, und als der Königssohn kam:

„Rapunzel, Rapunzel,
lass dein Haar herunter."

so ließ sie zwar die Haare nieder, allein wie erstaunte er, als er statt seines geliebten Rapunzels die Zauberin fand. „Weißt du was", sprach die erzürnte Zauberin, „Rapunzel ist für dich Bösewicht auf immer verloren!"

1 Auch dieses Märchen eignet sich als Vorlage für ein Theaterstück, das ihr inszenieren und vor Publikum aufführen könnt. Vervollständigt die Tabelle mit den Fragen, die ihr beantworten müsst, und den Arbeitsschritten, die notwendig sind, um aus dem Märchen ein aktuelles Drama zu machen.

Schritt 1: **Texterschließung**	Schritt 2: **Textbearbeitung und –aktualisierung**	Schritt 3: **Inszenierung**	Schritt 4: **Aufführung**
– Thema des Textes bestimmen – Handlungsschritte feststellen – Figuren charakterisieren – ■	– Handlungsstränge festlegen – Orte, Handlung, Figuren in die Gegenwart setzen – Szenenfolge ausarbeiten – Texte überarbeiten – ■	– Bühnenbild entwerfen – Kostüme entwerfen – Spielweisen erproben – ■	– Ort und Termin festlegen – Programme schreiben – ■

2 Durchlauft die Arbeitsschritte. Legt vorher fest, welche Schritte ihr in Einzelarbeit und welche ihr in Gruppen erledigen wollt, und erstellt einen Ablaufplan, aus dem hervorgeht, wer bis wann welche Aufgabe erledigt.

Erinnerung und Zukunft

Wiederholen und Trainieren

Erinnerung und Zukunft 243

1. Erinnerung, die man kaufen kann –
Literarische Texte schreiben

Philip K. Dick

Text 1   **Wir erinnern uns für Sie en gros**

Douglas Quail arbeitet als Buchhalter bei einer Regierungsbehörde, dem West Coast Auswanderungsbüro, und hat einen großen Traum: Er möchte zum Mars reisen und dort – zumindest zeitweise – das Leben eines Agenten für Interplan, einen Geheimdienst, führen. Da er sich die Reise aber nicht leisten kann, beschließt er, Kontakt zur Rekal GmbH aufzunehmen, einem Unternehmen, das Menschen nach ihren eigenen Wünschen künstlich erzeugte Erinnerungen einpflanzt. Die Rekal GmbH wird von Mr. McClane geleitet.

Nach einem kurzen, unangenehmen Augenblick, in dem er sich verirrt zu haben glaubte, fand er das richtige Zimmer. Die Tür stand offen und drinnen saß ein freundlich blickender Mann an einem großen Schreibtisch aus echtem Nussbaumholz. Er war in mittleren Jahren und trug den neuesten marsianischen Froschpelz-
5   anzug. Seine Kleidung allein machte Quail deutlich, dass er an der richtigen Adresse war.
„Nehmen Sie Platz, Douglas", sagte McClane und deutete mit seiner fleischigen Hand auf einen Sessel, der dem Schreibtisch gegenüberstand. „Sie wären also gern auf dem Mars gewesen. Sehr gut."
10   Quail setzte sich und war ein wenig nervös. „Ich bin nicht sicher, ob es die Gebühren wert ist", sagte er. „Es kostet eine Menge, und soweit ich weiß, bekomme ich eigentlich gar nichts." *Kostet fast so viel wie die tatsächliche Reise,* dachte er.
„Sie erhalten greifbare Beweise Ihrer Reise", widersprach McClane lebhaft. „All die Beweise, die Sie brauchen. Hier, ich zeig's Ihnen." Er griff in eine Schublade seines
15   eindrucksvollen Schreibtischs. „Kontrollabschnitte der Tickets." Er langte in eine Mappe und holte ein kleines Quadrat aus geprägter Pappe hervor. „Sie beweisen, dass Sie dort waren ... und wieder zurückgekehrt sind. Postkarten." Er legte vier frankierte farbige 3D-Postkarten vor Quail auf den Tisch und reihte sie fein säuberlich auf. „Ein Film. Aufnahmen, die Sie mit einer gemieteten Kamera von ört-
20   lichen Sehenswürdigkeiten auf dem Mars gemacht haben." Er zeigte sie Quail ebenfalls. „Plus die Namen derjenigen, die Sie dort getroffen haben, Souvenirs im Werte von zweihundert Poscreds, die Sie in den nächsten Monaten erreichen werden – vom Mars aus. Und ein Pass und eine Impfbescheinigung. Und noch mehr." Er sah Quail durchdringend an. „Natürlich werden Sie wissen, dass Sie dort gewe-
25   sen sind", fuhr er fort. „Sie werden sich nicht an uns erinnern, nicht an mich oder daran, jemals hier gewesen zu sein. In Ihrer Erinnerung wird es eine tatsächliche Reise sein, das garantieren wir. Zwei volle Erinnerungs-Wochen, bis ins allerletzte Detail. Denken Sie daran: Wenn Sie zu irgendeiner Zeit Zweifel daran haben, dass Sie tatsächlich eine ausgedehnte Reise zum Mars unternahmen, dann können Sie

30 hierher zurückkommen und bekommen den vollen Betrag zurückerstattet. Na?"
„Aber ich war nicht da", sagte Quail. „Ich bin nicht dagewesen, ganz gleich, welche Beweise Sie mir liefern." Nervös atmete er tief durch. „Und ich war nie ein Geheimagent von Interplan." Es erschien ihm unmöglich, dass das extra-reale Erinnerungsimplantat der Rekal GmbH funktionierte – trotz allem, was er darü-
35 ber gehört hatte.
„Mr. Quail", sagte McClane geduldig. „Wie Sie in Ihrem Schreiben an uns erklärten, haben Sie keine Chance, nicht die geringste Möglichkeit, jemals tatsächlich zum Mars zu reisen. Sie können es sich nicht leisten, und was noch wichtiger ist, Sie können sich niemals als Geheimagent für Interplan oder eine andere Behörde
40 qualifizieren. Dies ist der einzige Weg, Ihren, äh, lebenslangen Traum zu verwirklichen. Habe ich nicht Recht, mein Herr? Sie können das nie sein und Sie können das nie wirklich tun." Er kicherte. „Aber Sie können es *gewesen sein* und es *getan haben*. Dafür sorgen wir. Und unsere Gebühren sind angemessen – keine Extras." Er lächelte zuversichtlich.

45 „Ist eine extra-reale Erinnerung so überzeugend?", fragte Quail.
„Überzeugender als die tatsächliche, mein Herr. Wären Sie wirklich als Interplanagent zum Mars geflogen, dann hätten Sie jetzt bereits einen großen Teil vergessen. Unserer Analyse von Real-Erinnerungssystemen – authentische Erinnerungen an wichtige Ereignisse im Leben eines Menschen – beweisen, dass eine Vielzahl von
50 Einzelheiten sehr rasch von der betreffenden Person vergessen wird. Für immer. Unser Angebot an Sie schließt eine so tiefe Erinnerungseinpflanzung ein, dass nichts vergessen wird. Das Erinnerungspaket, das Ihnen in tiefer Bewusstlosigkeit eingegeben wird, ist die Kreation von erfahrenen Experten, Leuten, die Jahre auf dem Mars verbracht haben. In jedem Fall prüfen wir die Einzelheiten bis ins
55 kleinste Detail. Und Sie haben sich für ein ziemlich einfaches Extra-real-Erinnerungssystem entschieden. Hätten Sie Pluto gewählt oder Kaiser der Vereinten Inneren Planeten sein wollen, hätten wir weitaus mehr Schwierigkeiten ... und die Kosten wären beträchtlich höher."
Quail griff in seine Jacke, holte die Brieftasche hervor und sagte: „Also gut. Mein
60 Leben lang hatte ich diesen Wunsch und mir ist klar, dass ich ihn niemals tatsächlich verwirklichen kann. Also muss ich mich eben hiermit bescheiden."
„So sollten Sie das nicht sehen", entgegnete McClane streng. „Sie finden sich nicht mit etwas Zweitklassigem ab. Die wirkliche Erinnerung mit all ihren Verschwommenheiten, ihren Lücken und Verzerrungen – um nicht zu sagen Entstellungen –,
65 das ist zweitklassig." Er nahm das Geld entgegen und betätigte eine Taste auf seinem Schreibtisch. „In Ordnung, Mr. Quail", sagte er, als sich die Tür seines Büros öffnete und zwei untersetzte Männer hereineilten. „Sie sind als Geheimagent auf dem Weg zum Mars." Er erhob sich, trat zu Quail und schüttelte dessen zitternde und feuchte Hand. „Oder genauer gesagt, Sie sind auf dem Weg gewesen. Heute
70 Nachmittag um halb fünf treffen Sie wieder auf der Erde ein. Ein Taxi bringt Sie zu Ihrer Wohnung, und wie ich schon sagte, Sie werden sich nie daran erinnern, mich gesprochen zu haben oder hierher gekommen zu sein. Tatsächlich werden Sie sich nicht einmal daran erinnern, von uns gehört zu haben."

 Pro- und Kontra-Argumente

1 Würdet ihr eine solche Behandlung in Anspruch nehmen? Diskutiert. Listet anschließend die **Pro- und Kontra-Argumente** in einer Tabelle auf.

Pro–Argumente	Kontra–Argumente
– man hat mehr zu erzählen – man ist flexibler in der Erfüllung seiner Wünsche	– man wüsste nicht mehr, was man wirklich erlebt hat – ■

 Plakat

2 a Arbeitet in Gruppen: Gestaltet ein **Werbeplakat** für die Firma Rekal GmbH.
   b Bewertet eure Ergebnisse anschließend mittels einer Punktabfrage und tauscht euch darüber aus, was das beste Plakat auszeichnet.

Punktabfrage

Die Punktabfrage ist eine **Methode zur Aus- oder Bewertung mehrerer Vorschläge oder Entwürfe** zu einem Thema bzw. einer Fragestellung.
Für eine Punktabfrage hat jeder von euch die gleiche Anzahl von Klebepunkten zur Verfügung. Bringt sie auf den eurer Meinung nach besten Plakaten an. Anschließend wird das Ergebnis in der Gruppe diskutiert.

 appellative Texte

 Textlupe

3 a Diskutiert, welche Gefahren es birgt, wenn sich Erinnerungen, wie im Fall von Quail, mittels einer Technologie verändern oder künstlich erzeugen lassen.
   b Gestalte ein **Flugblatt**, mit dem du – z. B. als eine Figur in der Geschichte – auf die Risiken der Behandlung bei der Rekal GmbH aufmerksam machst.
   c Überarbeitet eure Flugblätter mit dem Verfahren der **Textlupe**. Achtet dabei auch auf Rechtschreibung und Zeichensetzung.

Philip K. Dick

Text 2   **Wir erinnern uns für Sie en gros (Fortsetzung)**

Den Technikern der Rekal GmbH gelingt es nicht, Douglas Quail die künstliche Erinnerung an eine Marsreise einzupflanzen. Unter Narkose stellt sich heraus, dass er tatsächlich als Geheimagent auf dem Nachbarplaneten gearbeitet und dort einen brutalen Mord begangen hatte. Nachdem diese Erinnerungen in einem Militärlabor der Regierung deaktiviert worden waren, sind sie nun – infolge der Behandlung bei der Rekal GmbH – zunehmend wieder vorhanden.

„Wir wissen nicht nur, dass Sie auf dem Mars waren", stimmte der Interplan-Polizist in Beantwortung seiner[1] Gedanken zu, „wir wissen auch, dass Sie sich nun soweit erinnern, um heikel für uns zu werden. Und es hat keinen Sinn, Ihre bewusste Erinnerung an all dies zu löschen, denn wenn wir das tun, tauchen Sie einfach
5 wieder bei Rekal auf und alles fängt von vorne an. Und gegen McClane und sein Unternehmen können wir nichts ausrichten, da nur unsere eigenen Leute in unseren Zuständigkeitsbereich fallen. Außerdem hat sich McClane keines Vergehens schuldig gemacht." Er fasste Quail ins Auge. „Sie genau genommen auch

[1] Quails

nicht. Sie haben Rekal nicht mit der Absicht aufgesucht, Ihre Erinnerung wiederzugewinnen. Soweit wir wissen, sind Sie aus dem gleichen Grund wie auch andere Leute dorthin gegangen – der Wunsch dummer und törichter Leute, ein Abenteuer zu erleben." Er fügte hinzu: „Unglücklicherweise sind Sie nicht dumm und nicht töricht und Sie haben bereits mehr als genug Abenteuer hinter sich. Eine Behandlung bei Rekal war das Allerletzte, was Sie brauchten. Nichts hätte bedrohlicher für Sie oder uns sein können. Und, was das betrifft, auch für McClane."
„Warum", fragte Quail, „ist es heikel für Sie, wenn ich mich an meine Reise – meine angebliche Reise – und deren Zweck erinnere?"
„Weil das", erwiderte der uniformierte Interplanbulle, „was Sie getan haben, mit unserer großartigen und hehren Beschützerrolle in der Öffentlichkeit nicht in Einklang steht. Sie haben das für uns erledigt, was wir niemals tun." [...] Ein zweiter Interplan-Polizist gesellte sich dem ersten hinzu. Sie berieten sich kurz. Inzwischen dachte Quail angestrengt nach. Er erinnerte sich jetzt an mehr – der Polizist hatte Recht mit dem Narkidrin. Sie – Interplan – benutzten es wahrscheinlich selbst. Wahrscheinlich? Er wusste verdammt genau, dass sie es benutzten. Er hatte gesehen, wie sie es einem Gefangenen verabreicht hatten. Wo war das gewesen? Irgendwo auf der Erde? Eher auf dem Mond, entschied er und betrachtete das Bild, das sich aus seiner außerordentlich unvollständigen – sich aber rapide regenerierenden – Erinnerung herauskristallisierte.
Und er erinnerte sich an etwas anderes. An den Grund, warum sie ihn zum Mars geschickt hatten. Die Arbeit, die er erledigt hatte.
Kein Wunder, dass sie sein Gedächtnis gelöscht hatten.
„Gütiger Himmel!", brachte der erste der beiden Interplan-Polizisten hervor und brach die Unterhaltung mit seinem Kollegen ab. Offensichtlich hatte er Quails Gedanken aufgefangen. „Nun, jetzt ist das Problem noch weitaus größer. So schlimm, wie es nur sein kann." Er trat zu Quail und richtete seine Waffe auf ihn.
„Wir müssen Sie töten", sagte er. „Auf der Stelle."
„Warum auf der Stelle?", warf sein Kamerad nervös ein. „Warum bringen wir ihn nicht einfach zu Interplan New York und lassen sie ..."
„Er weiß, warum es auf der Stelle sein muss", entgegnete der erste Polizist. Auch er wirkte jetzt nervös, aber Quail stellte fest, dass dem eine völlig andere Ursache zugrunde lag. Seine Erinnerung war nun fast vollständig zurückgekehrt. Und er verstand die Anspannung des Polizisten voll und ganz.
„Auf dem Mars", sagte Quail rau, „habe ich einen Mann getötet. Nachdem ich vorher fünfzehn Leibwächter umgelegt habe. Einige waren mit Strahlern bewaffnet – wie Sie." Über fünf Jahre lang war er von Interplan zum Killer ausgebildet worden. Zu einem professionellen Killer. Er wusste, wie man bewaffnete Gegner ausschaltete ... wie diese beiden Polizisten. Und derjenige mit dem Ohrenempfänger wusste es ebenso.
Wenn er sich schnell genug bewegte ...
Die Waffe feuerte. Aber Quail hatte sich bereits zur Seite geworfen und im gleichen Augenblick den Polizisten mit der Waffe zu Boden geworfen. Einen

Augenblick später war er im Besitz der Waffe und richtet sie auf den anderen, völlig verwirrten Polizisten.

„Hat meine Gedanken aufgefangen", sagte Quail und schnappte nach Luft. „Er wusste, was ich vorhatte, aber ich hab's trotzdem geschafft."

Textbelege zitieren

4 Wie verändert Quails allmählich wieder einsetzende Erinnerung seine Gegenwart und seine Zukunft? Beschreibe, welche Konsequenzen (Folgen) dies für ihn hat, und belege deine Aussagen mit **Textzitaten**.

Erzähl-perspektive

5 a Erläutere, aus welcher **Erzählperspektive** die Kurzgeschichte geschrieben ist.
b Welche Wirkung hat dies auf die Leserin oder den Leser? Belege deine Beobachtungen mithilfe von Beispielen.

Schreibplan

Schreib-konferenz

6 a Wie könnte die Geschichte nach Quails Kampf mit den Polizisten weitergehen? Setze sie fort. Achte darauf, sowohl **Erzählperspektive** als auch **Erzählstil** beizubehalten und **Textsignale** aufzunehmen.
b Ordne deine Ideen für die Fortsetzung in einem **Schreibplan**.
c Organisiert **Schreibkonferenzen** und tauscht eure Texte untereinander aus.
d Was könnte der Verfasser des folgenden Textes noch verbessern?

> *Quail richtete die Waffe auf den Polizisten und sagt: „Ihr dämlichen Interplanbullen! Mit dem Telepathie-Sender könnt ihr zwar meine Gedanken lesen, aber ich war trotzdem schneller." Dann geschah etwas Überraschendes, was weder Quail noch die beiden Agenten vorausgesehen hatten.*

Texte überarbeiten

e **Überarbeitet** eure Texte aufgrund der Ergebnisse der Schreibkonferenzen.

Science-Fiction

7 Sammle Eigenschaften, die auf **Science-Fiction-Texte** zutreffen und die du in „Wir erinnern uns für Sie en gros" nachweisen kannst.

8 a Was würde es für unser Leben bedeuten, wenn wir uns nicht erinnern könnten? Diskutiert.
b Verfasse einen Science-Fiction-Text mit der Überschrift „Das Land ohne Erinnerung". Erstelle dazu zunächst wieder einen Schreibplan.

Science-Fiction

Die Welt, wie sie in Science-Fiction-Texten geschildert wird, unterscheidet sich oft erheblich von unserer eigenen: Große technische Fortschritte, wichtige Neuerungen im Bereich der Naturwissenschaften oder auch Veränderungen im Zusammenleben der Menschen prägen sie. Gerade technische Visionen, beispielsweise im Bereich der Raumfahrt, der Erforschung fremder Planeten und neuer Lebewesen, haben die Science-Fiction-Literatur stark beeinflusst.
Die ersten Texte dieses Genres entstanden deshalb nicht zufällig in der Mitte des 19. Jahrhunderts, dem Zeitalter vieler entscheidender Erfindungen (Eisenbahn, Maschinen, Versuche in der Luftfahrt).

2. Erinnerungen, die man gewonnen hat – Fragen zu literarischen Texten entwickeln

Bertolt Brecht
Erinnerung an die Marie A.

Text 3

1
An jenem Tag im blauen Mond September
Still unter einem jungen Pflaumenbaum
Da hielt ich sie, die stille bleiche Liebe
In meinem Arm wie einen holden Traum.
5 Und über uns im schönen Sommerhimmel
War eine Wolke, die ich lange sah
Sie war sehr weiß und ungeheuer oben
Und als ich aufsah, war sie nimmer da.

2
Seit jenem Tag sind viele, viele Monde
10 Geschwommen still hinunter und vorbei
Die Pflaumenbäume sind wohl abgehauen
Und fragst du mich, was mit der Liebe sei?
So sag ich dir: Ich kann mich nicht erinnern
Und doch, gewiß, ich weiß schon, was du meinst
15 Doch ihr Gesicht, das weiß ich wirklich nimmer
Ich weiß nur mehr: Ich küßte es dereinst.

3
Und auch den Kuß, ich hätt ihn längst vergessen
Wenn nicht die Wolke da gewesen wär
Die weiß ich noch und werd ich immer wissen
20 Sie war sehr weiß und kam von oben her.
Die Pflaumenbäume blühn vielleicht noch immer
Und jene Frau hat jetzt vielleicht das siebte Kind
Doch jene Wolke blühte nur Minuten
Und als ich aufsah, schwand sie schon im Wind.

1 a Notierte deine ersten Leseeindrücke zu Brechts Gedicht in Stichworten.
   b Stellt euch eure **Leseeindrücke** gegenseitig vor und besprecht, worin sie sich ähneln oder unterscheiden.

Leseeindrücke

2 a Woran erinnert sich das lyrische Ich und was hat es vergessen? Erläutere dabei auch, welche Bedeutung das Bild der Wolke in Text 3 hat.
   b Liegt das Ereignis, an das sich das lyrische Ich erinnert, erst kurze oder schon längere Zeit zurück? Begründe mithilfe von Textbelegen.

sprachliche Bilder

3 Welches Verhältnis hatten und haben das lyrische Ich und seine Geliebte zueinander? Sammelt dazu Textstellen (mit Zeilenangaben) und diskutiert die Frage.

Eduard Mörike

Text 4 **Erinnerung**
An K. N.

Jenes war zum letzten Male,
Dass ich mit dir ging, o Klärchen!
Ja, das war das letzte Mal,
Dass wir uns wie Kinder freuten.
5 Als wir eines Tages eilig
Durch die breiten, sonnenhellen,
Regnerischen Straßen, unter
Einem Schirm geborgen, liefen;
Beide heimlich eingeschlossen
10 Wie in einem Feenstübchen,
Endlich einmal Arm in Arme!

Wenig wagten wir zu reden,
Denn das Herz schlug zu gewaltig;
Beide merkten wir es schweigend,
15 Und ein jedes schob im Stillen
Des Gesichtes glüh'nde Röte
Auf den Widerschein des Schirmes.
Ach, ein Engel warst du da!
Wie du auf den Boden immer
20 Blicktest und die blonden Locken
Um den hellen Nacken fielen.

„Jetzt ist wohl ein Regenbogen
Hinter uns am Himmel," sagt ich,
„Und die Wachtel dort im Fenster,
25 Deucht mir, schlägt noch eins so froh!"

Und im Weitergehen dacht ich
Unsrer ersten Jugendspiele,
Dachte an dein heimatliches
Dorf und seine tausend Freuden.
30 – „Weißt du auch noch," frug ich dich,
„Nachbar Büttnermeisters Höfchen,

Wo die großen Kufen lagen,
Drin wir sonntags nach Mittag uns
Immer häuslich niederließen,
35 Plauderten, Geschichten lasen,
Während drüben in der Kirche
Kinderlehre war – (ich höre
Heute noch den Ton der Orgel
Durch die Stille ringsumher):
40 Sage, lesen wir nicht einmal
Wieder wie zu jenen Zeiten
– Just nicht in der Kufe, mein ich –
Den beliebten ‚Robinson'?"

Und du lächeltest und bogest
45 Mit mir um die letzte Ecke.
Und ich bat dich um ein Röschen,
Das du an der Brust getragen,
Und mit scheuen Augen schnelle
Reichtest du mirs hin im Gehen:
50 Zitternd hob ichs an die Lippen,
Küsst es brünstig zwei- und dreimal;
Niemand konnte dessen spotten,
Keine Seele hat's gesehen,
Und du selber sahst es nicht.

55 An dem fremden Haus, wohin
Ich dich zu begleiten hatte,
Standen wir nun, weißt, ich drückte
Dir die Hand und –

Dieses war zum letzten Male,
60 Dass ich mit dir ging, o Klärchen!
Ja, das war das letzte Mal,
Dass wir uns wie Kinder freuten.

stummes Schreibgespräch

4 a Arbeitet in Vierergruppen: Benutzt die Methode des **stummen Schreibgesprächs**, um eure ersten Eindrücke zu Mörikes Gedicht zusammenzustellen.
b Stellt abschließend eine **These**, d. h. eine Aussage über das Wesentliche, zum Inhalt des Gedichtes auf und diskutiert sie in der Klasse.

5 Fasse zusammen: An welche Situationen erinnert sich das lyrische Ich in Text 4? Welche Bedeutung könnten sie für sein Leben haben?

6 a Welche **Tempora** kommen in dem Gedicht vor? Notiere sie in einer Tabelle und
führe jeweils – mit Zeilenangabe – ein Beispiel aus dem Text an.
b Analysiere, welche Tempora Mörike in welchem Zusammenhang verwendet.

Tempora

7 a Untersuche die formalen Aspekte (also die **formale Gestaltung**) des Gedichts.
b Gibt es formale oder inhaltliche Aspekte, die du an dem Gedicht nicht verstehst? Sammle sie in Form von Fragen.
c Versucht anschließend, die Fragen gemeinsam in der Klasse zu beantworten.

Lyrik – fomale Aspekte

Peter Härtling
Zwei Versuche, mit meinen Kindern zu reden

Text 5

I Ich wollte dir erzählen,
mein Sohn,
im Zorn
über deine scheinbare
5 Gleichgültigkeit,
über die eingeredete
Fremde
zwischen uns,
wollte ich dir erzählen,
10 zum Beispiel,
von meinem Krieg,
von meinem Hunger,
von meiner Armut,
wie ich geschunden wurde,
15 wie ich nicht weiter wusste,
wollte dir
deine Unkenntnis
vorwerfen,
deinen Frieden,
20 deine Sattheit,
deinen Wohlstand,
die auch
die meinen sind,
und während ich schon
25 redete,
dich mit Erinnerung
prügelte,
begriff ich, dass
ich dir nichts beibrächte
30 als Hass und Angst,
Neid und Enge,
Feigheit und Mord.

Meine Erinnerung ist
nicht die deine.
35 Wie soll ich
dir das Unverständliche erklären?
So reden wir
über Dinge,
die wir kennen.

40 Nur wünsche ich
insgeheim,
Sohn, dass du, Sohn,
deinem Sohn
deine Erinnerung
45 nicht verschweigen musst,
dass du
einfach sagen kannst:
Mach es so
wie ich,
50 versuche
zu kämpfen,
zu leben,
zu lieben
wie ich,
55 Sohn.

II Ich wollte dir erzählen,
meine Tochter,
von meiner ersten
Liebe,
60 von dem Schrecken
einer
fremden Haut,

von trockenen
suchenden
65 allmählich
feucht werdenden
Lippen,
vom Atem,
der einem
70 ausgeht,
von Wörtern,
die Luftwurzeln haben,
von der Sehnsucht,
für einen Augenblick
75 so zusammen
in der Mitte der Erde,
der Kugel Erde,
ruhen zu können,
der Kern,
80 um den alles
sich dreht.

Und am Ende,
Tochter,
roch ich unsern Schweiß,
85 die Mühe unserer
Liebe,
wie den von Fremden
und wusste,
dass Glück
90 so fremd riecht.
Du sollst es auch wissen,
Tochter.

8 **Vergleiche** die beiden Strophen in Text 5.
  a Worüber spricht das lyrische Ich zu seinem Sohn, worüber zu seiner Tochter?
  b Formuliere in deinen eigenen Worten, was das lyrische Ich gegenüber seinen Kindern zum Ausdruck bringen möchte.
  c Welche Rolle spielt der Altersunterschied von Kindern und Vater in Text 5? Belege deine Meinung anhand von Textbeispielen.

9 Warum bleibt es in Härtlings Gedicht nur bei dem Versuch des lyrischen Ichs, mit den Kindern zu reden? Diskutiert.

10 „Meine Erinnerung ist nicht die deine." (V. 33f.) Erkläre diesen Satz im Zusammenhang des Gedichtes.

Stilmittel

11 a Welche **stilistischen Mittel** verwendet Härtling? Erinnere dich an die Stilmittel, die ihr bereits bei Gedichten und Erzähltexten besprochen habt, berücksichtige aber auch die im folgenden Kasten erklärten Stilmittel.
   b Beschreibe, welche Wirkung diese Stilmittel auf die Leserin oder den Leser haben.

Stilmittel: Anapher und Klimax

Als **Anapher** bezeichnet man die **Wiederholung** eines Wortes oder einer Wortgruppe am Anfang von aufeinander folgenden Satzteilen, Sätzen oder Versen.
Beispiel: *Das Wasser rauschte, das Wasser brodelte, das Wasser sprudelte ...*

Wenn die Wiederholung von Wörtern (meist gleiche Satzglieder) eine **inhaltliche Steigerung** bildet, so wird dies **Klimax** genannt
Beispiel: *Veni, vidi, vici. (Latein; übers.: Ich kam, ich sah, ich siegte. (Julius Caesar))*

Antworttext

12 Schreibe einen **Antworttext** (etwa in Form eines Gedichtes) aus der Sicht des Sohnes oder der Tochter.

Kreativtechniken

13 Verfasse selbst ein Gedicht, das Erinnerung zum Thema hat. Benutze dabei eine der **Kreativtechniken** Clustering, automatisches Schreiben oder Materialsuche.

14 a Erkläre: Welcher Zusammenhang besteht zwischen dem Er**innern** und dem **Auswendig**lernen?
   b Erstellt eine Liste mit Situationen, für die es wichtig oder vorteilhaft ist, dass man gut auswendig lernen kann.

Situationen, für die Auswendiglernen wichtig ist:
- *Konzert einer Band (Sänger muss die Songtexte frei singen können)*
- *Vokabeltest*
- *Taxifahrer (muss den Weg ohne Karte finden)*
- ■

15 Lerne eines der Gedichte in diesem oder ein Gedicht aus einem anderen Kapitel **auswendig**.

auswendig lernen

a Tauscht euch zuvor darüber aus, welche Tipps und Hilfestellungen ihr für das Auswendiglernen kennt.
b Erstellt dazu ein Plakat und hängt dies in der Klasse aus.
c Trage das auswendig gelernte Gedicht gestaltend vor.

gestaltend vortragen

Tipps zum Auswendiglernen:
- *sich den Inhalt des Textes in Bildern vorstellen*
- *den Text in Abschnitte (bei Gedichten z.B. Strophen) einteilen und in kleineren Teilstücken lernen*
- *sich den Text zunächst laut vorlesen*
- ■

Mnemotechniken

Die Kunst, das Gedächtnis durch Lern- oder Merkhilfen zu stärken, bezeichnet man als **Mnemotechnik**. Der Begriff stammt aus dem Griechischen und setzt sich aus den altgriechischen Wörtern für „Erinnerung" (*mnémē*) und „Kunst" (*téchnē*) zusammen.

Mnemosyne war in der griechischen Mythologie die Göttin der Erinnerung. Zusammen mit Zeus bekam sie neun Kinder, die neun Musen (die für die Künste zuständigen Göttinnen).

16 a Warum galten die Künste (vertreten durch die neun Musen) in der griechischen Mythologie gerade als Töchter der **Erinnerung**, der Mnemosyne?
b Stelle in einer Tabelle zusammen, was einzelne Künste (Literatur, Musik, Tanz, Malerei usw.) mit dem Sich-Erinnern oder dem Erinnert-Werden zu tun haben:

Kunstrichtung	Zusammenhang mit Erinnerung
Literatur	Erinnerungen werden schriftlich präsentiert / man erinnert sich, wenn man etwas aufschreibt / ■
Musik	■
■	■

17 Formuliere Fragen, die du dem Künstler zu seinem Bild (S. 253) stellen würdest. Versuche, diese Fragen selbst zu beantworten.

 Bildbeschreibung

18 Beschreibe das Bild. Achte dabei insbesondere auf Farben und Kontraste sowie darauf, wie die Figuren dargestellt werden.

Checkliste Bildbeschreibung
- ✓ Ich habe zuerst die im Bild dargestellte Gesamtsituation beschrieben.
- ✓ Ich habe abgebildeten **Personen/Figuren** anschaulich und genau beschrieben (Mimik, Gestik, Körperhaltung, Kleidung).
  Leitfrage: *Wie sind die Personen/Figuren auf dem Bild angeordnet und welches Verhältnis haben sie zueinander?*
- ✓ Ich habe die abgebildeten **Gegenstände und ihre Funktion** beschrieben.
  Leitfrage: *Welche (symbolische) Bedeutung ist mit einzelnen Gegenständen verbunden?*
- ✓ Ich habe den **Hintergrund** beschrieben.
  Leitfrage: *Wie sind Personen/Figuren, Gegenstände usw. in den Hintergrund eingebaut?*
- ✓ Ich habe die **Stimmung/Atmosphäre**, die von dem Bild ausgeht, beschrieben.
  Leitfrage: *Wie wirkt das Bild auf mich und wie kommt diese Wirkung zustande?*
- ✓ Ich habe mich über den **Maler** und die **Entstehungszeit** des Bildes informiert.
  Leitfrage: *Welche Schlüsse lassen sich für die Deutung des Bildes ziehen?*
- ✓ Ich habe die Vermutung angestellt, welche **Aussageabsicht** mit dem Bild verbunden ist.
  Leitfrage: *Welche Einstellung hatte der Künstler wohl zu dem Abgebildeten?*

3. Erinnerungen, die Geschichten sind –
Texte zusammenfassen

1 a Überlege: Warum schreiben wir überhaupt Erinnerungen auf?
  b Welche Möglichkeiten gibt es, Erinnerungen festzuhalten? Liste sie auf.

2 a Notiert unabhängig voneinander eure Erinnerungen an ein gemeinsames Erlebnis, etwa eine Klassenfahrt oder eine (Schul-)Veranstaltung.
  b Vergleicht: Ähneln sich eure Erinnerungen oder weichen sie voneinander ab? Woran erinnern sich nur Einzelne?
  c Wie erklären sich diese Gemeinsamkeiten und Unterschiede?

 Interview

3 Führt ein **Interview** mit euren Eltern, Großeltern oder anderen Erwachsenen durch und bittet sie, von ihren Erinnerungen an ihren ersten Schultag zu berichten.
  a Bereitet dazu eine Liste mit einigen Fragen vor.
  b Wie könnt ihr das Gespräch am besten festhalten? Mitschreiben oder aufnehmen?
  c Vergleicht anschließend die Antworten: Gibt es bestimmte typische Situationen oder Gefühle, an die sich viele eurer Eltern oder Großeltern erinnert haben?

> **Autobiografie**
>
> Eine Autobiografie ist ein Text, in dem jemand aus dem **Rückblick** (aus der Retrospektive) **eigene Erlebnisse und Gedanken** erzählt oder berichtet. Manchmal möchte die Person, die eine Autobiografie schreibt, sich für Handlungen rechtfertigen, manchmal über bestimmte historische oder soziale Umstände des Lebens informieren oder einfach nur unterhalten.
> In fast allen Autobiografien wird das Verhältnis der Autorin oder des Autors zu ihrer bzw. seiner Umwelt, insbesondere zur Gesellschaft, aufgegriffen.
> Eine der bedeutendsten Autobiografien der deutschsprachigen Literatur stammt von Johann Wolfgang von Goethe. Sie trägt den Titel „Dichtung und Wahrheit" und entstand zwischen 1811 und 1814 sowie 1833.

4 Welche Erwartungen weckt eine Autobiografie mit dem Titel „Dichtung und Wahrheit" bei dir? Begründe.

5 Mit einem Be**werbung**sschreiben, etwa für einen Praktikumsplatz oder eine Ausbildungsstelle, betreibt man Werbung in eigener Sache.
   a Verfasse einen Slogan oder einen Spruch, mit dem du dich für deinen Traumberuf be**werben** würdest. Schreibe ihn (ohne Namenangabe) auf eine Karte.
   b Sammelt alle Karten ein und verteilt sie anschließend wieder in der Klasse.
   c Erratet, welchen Spruch und welches Berufsfeld eure Mitschülerinnen und Mitschüler jeweils gewählt haben.

6 a Indem Schriftsteller/innen, Politiker/innen oder auch Stars nur ausgewählte Erinnerungen in ihre Autobiografien aufnehmen, vermitteln sie ein bestimmtes Bild von sich. Nennt Gründe dafür, warum ihnen dies wichtig sein könnte.
   b Welche der folgenden Erlebnisse und Ereignisse würde eine Politikerin/ein Politiker in ihrer bzw. seiner Autobiografie vermutlich ausführlicher behandeln, welche eine Musikerin/ein Musiker oder eine Schriftstellerin/ein Schriftsteller?

- immer schon Interesse an Literatur gehabt
- seit 1985 Mitglied im Gemeinderat, schon 4 Jahre später im Landtag
- spielte Cello im Schulorchester
- war in einer Schüler/innen-Mitverwaltung
- kann gut tanzen, insbesondere Tango
- war Mitglied der Theater-AG an meiner Schule
- habe einige Veröffentlichungen zu politischen Fragen
- sammle seit meinem 10. Lebensjahr begeistert Gartenzwerge
- wandere gern mit Freundinnen und Freunden
- habe vier Kinder
- habe Spaß daran, anderen zu helfen und mich für sie einzusetzen
- organisiere seit Jahren Fortbildungsveranstaltungen
- setzte mich vor Ort gegen Umweltverschmutzung ein

Johann Wolfgang von Goethe

Text 6 **Dichtung und Wahrheit (Ausschnitt)**

Wenn man sich erinnern will, was uns in der frühsten Zeit der Jugend begegnet ist, so kommt man oft in den Fall, dasjenige, was wir von Andern gehört, mit dem zu verwechseln, was wir wirklich aus eigner anschauender Erfahrung besitzen.

Ohne also hierüber eine genaue Untersuchung anzustellen, welche ohnehin zu nichts führen kann, bin ich mir bewusst, dass wir in einem alten Hause wohnten, welches eigentlich aus zwei durchbrochenen Häusern bestand. [...] Die Meinigen erzählten gern allerlei Eulenspiegeleien, zu denen mich jene sonst ernsten und einsamen Männer[1] angereizt. Ich führe nur einen von diesen Streichen an. Es war eben Topfmarkt gewesen und man hatte nicht allein die Küche für die nächste Zeit mit solchen Waren versorgt, sondern auch uns Kindern dergleichen Geschirr im Kleinen zu spielender Beschäftigung eingekauft. An einem schönen Nachmittag, da alles ruhig im Hause war, trieb ich im Geräms[2] mit meinen Schüsseln und Töpfen mein Wesen, und da weiter nichts dabei herauskommen wollte, warf ich ein Geschirr auf die Straße und freute mich, dass es so lustig zerbrach. Die von Ochsenstein, welche sahen, wie ich mich daran ergötzte, dass ich sogar fröhlich in die Händchen patschte, riefen: Noch mehr! Ich säumte nicht, sogleich einen Topf und auf immer fortwährendes Rufen: Noch mehr! nach und nach sämtliche Schüsselchen, Tiegelchen, Kännchen gegen das Pflaster zu schleudern. Meine Nachbarn fuhren fort, ihren Beifall zu bezeigen, und ich war höchlich froh, ihnen Vergnügen zu machen. Mein Vorrat aber war aufgezehrt und sie riefen immer: Noch mehr! Ich eilte daher stracks in die Küche und holte die irdenen Teller, welche nun freilich im Zerbrechen noch ein lustigeres Schauspiel gaben; und so lief ich hin und wieder, brachte einen Teller nach dem andern, wie ich sie auf dem Topfbrett der Reihe nach erreichen konnte, und weil sich jene gar nicht zufrieden gaben, so stürzte ich alles, was ich von Geschirr erschleppen konnte, in gleiches Verderben. Nur später erschien jemand, zu hindern und zu wehren. Das Unglück war geschehen und man hatte für so viele zerbrochne Töpferware wenigstens eine lustige Geschichte, an der sich besonders die schalkischen Urheber bis an ihr Lebensende ergötzten.

[1] drei gegenüber wohnende Männer mit dem Namen von Ochsenstein
[2] eine Art Balkon

7 Zu Beginn seiner Autobiografie schildert Goethe einen Streich.
   a Erkläre: Wer spielt hier wem einen Streich und warum?

b Welche Gründe könnte es dafür geben, von einer solchen „Eulenspiegelei" im ersten Kapitel zu erzählen? Wähle eine oder mehrere der folgenden Antwortmöglichkeiten aus und begründe:
- *Der Streich war möglicherweise das Erste, was Goethe zu seinem Leben eingefallen war.*
- *Dafür, dass er das Geschirr zerstört hatte, fühlte Goethe sich vielleicht immer noch schuldig.*
- *Mit dieser Episode wollte Goethe vielleicht verdeutlichen, dass er schon in seiner Kindheit sehr überlegt handelte.*
- *Diese Episode ist eine Metapher.*
- *Durch diesen Streich konnte Goethe seine Person charakterisieren.*
- *Goethe hatte wohl die Absicht, seine Autobiografie mit einer amüsanten Geschichte zu beginnen.*

8 Verfasse eine **Inhaltsangabe** des Goetheschen Textes in nicht mehr als 120 Wörtern. Denke dabei an die vier vorbereitenden Arbeitsschritte – erstes Lesen, zweites gründliches Lesen, Text gliedern und in Sinnabschnitte einteilen, Zusammenfassung der Sinnabschnitte – und auch an den typischen Aufbau einer Inhaltsangabe.

Inhaltsangabe

9 Vergleicht eure Inhaltsangaben, indem ihr sie anhand der folgenden Fragen untersucht:
- Gibt es einen Einleitungssatz (Kernsatz)? Ist er korrekt gestaltet?
- Wurde das Wesentliche des Textes erfasst?
- Sind die wörtlichen Reden aus dem Erzähltext (bei Goethe ohne Anführungszeichen) weggelassen und z. B. durch indirekte Rede (Konjunktiv I) ersetzt worden?
- Werden Ursache-Folge-Zusammenhänge deutlich?
- Ist die Zusammenfassung frei von einer persönlichen Wertung?

Elias Canetti
Die gerettete Zunge: Geschichte einer Jugend (Ausschnitt)

Text 7

Meine früheste Erinnerung ist in Rot getaucht. Auf dem Arm eines Mädchens komme ich zu einer Tür heraus, der Boden vor mir ist rot, und zur Linken geht eine Treppe hinunter, die ebenso rot ist. Gegenüber von uns, in selber Höhe, öffnet sich eine Türe und ein lächelnder Mann tritt heraus, der freundlich auf mich zu-
5 geht. Er tritt ganz nahe an mich heran, bleibt stehen und sagt zu mir: „Zeig die Zunge!" Ich strecke die Zunge heraus, er greift in seine Tasche, zieht ein Taschenmesser hervor, öffnet es und führt die Klinge ganz nahe an meine Zunge heran. Er sagt: „Jetzt schneiden wir ihm die Zunge ab." Ich wage es nicht, die Zunge zurückzuziehen, er kommt immer näher, gleich wird er sie mit der Klinge berühren. Im
10 letzten Augenblick zieht er das Messer zurück, sagt: „Heute noch nicht, morgen." Er klappt das Messer wieder zu und steckt es in seine Tasche.
Jeden Morgen treten wir aus der Tür heraus auf den roten Flur, die Türe öffnet sich und der lächelnde Mann erscheint. Ich weiß, was er sagen wird, und warte auf

seinen Befehl, die Zunge zu zeigen. Ich weiß, dass er sie mir abschneiden wird, und fürchte mich jedesmal mehr. Der Tag beginnt damit und es geschieht viele Male.

Ich behalte es für mich und frage erst sehr viel später die Mutter danach. Am Rot überall erkennt sie die Pension in Karlsbad, wo sie mit dem Vater und mir den Sommer 1907 verbracht hatte. Für den Zweijährigen haben sie ein Kindermädchen aus Bulgarien mitgenommen, selbst keine fünfzehn Jahre alt. In aller Frühe pflegt sie mit dem Kind auf dem Arm fortzugehen, sie spricht nur bulgarisch, findet sich aber überall in dem belebten Karlsbad zurecht und ist immer pünktlich mit dem Kind zurück. Einmal sieht man sie mit einem unbekannten jungen Mann auf der Straße, sie weiß nichts über ihn zu sagen, eine Zufallsbekanntschaft. Nach wenigen Wochen stellt sich heraus, dass der junge Mann im Zimmer genau gegenüber von uns wohnt, auf der anderen Seite des Flurs. Das Mädchen geht manchmal nachts rasch zu ihm hinüber. Die Eltern fühlen sich für sie verantwortlich und schicken sie sofort nach Bulgarien zurück.

Beide, das Mädchen und der junge Mann, gingen sehr früh von zu Hause fort, auf diese Art müssen sie sich zuerst begegnet sein, so muss es begonnen haben. Die Drohung mit dem Messer hat ihre Wirkung getan, das Kind hat zehn Jahre darüber geschwiegen.

 Standbild

10 Arbeitet in Gruppen: Setzt den Text in **Standbilder** um.
   a Überlegt zuvor, welche der geschilderten Ereignisse wichtig sind, wie man sie körpersprachlich am besten ausdrücken könnte und wie viele Standbilder ihr bauen möchtet.
   b Beschreibt, was in den Standbildern der anderen Gruppen zu sehen ist.
   c Stellt anschließend den Bezug zum Text her:
- Welche Bedeutung hat die im Standbild gezeigte Situation?
- Welche (neuen) Erkenntnisse haben euch die Standbilder gebracht?
- Was kann man in den Standbildern zeigen, was nicht?

11 Warum gibt der Ich-Erzähler seine früheste Erinnerung erst so spät preis?

12 Was möchte der lächelnde Mann mit seinem Verhalten erreichen?

13 a Erkläre, welche Bedeutung die Farbe Rot in Text 7 hat.
   b Erläutere, warum es sich bei dieser Szene um ein so genanntes **Schlüsselerlebnis** handelt.
   c Überlege, warum der Schriftsteller Elias Canetti „Die gerettete Zunge" als Titel für seinen autobiografischen Roman gewählt haben könnte.

Schlüsselerlebnis

Als **Schlüsselerlebnisse** bezeichnet man Ereignisse oder Begegnungen, die einen Menschen prägen und sein Leben, seine Persönlichkeit und seine Wahrnehmung positiv oder negativ beeinflussen können.
Wie in der Metapher des Schlüssels angedeutet, wird ein bestimmter Blickwinkel auf das Leben erschlossen oder aufgeschlossen.

Erich Fried

Mitunter sogar Lachen. Zwischenfälle und Erinnerungen (Ausschnitt)

Text 8

Manche Erinnerungen reichen in meine früheste Kindheit zurück, als ich noch nicht gehen konnte. Ärzte, die mich in meinem ersten Schuljahr Vieles fragten und dann miteinander darüber sprachen, nannten es unvollkommene Kindheitsamnesie[1]. Seither habe ich herausgefunden, dass viel mehr Kinder, als man glauben würde, solche frühen Erinnerungen haben. Aber die Erwachsenen reden ihnen meistens ein, dass sie nur wiederholen, was man ihnen später erzählt hat. Meine Urgroßmutter, die bei uns gewohnt hatte, starb, als ich ein Jahr und drei Monate alt war. Gleich nach ihrem Tod wurden in zwei Zimmern die Möbel umgestellt. Ich aber konnte später genau beschreiben, wo diese Möbel vor dem Tod meiner Urgroßmutter, an deren Stimme, Gesicht und schwarze Kleidung ich mich noch gut erinnere, gestanden hatten. Möbel waren für mich wichtige Stützen, um beim Gehenlernen nicht umzufallen. Manchmal waren sie auch Hindernisse, die einen zu Fall bringen konnten, zum Beispiel vorstehende Füße der Kredenz, die als Vogel- oder Löwenklauen geschnitzt waren. Auch an den Spieltisch kann ich mich heute noch erinnern, der manchmal ein Hindernis war, manchmal aber auch eine Stütze, ähnlich dem schwarzen, glänzenden Stock mit dem geschnitzten, gelblichen Elfenbeingriff, den meine Urgroßmutter mir für meine Gehversuche lieh, wenn sie fest in ihrem Lehnsessel saß. Der half mir, mich aufrecht zu halten, wenn er mir nicht gerade zwischen die Beine geriet. Durch Beschreibung dieses Stocks und des ursprünglichen Standorts jedes einzelnen Möbelstücks fand ich schließlich Glauben für meine Erinnerungen, wenn auch nicht für die allerfrühsten aus der Zeit, als ich noch im Kinderwagen lag.

[1] Als infantile Amnesie („kleinkindliches Vergessen") bezeichnen Psychologen das Phänomen, dass man sich an eigene Erlebnisse, die bis circa ins dritte Lebensjahr gemacht wurden, nicht aktiv erinnern kann. Diese Erinnerungen sind zwar vorhanden und prägen auch das spätere Verhalten im Erwachsenenalter, können aber nicht einfach abgerufen werden. Eine Erklärung für die infantile Amnesie könnte darin bestehen, dass die Nervenverbindungen im Gehirn bei Kleinkindern noch nicht voll entwickelt sind.

14 Fried berichtet von der Behauptung, dass Kinder nur das als frühe Erinnerungen im Gedächtnis behalten, „was man ihnen später erzählt hat". Stimmst du dieser Annahme zu? Begründe deine Meinung.

15 a Stelle eine Liste mit Wörtern zusammen, die man verwenden kann, um Texte miteinander zu vergleichen (z. B. *einerseits-andererseits, demgegenüber, ebenso, gleichermaßen* ...).
  b Vergleiche die drei autobiografischen Texte von Goethe (Text 6), Canetti (Text 7) und Fried (Text 8) im Hinblick auf die folgenden Fragen:
  - An welche Ereignisse erinnern sich die Autoren jeweils?
  - Welche Bedeutung für ihr späteres Leben scheinen sie ihren Erinnerungen beizumessen?
  - In welchem Verhältnis stehen Erzähltext und wörtliche Rede?

Texte vergleichen

16 a Schreibe eine deiner frühen Kindheitserinnerungen auf, von der du erzählen möchtest.
b Hast du das Gefühl, dich nach dem Aufschreiben besser an das Ereignis zu erinnern als vorher oder nicht? Woran könnte das liegen?

Erinnerungsübungen

Die folgenden Aufgaben können dir als Anregungen dafür dienen, dich an Einzelheiten aus der Kindheit zu erinnern:

A. Du befindest dich in einem Raum der Wohnung bzw. des Hauses, in dem du aufgewachsen bist. Schreibe ein Erlebnis auf, das du dort hattest.
B. Notiere auf einem Zettel alle Buchstaben des Alphabets. Schreibe anschließend zu jedem Buchstaben ein Nomen auf, das eine Tätigkeit, eine Person, einen Gegenstand oder einen Raum bezeichnet, der dir in der Kindheit wichtig war.
C. Schreibe in nicht mehr als zehn Sätzen die Erinnerung an einen Zirkus-, Theater-, Kino- oder Konzertbesuch, an ein Geburtstagsfest oder an einen Ausflug deiner Kindheit auf. Sei so konkret wie möglich und vergiss nicht, auch sinnliche Eindrücke (Geräusche, Geschmack oder Düfte) einzubeziehen.

Monika Maron

Text 9 Pawels Briefe. Eine Familiengeschichte

Erinnerungen haben ihre Zeit. Es gibt zurückliegende Ereignisse, von denen wir nur ungenau erfahren und von denen wir wissen, dass wir eines Tages ihrer in Ruhe gedenken und sie genauer ergründen wollen. Irgendwann, denken wir, muss ich das genau wissen. Es kann sein, dass Jahre, sogar Jahrzehnte vergehen, während derer uns immer wieder einfällt, dass wir uns eines Tages um diese eine Sache kümmern und uns an etwas oder an jemanden genau erinnern wollen. […] Kindlichen Ich-Erzählern in der Literatur […] begegne ich fast immer mit Widerwillen; autobiografischen Kindheitsbeschreibungen misstraue ich ganz und gar, meinen eigenen auch. Ich erinnere mich wenig an meine Kindheit und habe trotzdem eine genaue Vorstellung von ihr. Wie die meisten Menschen habe ich mich in meinem Leben hin und wieder gefragt, warum ich wohl geworden sein könnte, wie ich bin, und habe mir zu verschiedenen Zeiten verschiedene Antworten gegeben. Vielleicht habe ich dabei die kleinen Szenen und flüchtigen Skizzen den großen Gemälden geopfert, die ich mir in wechselnden Stilarten von meiner Kindheit gemalt habe.
Allerdings habe ich auch für mein Vergessen verschiedene Theorien. Ich halte es zum Beispiel für möglich, dass meine Erinnerungen den ständigen Wandel in meinem Leben nicht überstehen konnten, weil sie beim Erlernen eines neuen Lebens einfach störten. […] Vielleicht habe ich ja, ohne es zu wollen, das bis dahin gelebte Leben jeweils auf eine transportable Größe zurechtgestutzt und, wie bei einem Umzug, ins nächste nur mitgenommen, was mir wichtig und kostbar er-

schien oder was sich, auch wenn ich gewollt hätte, nicht vergessen ließ. Jedenfalls bin ich keine naive Erinnernde [...], die, befragt nach bestimmten Ereignissen aus ihrem Leben, in einem Regal mit der Jahreszahl 1932 oder 1945 oder 1976 nach diesem bestimmten Päckchen sucht, es findet oder nicht, das aber, wenn sie es findet, ein naturbelassenes Stück Erinnerung voller Düfte, Temperaturen, Geräusche enthält, als wäre es gerade erst verpackt und verstaut worden.

17 Die Schriftstellerin Monika Maron sagt, dass sie in der Erinnerung an ihr bisheriges Leben vielleicht „die kleinen Szenen und flüchtigen Skizzen den großen Gemälden geopfert" (Z. 13f.) habe. Erkläre – auch anhand von Beispielen –, was damit gemeint ist.

18 In ihrer Familiengeschichte verwendet Monika Maron das Regal und das Päckchen als **Metaphern** für die Erinnerung. Findet weitere solche sprachliche Bilder für Gedächtnis und Erinnerung.

Metapher

4. Erinnerungen, die zuverlässig sind? – Sachtexte lesen und verstehen

1 Befragt Erwachsene in eurer Familie und in eurem Bekanntenkreis danach, welche Erinnerungen sie an bedeutende historische Ereignisse haben, etwa an die Ermordung des US-Präsidenten John F. Kennedy 1963, die Landung der *Apollo 11* auf dem Mond im Jahr 1968, den Fall der Berliner Mauer 1989 oder auch an die Anschläge des 11. September 2001.
Tipp: So könnten Fragen zu solchen Ereignissen formuliert werden:
- *Wie hast du zuerst davon erfahren?*
- *Wo warst du, als du zuerst davon erfahren hast?*
- *Welche Gefühle hat das Ereignis in dir ausgelöst?*
- ■

Umfrage

2 a Tragt die Ergebnisse eurer Befragungen zusammen und arbeitet Gemeinsamkeiten und Unterschiede der Erinnerungen heraus.
b Könnt ihr Gründe für gemeinsame und unterschiedliche Erinnerungen angeben?
c Handelt es sich bei diesen Erinnerungen um so genannte kollektive Erinnerungen? Begründet.

Kollektive Erinnerung

Als **kollektive (gemeinsame) Erinnerung** bezeichnet man Erinnerungen, die Menschen einer Generation an bestimmte historische Ereignisse teilen und die so zum Bestandteil des Lebens jedes Einzelnen geworden sind.
Häufig sind kollektive Erinnerungen mit bestimmten Bildern (etwa aus Fernsehen oder Kino), mit Texten (z. B. Kultbüchern oder Liedern) und mit Orten verknüpft. Sie beeinflussen die Vorstellung, die wir uns von der Welt machen.

Andreas Fasel

Text 10 **Interview mit Hans J. Markowitsch und Harald Welzer**

WELT AM SONNTAG: *Ihr Buch trägt den Titel „Das autobiographische Gedächtnis". Was ist der Unterschied, ob ich mich an ein Gedicht erinnere oder an die Einschulung?*

HARALD WELZER: Es gibt verschiedene Gedächtnis-Systeme. Das Besondere am autobiographischen Gedächtnis ist: Es taucht nur beim Menschen auf. Nach unserer Auffassung ist es dieses Gedächtnis-System, das den Menschen zum Menschen macht. Es ist die zentrale Instanz, die zwischen Vergangenheit, Gegenwart und Zukunft unterscheidet.

WELT AM SONNTAG: *Den Unterschied zwischen autobiographischem Gedächtnis und den anderen Gedächtnissen müssen Sie etwas genauer erklären.*

HANS MARKOWITSCH: Wenn wir uns an Ereignisse erinnern, die unsere eigene Person betreffen, dann bewerten wir diese Erinnerung zugleich auch emotional. Mit der Erinnerung ist immer die Stimmung verknüpft: War ich damals freudig oder eher traurig? Wie war es, als meine Mutter starb? Wie war es, als ich mich zum ersten Mal verliebt habe? Diese Stimmungsabhängigkeit gibt es beim Faktengedächtnis nicht. Und genau diese Eigenschaft macht das autobiographische Gedächtnis so anfällig – auch was den Wahrheitsgehalt der Erinnerung angeht.

WELT AM SONNTAG: *Wer emotional an einer Begebenheit beteiligt ist, erinnert sich falsch?*

MARKOWITSCH: Es gibt viele Beispiele dafür. Wenn man Leute fragt, was genau sie gemacht haben, als sie erfuhren, dass die Twin-Towers in New York eingestürzt sind – dann bekommt man von vielen nach einem Jahr andere Antworten als nach drei Jahren.

WELZER: Auch das Faktengedächtnis ist fehleranfällig. Kleiner Test: Wie viele Flugzeuge waren am 11. September beteiligt? Bitte?

WELT AM SONNTAG: *Zwei flogen in die Türme, eines stürzte auf das Pentagon. Also drei.*

MARKOWITSCH: Ja.

WELZER: Das ist falsch. Es waren vier. Ihr habt das vierte vergessen.

WELT AM SONNTAG: *Immer wieder wird von spektakulären Fällen berichtet, bei denen irgendwo Menschen auftauchen, die nicht einmal mehr wissen, wer sie sind. Warum ist es eigentlich so schlimm, wenn man kein autobiographisches Gedächtnis mehr hat?*

WELZER: [...] Das autobiographische Gedächtnis hat ja nicht nur für uns selbst eine Funktion, sodass wir sagen können: Mit zwanzig war ich so und mit dreißig so. Die andere Funktion dieses Gedächtnisses ist, dass wir dadurch synchronisierbar mit anderen Menschen sind. Man muss wissen, mit wem man es zu tun hat. Im Grunde wird einem mit der Erinnerungsfähigkeit die soziale Existenz weggenommen.

WELT AM SONNTAG: *Sie sagen, heute seien die Gedächtnis-Anforderungen höher als früher. Ist nicht das Gegenteil richtig? Ältere beschämen uns oft mit dem auswendigen Herbeten langer Texte.*

MARKOWITSCH: Das liegt ja daran, dass die Menschen früher unter viel kontemplativeren Bedingungen lebten und keinem so großen Anpassungsdruck und Stress ausgesetzt waren wie wir heute. Ich habe hier übrigens den Brief einer 93-Jährigen, die berichtet, dass ihr plötzlich wieder Gedichte wie Schillers „Bürgschaft" einfallen, die sie fast 80 Jahre lang nicht ein einziges Mal aufgesagt hat. Sie wollte von mir wissen, wie das zu erklären sei.

WELT AM SONNTAG: *Was haben Sie geantwortet?*

MARKOWITSCH: Ich sagte, dass ihr Gehirn jetzt offensichtlich freier sei als früher, wo sie unter dem Stress zweier Weltkriege und der Alltagsbewältigung stand. Jetzt könne sie in aller Ruhe auf das damals Gelernte zurückgreifen. Meine wahre Meinung ist aber eine andere.

WELT AM SONNTAG: *Verraten Sie sie uns?*

MARKOWITSCH: Vermutlich sterben in ihrem Alter Nervenzellen in großer Zahl ab, die bisher diese Gedichte aus ihrem Bewusstsein ferngehalten haben. [...]

WELT AM SONNTAG: *Wohl jeder von uns hat schon einmal eine Geschichte über sich selbst erzählt, die aus der Erfahrung eines Freundes stammt. Kann es passieren, dass man irgendwann glaubt, man habe das selbst erlebt?*

MARKOWITSCH: Oh ja. Jeder Abruf dieser Erinnerung hat eine Wiedereinspeicherung zur Folge.

WELZER: Ich bin davon überzeugt, dass es noch nicht einmal allzu vieler Wiederholungen bedarf, um das für wahr zu halten.

WELT AM SONNTAG: *Sie wissen so viel über das Gedächtnis. Gibt es noch offene Fragen?*

MARKOWITSCH (lacht): Man würde wahrscheinlich einen Nobelpreis bekommen, wenn man herausfände, wie das Gedächtnis im Gehirn abgespeichert wird. Über einige unbefriedigende Ansätze ist man da bisher nicht hinausgekommen.

3 a Entnimm dem Text seine Informationen mithilfe der **Fünf-Schritt-Lesemethode**.
b Schreibe die Informationen zum Gedächtnis und zur Erinnerung, die dir am wichtigsten scheinen, in Form von Aussagen heraus.

Fünf-Schritt-Lesemethode

Abschnitt	Gedächtnis und Erinnerung:	Fachbegriffe
Z. ■ – ■	Das Gedächtnis ist in verschiedene Systeme aufgeteilt.	■
■	Das autobiografische Gedächtnis ist die Instanz, mit der sich zwischen Vergangenheit, Gegenwart und Zukunft unterscheiden lässt.	Instanz: zuständige Stelle
■	■	

4 Stelle die Informationen über das autobiografische Gedächtnis so zusammen (etwa in Form einer Mindmap), dass du sie in einem **Kurzvortrag** präsentieren kannst.

Kurzvortrag

5 Arbeitet in Gruppen: Erstellt auf der Grundlage des Interviews ein **Schaubild**, in dem die wichtigen Informationen zum autobiografischen Gedächtnis enthalten sind. Euer Schaubild sollte so angelegt sein, dass auch jemand, der den Text nicht gelesen hat, gut und präzise informiert wird.

Schaubild

6 Welche Fragen hast du noch an den Text bzw. an die beiden Forscher? Notiere sie.

Marion Rollin

Text 11 Das Leben – eine einzige Erfindung

Das Gedächtnis selektiert und verzerrt wichtige Ereignisse. Forscher können gar falsche Erinnerungen erzeugen – etwa an Ballonfahrten, die nie stattgefunden haben. Was nach einem Fehler der Evolution klingt, ermöglicht uns erst, im Alltag zurechtzukommen.

5 Auf irgendeine geheimnisvolle Weise musste sich der alte Mann mit der Brille, dem blauen Flanellhemd und einem Kranz grauer Haare auf dem Kopf in das Gedächtnis von Chris Coan eingeschlichen haben. Lebhaft schildert der 14-Jährige, wie er im Alter von fünf Jahren in einer Einkaufspassage verloren gegangen ist und wie seine Mutter ihn später in Begleitung des Mannes wiedergefunden hat.

10 „Ich hatte schreckliche Angst", erinnert sich der junge Amerikaner: „Ich hab gedacht, jetzt sehe ich meine Familie nie wieder."
Tatsächlich war Chris nie verloren gegangen. Mit einem Trick hatte die Psychologin Elizabeth Loftus von der University of Washington in Seattle ihm die Erinnerung „eingepflanzt": Die Wissenschaftlerin hatte seinen älteren Bruder Jim gebe-

15 ten, Chris drei wahre Geschichten aus dessen Kindheit zu beschreiben – und eine erfundene. Chris eignete sich auch diese Geschichte an und schmückte sie sogar aus. Als der Bruder ihn nach einigen Wochen aufklärte, konnte Chris es nicht glauben: „Ich erinnere mich doch genau, wie ich geweint habe und wie Mom auf mich zukam und sagte: Mach das nie wieder!"

20 Gedächtnisforscher sprechen bei solchen Vorgängen von „implantierter Erinnerung". Eine derart manipulierte Episode ist von tatsächlich erlebten Ereignissen subjektiv nicht mehr zu unterscheiden. Was Chris widerfuhr, ist nicht ungewöhnlich: Das autobiografische Gedächtnis des Menschen, in dem er die Erinnerung an Personen, Erlebnisse und Gefühle aufbewahrt, arbeitet höchst unzuverlässig.

25 Noch leichter als durch erzählte Geschichten lässt sich die Erinnerung durch Bil-

der manipulieren. Die Psychologin Loftus zeigte Probanden Fotos, auf denen sie sich als Kind zusammen mit einem Verwandten in einem Heißluftballon schweben sahen. Die

30 Hälfte der Befragten erinnerte sich später genau an die aufregende Ballonfahrt. Doch auch die hatte niemals stattgefunden. Loftus hatte die Kinderfotos der Probanden ohne deren Wissen in Fotos von einem Ballonflug hinein-

35 montiert. Durch Bilder lassen sich Erinnerungen besonders leicht durcheinander bringen, weil sich die für das Visuelle zuständigen Verarbeitungssysteme im Gehirn mit jenen überlappen, die bei Fantasien aktiv werden.

40 [...]

Das trügerische Gedächtnis – ein Versehen der Schöpfung? Wohl eher ein geglückter Coup der Evolution. „Das autobiografische Gedächtnis hat wenig mit der Vergangenheit zu tun, es ist vielmehr dafür da, dass wir uns in der Gegenwart und in der Zukunft orientieren können", sagt Hans Markowitsch, Professor für Physiologische Psychologie an der Universität Bielefeld. Im autobiografischen Gedächtnis lagert die persönliche, subjektiv erlebte Lebensgeschichte. Es ist das komplexeste der Erinnerungssysteme und zugleich dasjenige, das bei Kindern als letztes entsteht, im Alter von etwa drei Jahren, wenn ein Kind eine Vorstellung von seinem Selbst zu entwickeln beginnt. Dass Schimpansen und Menschen, die 99 Prozent des genetischen Codes gemeinsam haben, dennoch grundverschieden sind, liege vor allem am autobiografischen Gedächtnis, sagt Markowitsch. Nur der Mensch kann sich an seine Biografie bewusst erinnern, nur er weiß, wie er eine bestimmte Situation erlebt und wie er sich dabei gefühlt hat.

Die Erinnerungen an die Lebensgeschichte prägen die Persönlichkeit, formen die Identität. Doch nicht etwa die objektiven Lebensdaten spielen dabei die Hauptrolle, sondern Gefühle. Sie sind es, die filtern, was im Langzeitspeicher landet und was gelöscht wird. „Gefühle", sagt Markowitsch, „sind die Wächter unserer Erinnerung." [...]

7 Mach das **Erinnerungs-Experiment**:
- Lies den Text und schließe dann das Buch.
- Schreibe aus dem Gedächtnis auf, woran du dich noch erinnerst.

8 Erschließe den Artikel mithilfe der **Fünf-Schritt-Lesemethode**. Schlage unbekannte Wörter ggf. in einem Lexikon oder einem Fremdwörterbuch nach.

Gedächtnis mit System – Texte in Beziehung setzen

9 Fasse auf der Grundlage der Texte 10 und 11 zusammen, welcher Zusammenhang zwischen Erinnerung und Gefühlen besteht. Führe dabei aussagekräftige Zitate als Belege für deine Aussagen an.

Texte zusammenfassen

10 Notiere deine Erinnerungen an Philip K. Dicks Kurzgeschichte „Wir erinnern uns für Sie en gros" (Texte 1 und 2). Prüfe durch einen genauen Vergleich nach, woran du dich erinnerst und was du vergessen hast.

11 Erinnere dich an die Texte 1 und 2 und an den Info-Text zu Science-Fiction: Inwiefern greift die Geschichte auf Erkenntnisse zurück, wie sie im Interview (Text 11) deutlich werden, und führt sie weiter?

Systeme des Gedächtnisses – Schaubilder und Texte zusammenfassen

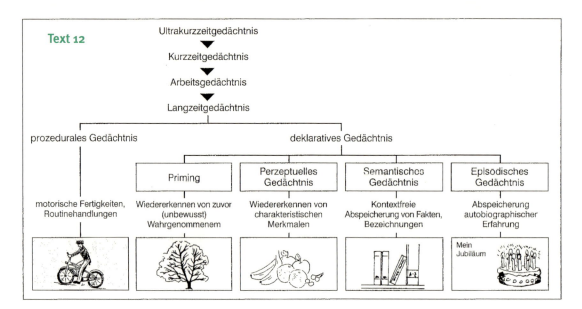

Sachtext

12 Fasse das Schaubild in einem **Sachtext** zusammen. Achte dabei darauf, dass du die Informationen in einer sinnvollen Reihenfolge wiedergibst, sodass sie auch für jemanden verständlich sind, der das Schaubild nicht kennt.

13 Ergänze die Liste mit Aussagen zu Gedächtnis und Erinnerung aus dem Interview (Text 10) um Informationen aus dem Schaubild.

Konjunktiv I/ indirekte Rede

14 Fasse die im Interview (Text 10) gegebenen Informationen in einem Sachtext zusammen. Verwende dabei den Konjunktiv I, um Aussagen in indirekter Rede wiederzugeben.

Erinnerungsdinge

1 Was haben diese Gegenstände mit den Thema Erinnerung zu tun? Erstellt eine Tabelle, in der ihr eure Diskussionsergebnisse festhaltet.

Gegenstand	Woran wird erinnert?
Denkmal	Leben und Werke von Politiker/innen, Dichter/innen oder Wissenschaftler/innen, bedeutende historische Ereignisse
Souvenir	■
■	■

2 Durch welche anderen Dinge wird man an etwas erinnert? Ergänze die Tabelle.

3 Worin unterscheiden sich die Gegenstände der Erinnerung – und worin ähneln sie einander?

4 a Welche konkreten Erinnerungen verbindest du mit einem Denkmal, einem Souvenir, einem Kuscheltier usw.?
  b Welche Bedeutung haben diese Erinnerungen für dich?

Die Erinnerung in Sprichwörtern

- Die Erinnerung ist wie eine falsche Freundin: Wenn man sie am meisten braucht, lässt sie einen im Stich.
- Mein Leben ist wie ein Meer, meine Erinnerungen sind das Schiff.
- Erinnerungen an Gefahren, die lange vorüber sind, machen Freude.
- Heimat aller Erinnerungen ist die Kindheit.
- Die Jugend nährt sich von Träumen, das Alter von Erinnerungen.
- Was die Welt braucht, ist weniger Belehrung als Erinnerung.
- Man kann die Augen vor Tatsachen schließen, aber nicht vor Erinnerungen.

Text 12

5 Wähle ein Sprichwort aus, von dem du dich angesprochen fühlst. Begründe deine Wahl, indem du unter anderem eine Situation nennst, auf die es zutrifft.

6 Bestimme, welche sprachlichen Mittel in den Sprichwörtern verwendet werden, und begründe die Wahl des jeweiligen Stilmittels.

7 a Schreibe selbst ein oder mehrere Sprichwörter, in denen das Wort *Erinnerung* vorkommt.
  b Präsentiert eure Sprichwörter in der Klasse mittels eines Plakates.

Und jetzt kommst du!

Erinnern für die Zukunft? – Diskontinuierliche Texte

Text 13 **Der Körper erinnert sich**

Wenn der menschliche Körper von Krankheitserregern angegriffen wird, „erinnert" er sich an eine Impfung und reagiert entsprechend. Die Erinnerung ist also auch hier eine gute Investition in die Zukunft.

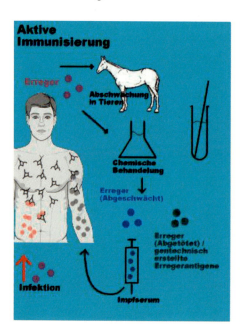 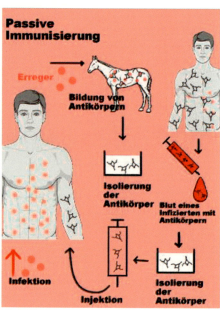

W Schaubild

1. Beschreibe die im Schaubild dargestellten Vorgänge in einem Fließtext.

2. a Worin genau besteht der Unterschied zwischen aktiver und passiver Immunisierung?
   b Wie ist dieser Unterschied grafisch dargestellt?

Der Geist erinnert sich

3. Können auch Erinnerungen an schöne oder schreckliche Erlebnisse eine „gute Investition" in die Zukunft sein? Diskutiert.

4. „Wer seine Geschichte nicht kennt, ist verdammt, sie zu wiederholen." (Ernst Bloch)
   a Erläutere, welcher Zusammenhang zwischen dem Zitat des Philosophen Ernst Bloch und dem Thema Erinnerung und Zukunft besteht.
   b Auf welche konkreten historischen Ereignisse könnte Bloch sich mit seinem Zitat bezogen haben?
   c Sollte man sich schreckliche Ereignisse immer wieder vor Augen führen, d.h. sich an sie erinnern? Diskutiert.

Volker Reiche

Strizz

Text 14

5 Rafael, der kleine Junge im Comic, behauptet, ein Recht auf bestimmte Erlebnisse (und damit auf Erinnerungen daran) zu haben, zum Beispiel auf eine Schlittenfahrt. Was haltet ihr davon? Diskutiert.

Comic

6 Wie würde Rafael sich wohl in einigen Jahren an diesen Tag erinnern? Schreibe eine Kurzgeschichte aus seiner Sicht.

Kurzgeschichte

Jahresprojekt:
Offenes Museum „Zeit los"

Jahresprojekt: Offenes Museum „Zeit los" — 271

1. Unser Museumsprojekt – Worum geht's?

Museum? Staubtrocken und langweilig? Es geht auch anders: Gestaltet selbst eines! Es muss ja nicht für die Ewigkeit gebaut sein – eine Ausstellung für ein paar Tage tut's auch.

1 a Was fällt dir zum Stichwort „Zeit los" alles ein? Notiere deine Gedanken, z. B. in einem **Cluster**.
  b Tragt eure Ideen zusammen und organisiert sie in Form einer **Mindmap**.
  c Arbeitet die Mindmap in eine fantastische Landkarte um: Die Wörter aus der Mindmap stellen Namen von Städten, Dörfern, Flüssen, Seen, Bergen usw. dar.
  d Zeichnet Verkehrswege, Gebäude, Fabriken, Sehenswürdigkeiten ein und was ihr sonst noch für wichtig haltet.
  e Überlegt, wie ihr Teile dieser Landkarte zum Grundriss einer Ausstellung umformen könnt.

2 Könnte man Ähnliches auf diese Weise auch aus einem ganz anderen Thema entwickeln? Sucht dafür Themen, bei deren Ausgestaltung ihr möglichst viel von dem, was ihr in diesem Schuljahr im Deutschunterricht gelernt habt, unterbringen könnt.

Projekt Museum

In diesem Kapitel findet ihr Anregungen und Tipps dafür, wie ihr mit eurer Klasse ein eigenes **Museum** oder eine **Ausstellung** gestalten könnt. Dabei geht es darum, dass ihr einiges von dem, was ihr in der letzten Zeit im Fach Deutsch gelernt habt, gemeinsam in einem Projekt umsetzt, an dem möglichst viele andere Menschen Freude haben und auf das ihr stolz sein könnt. In eurem Museum können die Besucherinnen und Besucher nicht nur herumlaufen und alles anschauen, sondern hier und da sollen sie auch selbst etwas tun.

2. Ein Museum einrichten – Wie geht man vor?

Offenes Museum?! – Die Projektidee entwickeln

Offenes Museum

Ein offenes Museum ist nichts Fertiges, Endgültiges, im Gegenteil: Die Besucherinnen und Besucher gestalten es selbst mit. Es ist **dynamisch**, da es sich im Lauf der Zeit immer weiter entwickelt.

Euer Museum kann **mehrere Eingänge und Ausgänge** haben und unterschiedliche Weisen vorschlagen, mit euren Ausstellungsstücken umzugehen. Und schließlich können einzelne **Teilprojekte** im Laufe der Zeit vielleicht auch erweitert oder durch andere ersetzt werden.

In diesem Kapitel werden nur Anregungen dafür gegeben, wie man so etwas machen kann. Ihr könnt euch daran orientieren, euch davon aber auch zu eigenen Ideen inspirieren lassen. Auch während ihr an eurem Museum arbeitet, könnt ihr sein Ziel, seine Inhalte, seinen Umfang und seine äußere Gestalt immer noch verändern und verbessern.

1 Zunächst müsst ihr euch auf ein Thema einigen, z. B. „Zeit los."

   Tipp: Haltet alle folgenden Arbeitsschritte fest. D. h.: Bewahrt eure Zwischenergebnisse auf und fotografiert euch bei euren Aktionen.

   a **Einfälle sammeln:** Schreibt eure Ideen für ein übergreifendes Thema und einen vorläufigen Titel der Ausstellung auf Zettel. Denkt dabei auch schon daran, dass die Ausstellung aus mehreren, unterschiedlichen Teilen (Ausstellungsstücken) bestehen muss, die zueinander passen.

   b **Vorstellung der Ideen:** Befestigt alle Zettel übersichtlich an einer Tafel oder Pinnwand. Dann erläutert jede Person oder jede Gruppe ihren Vorschlag und kommentiert einen anderen. Bedenkt dabei, dass ihr nur beschränkte Mittel (Zeit, Geräte, Material, evtl. Geld) habt, um die Ideen auch zu verwirklichen.

   c **Wahl der Themen:** Wählt die am besten geeigneten Themen aus, am besten mit einer Punktabfrage. Jeder hat zwei Stimmen. Nur die vier Themen, auf die die meisten Stimmen entfallen, kommen in die engere Wahl.

   Punktabfrage
   → S. 246

Wo? Wann? Was? Wie? – Das Projekt planen

2 a Vervollständigt die Liste der möglichen **Ausstellungsorte**.
   b Diskutiert Vor- und Nachteile der möglichen Orte und Räumlichkeiten.
   c Wählt die zwei oder drei am besten geeigneten Räume aus und klärt mit den jeweils verantwortlichen Personen, ob und wann ihr sie für euer Museum nutzen könnt. Bedenkt dabei, dass ihr mehrere Wochen Vorbereitungszeit braucht.
   d Entscheidet gemeinsam mit eurer Lehrerin oder eurem Lehrer über Ort und Termin.

3 Entwerft nun die einzelnen **Ausstellungsstücke (Exponate)**. Eure Arbeitsergebnisse aus Aufgabe 1 (S. 299) helfen euch dabei.
   a Bildet dafür Gruppen aus zwei bis vier Schülerinnen und Schülern. Jede Gruppe schlendert mit dem Ausstellungstitel (in diesem Beispiel „Zeit los") als „Lupe" durch je ein oder zwei Kapitel dieses Bandes von Duo Deutsch.
   b Unterbreitet eure Funde und die daraus entstandenen Vorschläge der Klasse und diskutiert sie gemeinsam.
   c Wählt die am besten geeigneten Vorschläge aus und bestimmt jeweils die (ein bis drei) Personen, die für deren Verwirklichung sorgen. (Es müssen nicht die gleichen sein, die sie vorgeschlagen haben.)

4 a Fotografiert eure „Location" und messt sie aus.
   b Zeichnet einen **Grundriss des Ausstellungsortes** und fügt die geplanten Exponate dort ein.

5 Stellt einen ersten allgemeinen **Zeitplan** auf. Rechnet dabei vom Tag der Eröffnung rückwärts (z. B. 8. Woche vor Ausstellungsbeginn, 7. Woche usw.).

6 Jede Gruppe skizziert ihr **Teilprojekt** (ihr Exponat) möglichst genau (Titel, Ziel, Gestaltung, Material, Technik), entwirft ihren eigenen Zeitplan und stellt beides in der Klasse vor.

7 Arbeitet jetzt einen **genauen Zeitplan** für alle notwendigen Schritte und für alle einzelnen Exponate aus. Schreibt ihn in mehreren Spalten auf eine große Wandzeitung (z. B. aus Tapetenresten).

Was ist zu tun? – Die Ausstellung vorbereiten

8 a Listet in eurer Gruppe verschiedene **Gestaltungs- und Präsentationsmöglichkeiten** auf oder erstellt Zeichnungen eurer Ideen.
  b Wählt die für euren Zweck am besten geeignete Idee aus. Stimmt euch dabei mit den anderen Gruppen ab, damit in der Ausstellung möglichst vielfältige Präsentationsformen zum Zuge kommen.

9 Jede Gruppe stellt ihr Exponat her und baut es im Ausstellungsraum auf. Vergesst nicht, die Namen der „Künstlerinnen und Künstler" an geeigneter Stelle unterzubringen.

Von der Vernissage zur Finissage – Die Ausstellung präsentieren

10 Gestaltet, verteilt und verschickt Einladungen (Plakate, Flugblätter, Handzettel, Briefe, E-Mails) an Mitschüler/innen, Lehrer/innen, Eltern, Verwandte, vielleicht auch an eine größere Öffentlichkeit in eurem Ort und an die Lokalpresse.

11 Überlegt, wie ihr die Eröffnung (Vernissage) eurer Ausstellung gestalten wollt:
- Künstlerinnen und Künstler in besonderer Kleidung (evtl. passend zum Thema der Ausstellung)?
- Lichttechnik?
- Kurze Ansprache?
- Vorhang öffnen, rotes Band durchschneiden (lassen)?
- Musikalische Untermalung?
- Persönliche Erläuterung einzelner Exponate?
- Führungen durch das gesamte Museum?
- Getränke?
- Imbiss?
- Fotograf/in?

12 Wenn die Ausstellung über einen längeren Zeitraum zugänglich bleiben soll, denkt an Öffnungszeiten, Aufsichtspersonal, weitere Führungen oder Kurzvorträge.

13 Möglicherweise bietet sich auch eine Abschlussveranstaltung (Finissage) an. Dabei könnt ihr beispielsweise den Abbau der Exponate inszenieren (und evtl. filmen): Jeder einzelne Bestandteil (z. B. Mobiliar, Bau- und Bastelteile, Fotos) kommt an seinen ursprünglichen Platz zurück, wird in den Müll geworfen oder wandert in ein dafür vorgesehenes Archiv.

Was hat's gebracht? – Die Erfahrungen auswerten

14 a Stellt Materialien in einer Liste zusammen, die ihr im Lauf des Museumsprojektes erarbeitet habt (Pläne, Skizzen, Zeichnungen, Texte, Einladungen, Fotos usw.).
 b Wählt die Materialien aus, die sowohl die Entwicklung als auch die Ergebnisse des gesamten Projektes am besten dokumentieren.
 c Diskutiert und notiert in Stichworten, was ihr selbst gut oder schlecht fandet und was man hätte noch besser machen können. Vielleicht gab es auch Rückmeldungen, Lob oder Kritik von Ausstellungsbesuchern?
 d Erstellt aus diesen Materialien eine Dokumentation eurer Arbeiten und Erfahrungen. Das kann zum Beispiel in einer der folgenden Formen geschehen:
- Portfolio
- Museumskatalog
- Album mit kommentierten Zeichnungen und Fotos, (auf Papier oder im Computer)
- Bildschirm-Präsentation
- multimediale Darstellung für die Homepage eurer Schule
- Bericht für euer Schuljahrbuch

15 Verfasst einen kurzen, lebendigen **Abschlussbericht** für eure Schülerzeitung oder Lokalzeitung.

3. Museum „Zeit Los" – Ein Beispiel

Titel: *Zeit los*
Thema: *Zeit (Werden und Vergehen, Erinnerung und Zukunft)*

Auf dem Fußboden führt ein stets wiederholter Klebetext „Der Weg ist das Ziel" wegweisend durch die Ausstellung. Dabei sind verschiedene Wege möglich, um die Verbindung der drei Zeitebenen Gegenwart – Vergangenheit – Zukunft auszudrücken/zu erfahren.

Exponat 1 (Eingang): „LOS"

Raum 1 („Gegenwart?")

Wie durch eine Los-Trommel gehen die Besucherinnen und Besucher durch einen (abgedunkelten) Los-Raum. An den Wänden (und evtl. an Decke und Fußboden) erscheinen allerlei Los-Texte oder Text-Lose (Losungen) – aufgemalt, an Pinnwänden, in Bilderrahmen, durch kleine Schaufenster zu betrachten oder per Beamer in zufälliger Reihenfolge nacheinander projiziert. Zusätzlich können die Besucher aus einer Los-Trommel oder einem Los-Eimer auch kleine zusammengerollte Lose ziehen, auf denen Wörter und Sätze stehen:

> *Auf geht's! Achtung – fertig – los! Nun aber los! Los.*
> *Was ist los? Bei uns ist immer etwas los. Mit mir ist heute gar nichts los. Wie komme ich nur davon los?*
> *Meine Nachbarin hat ein trauriges Los.*
> *Das Los soll entscheiden. Jedes zweite Los gewinnt. Ich habe das große Los gezogen.*
> *wolkenlos, baumlos, schmucklos, schnörkellos, randlos, schnurlos, arbeitslos, kinderlos, gedankenlos, gnadenlos, furchtlos, sorgenlos, zügellos, ehrlos, ...*
> *Lass los! Leinen los! Achtung, der Hund ist los! Endlich bin ich sie/ihn los. Jetzt bin ich mein ganzes Geld los.*
> *Gibt es eine Lösung?*

> **Exponat 2: „JETZT"**

Ausgangsfragen für die Gestaltung des Exponats:
- Was passiert in genau diesem Moment?
- Gibt es „jetzt" – oder ist es schon wieder vorbei?
- Was ist Identität?
- Bin ich jetzt noch die/der gleiche wie eben gerade? Und jetzt?

1 Finde Ideen aus diesem Duo Deutsch-Band, die zu diesen Ausgangsfragen passen, und arbeite dieses Exponat aus.

> **Exponat 3: „Ach, du LIEBE Zeit!"**

2 Baut geeignete Teile des Kapitels „Alles Liebe" (S. 66 – 95) zu einem Exponat für die Ausstellung um.

Raum 2 („ErINNErung an Vergangenes")

> **Exponat 4: „Leben in unserer Stadt"**

3 Wählt geeignete Gebäude und Ereignisse aus eurer Stadt für dieses Exponat aus.

Ideen und Informationen sammeln

Fragt Verwandte und Bekannte nach interessanten Ereignissen aus eurem Wohnort oder stöbert im Stadtarchiv. Recherchiert im Internet.
- Sprecht mit Bewohnerinnen und Bewohnern bestimmter Gebäude.
- Fragt auch alte Menschen nach ihren persönlichen Erinnerungen.
- Lasst sie sie aufschreiben oder interviewt sie per Mikrofon.
- Nehmt alte und neue Fotos dieser Gebäude mit und fragt auch nach Kleinigkeiten: einem bestimmten Fenster, einer lädierten Hausecke, Umbauten, Personen, Gerüchen, …

> **Exponat 5: „JETZT SAGEN (ZEIT & SPRACHE)"**

4 Wie drückt man zeitliche Verhältnisse in der deutschen und in anderen Sprachen aus? Denke besonders an Tempora, Adverbien und Konjunktionen.
  a Finde geeignete Textbeispiele (zum Beispiel aus diesem Buch, aus Tageszeitungen oder aus Krimis).
  b Konstruiere Aufgaben (Fragen beantworten, Quiz lösen, Lückentests bearbeiten, kurze Texte vergleichen, umbauen, zu Ende schreiben oder übersetzen), die die Museumsbesucherinnen und -besucher lösen sollen.

Raum 3 („Zukunft?")

> **Exponat 6: „IM LAUFE DER ZEIT"**

5 Dreht einen Kurzfilm (per Videokamera oder Handy) oder gestaltet ein Drehbuch bzw. ein Storyboard, in dem die Zeit als (personifizierte) Hauptfigur läuft, drängt, rennt, stehen bleibt, still steht, angehalten oder zurückgedreht wird und schließlich vergeht.
Vielleicht wird sie auch von jemandem überholt, dessen Zeit gekommen ist, der mit der Zeit geht oder seiner Zeit voraus ist. Oder sie wird vergeudet, verloren, jemandem gestohlen … . Kann man höchste Zeit, kurze Zeit, vor langer Zeit darstellen?
Setzt eure pantomimischen Fähigkeiten ein und wählt passende musikalische Untermalungen aus.

> **Exponat 7: „KEINE ZEIT"**

6 Schaut noch einmal in das Kapitel „Virtuelle Welten" (S. 184 – 211). Erstellt eine utopische Computer-Präsentation oder einen Rap zum Thema „Hab keine Zeit".

> **Exponat 8 (Ausgang): „ZEITSPIEGEL"**

Schriftlich stark

Rechtschreibung trainieren

**Schriftlich stark –
Rechtschreibung trainieren** 281

1. Woher kommt das Alphabet? – Fehleranalyse

Text 1 **Aus der Geschichte des Alphabets**

Die Schrift, die wir verwänden, wird als lateinische Schrift bezeichnet. Die Bezeichnung Alphabet aber verweißt auf einen anderen ursprung. Es stamt aus Asien, genauer gesagt aus dem Bereich des heutigen Libanon. Dort siedelten im 1. Jahrtausend vor Christus die Phönizier, aus deren Sprache die
5 Bezeichnungen für die ersten Buchstaben stammen: *aleph* und *beth*.
Aus der ursprünglichen Bilderschrift, die den Hieroglyphen ehnelt, ist eine Buchstabenschrift entstanden, denn z. B. *aleph* bedeutete „Ochse" und wurde als Zeichen so geschrieben ⊁ Mit etwas Phantasie kann man den Ochsenkopf erkenen.
10 Die phönizische Schrift ist eine Konsonantenschrift, für Vokaale gab es keine eigenen Zeichen und ursprünklich lief die Schrift von rechts nach links.
Als die Grichen die Schrift übernamen, fügten sie Zeichen für Vokale hinzu. Wie eng die Schriften miteinander verbunden sind, kann man am Vergleich des Ersten Buchstabens sehen: „aleph" wird im Griechischen mit „alpha" bezeichnet
15 und folgendermasen geschrieben: α
In den verschiedenen Lantschaften Griechenlands entwickelten sich unterschiedliche Alphabete, die sich in Anzahl und Aussehen einzelner Buchstaben unterschihden. Gegen Ende des 5. Jahrhunderts v. Chr. übernahm Athen das ionische Alphabet für die Abfaßung ofizieller Texte. Am Beispiel
20 Athens orientierten sich im Lauf des folgenden Jahrhunderts weitere Griechische Staaten, sodas dieses Alphabet über griechische Siedler schlieslich nach Italien gelankte. Zunächst entwikelten die Etrusker, die in der Gegend der heutigen Toskana sidelten, daraus ihre Schrift und schließlich orientierten die Römer sich bei der entwicklung ihres Alphabets an der griechischen und der etruskischen
25 Schrift. Bei ihrem vordringen nach Mitteleuropa brachten die Römer ihre Schrift mit und so kommt es, dass hinter unserem Buchstaben „a" der phönizische Ochsenkopf stekt.

1 Dieser Lexikonartikel zur Entstehung des Alphabets enthält viele Tippfehler, die bereits für die Korrektur gekennzeichnet sind.
  a Übertrage die folgende Tabelle in dein Heft und ordne die Fehler den Rechtschreibbereichen zu.
    Tipp: Du findest von jeder Fehlerart fünf Fehler.
  b Erkläre die jeweils richtige Schreibweise und fertige eine Verbesserung der falsch geschriebenen Wörter an.

Großschreibung	lange Vokale (Dehnung)	kurze Vokale (Schärfung)	gleich- und ähnlich klingende Laute	s-Laute
■	■	■	■	■

11 tausend schaaf

Text 2

[…] da war ein hirt oder schäfer, der schon ziemlich alt war, aber doch noch robust und kräftig dabey aus-sah […] er hatte auch einen hund den er Bellot nannte, einen sehr schönen grossen hund weis mit schwarzen fleckem. Nu, eines tages, gieng er mit seinen schaafen daher, deren er 11 tausend unter sich hatte; […] so
5 kamm er zu einer brücke, die sehr lang war, aber auf beyden seiten gut geschützt war, damit man nicht hinab fallen könne nu da betrachtete er seine heerde; und weil er dann hinüber muste, so fieng er an seine 11 tausend schaaf hinüber zu treiben. Nun haben sie nur die gewogenheit, und warten bis die 11 tausend schaaf drüben sind, dann will ich ihnen die ganze histori auserzählen. ich habe ihnen
10 vorher schon gesagt, daß man den ausgang noch nicht weis. ich hoffe aber, daß, bis ich ihnen schreibe, sie gewis darüber sind; wo nicht, so liegt mir auch nichts daran; wegen meiner hätten sie herüben bleiben können.

2 a Schreibe den Brief ab und wende dabei die heute geltenden Rechtschreib- und Zeichensetzungsregeln an.
Tipp: Einige Formulierungen und Wortformen musst du dem heutigen Sprachgebrauch angleichen.
b Welche heutigen Rechtschreibregeln werden hier nicht beachtet? Nenne Beispiele aus dem Text.

3 a Diktiere deinen Eltern, Großeltern oder anderen Erwachsene folgende Sätze:

- Der König aus dem Schloss küsste sie mitten auf der Straße.
- Hinter verschlossenen Rollläden trinkt sie Kaffeeersatz aus einer Kunststoffflasche.
- Du kannst die Figur in ein nummeriertes Feld platzieren.
- Willst du, dass ich dir einen Tipp gebe?

b Wenn ihre Schreibung von deiner abweicht, dann haben sie vermutlich andere Regeln gelernt. Erkläre ihnen die heutige Schreibweise.

4 Sprecht über eure individuellen Strategien, eure Rechtschreibfähigkeiten zu verbessern, und gebt euch gegenseitig Tipps.

2. Ein Drittel des Kuchens – Groß- und Kleinschreibung

Text 3 **Großschreibung abschaffen?**

Die Großschreibung in der deutschen Sprache ist nicht unumstritten. Bereits im 19. Jahrhundert hat Jakob Grimm, den die meisten nur als Märchensammler kennen, der aber auch als Sprachwissenschaftler an der Humboldt-Universität in Berlin gelehrt und das „Deutsche Wörterbuch" verfasst hat, die Forderung nach radikaler Kleinschreibung vertreten. Tatsächlich gilt die Großschreibung, außer im Luxemburgischen, nur im Deutschen. In allen anderen Buchstabensprachen wird die gemäßigte Kleinschreibung angewendet, das heißt, dass Eigennamen und Satzanfänge großgeschrieben werden, nicht aber Nomen, Nominalisierungen und Anredepronomen.

Vertreter der Großschreibung sind der Ansicht, dass die großgeschriebenen Buchstaben für die Lesenden eine Strukturhilfe darstellen. Mit der Kleinschreibung hingegen, so die Argumente der Gegenseite, spare man eine Menge Zeit beim Schreiben und mache ganz automatisch weniger Rechtschreibfehler.

1 a Diskutiert die beiden in Text 3 vorgestellten Positionen auf der Grundlage eurer Erfahrungen.
  b Führt Versuche durch, um festzustellen, ob Großschreibung das Lesen erleichtert: Schreibt einen deutschsprachigen Text in Kleinbuchstaben ab oder einen Text aus eurem Englischbuch, bei dem ihr die deutschen Regeln der Großschreibung anwendet.

2 Die wichtigsten offiziellen Regeln in Kurzform:

großgeschrieben werden	kleingeschrieben werden

§ 53 das erste Wort eines Titels, einer Überschrift
§ 55 Substantive (Nomen), auch Namen
   (6) Tageszeiten nach Adverbien
§ 57 als Substantive (Nomen) gebrauchte
   (1) Adjektive und Partizipien
   (2) Verben
   (3) Pronomen
   (4) Zahlen
   (5) Adverbien, Präpositionen, Konjunktionen, Interjektionen
§ 59 Eigennamen
§ 65 das Anredepronomen und sein Possessivpronomen
	§ 56 (2) aus Substantiven (Nomen) entstandene Verbzusätze bei getrennter Wortstellung
	§ 58 (1) Adjektive und Partizipien mit Artikel als Attribut zu einem vorangehenden oder folgenden Substantiv
	   (4) die Pronomen *jeder, alles, beide, mancher, dieser, jener, einer*
	   (5) die Zahladjektive *viel, wenig, (der/die/das) eine, andere*

Nenne die Paragraphen, die die Schreibweise der unterstrichenen Wörter im folgenden Wortspeicher regeln:

> *beim Abschreiben – ein Drittel des Kuchens – ohne Wenn und Aber – eine Zwei im Zeugnis – gestern Abend – ein Teil der Anwesenden – er nimmt an der Versammlung teil – das Grün gefällt mir – das kann jeder sagen – Es gibt zwei Symbolmännchen auf der Ampel, das rote bedeutet „stehen", das grüne „gehen". – ein klares Ja – etwas Besonderes – vor Überqueren der Breiten Gasse – Ich lese „Das Tagebuch der Anne Frank" – ein Treffen mit beiden – Schenken Sie mir ein wenig von Ihrer Zeit – das Aus für die anderen*

3 a Suche aus dem Brief von Gottfried Keller (S. 81) die großgeschriebenen Wörter heraus und begründe ihre Schreibweise mit der jeweiligen Regel.
   b Welche Wörter hättest du selbst anders geschrieben? Schlage sie zur Klärung im Wörterbuch nach und präge dir die richtige Schreibweise ein.

4 Formuliert als Übung Sätze, in denen man zwischen Anredepronomen und anderen Pronomen genau unterscheiden muss, und diktiert sie euch gegenseitig.
Beispiel: Ist das Ihre Handtasche? Es ist nicht erlaubt, dass Sie sie ins Museum mitnehmen. Die Dame vor Ihnen hat auch ihre Handtasche eingeschlossen.

3. Fehlerlos gesprochen – Lange Vokale (Dehnung)

1 [baim 'ʃprɛçn̩ giːpt ɛs 'kainə feːlɐ]
   a Dieser Satz ist in Lautschrift dargestellt. Versuche, ihn laut zu lesen und aufzuschreiben.
   b An welchen Stellen kann man auf die richtige Schreibung schließen, an welchen nicht? Erklärt, woran das liegt.

Lautschrift

Um in Wörterbüchern auch die Aussprache eines Wortes darzustellen, wurde die **Lautschrift** entwickelt. Sie hat eigene Zeichen für alle Laute der jeweiligen Sprache.
Die Wiedergabe von Wörtern in Lautschrift wird durch *eckige Klammern* angezeigt, z. B. [a].
Wenn es für einen Buchstaben mehrere Aussprachemöglichkeiten gibt, so werden diese mit verschiedenen Lautzeichen dargestellt: [e] ist ein geschlossenes *e* wie im Beispiel *leben*, ein [ɛ] ist ein offener e-Laut wie im Wort *melden*. Von der Aussprache kann man aber nicht automatisch auf die richtige Schreibweise schließen, denn einigen Lauten sind unterschiedliche Buchstaben zugeordnet. Der Laut [ɛ], ein offener e-Laut, kann als Buchstabe *e* oder *ä* geschrieben sein, z. B.: *Feld, Fädchen*.

2 a Lege eine Tabelle an und trage die Wörter aus dem Wortspeicher ein.
b Überprüfe die Schreibweise mit ä durch die **Ableitungsprobe**.

e	ä
Feld	Fädchen ‹ Faden
■	■

K[ε]rn – Gep[ε]ck – f[ε]lschen – f[ε]lsig – M[ε]nsch – l[ε]cker – K[ε]rtchen – m[ε]sten – P[ε]rle – S[ε]ndung – übern[ε]chtigt – H[ε]lfte – K[ε]llner – n[ε]nnen – s[ε]lbst – st[ε]ndig – T[ε]ller – K[ε]mme – l[ε]stig – betr[ε]chtlich – sch[ε]tzen – l[ε]cherlich – F[ε]ll – tr[ε]ffen – verst[ε]ndlich – r[ε]chnen – [ε]ndern - be[ε]nden

Kennzeichnung der langen Vokale in der Lautschrift

Die Länge eines Vokals wird in der Lautschrift durch einen **Doppelpunkt** gekennzeichnet: [a:] [i:] – langes *a*, langes *i*.
Ob die Länge aber überhaupt geschrieben wird oder mit welchem Dehnungszeichen sie geschrieben wird (mit Doppelvokal, mit Dehnungs-h oder mit Dehnungs-e), das muss man aus seinen Rechtschreibkenntnissen ableiten können.

3 Schreibe die Wörter im folgenden Wortspeicher ab und ersetze dabei die Lautschriftzeichen.

abl[e:]nen – anr[u:]fen – ausl[e:]ren – bel[i:]bt – Bes[u:]ch – bew[o:]nen – bez[a:]len – B[i:]bel – B[o:]t – D[e:]nung – d[i:]r – einr[a:]men – geb[o:]ren – Id[e:] – [i:]m – M[i:]te – N[a:]rung – p[a:]ren – r[a:]ten – R[u:]m – S[a:]ge – S[e:]le – S[o:]le – St[a:]t – T[i:]ger – verk[e:]rt – verl[i:]ren – verl[o:]ren – W[a:]ge – Z[o:]

4 Das *h* im Wortinnern und am Wortende ist im Deutschen in der Aussprache nicht zu hören. Besondere Schwierigkeiten können dabei einige Verben bereiten. Arbeitet in Gruppen und sucht mindestens zwölf Verben im Infinitiv, die auf *-hen* enden, und schreibt den Infinitiv, die 3. Pers. Sing. und Plur. Präs. auf, z. B. *ziehen*, *er zieht*, *sie ziehen*.

5 Im phönizischen Alphabet wurden ursprünglich nur Konsonanten dargestellt, ebenso werden in der arabischen Schrift mehrere Vokale nicht geschrieben, sondern durch zusätzliche Zeichen angezeigt. Wenn man Vokale und Umlaute im Deutschen wegließe, sähen die Sätze so aus:

- hn Vkl sht n Stz m Dtschn s w dsr s.
- Mn knn hn lsn, br mn brcht mhr Zt dfr.
- Ntrlch st s ch n Frg dr Gwhnht.
- Mt vl bng gng s whrschnlch schnllr.

a Lies die Sätze laut, schreibe sie ab und setze dabei die fehlenden Vokale ein.
b Schreibt selbst Wörter und Sätze auf, in denen Vokale und Umlaute fehlen, und tauscht sie zum Entziffern untereinander aus.

4. Bei hizza Pizza ezzan? – Kurze Vokale (Schärfung)

Von der Hitze, dem Essen, der Pizza und dem Platz

Text 4

Nach kurzen Vokalen verdoppeln wir im Deutschen den Konsonanten. Wieso aber gibt es kein doppeltes *z*, wie im italienischen Wort *Pizza*? Um diese Frage zu klären, muss man nahezu 2000 Jahre zurückgehen, in eine Zeit, in der man auch ein doppeltes z schrieb.

5 In der germanischen Sprache, von der nur wenige Worte bekannt sind, sprach und schrieb man das Wort *Hitze* „hitjo", das Wort *essen* „eta". Im 4. Jahrhundert veränderte die germanische Lautverschiebung die Aussprache: aus *tj* wird *ts*, aus dem *t* ein hart gesprochenes *s*. Geschrieben wurden im Althochdeutschen beide Laute als *zz*: *hizza, ezzan*.

10 Diese Unklarheit, dass trotz unterschiedlicher Aussprache dieselben Buchstaben benutzt werden, wurde um ca. 1000 aufgelöst: Das ursprüngliche *ts* wurde im Mittelhochdeutschen als *tz* geschrieben und das hart gesprochene *s* als *zz*: *hitze, ezzen*.

germanisch	althochdeutsch	mittelhochdeutsch	neuhochdeutsch
hitjo	*hizza*	*hitze*	*Hitze*
eta	*ezzan*	*ezzen*	*essen*

Wörter, die später dazu kamen, wurden dieser Schreibung angepasst, z. B. entsteht aus dem italienischen Wort *piazza* – wohl im 13. Jahrhundert – unser Wort *Platz*.
15 *Pizza* aber wird, wie viele Bezeichnungen für Produkte aus anderen Ländern, wie in der Herkunftssprache geschrieben.

1 Wie schreibt man demnach jetzt die althochdeutschen Verben *krazzon, kuzzilon, hezzen, sizzan, sazzan, swizzen*?

2 Für „tz" und „z" gibt es nur <u>einen</u> Laut. Die richtige Schreibung kannst du dir über die Vokallänge merken: *tz* nur nach einem kurzen Vokal – und nie am Wortanfang.
  a Schreibe die Wörter ab und setze den richtigen Buchstaben ein.

> se■en – le■ter – Be■irk – De■ember – Gese■ – Matra■e – bese■t – Schmer■en – Absturz■ – schluch■en – Noti■ – Ersa■ – stol■ – schwar■ – kur■fristig – schmu■ig – plö■lich – Kon■ert – ehrgei■ig – tro■dem – zule■t – Du■end – gli■ern – Kan■ler

  b Erkläre die Schreibweise von: *achtzig, herzzerreißend, Satzzeichen, entzünden*.
  c Bilde Verben auf *-zieren* zu: *Produkt, Personifikation, Fabrik, Infektion, Kommunikation*.

3 **Der Bäcker auf der Schaukel:** Prüft anhand mehrerer Beispielwörter, ob die unter Aufgabe 2 genannte Regel für *tz/z* auch für *ck/k* gilt.

4 Die Konsonantenverdopplung nach kurzem Vokal tritt bei folgenden Wörtern *nicht* ein.

> das – er hat – Ananas – Job – in – mit – Kamera – ich bin – man – Hotel – Mini – was – bis

a Stelle sie einem ähnlichen Wort mit Konsonantenverdopplung gegenüber, z. B: *an/wann*.
b Bei welchem der Wörter hättest du persönlich möglicherweise Zweifel an der richtigen Schreibung? Präge dir diese Wörter ein.

5. Geheimnisse in Buchenstäben – Gleich- und ähnlich klingende Laute

Text 5 **Die Schrift der Germanen**

Bei den Völkern Nordeuropas entwickelte sich in den ersten Jahrhunderten eine eigene Schrift, die Runen. Die Gestaltung der Buchstaben ist möglicherweise am lateinischen Alphabet orientiert. So wie die Bezeichnung „Alphabet" aus den ersten beiden Buchstaben entstanden ist, wird die Runenreihe nach ihren ersten
5 sechs Buchstaben benannt:
Futhark (ᚠ ᚢ ᚦ ᚨ ᚱ ᚲ). Die Kombination *th* gilt als ein Buchstabe; dies lässt sich noch heute an dem englischen Laut „th" erkennen.
Jede Rune trägt einen eigenen Namen, der für etwas für diese Völker Wichtiges steht. Das erste Schriftzeichen zum Beispiel heißt *fehu* und bedeutet „Vieh, Besitz".
10 Der Name „Rune" bedeutet „Geheimnis". Man vermutet, dass die Zeichen ursprünglich in den Zweig einer Buche eingeritzt waren und dass solche Zweige für Orakel verwendet wurden. Die Bezeichnung Buchstabe leitet sich demnach von „Buchenstab" ab.
Die Runenzeichen entwickelten sich in der Folge bei den verschiedenen Völkern
15 unterschiedlich weiter. Im Lauf der Jahrhunderte wurde die Anzahl der Zeichen reduziert und einzelne Zeichen standen für mehrere Laute, z. B. ᛒ für „b" oder „p".

1 a Erkläre die Schreibung folgender Wörter aus dem Text mithilfe der **Verlängerungsprobe**: G*estaltung, gilt, Laut, Zweig, Buchstab, unterschiedlich*
b Präge dir die Schreibung der Wörter ein, bei denen du dich nicht sicher fühlst.

2 ᛒ → b oder p?

Setze (wo möglich mithilfe der Verlängerungsprobe) den richtigen Buchstaben ein.

> Far■stift – Schnu■fen – Trei■gut – erhe■lich – Wes■ennest – ras■eln – allerlie■st – Stra■aze – Betrie■sferien – Stö■sel – erwer■stätig – Verder■ – überhau■t – stem■eln

3 ‹ → g oder k?

a Besonders am Wortende kann man die Aussprache von *g* und *k* nicht unterscheiden. Lege eine Tabelle an und sortiere die Wörter aus dem Wortspeicher mithilfe der Verlängerungsprobe in die Tabelle ein.

g	k
klug ‹ klüger	krank ‹ Krankenhaus

> Flu■ – Schran■ – star■ – Ertra■ – Herzo■ – Dan■ – Getränk■ – Gesan■ – Sprun■ – Rin■ – Verbindun■ – Tan■ – Gestan■ – en■ – lan■ – Ban■ – Fan■ – flin■

b Es gibt einige wenige Nomen, die mit *-ik* enden, z. B. *Klinik*. Liste sie auf.

c Um die Adjektiv-Endungen *-ig* und *-lich* zu unterscheiden, achte auf das „l". Bilde zu folgenden Wörtern Adjektive auf *-ig* oder *-lich*:

> Hoffnung, Fleiß, Heiliger, Riese, verstehen, Ende, eine Zeile, Liebe, Wahnsinn

d Erkläre die Schreibweise dieser Wörter: *völlig, zufällig, wohlig, eilig*.

4 d oder t?

Übertrage die Wörter aus dem Wortspeicher in dein Heft und setze – wo möglich mithilfe der Verlängerungsprobe – den richtigen Buchstaben ein.

> verbin■lich – Gegen■ – Studen■ – jugen■lich – genann■ – en■spannen – glühen■ – stün■lich – Hem■kragen – en■lich – Dokumen■ – genügen■ – gesun■ – wöchen■lich

5 ᚠ f oder v oder w?

a Sortiere die Wörter aus dem Wortspeicher in zwei Gruppen, je nachdem, ob sie mit *f*, mit *v* oder mit *w* geschrieben werden.

> ■erlieren – ner■ös – Oli■e – er■olgreich – vernün■tig – ■orzeigen – Ner■ – Passi■ – Kra■atte – Ad■ent – an■angs – ■oll – ein■ach – bra■ – täto■ieren – au■merksam – so■ort – Detekti■ – häu■ig – ■erwandt – ■izepräsident – Ju■elen – da■ür – ■erlag – ■ordersitz – ent■ernt – Ha■er – zu■rieden – Uni■ersität – akti■ – da■ür – ■ertig

b Es gibt einige Wörter mit *v*, das als *w* gesprochen wird. Stellt sie zusammen.

6. Seltsame Buchstabengeschichten – s-Laute

Text 6 „Es"-Geschichten - Woher kommt das ß?

Den Buchstaben ß gibt es nur in der deutschen Sprache. Bezeichnet wird er als „scharfes S" oder „Eszett". Die zweite Bezeichnung deutet auf seine Entstehung hin. Es handelt sich nämlich um die Verbindung zweier Buchstaben.
Bis ins 20. Jahrhundert wurden zwei s-Buchstaben unterschieden: ein langes s, das
5 am Anfang oder im Wort steht, und ein kurzes s, das nur am Ende von Silben steht.
Beispiel: *das Wasser* (Schreibschrift, so genannte Sütterlinschrift, die deine Groß- oder Urgroßeltern vielleicht noch verwendeten).
In manchen älteren Schildern, traditionellen Produktnamen oder Werbeschriften
10 an Hauswänden kann man das lange s noch lesen.
Der Buchstabe ß ist entweder als Verschmelzung aus diesen beiden s oder aus langem s und z entstanden, als die beiden Buchstaben auf einer Drucktype zusammengefügt wurden.

1 a Wie erklärt es sich, dass es keinen ß-Großbuchstaben gibt? Wie ist das Großschreiben geregelt?
  b Die Einführung eines Großbuchstabens für das ß wird gefordert. Wie denkt ihr darüber? Diskutiert.

2 In der Schweiz wird der Buchstabe ß schon lange nicht mehr verwendet. „Übersetze" diesen Artikel aus einer Schweizer Zeitung für Jugendliche in die in Deutschland gültige Rechtschreibung:

Text 7 Schluss mit der Kippe!

In Deutschland ist eine neue Regelung für das Rauchen beschlossen worden, die ab September 2007 ins Jugendschutzgesetz eingeht: Vorher durften Jugendliche ab 16 Jahren ausserhalb ihres Privatraums rauchen, jetzt ist es erst ab 18 Jahren gestattet. Ausserdem müssen die Automatenhersteller dafür sorgen, dass Jugendliche
5 unter 18 keine Zigaretten aus dem Automaten ziehen können. Dies ist eine äusserst klare Absage an den Nikotinkonsum, zu der man bei uns in der Schweiz noch nicht vorgestossen ist. Obwohl Umfrageergebnisse beweisen, dass fast jeder zweite Jugendliche ab und zu oder regelmässig raucht, scheint es unseren Politikern kein bisschen angemessen, dagegen etwas zu unternehmen. Also lasst uns selbst zur Tat
10 schreiten: Hände weg von der Kippe, sei es zuhause oder auf der Strasse. Schliesslich ist es dein Leben und das heisst, dass du selbst den grössten Einfluss auf deine Entscheidungen hast.

3 a Setze statt der Zahl in Klammern *das* oder *dass* ein und unterscheide die Schreibung mithilfe der Grammatik.

> Aber (8) stimmt nicht ganz, denn (9) könnte eine Aufzählung sein, z. B.: Ich hole den Stift, (10) Heft und (11) Buch.

> Durch (5) Komma, (6) davor steht, kann man sehen, (7) es sich nicht um den Artikel handelt.

> Ich weiß, (1) (2) Wort „(3)" eine Konjunktion und nicht (4) Pronomen oder der Artikel ist.

> (12) stimmt. Gut, (13) du mich darauf hinweist. Aber eigentlich ist sowieso nur wichtig, (14) „(15)" als Konjunktion zu erkennen, oder?

b Suche aus dem Text von Philip K. Dick (S. 244) zwölf Stellen mit *das* oder *dass* heraus und erkläre ihre Schreibweise durch ihre Verwendung.

7. Prallkissen und Schnellessen –
Fremdwörter

1 *Prallkissen* und *Schnellessen* sind Vorschläge für deutsche Ausdrücke statt der englischen Wörter *Airbag* und *Fastfood*.

a Welche Fremdwörter verbergen sich hinter folgenden Vorschlägen?

> *Blinker – Startseite – Infobrief – Zahlkanal – E-Müll – Nachsteller*

b Schlagt deutsche Ausdrücke für folgende Wörter vor:

> *brainstorming – call center – Flatrate – laptop – standby – website*

c In welchem Fall erscheinen euch die Fremdwörter treffender? Begründet.

2 a Setze aus den Silben Fremdwörter zusammen, die die jeweilige Buchstabenkombination enthalten, und trage sie in der Reihe ein.
b Finde zu jeder Spalte drei weitere Beispiele.

aus dem Griechischen	aus dem Lateinischen	aus dem Französischen
(enthalten *th* oder *ph*)	(enthalten *iv* oder *tion*)	(enthalten *eur* oder *age*)
■	■	■

> AMA – APO – AT – BLA – DE – DIS – FI – GE – GLY – HIE – IN – IN – IN – KE – KLI – KO – KON – LO – MAGE – MO – NA – NI – NIEUR – OP – PA – PAS – PHE – PHI – PHIE – PIE – PO – PO – RA – RE – RO – SA – SABO – SAGE – SEN – SER – SI – SIV – SO – SPHÄ – SYM – TAGE – TEN – TEUR – THE – THE – THEK – THIE – TION – TION – TION – TIV – TIV – TRI – UMPH – VA

3 Verben kreieren
Bilde aus den folgenden Nomen Verben auf -ieren:

Diskussion, Interpretation, Applaus, Demonstration, Gratulation, Hälfte, Gruppe, Information, Kommunikation, Referat, Studium, Regierung, Transport, Reaktion

4 Wähle aus den folgenden Fremdwörtern diejenigen aus, die du in deinen eigenen Texten gebrauchen kannst, und trainiere ihre Schreibung.

aggressiv – anonym – Appetit – Argument – Bibliothek – Chaos – chronisch – demokratisch – Diagnose – Diskette – Egoist – Fantasie – faszinierend – Hobby – ideal – intelligent – interessant – Interpretation – Interview – Katastrophe – Kompromiss – Konkurrenz – konsequent – konzentrieren – Korrektur – Nostalgie – parallel – Präsentation – protestieren – Qualität – Rhythmus – riskieren – Situation – Subtraktion – Team – Toleranz – Trainer – Video – Zensur

5 Am Ende -ent oder -end?
Schreibe die folgenden Wörter richtig in dein Heft.

Tipps:
- Bei den **Präfixen** *ent-/end-* kann man nach der Bedeutung unterscheiden: *Endspiel* hat etwas mit „Ende" zu tun.
- Bei den Suffixen *-ent* (aus dem Lateinischen) und *-end* hilft die Verlängerungsprobe: *Studen?* – die Stud**e**nten, *studieren?* – meine in Köln studier**e**nden Brüder

Dokumen? – resisten? – schonen? – Subtrahen? – Sortimen? – vehemen? – assistieren? – existen? – Assisten? – produzieren? – blenden? – tausen? – Referen? – Produzen? – überwiegen? – folgen? – Parlamen? – transparen? – effizien? – laufen? – Prozen?

6 So und nicht anders?
Schlage im Wörterbuch nach, ob auch eine andere Schreibung dieser Fremdwörter erlaubt ist, und präge dir eine davon ein.

Ketchup – Portmonee – Telefon – Jogurt – Delfin – Panther – Biografie – Marionette - Spagetti – Facette – Foto – Crêpe – Mikrophon – Mayonnaise – Pappmaschee – Thron

8. Das kommt davon! – Getrennt- und Zusammenschreibung

> **Getrennt- und Zusammenschreibung**
>
> Als grundsätzliche Regel gilt:
> - **Wortgruppen** schreibt man **getrennt**,
> - **Zusammensetzungen** schreibt man **zusammen**.
>
> Beispiel: *Er lebte schon jahrelang in dieser Stadt und wollte noch viele Jahre lang bleiben.*

1 Getrennt-zusammen

a Erläutere die unterschiedliche Bedeutung bei Getrennt- bzw. Zusammenschreibung durch einen Beispielsatz.
Beispiel: schwer+beschädigt → A) *Das Auto ist durch den Unfall schwer beschädigt.*
→ B) *Mein Opa ist gehbehindert und dadurch schwerbeschädigt.*

> *frei+sprechen – davon+kommen – sitzen+bleiben – schief+gehen – hoch+springen*

b Verbindungen mit *sein* werden immer getrennt geschrieben. Bilde acht vollständige Sätze und schreibe sie in dein Heft:

> *Er möchte immer (allein, da, dabei, in, nett, beliebt, ■, ■) sein.*

c Schlage im amtlichen Regelwerk von 2006, das man auch im Internet findet, den Paragrafen nach, der die Schreibung der unterstrichenen Wortgruppen oder Zusammensetzungen regelt. Notiert jeweils zwei weitere Beispiele für diese Regelung.

> *Die Kinder <u>langweilen</u> sich. – Ihr müsst mir <u>zu Hilfe kommen</u> – Du musst mit mir <u>vorliebnehmen</u>. – Sie trägt die <u>blaugraue</u> Bluse. – Die Polizei <u>suchte</u> das Haus <u>auf</u> um es zu <u>durchsuchen</u>. – Ihr dürft das Geheimnis nicht <u>preisgeben</u>. – Er muss jede Nacht <u>schlafwandeln</u>. – Sie werden ihn <u>bewusstlos</u> <u>schlagen</u>. – Meine Eltern werden <u>kopfstehen</u>. – Er ist sehr <u>selbstsicher</u>. – Das Kind muss <u>lesen</u> <u>üben</u>. – Hier ist es <u>bitterkalt</u>. – Öffne bitte das <u>Garagentor</u>. – Wir fahren <u>flussabwärts</u>. – Heute besichtigen wir das <u>Brandenburger Tor</u>. – Du kannst mich <u>jederzeit</u> besuchen. – Ich habe <u>gar</u> <u>nichts</u> verstanden.*

d In vielen Fällen ist Getrennt- oder Zusammenschreibung möglich. Sammele aus dem Wörterbuch oder aus deinen Texten Wortgruppen oder Zusammensetzungen, die du häufiger verwendest, und präge dir eine zugelassene Schreibweise ein.

Problem-Wörter?
Diese Wörter oder Wortverbindungen werden häufig falsch geschrieben. Überlege bei jedem Wort:
- Worin könnte ein typischer Fehler bestehen?
- Warum muss es so geschrieben werden? Welche Regel gilt?
- Hättest du es richtig geschrieben? Falls nein, formuliere einen Kontext für das Wort und schreibe den Satz oder Teilsatz auf.

> *bisschen – herunter – eigentlich – übrigens – endgültig – parallel – ihr wart dabei – interessant – gar nicht – vielleicht – schon mal – das Anstrengendste – Voraussetzung – meistens – auswendig – spannend – zuhause – plötzlich – aus Versehen – knien – aggressiv – abends – nicht – schließlich – auf einmal – spazieren – ihr seid da – stets – während – Rhythmus*

9. Punkt, Punkt, Komma, Strich –
Zeichensetzung

Text 8 **Mit Kommas dazwischenstechen**

Der Fachbegriff für Zeichensetzung ist „Interpunktion". Dieser Begriff kommt aus dem Lateinischen und bedeutet, wörtlich genommen, „Dazwischen-Stechen". Die Römer schrieben die Wörter hintereinander, ohne einen Abstand zwischen ihnen zu lassen. Anstelle dieses heute bei uns üblichen Zwischenraums stand der „Inter-
5 punct" als Lesehilfe.

1 Was ist für die Leserin oder den Leser ungewöhnlich oder schwierig, wenn ein Text nur mit „Interpuncten" geschrieben ist?

2 a An zehn der folgenden mit (,?) gekennzeichneten Stellen <u>muss</u> ein Komma stehen. Wähle aus den Vorschlägen aus und überprüfe deine Entscheidung mithilfe der in Text 9 genannten Regelungen.
b Notiere je einen weiteren Beispielsatz.

Text 9
- Das Wort Komma (,?) stammt aus dem Griechischen (,?) es wird dort kómma geschrieben (,?) und seine ursprüngliche Bedeutung ist „Schlag (,?) Einschlag (,?) Abschnitt".
- Das Komma wird nicht nur bei Texten verwendet (,?) sondern dient (,?) zum Beispiel (,?) auch in der Mathematik dazu (,?) Dezimalstellen anzugeben.
- Außer dem Komma (,?) gehören der Punkt (,?) das Fragezeichen (,?) das Ausrufezeichen (,?) und das Semikolon zu den Satzzeichen.
- In vielen Fällen liegt die Entscheidung (,?) ein Komma zu setzen (,?) beim Schreiber.

- Doch auch in diesen Fällen ist (,?) das Einfügen von Kommas notwendig (,?) um Uneindeutigkeiten zu vermeiden.
- Wenn jemand Zweifel (,?) an der Wichtigkeit des Kommas hat (,?) so kann er versuchen (,?) aus dem Satz in Aufgabe 2c zu erraten (,?) wie viele Personen gemeint sind.
- Na (,?) alles klar?

c Schreibe den folgenden Satz mit unterschiedlicher Kommasetzung ab.
   Mein Bruder (,?) Paul (,?) seine Freundin (,?) Lisa (,?) Herr und Frau Meier (,?) ihre Eltern (,?) und ich gehen in den Zoo.

3 Diktiert euch zur Übung für die Kommasetzung gegenseitig Texte oder Abschnitte daraus, z.B. S. 82, Text 7, S. 174, Text 7, S. 244, Text 1.

4 Das Auslassungszeichen, auch Apostroph genannt,

steht bei Eigennamen auf einen s-Laut im Genitiv (für das ausgelassene Genitiv-s)	Maria → Das ist Marias Mütze. Lukas → Das ist Lukas' Mütze.
steht in Wörtern, die durch die Auslassung von Buchstaben schwer lesbar sind.	„Wir starten in wen'gen Minuten, ,s geht gleich los."
sollte stehen in Wörtern, in denen in gesprochener Sprache Buchstaben ausgelassen und die restlichen nicht miteinander verschmolzen sind.	Der Käpt'n fährt mit'm Schiff aufs Meer.

a **Wessen Tasche?** – Schreibe die Antworten auf:

> *Katharina, Hans, Marco, Fritz, Kim, Marcus, Dorothee, Max, Jakob, Alice, Herr Ehlers, Doris, Frau Schatz*

b Wieso ist in diesen Fällen der Apostroph ganz falsch am Platz?

> *Nicht in's Wasser springen!   CD's nur 1.99   Ella's Würstchenbude*
> *Hier keine Auto's parken!   Viele Grüße von Jonas'   Urlaub? Nicht's wie weg.*

Adjektiv	→ Wortarten
Adverb	→ Wortarten
Adverbiale Bestimmung	→ Satzglieder

AIDA (engl.: ***Attention, Interest, Desire, Action***) Werbung z. B. soll Aufmerksamkeit beim Betrachter wecken, wodurch zuerst Interesse und dann ein Bedürfnis erzeugt werden, das Produkt zu kaufen (Handlung).

Akkusativobjekt	→ Satzglieder
Aktiv	→ Verb
Alliteration	→ Stilmittel
Anapher	→ Stilmittel
Anredepronomen	→ Wortarten/Pronomen

Argument/ argumentieren

Die **einfache Argumentation** besteht aus These (Aussage) und Argument (Behauptung).
In der **erweiterten Argumentation** wird das Argument durch Belege und Beispiele und die These durch weitere Argumente unterstützt.
Aufbau einer Argumentation
Eine **These** ist eine noch unbegründete Aussage. Mit **Argumenten** begründet man die These in meist allgemeiner Form. Mit **Belegen** verweist man auf etwas, was das Argument stützen soll. **Beispiele** sollen die Position veranschaulichen. Anschließend wird die **Schlussfolgerung** aus der Beweisführung gezogen.

äußere Handlung → Erzählung/erzählen

Attribut

Attribute bestimmen den Bedeutungsinhalt von Wörtern genauer oder fügen ihm neue Informationen hinzu. Sie stehen hinter oder vor ihrem **Bezugswort**, sind jedoch **keine eigenständigen Satzglieder,** sondern **Satzgliedteile.** Deshalb bleiben sie bei der Umstellprobe auch bei dem jeweiligen Bezugswort.
Nach Attributen fragt man mit „Was für ein...?". Attribute gibt es in verschiedenen Erscheinungsformen:
- **Adjektivattribut** (vorangestelltes, dekliniertes Adjektiv),
- **Genitivattribut** (Nomen im Genitiv),
- **präpositionales Attribut** (Nominalgruppe mit Präposition),
- **Apposition** (Nominalgruppe im gleichen Kasus),
- **Attributsatz** (Relativsatz).

Attributsatz → Satzreihe und Satzgefüge

Autobiografie

Eine **Autobiografie** ist ein Text, in dem jemand aus dem **Rückblick** (aus der Retrospektive) **eigene Erlebnisse und Gedanken** erzählt oder davon berichtet. In fast allen Autobiografien wird das Verhältnis der Autorin oder des Autors zu ihrer bzw. seiner Umwelt, insbesondere zur Gesellschaft, aufgegriffen.

automatisches Schreiben → Kreativtechniken

Ballade

Die **Ballade** gehört zur Textsorte **Gedicht**. Das Wort *Ballade* kommt vom italienischen Wort *ballata* (Tanzlied); es ist z. B. mit den Wörtern *Ball* und *Ballett* verwandt. Seit dem 18. Jahrhundert bezeichnet man damit ein **erzählendes Gedicht** in **Strophenform**, das ein ungewöhnliches Ereignis **dramatisch zugespitzt** darstellt. In **historischen Balladen** werden vorbildhafte Menschen bei der Bewältigung von Gefahren oder Konflikten dargestellt.
Bänkelsang
Auf Jahrmärkten standen die Bänkelsänger erhoben auf kleinen Bänken, zeigten mit einem Stock auf Bilderfolgen und trugen Moritaten und Balladen vor.

Bericht/berichten

Mit einem Bericht **informiert** man andere, nicht beteiligte Personen über ein Ereignis oder einen Sachverhalt. Deshalb muss ein Bericht in **sachlicher Sprache** verfasst werden, **genau** sein und alle wichtigen **Einzelheiten** enthalten. Ein guter Bericht beantwortet die **W-Fragen**:
- **In der Einleitung:** *Wer? Was? Wann? Wo?*
- **Im Hauptteil:** *Wie?* und *Warum?*
- **Im Schluss:** *Welche Folgen?*

Ein sachlich informierender Bericht soll **objektiv** sein und sich mit Wertungen zurückhalten. Wenn über ein Geschehen berichtet wird, muss die **Reihenfolge** der Ereignisse unbedingt eingehalten werden. Das Tempus des Berichts ist das **Präteritum**.

Beschreibung/ beschreiben

Eine **Beschreibung** unterscheidet sich von einer **Schilderung** dadurch, dass sie **sachlich und informativ** ist und weder eine persönliche Sprechweise noch einen erlebnishaften Tonfall enthält. Das Tempus der Beschreibung ist das **Präsens**, der **Stil sachlich-infomativ**.

Gegenstandsbeschreibung
Wenn man einen Gegenstand beschreiben will, muss man ihn zunächst als Ganzes beschreiben und dann auf folgende **Merkmale (Einzelheiten)** eingehen: Farbe, Material, Größe, Form, Besonderheiten.
Man sollte auf eine **sinnvolle Reihenfolge** achten, in der man die einzelnen Merkmale beschreibt.

Personenbeschreibung
Eine Personenbeschreibung ist eine **genaue, anschauliche und sachliche Beschreibung der äußeren Merkmale einer Person** (Geschlecht, Alter, Größe, Körperbau, Kopf und Gesicht, Kleidung, besondere Kennzeichen). Dabei ist auf eine **sinnvolle Reihenfolge** des Beschriebenen zu achten.

Charakteristik einer literarischen Figur
Als Vorbereitung sammelt man alle Elemente des literarischen Textes, die die Figur in ihrem **Äußeren** sowie in ihrem **Verhalten**, **Denken** und **Fühlen** beschreiben. Diese Informationen können aus verschiedenen „Quellen" stammen, z.B. aus Beschreibungen im Erzählertext, aus den Äußerungen und Reaktionen der anderen Figuren oder aus Äußerungen und Verhalten der Figur selbst. Die gesammelten Informationen sollen ein umfassendes Bild der literarischen Figur und ihres Charakters ergeben.
Eine **schriftliche Charakteristik** sollte alle Aspekte der Figur berücksichtigen und zusammenhängend darstellen. Die Charakteristik kann auf verschiedene Weisen aufgebaut sein: von außen nach innen, vom Besonderen zum Allgemeinen, vom Gegensätzlichen zum Eigentlichen, vom Leseeindruck zur Figur.
Wichtig ist, dass alle Aussagen der Charakteristik **gut am Text belegt** werden, z.B. durch Zitate.

Schilderung
Merkmale einer **Schilderung** sind: anschauliche Darstellung (wahrnehmen mit allen Sinnen), persönliche Sprechweise, erlebnishafter Tonfall, bildhafter Ausdruck (Vergleiche / Metaphern).

Vorgangsbeschreibung und Versuchsbeschreibung
In einer **Vorgangsbeschreibung** wird ein Vorgang oder Ablauf **sachlich** in der richtigen **Reihenfolge** seiner **einzelnen Schritte** beschrieben. Jemand, der diesen Vorgang nicht kennt, soll genau erfahren, wie er abläuft. In vielen Fällen sind Vorgangsbeschreibungen auch zugleich **Anleitungen**, z.B. Gebrauchsanweisungen und Kochrezepte.
Die **Sprache** der Vorgangsbeschreibung ist **sachlich und genau**, häufig werden **Fachwörter** verwendet. Das **Tempus** ist das **Präsens**; wenn es sich um eine Anleitung handelt, werden oft auch Imperative verwendet.
Eine **Versuchsbeschreibung** ist eine besondere Form der Vorgangsbeschreibung.

bildhafte Ausdrücke	→ Erzählung/erzählen
Botenbericht	→ Drama/dramatische Texte
Charakteristik	→ Beschreibung/beschreiben
Cluster	→ Textplanung
Dativobjekt	→ Satzglieder
Diminutiv	→ Wortbildung

Diskussion/diskutieren

Eine **Diskussion** ist die **Gesprächsform** der fairen Auseinandersetzung, bei der **Gesprächsregeln** beachtet werden sollten. Größere Diskussionen erfordern eine **Diskussionsleiterin** oder einen **Diskussionsleiter (Moderator/in)**.

Drama/ dramatische Texte

Der **Haupttext** eines Dramas enthält **Dialoge** (Gespräche zwischen Figuren) und **Monologe** (Selbstgespräche, in denen eine Figur ihre Gedanken und Absichten offenbaren kann, weil sie sich von den anderen Figuren unbeobachtet fühlt). Der **Nebentext** (Regieanweisungen) gibt Hinweise auf Verhalten und Reaktionen der Figuren.
Dramentexte sind meist in verschiedene Abschnitte gegliedert, die **Szenen** (oder Bilder) genannt werden. Beginn und Ende einer Szene werden meist durch Auftritt oder Abgang einer oder mehrerer Figuren markiert. Eine größere Aufteilung, die mehrere Szenen und meist

einen in sich geschlossenen Handlungsabschnitt umfasst, wird **Akt** (oder Aufzug) genannt. Der Anfang eines Dramas wird **Exposition** genannt. Diese Einleitung gibt einen Einblick in die Hintergründe der Handlung und vermittelt Informationen, die das Publikum braucht, um der Handlung folgen zu können.

Als **steigende Handlung eines Dramas** werden diejenigen Szenen bezeichnet, die die dramatischen Ereignisse ohne Umwege voranbringen und auf den **Höhepunkt** (auch: Katastrophe) zutreiben. Szenen dagegen, die die dramatische Handlung aufhalten oder verzögern, bezeichnet man als Retardation oder **retardierende Momente**.

Es gibt zwei Möglichkeiten, nicht gezeigtes Geschehen in einem **Theaterstück** vorkommen zu lassen:
- **Botenbericht:** Jemand kommt auf die Bühne und berichtet, was vorher geschehen ist.
- **Mauerschau:** Jemand steht am Rande der Bühne oder im Hintergrund und berichtet, was außerhalb der Bühne angeblich gerade passiert.

Mit dem Begriff **Requisiten** bezeichnet man alle Gegenstände auf der Bühne, die beweglich sind. Sie gehören mit zur **Bühne** bzw. zur **Bühnenausstattung**.

Enjambement
(frz.: *hinüberspringen*) Wenn ein Satz in einem Gedicht über das Versende in die nächste Zeile „springt", nennt man das Enjambement (Zeilensprung).

Erzählkern → Erzählung/erzählen
Erzählplan → Erzählung/erzählen
Erzählschritte → Erzählung/erzählen
Erzählstil → Erzählung/erzählen

Erzählung/erzählen

anschauliches Erzählen
Wenn die Leserin oder der Leser einer Erzählung beim Lesen den Eindruck hat, „mitten in der Geschichte" zu sein, zu fühlen, was die Figur fühlt, und zu sehen, was sie sieht, dann ist anschauliches Erzählen gelungen.

äußere und innere Handlung
Die **äußere Handlung** stellt den Ablauf der Ereignisse dar. Durch die äußere Handlung erfährt man nicht direkt, was die einzelnen Figuren denken, sondern man muss zwischen den Zeilen lesen und sich dies ausmalen.
Die **innere Handlung** gibt die Gedanken oder Gefühle einer Figur wieder. Daran kann man oft die innere Entwicklung dieser Figur ablesen.

bildhafte Ausdrücke
Innere Vorgänge kann man beim anschaulichen Erzählen durch bildhafte Ausdrücke (oft handelt es sich dabei um feste Redewendungen) sichtbar machen.

Erzählstil und Sachstil
In **literarischen Texten** versucht die Autorin bzw. der Autor, durch eine bestimmte Verwendung von Wörtern und Sätzen Figuren zu charakterisieren, Leseerwartungen zu wecken, Spannung zu erzeugen, Handlungen zu erzählen. Die **Sprache** in literarischen Texten ist oft **sehr kunstvoll** und enthält viele **sprachliche Bilder**. Man nennt diese Art zu schreiben auch **Erzählstil**.

Erzählperspektive, Erzählform
Jede Geschichte wird aus einer bestimmten Sicht – einer Erzählperspektive – erzählt.
- **Auktorialer Erzähler:** Der Erzähler ist allwissend, er steht oberhalb des Geschehens und kennt die Gedanken und Gefühle aller Figuren. Er kann die Handlung kommentieren (wertend dazu Stellung nehmen).
- **Personaler Erzähler:** Die Geschichte wird aus der Sicht einer der beteiligten Figuren in der Er-/Sie-Form erzählt.
- **Ich-Erzähler:** Das Geschehen wird in der 1. Person Singular erzählt, der Erzähler ist am Geschehen beteiligt. Er erzählt aus seiner Perspektive und kennt die Gedanken und Gefühle anderer Figuren nicht.

Erzählkern
Häufig bildet eine Zeitungsmeldung oder ein kurzer sachlicher Bericht den Ausgangspunkt für eine spannende Erzählung. Diesen Erzählkern kann man nun zum Kern einer Erzählung ausgestalten.

Rahmenerzählung, Rahmenhandlung
Die **Rahmenerzählung** leitet die eigentliche Erzählung, auch **Binnenerzählung** oder **Binnenhandlung** genannt, ein, kann sie auch mittendrin unterbrechen und rundet den gesamten Erzähltext mitunter am Ende ab (der Rahmen wird geschlossen). Durch die

Rahmenerzählung ergeben sich in der Regel mehrere Zeitebenen: **Zeit des Erzählens, Zeit des Erzählten.**
Durch eine Rahmenerzählung kann die Autorin oder der Autor den Eindruck erwecken, dass es sich bei dem Erzählten um ein tatsächliches Geschehen handelt. Man nennt dies einen **Authentizitätsbeweis** (authentisch: *tatsächlich, wirklich*).

Erzählplan
In einem **Erzählplan** sollte man auf den **Adressatenbezug**, achten, **Wesentliches und Unwesentliches** unterscheiden, die **Erzählperspektive** festlegen und den **Aufbau** (Einleitung, Hauptteil, Schluss) skizzieren. Wichtig ist, die **Schlüssigkeit** und die **innere Glaubwürdigkeit** zu wahren. Mögliche Leitfragen: *Ist der Zusammenhang der einzelnen Erzählschritte klar? Können die Zuhörer oder Leser meiner Erzählung folgen? Habe ich so erzählt, dass es keine Widersprüche gibt?*

Erzählschritte
Der **Spannungsbogen** einer Geschichte wird durch schrittweises Erzählen gebildet. Man kann eine Geschichte meist in **Abschnitte** einteilen und so die Erzähl- bzw. Handlungsschritte ermitteln.

Erzählzeit: Raffung, Dehnung, Zeitdeckung
Bei erzählenden Texten unterscheidet man die **erzählte Zeit** und die **Erzählzeit**.
Die **Erzählzeit** ist die Zeit, die man zum Erzählen einer Handlung (erzählte Zeit) braucht. Man kann die Ereignisse kurz zusammenfassen (= **Raffung**), aber auch sehr ausführlich wiedergeben (= **Dehnung**). Man kann das Geschehen eins zu eins abbilden, sodass erzählte Zeit und Erzählzeit ungefähr gleich lang sind und es zur so genannten (Zeit-) **Deckung** kommt. Deckendes Erzählen findet vor allem bei Dialogen statt.

Euphemismus	→ Stilmittel
Fabel	**Fabeln** sind kurze Texte, in denen meistens **Tiere**, manchmal aber auch Pflanzen und Gegenstände sprechen und handeln. Diese Tiere sollen dabei als **Stellvertreter für Menschen** verstanden werden. Fast immer haben Fabeln eine **Lehre**, über die man nachdenken und diskutieren kann. Eine Fabel beginnt meist mit der Beschreibung der **Ausgangssituation**, dann erfährt man etwas über den **Konflikt** (**Rede und Gegenrede** der Figuren bzw. **Aktion und Reaktion**), und schließlich gibt es eine **Lösung** und häufig auch eine ausformulierte **Lehre**.
Figurenkonstellation	Die grafische Darstellung einer Figurenkonstellation zeigt das **Beziehungsgeflecht der handelnden Figuren** in einem Theaterstück, einem Roman, einer Erzählung oder einem Film. Durch unterschiedliche Pfeile und Symbole kann man Aussagen zu den Beziehungen veranschaulichen.
Fiktionale und nicht-fiktionale Texte	Man unterscheidet zwei Gruppen von Texten: **fiktionale** und **nicht-fiktionale** Texte. **Fiktion** bedeutet „Erdichtung" oder „Erfindung" und bezeichnet Ausgedachtes, nur in der Vorstellung Vorhandenes. Zu den fiktionalen Texten zählen z. B. Gedichte, Erzählungen, Theaterstücke, Romane. Sie sind erfundene Produkte einer Autorin oder eines Autors. **Nicht-fiktionale** Texte sind Texte, die informieren, also Fakten wiedergeben. Zu den nicht-fiktionalen Texten gehören zum Beispiel informative Sachtexte, Zeitungstexte usw.
Film/Verfilmung	**Drehbuch und Plot** Ein **Film** muss eine Grundidee haben, einen Handlungskern und ein Handlungsgerüst (den so genannten **Plot**), die dann in einem **Drehbuch** ausgestaltet werden. In einem Drehbuch findet sich das, was in dem geplanten Film zu hören und zu sehen ist. Außerdem enthält das Drehbuch genaue Angaben zu Kameraeinstellungen und Kameraperspektiven, Hinweise zu Drehorten, Raumgestaltungen und Requisiten sowie detaillierte Regieanweisungen zu Stimme, Mimik, Gestik und Körperhaltung der Schauspieler/innen. **Szene** Man kann die Szene eines Films mit einem **Handlungsschritt einer Erzählung** vergleichen. Eine Szene muss entweder die **Haupthandlung** oder eine der **Nebenhandlungen** voranbringen.
Finalsatz	→ Satzreihe und Satzgefüge
Frageadverbien	→ Wortarten/Adverb

Fremdwörter, fremde Wörter	**Fremdwörter richtig schreiben**

Fremdwörter enthalten meist noch die Schreibweise ihrer Herkunftssprache, werden aber zunehmend nach den Regeln für deutsche Wörter geschrieben: Langes *i* schreibt man in den fremdsprachigen Suffixen und Wortausgängen häufig *-ie-*: *-ie, ier, -ieren* (z.B. *Batterie*).
Aus anderen Sprachen entlehnte Wörter gehen immer stärker in den Sprachgebrauch über, deshalb gibt es in vielen Fällen die Möglichkeit der Doppelschreibungen (z.B. *ph-f; gh-g; c-k; c-z*): *Photo - Foto, Joghurt - Jogurt, Code - Kode, circa - zirka*)

Tipps für das Entschlüsseln fremder Wörter
Meist kann man fremde Wörter aufgrund der Bedeutung von einzelnen Bestandteilen oder aus dem Kontext erschließen:
- Wenn **ein Wortteil bekannt** vorkommt, kann man von diesem Bestandteil des Wortes ausgehen, um die Gesamtbedeutung zu erschließen.
- Man sucht in dem ganzen Wort oder in einzelnen Wortteilen **verwandte Wortformen**, die man versteht.
- Man **bestimmt** die Wortart und gegebenenfalls Numerus und Kasus.
- Man versucht, den Zusammenhang ohne das fremde Wort zu klären, baut dann das fremde Wort ein und probiert verschiedene **„Übersetzungen"** aus.
- Wenn kein Ergebnis zufriedenstellend ist, sollte man das Wort im Fremdwörterbuch oder in einem Lexikon **nachschlagen**.

Lehnwörter nach Anglizismen
Im Gegensatz zum Fremdwort ist das **Lehnwort** kaum noch als etwas Fremdes zu spüren (z.B. *Karikatur* aus it. *caricatura*), denn es ist in den Sprachgebrauch übernommen worden, indem u.a. die Schreibweise angepasst wurde. Als **Anglizismen** bezeichnet man Wörter, die aus der englischen Sprache entnommen wurden (z.B. *workout*).

Fünf-Schritt-Lesemethode	→ Informationen/informieren
Futur I	→ Verb
Gattung (literarische)	Literarische Texte werden in drei **Gattungen** eingeteilt: **narrative** Texte (Epik, erzählende Prosa), **lyrische** Texte (Lyrik, Gedichte) und **dramatische** Texte (Drama, Theater).
Gedicht	**Reim**

Wenn unterschiedliche Wörter (meist am Ende eines Verses) gleich oder sehr ähnlich klingen, dann reimen sie sich:
- **Kreuzreim:** Reimschema *abab*
- **Paarreim:** Reimschema *aabb*
- **umarmender Reim:** Reimschema *abba*

Strophe
Bei vielen Gedichten sind mehrere Verse zu einer Strophe zusammengefasst.

Vers
Gedichte sind in Versen geschrieben, d.h. eine **Gedichtzeile** ist nur so lang, wie die Dichterin oder der Dichter es bestimmt hat.

Versmaß (Metrum)
Es gibt betonte und unbetonte **Silben**. Um das **Metrum** eines Gedichts bestimmen zu können, untersucht man die Anzahl der **Hebungen** (der **betonten** Silben) und die Verteilung der **Senkungssilben** in den Versen des Gedichts. Ist diese Verteilung regelmäßig, spricht man davon, dass ein Versmaß (lat. *metrum* - Maß) eingehalten ist. Ein Vers kann aus einer unterschiedlichen Anzahl von **Takten (Versfüßen)** bestehen. Ein Takt enthält immer nur eine einzige Hebung.

Taktarten:
- **Jambus** (unbetont, betont),
- **Trochäus** (betont, unbetont),
- **Anapäst** (unbetont, unbetont, betont),
- **Daktylus** (betont, unbetont, unbetont).

Eine einzelne unbetonte Silbe am Versanfang wird als **Auftakt** bezeichnet.
Beim Vortragen hält man sich aber nicht sklavisch an das Metrum, sonst würde man das Gedicht „leiern". Man spricht freier, und so erhält das Gedicht seinen **Rhythmus**.

Gedichte interpretieren – Eine Checkliste
Vorbereitung:
1. Das **Thema** des Gedichts herausarbeiten.
2. **Titel** zum Inhalt in Beziehung setzen.
3. Auffälligkeiten der **Gestaltung** des Gedichts untersuchen: Strophen- und Versaufbau, Reim, Metrum, Takt und Rhythmus.
4. Die Gestaltungsmerkmale den **Inhalten** zuordnen.

Eine Interpretation verfassen:
Der Aufbau der Interpretation soll für die Leserin oder den Leser durchschaubar sein:
- In einem **einleitenden Überblickssatz** das Wesentliche zusammenfassen (z. B. die Autorin/den Autor des Textes sowie den Titel und das Thema nennen),
- im **Hauptteil** schrittweise und nach den einzelnen oben genannten Aspekten gegliedert vorgehen. Dabei muss man sich nicht an die Strophen-Abfolge halten.

Genitivobjekt → Satzglieder
Gesprächsregeln → Diskussion/diskutieren

Gestik
Mit Händen und Armen kann man anderen Menschen Zeichen geben, die sie verstehen. Oft geschieht dies unbewusst.

Gleichnis
bildhafte Darstellung, die eine allgemeingültige Aussage durch einen **Vergleich** klärt. Gleichnisse sind meist kurze Geschichten, mithilfe derer die Adressatin oder der Adressat etwas verstehen oder durch die sie bzw. er belehrt werden soll. Man unterscheidet bei einem Gleichnis zwischen dem **Dargestellten (Bildebene)** und dem **Gemeinten/der Aussageabsicht (Bedeutungsebene)**.

Hauptsatz → Satzreihe
Haupttext → Drama/dramatische Texte
Höhepunkt → Drama/dramatische Texte

Hörspiel
Wie bei einem Theaterstück wird auch beim **Hörspiel** ein Text in verteilten Rollen gespielt. Allerdings kann man beim Hörspiel nichts sehen, sodass Geräusche und unterschiedliche Stimmen eingesetzt werden müssen. Man spricht auch von der „inneren Bühne" des Hörspiels.

Hypertext
Ein **Hypertext** kann aus mehreren Medien zusammengebaut sein, die miteinander verlinkt sind. Die Abfolge der Seiten und Medien ist nicht festgelegt. Die Rezipientin/der Rezipient muss selbst entscheiden, was wann wie rezipiert wird.

Imperativ → Modus
Indikativ → Modus
Infinitiv → Verb

Informationen/informieren

Bilder lesen und ihnen Informationen entnehmen
Trotz vieler Unterschiede haben Texte und Bilder etwas gemeinsam: Ihnen lassen sich **Informationen entnehmen**, man kann sie **lesen**. Sowohl Texte als auch Bilder arbeiten mit **Zeichen**, um Bedeutungen entstehen zu lassen und Informationen zu vermitteln.
Bei geschriebenen Texten ergeben sich die Inhalte und Bedeutungen aus der Abfolge bestimmter Buchstaben, aus denen Wörter werden. Und aus der Folge einzelner Wörter entstehen schließlich ganze Sätze.
Bilder enthalten **Bild-Zeichen**, einzelne Elemente (z. B. Punkte, Striche oder Farben), aus denen sich größere Bildzeichen (z. B. eine Figur) ergeben, die dann wiederum einen ganzen **Bildtext** entstehen lassen.
Wenn wir Bilder lesen, suchen wir unweigerlich nach Dingen, die wir kennen und die uns vertraut sind. Erinnerungen, Erfahrungen und Assoziationen dienen uns als Orientierung und helfen uns, Bilder „lesen" und richtig verstehen zu können.
Auch beim Bilderlesen lohnt es sich, nach dem Situations- und Adressatenbezug sowie nach der Absicht des Bildes zu fragen.
Bilder, Statistiken (oft in Form von Tabellen) und **grafische Darstellungen** (wie **Schaubilder** und **Diagramme**) enthalten Informationen über Sachverhalte oder Ereignisse. Leitfragen zur Informationsentnahme:
1. Was ist das **Thema** des Bildes/Schaubildes/Diagramms? Was zeigt es?
2. Welche **Aussagen** macht das Schaubild? Hier geht es nicht darum, jede einzelne Aussage abzulesen, sondern nur auf auffällige Aspekte einzugehen.
3. Welche **Erklärungen** gibt es für diese auffälligen Aussagen?

Pfeildiagramm
Ein Pfeildiagramm, auch Flussdiagramm genannt, stellt eine Kette von Ereignissen dar.
Beispiel: *Blume im Topf: Pflanzen → Gießen → Wachsen → Blühen → Verwelken*

Einem Sachtext Informationen entnehmen – Lesetechnik, Fünf-Schritt-Lesemethode
1. Beim ersten Lesen verschafft man sich einen **Überblick**: *Was ist das Thema des Textes?*

2. Beim zweiten Lesen notiert oder markiert man, was **besonders wichtig** erscheint.
3. Dann werden **Verständnisfragen** geklärt: Unbekannte Wörter werden mithilfe des Textzusammenhangs erklärt oder in einem Wörterbuch oder Lexikon nachgeschlagen.
4. Der Text wird in **Abschnitte** gegliedert und passende **Überschriften** für die Absätze werden formuliert. Den Überschriften werden stichwortartig die **wichtigsten Informationen** eines Absatzes zugeordnet.
5. Zum Schluss wird eine kurze **Zusammenfassung** des Textes mit eigenen Worten erstellt und es werden offene Fragen formuliert.

Informationen aus Tabellen entnehmen

Eine Tabelle besteht aus **Spalten** (senkrecht nebeneinander stehenden Zellen) und **Zeilen** (waagerecht untereinander liegenden Zellen). Spalten und Zeilen enthalten Informationen zu ähnlichen Bereichen: z. B. stehen bei der Auswertung einer Umfrage die Antworten einer Person meist in einer Spalte, die Zeilen enthalten die unterschiedlichen Fragen.
Um einer Tabelle Informationen entnehmen zu können, sollte man die Aussagen in den Zellen miteinander vergleichen.

Textzusammenfassung – Checkliste:
- Wurde das Wichtigste erwähnt und wurden überflüssige Details weggelassen?
- Wurde das Präsens verwendet?
- Wurde wörtliche Rede durch indirekte Rede (Konjunktiv I) ersetzt?
- Wurde ein sachlich-informativer Stil gewählt?

Informationen suchen/recherchieren

Wichtig bei der Recherche ist, dass man möglichst früh genau weiß, **was** man suchen möchte, **wofür** die Informationen gebraucht werden und **wer** sie nutzen möchte. Dazu stellt man sich zunächst Fragen, erst danach beginnt man zu suchen, z. B. auf der Website des Verlages oder in der Bibliothek. Man sollte sich immer gleich notieren, woher man die Informationen hat.

Informationen auswählen und ordnen

Nicht alle Informationen, die man bei einer Suche findet, sind gleich wichtig oder gleich brauchbar. Für die Auswahl ist es sinnvoll, sich noch einmal zu fragen, für welche Adressaten, in welcher Situation, in welcher Form und zu welchem Zweck man seine Informationen präsentieren möchte.
Ein weiterer wichtiger Punkt für die Auswahl ist, wie viel Zeit man für seinen Vortrag bzw. wie viel Platz man für seine Präsentation zur Verfügung hat.

Informationen weitergeben

Wenn man Informationen an andere weitergeben möchte, muss man darauf achten, dass die Darstellung ihren Adressaten, der Situation, in der präsentiert wird, und dem Ziel bzw. dem Zweck gerecht wird.

Inhaltsangabe

Einleitung: Der erste Satz (Kernsatz) muss folgende Elemente enthalten:
- **formale Angaben:** Autor, Titel, Textsorte/Gattung, eventuell Erscheinungsort und -jahr
- **inhaltliche Angaben:** Hauptfigur(en), Thema des Textes, das zentrale Ereignis, eventuell Absicht/Wirkung des Textes

Der **Hauptteil** stellt das Geschehen knapp, sachlich und in einer sinnvollen Reihenfolge dar. Die Zusammenhänge zwischen einzelnen Handlungssträngen werden dabei deutlich.
Der **Schluss** rundet die Zusammenfassung ab, eventuell wird eine Wertung des Textes vorgenommen.
Die **Sprache** ist sachlich, klar und präzise. Inhaltsangaben werden grundsätzlich im Präsens verfasst, die Vorzeitigkeit wird durch das Perfekt ausgedrückt. Wörtliche Rede wird durch indirekte Rede (Konjunktiv I) ersetzt. Zur Vermeidung von Wiederholungen im Satzbau kann man Passivkonstruktionen einsetzen.

innere Handlung

→ Erzählung/erzählen

innerer Monolog

Wiedergabe der Gedanken und Gefühle, wobei die 1. Pers. Präsens verwendet wird; die literarische Figur spricht zu/mit sich selbst.

Interpretation/ interpretieren

Literarische Texte kann man mithilfe von **Erschließungsfragen**, die man an den Text stellt; interpretieren. Diese Fragen lassen sich bestimmten Themenbereichen zuordnen:
- **Handlung** (Was geschieht in dem Text(ausschnitt)? Wann und wo tragen sich die Ereignisse zu?)
- **Erzähler/in** (Wer ist die Erzählerin bzw. der Erzähler dieser Geschichte? Aus welcher Perspektive wird das Geschehen erzählt? Welche Haltung zum Geschehen wird deutlich?)
- **Figuren** (Wie stehen die Figuren zueinander? Welches ist die Hauptfigur? Wie lässt sie sich charakterisieren?)

- **Aufbau und sprachliche Gestaltung des Textes** *(Wie ist der Text aufgebaut? Wie ist der Satzbau gestaltet? Gibt es sprachliche Besonderheiten? Wenn ja, welche?)* Bei Textauszügen: *Welche Funktion hat dieser Textauszug für die weitere Handlung?)*

gestaltendes Interpretieren
Ein anderer Weg als der klassische Interpretationsaufsatz, um zu einer Interpretation eines Textes zu gelangen, ist das gestaltende Interpretieren. Das kann z.B. durch das Dialogisieren einer Textstelle, das Ausfüllen von Leerstellen in einem Text, das Verfassen von Parallel- oder Gegentexten und durch das Experimentieren mit einem anderen Medium geschehen.
Eine weitere Möglichkeit des gestaltenden Interpretierens ist, eine **Rollenbiografie** zu erstellen. Dies ist eine in der **Ich-Form verfasste Selbstdarstellung einer literarischen Figur**. Sie hilft, sich eine deutliche Vorstellung von der Figur zu machen und etwas über das Leben und die Vorgeschichte der Figur, über ihre Vorlieben und Abneigungen zu erfahren.
In den meisten Fällen begründet man anschließend, warum das jeweilige Ergebnis einer gestaltenden Interpretation gerade so und nicht anders ausgefallen ist.

Textbeleg durch Zitat
Wenn man eine Textstelle deuten möchte, sollte man wissen, auf welchen Vers oder welchen Satz man sich bezieht. Dazu verwendet man ein **Zitat**, d. h. man gibt die Textstelle im Anschluss an die Deutung **wörtlich** wieder. Der **Textbeleg** muss durch Anführungsstriche „xxx" gekennzeichnet werden. Ist das Zitat ein vollständiger Satz, werden die Anführungsstriche hinter das Satzschlusszeichen gesetzt. Wenn das Zitat wörtliche Rede enthält, setzt man halbe Anführungsstriche „,xx'".
Damit man das Zitat im Originaltext wieder finden kann, gibt man die Stelle im Text in Klammern an und setzt diese Information hinter das Zitat. (Vers xx)

Kameraeinstellung, Kameraperspektive	Man sieht z.B. nur das Gesicht einer Person (**nah**) oder man sieht die Person ganz klein in der Landschaft stehen (**weit/Totale**). Die Kameraperspektive ist sehr wichtig, denn sie beeinflusst stark die Art und Weise, wie wir das Geschehen wahrnehmen und deuten.
Kausalsatz	→ Satzreihe und Satzgefüge
Komma	→ Zeichensetzung
Kommunikation/ kommunizieren	liegt dann vor, wenn zwischen Personen **Botschaften ausgetauscht** werden. Dabei unterscheidet man zwischen **Sender** und **Empfänger**, wobei die Rollen wechseln können bzw. man auch gleichzeitig senden und empfangen kann. Die Botschaften können mit Worten (**verbal**), aber auch über Gestik, Mimik und Körperhaltung (**non-verbal**) vermittelt werden. Hierbei kann man z.B. noch während man sendet, eine non-verbale Botschaft erhalten und damit gleichzeitig Empfänger sein. Oft werden auch **mehrere Informationen gleichzeitig** übertragen: Z.B. kann die Botschaft „*Warum räumst du dein Zimmer nicht auf?*" weitere Informationen enthalten: *Dein Zimmer ist unordentlich. Räum dein Zimmer auf. Du bist eine unordentliche Person. Mir gefällt nicht, dass dein Zimmer unordentlich ist.*
Komparativ	→ Wortarten/Adjektiv
Konflikt	Konflikte sind Situationen, in denen sich zwei oder mehr **verschiedene, unvereinbar erscheinende Standpunkte oder Wünsche** gegenüberstehen. In Konfliktsituationen sollte man immer nach einer Lösung oder nach **Kompromissen** suchen. Manche Konflikte bezeichnet man als **unterschwellige Konflikte**, das heißt, sie werden nicht offen ausgesprochen. Es gibt auch **innere Konflikte**, die nicht zwischen verschiedenen Menschen oder Gruppen, sondern in einer Person stattfinden.
Konjugation **Konjunktionen** **Konjunktionalsatz** **Konjunktiv**	→ Verb → Wortarten → Satzreihe und Satzgefüge → Modus
Kreativtechniken – Techniken zur Ideenfindung	• **Clustering:** Man schreibt das Thema in die Mitte eines Blattes und notiert um diesen Begriff herum alles, was einem dazu einfällt. Anschließend kann man mit weiteren Begriffen genauso verfahren. • **Automatisches Schreiben:** Man schreibt zu einem Thema einen Text, ohne über Sinn oder Zusammenhänge des Sätze oder Verse nachzudenken. Wenn man nicht mehr weiterschreiben kann, schreibt man Kringel, bis weitere Gedanken in den Sinn kommen. • **Materialsuche:** Man sammelt Material zu dem Thema, etwa Bilder, Fotos, Filme usw. Dadurch können auch Ideen für Texte oder Gedichte entstehen.

Kreuzreim	→ Gedicht
Kurzgeschichte	Der Begriff **Kurzgeschichte** kommt aus dem Englischen von „short story". Die Kurzgeschichte ist eine moderne Form des **kurzen Erzähltextes**. Die Bezeichnung „kurz" bezieht sich nicht auf die Wortanzahl oder die Länge des Textes, sondern steht für die **inhaltliche „Länge"**. So hat eine Kurzgeschichte meist **nur einen Handlungsstrang** und einen **einfachen Spannungsbogen**. Die Einleitung ist in der Regel sehr kurz oder die Handlung steigt ohne Einleitung **direkt** in eine Situation ein. Kurzgeschichten handeln von **Alltagssituationen**. Im Mittelpunkt steht als Hauptfigur nicht ein Held, sondern eine Figur des Alltags. Die **Sprache** ist dementsprechend vergleichsweise **einfach** gehalten. Der **Schluss** ist **offen**, meist wird keine Lösung für das Problem angeboten. Kurzgeschichten können aber auch mit einer überraschenden Wendung enden.
Kurzreferat/-vortrag	→ Präsentation/präsentieren
Lautverschiebung	Etwa zwischen 600 und 900 n. Chr. haben sich **einige Laute** in Teilen des damaligen deutschen Sprachgebietes **regelhaft verändert**. Auf diese Weise unterscheidet sich das Hochdeutsche von allen anderen germanischen Sprachen (z. B. auch vom Englischen).
Layout	Als **Layout** bezeichnet man die **gesamte optische Gestaltung** eines Textes oder einer Zusammenstellung von Texten (z. B. in einem Prospekt, auf einem Plakat, in einem Schulbuch oder in einer Zeitung). **Elemente des Layouts** sind **Text, Bild und grafische Elemente**, Seitenaufteilung (was steht wo?), wiederkehrende Elemente (z. B. Buttons oder Icons) usw.
Manipulation	(lat. für *Handgriff, Kunstgriff*) bezeichnet die beabsichtigte, aber versteckte Beeinflussung anderer Menschen, z. B. um sich einen Vorteil zu verschaffen.
Mauerschau	→ Drama/dramatische Texte
Medium	(lat.: *Mitte, Mittel, Mittler*; Pl.: *Medien*) Als Medien bezeichnet man die „Mittel", mit denen **Informationen** von einem **Sender** (z. B. einem Autor oder einer Autorin) an einen **Empfänger** (z. B. eine Leserin oder einen Leser) weitergegeben werden. Man kann die Medien nach verschiedenen Kriterien einteilen: • nach ihrer **Funktionsweise**: Es gibt **Printmedien** (z. B. Zeitungen und Bücher), **akustische Medien** (z. B. Radio), audiovisuelle Medien (z. B. Fernsehen) und die so genannten **„neuen" Medien**, die auf elektronischem Weg Informationen übermitteln (z. B. der Computer und das Internet). • danach, welche **Funktion** sie haben: **Information**smedien, **Unterhaltung**smedien, **Bildung**smedien usw. • Medien, die Informationen an ein sehr großes Publikum weitergeben, nennt man auch **„Massenmedien"**.
Medientagebuch	In einem Medientagebuch kann man notieren, welche verschiedenen Medien man nutzt und wie viel Zeit man jeweils aufbringt.
Metapher	→ Stilmittel
Metonymie	→ Stilmittel
Metrum	→ Gedicht
Mimik	Mit dem Gesicht kann man Gefühle wie Trauer oder Freude ausdrücken. Den Gesichtsausdruck eines Menschen nennt man seine **Mimik**.
Minnesang	Gattung von Gedichten bzw. Liedern aus dem Mittelalter
Mnemotechnik	Die Kunst, das Gedächtnis durch Lern- oder Merkhilfen zu stärken, bezeichnet man als **Mnemotechnik**. Der Begriff stammt aus dem Griechischen und setzt sich aus den altgriechischen Wörtern für „Erinnerung" (*mnémē* →) und „Kunst" (*téchnē* →) zusammen.
Modus	Verben können in drei Aussageweisen (**Modi**, Sg.: **Modus**) verwendet werden: • im **Indikativ** (der so genannten Wirklichkeitsform, z. B.: *ich gebe*), • im **Imperativ** (Befehls- oder Aufforderungsform, z. B.: *Geh(t)!*) und • im **Konjunktiv**.

Beim Konjunktiv unterscheidet man weiter zwischen Konjunktiv I und Konjunktiv II.
Konjunktiv I – Bildung des Konjunktivs
Der **Konjunktiv I** wird von den entsprechenden Formen des Indikativ Präsens eines Verbs abgeleitet.
Beispiel: *du gibst* → *du gebest*
Wenn der Konjunktiv I nicht vom Indikativ Präsens zu unterscheiden ist, verwendet man den **Konjunktiv II** als **Ersatzform**.
Die Funktion des Konjunktivs I als Modus der indirekten Rede
Mit der Verwendung des Konjunktivs I bei der indirekten Wiedergabe direkter (wörtlicher) Rede **gibt man eine fremde Äußerung inhaltlich korrekt wieder**, aber man **distanziert sich gleichzeitig vom Inhalt des Gesagten**. Man macht also keine Aussage über den Wahrheitsgehalt des Gesagten.
Bildung des Konjunktivs II
Bei starken Verben leitet man den Konjunktiv II von der **Präteritumsform** durch **Umlautbildung** ab.
Beispiele: *er, sie, es konnte* → *er, sie, es könnte;*
er, sie, es gab → *er, sie, es gäbe*
Da sich der Stammvokal nur bei starken Verben verändert, bildet man bei den meisten schwachen Verben den Konjunktiv II mithilfe der so genannten **Ersatzform**, weil sonst die Form des Präteritum Indikativ und die Form des Konjunktiv II nicht unterschieden werden könnten.
Die Ersatzform wird mit der **Personalform** von *würden* und dem **Infinitiv des jeweiligen Vollverbs** gebildet.
Beispiel: *er, sie, es lebten* → *er, sie, es würde leben*
Konjunktiv II – Verwendung als Potentialis und Irrealis
Verwendet man den Konjunktiv II als **Potentialis** (Konjunktiv der Möglichkeit), drückt man aus, dass etwas nicht der Fall ist, aber theoretisch noch im Bereich des Möglichen liegt.
Beispiel: *Ich wünschte, sie würde ...*
Dann gibt es noch den Konjunktiv II als **Irrealis** („Unwirklichkeitsform"), der sich zumeist auf die Vergangenheit bezieht und einen Sachverhalt ausdrückt, der in der Vergangenheit nicht so war.
Beispiel: *Es wäre passiert...*

Nominalisierung	Wenn ein Wort aus einer ursprünglich anderen Wortart als Nomen verwendet wird, spricht man von einer Nominalisierung. Nominalisierte Wörter werden großgeschrieben.
Novelle	Die **Novelle** ist eine Erzählung mittleren Umfangs mit meist linearem Erzählstrang, der auf einen Höhe- oder Wendepunkt hin ausgerichtet ist. Sie erzählt von einer „unerhörten Begebenheit", oft werden Inhalte durch ein Symbol veranschaulicht. Häufig ist das tatsächlich mögliche Geschehen in einen Rahmen eingebettet.
Pantomime	Um bei einer Pantomime etwas auszudrücken, wird keine gesprochene Sprache verwendet, sondern nur **Mimik, Gestik und Körperhaltung** bzw. **Bewegung**.
Paarreim	→ Gedicht
Parabel	Eine Parabel ist eine kurze Erzählung mit einer Lehre, über die sich die Leserinnen und Leser Gedanken machen sollen.
Parodie	Die **verzerrte** oder **übertriebene Nachahmung** bestimmter Eigenschaften einer Person oder Sache, sodass die Eigenschaften witzig oder mitunter lächerlich wirken, nennt man **Parodie**. Die **literarische Parodie** zielt ebenfalls auf Witz und Komik. Die komische Wirkung wird dadurch erzielt, dass ein vorhandener Text in seiner Form nachgeahmt, aber inhaltlich teilweise oder völlig verändert wird.
Partizip	→ Verb
Perfekt	→ Verb/Tempus
Personalform des Verbs	→ Verb
Personenbeschreibung	→ Beschreibung/beschreiben
Personifikation	→ Stilmittel
Piktogramm	→ Zeichen

Plakat	Mit Plakaten will man auf etwas **aufmerksam machen**. Damit man ihre **Botschaft** besser wahrnimmt, besteht der Text meist nur aus **wenigen, einprägsamen Sätzen oder Worten**. Oft werden auf Plakaten **sprachliche Bilder** (z.B. *weich wie Watte*), **Aufforderungen** (z.B. *Greif zu!*) und **Bilder** (z.B. Fotos) verwendet.
Plot	→ Film/Verfilmung
Plusquamperfekt	→ Verb/Tempus
Poetry Slam	Ein **Poetry Slam** ist eine Veranstaltung, bei der Autor/innen selbstverfasste Texte (oft Gedichte) vortragen. In der Regel ist ein Poetry Slam als **Wettbewerb** angelegt, bei dem sowohl die Texte als auch die **Performance** (Darbietung) vom Publikum bewertet werden.
Portfolio	Das Portfolio für die Schule ist eine Sammlung von Arbeiten, die man selbst angefertigt hat und die den **eigenen Lernweg dokumentieren**: Ziele, Wege, Umwege, auch Sackgassen, Zwischenstationen, Fehler, Verbesserungen, Ergebnisse.
Positiv	→ Wortarten/Adjektiv
Präfix, Suffix	→ Wortbildung
Präposition	→ Wortarten
Präsens	→ Verb/Tempus
Präsentation / präsentieren	In einer **Präsentation** gibt man **Informationen** so weiter, dass die Zuhörerinnen und Zuhörer möglichst schnell und gründlich die Kenntnisse erwerben, die sie brauchen. Der Vortrag selber sollte so **frei wie möglich** gehalten werden, damit man die Zuhörerinnen und Zuhörer anschauen und sie **direkt ansprechen** kann.
Präpositionalobjekt	→ Satzglieder
Präteritum	→ Verb/Tempus
Pronomen	→ Wortarten
Raffung	→ Erzählung/erzählen
Rap	„Rhythm and Poetry", Sprechgesang
Rechtschreibung	**Groß- und Kleinschreibung** • **Nomen** schreibt man groß. • Am **Satzanfang** schreibt man groß. • Nach einem **Doppelpunkt** schreibt man groß, wenn ein **vollständiger Satz** folgt. • Das **Anredepronomen „Sie" (in allen Formen)** schreibt man immer groß. • Großgeschrieben werden ebenfalls: **geografische Namen:** *der Indische Ozean*; **Kalendertage und historische Ereignisse:** *der Heilige Abend*; **Paarformeln**, die Gegensätze ausdrücken, zur Bezeichnung von Personen: *Groß und Klein waren gekommen*. • Ebenfalls großgeschrieben werden **Titel, Amts-** und **Funktionsbezeichnungen**: *Königliche Hoheit, der Heilige Vater*. **s-Laute, stimmhafter und stimmloser s-Laut** Bei einigen Wörtern spricht man den s-Laut weich, man „summt": *Susanne, sausen, Hase*. Dieses s wird als „**stimmhaft**" bezeichnet. Bei anderen Wörtern spricht man den s-Laut hart: *Größe, Gras, Preis, Glas, kess*. Dieses s nennt man „**stimmlos**". 1. Den **stimmhaften s-Laut** schreibt man immer mit einfachem *s*: *Hose, reisen*. 2. Den **stimmlosen s-Laut** am Wortende schreibt man auch mit einfachem *s*, wenn der s-Laut bei der Verlängerungsprobe (Verlängerung mit *-e, -er* usw.) zu einem stimmhaften s-Laut im Wortinneren wird. 3. Folgt in Wörtern mit einem **langen Vokal** (Selbstlaut)/Umlaut oder Diphthong (Doppellaut) ein **stimmloser s-Laut**, dann schreibt man ihn als *ß*; auch bei der Verlängerung mit *-e, -er*, usw.: *Fuß – Füße, groß – größer, Fleiß – fleißig*. 4. Folgt in Wörtern mit einem **kurzen Vokal** (Selbstlaut)/Umlaut ein **stimmloser s- Laut**, dann wird er (bis auf wenige Ausnahmen) mit *ss* geschrieben. Das gilt für alle Wörter, die zur Wortfamilie dieser Wörter gehören, auch für die Verlängerungen mit *-e, -er, -en* usw.: *lässt – lassen, Schloss – Schlösser, Flosse – Flossen*. Ausnahme: Wörter auf *-nis* wie *Geheimnis – Geheimnisse; Bus – Busse*

Signalwörter
Verben und Adjektive werden großgeschrieben, wenn sie **nominalisiert** sind, also die Rolle von Nomen übernehmen. Dies zeigen manchmal bestimmte Wörter an, die vor dem nominalisierten Wort stehen. Diese Signalwörter **müssen** aber nicht immer vor einem nominalisierten Verb oder Adjektiv stehen; manchmal genügt es, dass sie davor stehen **könnten**.

Wörter mit langen Vokalen/Umlauten oder Diphthongen
Lange Vokale können auf verschiedene Art und Weise für den Leser gekennzeichnet werden:
- durch die Dehnungs-Buchstaben „e" oder „h", z.B. *Wiege* oder *Fahne*
- durch Verdoppelung des Vokals, z.B. *See, Meer*.

Die Länge eines Vokals wird aber nicht immer schriftlich gekennzeichnet, der einfache Vokal kann manchmal auch ausreichen, z.B.: *Buch, Suche, Klage*.
Die Diphthonge (Doppellaute) *au, ei, ai, eu* und *äu* sind grundsätzlich lang, z.B. *Frau, Mai*.

Wörter mit kurzen Vokalen
Kurze Vokale werden nur gekennzeichnet, wenn die Silbe des kurzen Vokals betont wird. Folgende Möglichkeiten gibt es:
- Verdoppelung des folgenden Konsonanten: *Himmel, Kamm*
- Häufung der folgenden Konsonanten: *Kante, Land*

Redaktionskonferenz	→ Zeitung
Redewendungen	feststehende, oft bildhafte Ausdrücke, die etwas anderes bedeuten, als sie wortwörtlich sagen.
Referat/Vortrag	Die Aufgaben des/der Vortragenden und der Zuhörer entsprechen einander:

- **Der/die Vortragende** sollte die Zuhörer auf den Vortrag vorbereiten (Einstieg, Nennung des Themas usw.), den Vortrag in sinnvolle Abschnitte gliedern, kleine Pausen und Überleitungen einbauen, langsam und deutlich sprechen, den Vortrag veranschaulichen.
- Die **aufmerksamen Zuhörer** sollten Schreibzeug bereit haben, sich mit der Gliederung vertraut machen, auf Pausen und Überleitungen achten, schwierige Wörter und Sachverhalte notieren und sich nicht ablenken lassen.

Vorbereitung eines Vortrags
Zunächst entwickelt man Fragen und wählt danach die wichtigsten Aspekte aus und recherchiert nach Informationen für die Beantwortung der Frage(n). Die Informationen müssen gesichtet und schließlich ausgewertet werden. Danach werden die Stichwörter für den Vortrag auf Karteikarten geschrieben und mit diesen der Vortrag gegliedert und das Vortragen geübt. Nach dem Referat sollte man die Zuhörerinnen und Zuhörer um Feedback bitten.

Vortrag
1. Zunächst nennt man das **Thema** des Vortrags und die **Gliederung**, d.h. man beschreibt kurz, worauf im Vortrag eingegangen werden wird.
2. Man **spricht möglichst frei** – den Vortragstext nicht ausformulieren, sondern mit Karteikarten und Notizen/Stichwörtern arbeiten – und hält **Blickkontakt** zu den Zuhörerinnen und Zuhörern.
3. Man spricht **klar und deutlich** und nimmt sich Zeit.
4. Man **atmet** zwischendurch in aller Ruhe ein und aus und macht kleinere **Pausen**.
5. Ein guter **Stand** ist wichtig. Also nicht lässig gegen die Tafel lehnen. Man steht frei im Raum vor der Klasse mit möglichst gerader Körperhaltung.
6. Man übt den Vortrag vorher mit seiner Banknachbarin oder seinem Banknachbarn zusammen, dann kann man sich gegenseitig Verbesserungsvorschläge machen.

Regieanweisungen	→ Drama/dramatische Texte
Reim	→ Gedicht
Relativpronomen	→ Wortarten/Pronomen
Reportage	→ Zeitung
Rezension	meist wertende Besprechung („Kritik") z.B. eines Buches oder eines Films, z.B. in einer Zeitung
Rhythmus	→ Gedicht
Rollen	→ Drama/dramatische Texte
Rolleninterview	→ Interpretation/interpretieren

Rollenspiel	Um sich in die Position einer anderen Person oder einer literarischen Figur hineinzuversetzen, kann man ihre Rolle spielen. Als Hilfe verwendet man Rollenkarten, auf denen die Interessen, Vorstellungen und Ansichten der jeweiligen Person oder Figur festgehalten sind. Diese Rollenspiele eigenen sich auch, um Probleme zu lösen, an denen man selbst nicht beteiligt ist, oder wenn man einen literarischen Text erschließen möchte.
Sachtexte	vermitteln in erster Linie Informationen, die **Sprache** ist darum meistens **sachlich**. Dieser **sachlich-informative** Stil wird auch **Sachstil** genannt.
Sage	Eine **Sage** ist eine Erzählung, die mündlich überliefert und erst später schriftlich aufgezeichnet wurde. Im Unterschied zu frei erfundenen **Märchen** geht die Sage von bestimmten Orten und Personen oder wahren Begebenheiten aus, die im Lauf der Zeit umgestaltet und fantasievoll ausgeschmückt worden sind. Man unterscheidet Götter- und Heldensagen, antike (griechische und römische) Sagen und Volkssagen.
Satire	literarische Form, die durch Spott, Ironie und Übertreibung Kritik an Personen, Ereignissen oder Zuständen übt und sie lächerlich macht.
Satz	**Satzarten** Man kann die Sätze unterscheiden in **Aussagesätze, Fragesätze, Ausrufesätze** und **Befehls-** (oder **Aufforderungs-)sätze**. **Satzbau (Syntax)** Die **Abfolge der Satzglieder** in einem Satz, z. B. Subjekt, Prädikat, Objekt, bezeichnet man als **Satzbau (Syntax)**. Der Satzbau richtet sich danach, um welche **Satzart** es sich handelt und ob der Satz ein Haupt- oder ein Nebensatz ist.
Satzglieder	Die nominalen Satzglieder (**Subjekt** und **Objekte**) stehen im **Satz** jeweils in einem bestimmten Fall (**Kasus**). Die Satzglieder eines Satzes kann man mithilfe von zwei **Proben** ermitteln: • **Umstellprobe:** Diejenigen Wörter, die auch bei Umstellungen immer zusammenbleiben, gehören zu einem Satzglied. • **Ersatzprobe:** Diejenigen Wörter, die sich als Gruppe durch ein einziges Wort ersetzen lassen, gehören meist zu einem Satzglied. **Prädikat** Das **Prädikat** und das Subjekt sind die beiden Satzglieder, ohne die kein Satz auskommt. Das Prädikat steht im Aussagesatz immer an zweiter Satzgliedstelle und besteht aus der Personalform eines Verbs (ggf. + Partizip). **Subjekt** Das **Subjekt** lässt sich durch die Frage *Wer oder was?* ermitteln. Es steht im Nominativ. **Objekte** • Das **Genitivobjekt** kommt im heutigen Sprachgebrauch sehr selten vor. Man fragt danach mit dem Fragewort *Wessen?*. • Das **Dativobjekt** lässt sich durch die Frage *Wem?* ermitteln. • Das **Akkusativobjekt** lässt sich durch die Frage *Wen oder was?* ermitteln. • Bei einem **Präpositionalobjekt** muss man das Fragewort durch eine Präposition ergänzen. **Adverbialien / Adverbiale Bestimmungen** Sie geben die näheren Umstände in einem Satz an. Nach ihnen fragt man z. B. mit *Wann? Wo? Wie? Auf welche Art und Weise? Warum?*
Satzreihe und Satzgefüge	**Hauptsätze** erkennt man daran, dass die Personalform des Verbs an zweiter Satzgliedstelle steht. Wenn man mehrere Hauptsätze in einem Satz aneinanderreiht, entsteht eine **Satzreihe**. Werden in einem Satz Haupt- und Nebensätze miteinander verknüpft, so entsteht ein **Satzgefüge**. **Nebensätze** erkennt man daran, dass die Personalform des Verbs immer an ihrem Ende steht. Sie werden mit einer Konjunktion oder einem Pronomen eingeleitet und durch Komma abgetrennt. **Konjunktionalsätze (Gliedsätze)** Nebensätze, die mit einer Konjunktion eingeleitet werden, nennt man auch **Konjunktionalsätze**. Sie werden vom Hauptsatz durch **Komma** getrennt. • **Kausalsätze:** Die **Gründe** für eine Handlung oder ein Geschehen findet man oft in Gliedsätzen, die durch Konjunktionen wie *weil* u. ä. eingeleitet werden.

- **Zwecke und Absichten** werden in **Finalsätzen** ausgedrückt. Diese Gliedsätze werden durch Konjunktionen wie *damit* eingeleitet.
- Auch **Konditionalsätze** sind Gliedsätze. Sie drücken **Bedingungen** aus und werden oft durch die Konjunktion *wenn* eingeleitet.

Relativsätze
Relativsätze sind **Nebensätze**, die durch ein **Relativpronomen** (*der, die* und *das* sowie *welcher, welche* und *welches*) eingeleitet werden.
Relativsätze werden durch **Komma** vom Hauptsatz getrennt. Sie haben die Funktion von **Attributen**, deshalb nennt man sie auch **Attributsätze**.

Satzzeichen	→ Zeichensetzung
Schaubild/Diagramm	→ Informationen/informieren
Schilderung	→ Beschreibung/beschreiben
Schlüsselerlebnis	Ereignisse oder Begegnungen, die einen Menschen prägen und sein Leben, seine Persönlichkeit und seine Wahrnehmung positiv oder negativ beeinflussen, nennt man **Schlüsselerlebnisse**.
Schreibkonferenz	→ Texte überarbeiten
schwache Verben	→ Verb
Schwank	**Schwänke** sind Geschichten, in denen **Streiche** erzählt werden. Die Handlung eines Schwanks wird häufig durch einen **Narren** bestimmt, der seine Gegner durch **Klugheit, Wortwitz und mit List** an der Nase herumführt. Schwänke wollen **unterhalten**.
Science-Fiction	Die Welt, wie sie in **Science-Fiction**-Texten geschildert wird, unterscheidet sich oft erheblich von unserer eigenen: Große technologische Fortschritte, wichtige Neuerungen im Bereich der Naturwissenschaften oder auch Veränderungen im Zusammenleben der Menschen prägen sie. Gerade technische Visionen, die Erforschung fremder Planeten und neuer Lebewesen, haben die Science-Fiction-Literatur stark beeinflusst.
Signalwörter	→ Rechtschreibung
Silbe	Eine Silbe ist eine Gruppe von Lauten, die sich in einem Zuge sprechen lassen. Beispiel: *Son-nen-blu-me* (vier Silben, erste und dritte Silbe betont). Die Abfolge von betonten und unbetonten Silben ergibt das metrische Schema eines Gedichts.
s-Laute	→ Rechtschreibung
Spannungsbogen	→ Erzählung/erzählen
sprachliche Bilder	→ Stilmittel
Stammvokal	→ Wortstamm
starke Verben	→ Verb
Steigerung von Adjektiven	→ Wortarten/Adjektiv

Stilmittel/sprachliche Bilder

- **Alliteration**: Klangliches Stilmittel. Nah aufeinander folgende Wörter fangen mit dem gleichen Laut oder Buchstaben an. Beispiel: *Wind und Wellen*
- **Anapher**: Wiederholung eines Wortes oder einer Wortgruppe am Anfang von aufeinander folgenden Satzteilen, Sätzen oder Verse.
- **Euphemismus**: Die Bewertung von Sachverhalten wird durch eine andere Bezeichnung oder Formulierung beschönigt.
- **Hyperbel (Übertreibung)**: Veranschaulichung durch eine Ausdrucksweise, welche den Inhalt übersteigert darstellt.
- **Klimax**: Die Wiederholung von Wörtern (meist gleiche Satzglieder) bildet eine inhaltliche Steigerung.
- **Metapher**: bildhafte Darstellung, bei der ein Begriff auf eine andere Bedeutungsebene übertragen wird.
- **Metonymie**: ein Wort wird durch ein anderes ersetzt, das mit ihm in enger Verbindung steht (z. B. „Mädchen" durch „Sonnenbrille")

- **Personifikation**: sinnliche Vergegenwärtigung durch vermenschlichende Bezeichnung für Unbelebtes.
- **Steigerung**: Intensivierung des Dargestellten
- **Vergleich**: Veranschaulichung durch Hervorhebung eines bestimmten Merkmals in Form einer vergleichenden Darstellung; *wie* oder *gleich* werden oft eingegesetzt

Storyline — Handlungsstrang z. B. einer Fernsehserie. Aus der Storyline entsteht das → Drehbuch.

Strophe → Gedicht
Subjekt → Satzglieder
Superlativ → Wortarten/Adjektiv

Symbol — (griech.: *symbollon* = Zeichen, Zusammengefügtes) Gegenstände, die auf etwas anderes verweisen und als Erkennungszeichen für das Gemeinte dienen, z. B. der Ring als Zeichen der Liebe und Treue. Neben gegenständlichen Symbolen gibt es auch symbolische Gesten und Handlungen, z. B. das Durchschneiden eines Bandes bei der Einweihung einer neuen Straße. In der Literatur ist das Symbol ein **bildhaftes Zeichen**, das über sich hinaus auf etwas anderes verweist, z. B. das weite Meer als Zeichen für die Sehnsucht nach Ferne.

Zeichentypen
Man unterscheidet verschiedene Zeichentypen je nach der Beziehung zwischen Form und Bedeutung des Zeichens. **Ikonische Zeichen** (gr. *eikonos* = Bild) bilden das Bedeutete direkt ab. Bei **symbolischen Zeichen** hingegen gibt es keine notwendige Beziehung zwischen Form und Bedeutung. Dies gilt unter anderem auch für sprachliche Zeichen (Wörter).
Viele Zeichen enthalten gleichzeitig Elemente von symbolischen und ikonischen Zeichen.

Szene → Drama/dramatische Texte

Synonym — (*synonym* – sinnverwandt) sinnverwandtes Wort. Gegensatz: Antonym (Gegensatzwort, z. B. „gesund" – „krank")

Tempus → Verb

Texte überarbeiten
Schreibkonferenz
In einer **Schreibkonferenz** kann man sich gegenseitig Tipps zur Überarbeitung selbst verfasster Texte geben. Die Konferenz verläuft nach genauen Regeln, damit sie erfolgreich ist.
Textlupe
Man kann einen Text unter verschiedenen Gesichtspunkten untersuchen, um ihn zu verbessern. Für diese Gesichtspunkte nimmt man dann jeweils eine „Lupe": Satzbau, Sprache und Stil, Zeichensetzung und Rechtschreibung.

Textlupe → Texte überarbeiten

Textsorten — **Gedichte, Zeitungsartikel, Erzählungen, Theaterstücke, Jugendromane** und **Sachtexte** stellen unterschiedliche Textsorten dar.
Prosa
Als **Prosa** bezeichnet man die Darstellungsform innerhalb der Belletristik („schöne Literatur"), die weder als Drama noch als Lyrik eingeordnet werden kann. Zur Prosa gehören u. a. Kurzgeschichten, längere Erzählungen, Novellen und Romane. Der **Erzähler** kann jederzeit kommentierend in das Geschehen eingreifen und darf nicht mit der **Autorin** oder dem **Autor** eines Textes verwechselt werden.
literarische Gattung
Mit dem Begriff der **literarischen Gattung** versucht man, die **gemeinsamen Merkmale** verschiedener Texte herauszustellen und sie auf diese Weise zu Gruppen zu bündeln. Das gemeinsame Merkmal kann **sprachlich** definiert sein, aber auch **inhaltliche** Kriterien können die Zuordnung zu einer Gattung leisten.

Verb — Verben drücken vorwiegend Tätigkeiten, Vorgänge oder Zustände aus. Sie können verschiedene Formen annehmen und so verschiedene Funktionen erfüllen. Sie werden **konjugiert** (gebeugt).
Aktiv und Passiv
Durch die Verbformen des Aktivs und des Passivs können unterschiedliche Sichtweisen auf einen Sachverhalt deutlich gemacht werden.

Beim **Passiv** ist, im Gegensatz zum **Aktiv**, nicht der „Täter" wichtig, sondern der Betroffene oder die behandelte Sache. Das Passiv kann einen Vorgang **(Vorgangspassiv)** oder einen Zustand **(Zustandspassiv)** ausdrücken. **Bildung**: Das **Vorgangspassiv** ist zusammengesetzt aus der **Personalform von** werden plus **Partizip II des Vollverbs**. Das **Zustandspassiv** ist zusammengesetzt aus der **Personalform von** sein plus **Partizip II des Vollverbs**.
Starke Verben verändern bei der Bildung der verschiedenen Tempora den Stammvokal, **schwache** Verben ändern den Stammvokal nicht.
Aktivkonstruktionen stellen die handelnde(n) Person(en) in den Vordergrund; Passivkonstruktionen dagegen stellen eher das Objekt der Handlung in den Vordergrund. Auch durch Umschreibungen kann man die Nennung der handelnden Person(en) vermeiden.

Modalverben
sind Verben, die in Sätzen **in Verbindung mit anderen Verben** verwendet werden und die Aussage dieser Verben **modifizieren, verfeinern bzw. näher bestimmen.**
Modalverben drücken also häufig Wünsche, Befehle, Aufforderungen u. ä. aus.
Mit dem Infinitiv des Vollverbs bilden die Modalverben ein zweigeteiltes Prädikat.

Tempus
(Pl.: *Tempora*) Verben lassen sich in verschiedene Tempora (Zeitformen) setzen.
- **Futur I** (lateinisch „sein werdend") wird oft zum Ausdruck der **Zukunft** verwendet, gebildet durch die **Personalform von** werden und den **Infinitiv** des Verbs. Oft wird Zukünftiges im Deutschen aber auch im Präsens ausgedrückt. Zusätzlich finden sich dann häufig Zeitangaben, die darauf hinweisen, dass etwas Zukünftiges gemeint ist.
- **Präsens** (lat. „gegenwärtig"): Das Präsens drückt etwas aus, das in der **Gegenwart** geschieht. Man kann damit aber auch etwas sagen, das **grundsätzlich** bzw. **immer** gilt, etwa bei Redensarten.
- **Perfekt** (lateinisch „vollendet") wird in der mündlichen Rede verwendet, um von etwas **Vollendetem bzw. Vergangenem** zu erzählen oder zu berichten. In der geschriebenen Sprache dagegen wird es für einen Vorgang gebraucht, der in der Vergangenheit vollendet wurde und in der Gegenwart nachwirkt.
Die Verbformen im Perfekt setzen sich aus der **Personalform von** haben **oder** sein **im Präsens** und dem **Partizip II** des Verbs zusammen.
- **Präteritum** (lateinisch „vorübergegangen"): Für die Bezeichnung der Vergangenheit wird diese Zeitform häufig in Erzählungen verwendet.
- **Plusquamperfekt** (lateinisch „mehr als Perfekt"): Mit dem Plusquamperfekt werden Ereignisse ausgedrückt, die vor anderen Ereignissen in der Vergangenheit stattgefunden haben (Tempus der **Vorvergangenheit**).

Vers → Gedicht
Versmaß → Gedicht

Vokal Selbstlaut: *a, e, i, o, u*. Die Vokale *a, o,* und *u* können umgelautet werden: *ä, ö, ü* (**Umlaute**).

Vorgangsbeschreibung → Beschreibung/beschreiben
W-Fragen → Bericht/berichten

Wortarten Man kann Wörter nach verschiedenen Gesichtspunkten unterscheiden; man kann sie zum Beispiel nach Wortarten einteilen.
Adjektive
bezeichnen Art, Eigenschaft oder Merkmale (z.B. *schön, groß*) einer Person oder Sache. Sie bestimmen Nomen näher und können gesteigert werden (Komparation).
- **Positiv**: Grundstufe eines Adjektivs. *lustig*.
- **Komparativ**: Erste Steigerungsstufe, bei regelmäßigen Adjektiven wird an die Grundform *-er* angehängt, z.B. *lustiger*. Es gibt aber auch Ausnahmen. Zu ihnen gehören: *gut – besser, viel – mehr.*
- **Superlativ**: Zweite Steigerungsstufe, Höchstform. Man hängt im Superlativ *-ste* an, z.B. *der/die/das lustigste ...* Es gibt aber auch Ausnahmen. Zu ihnen gehören: *gut – (besser –) der / die / das beste ..., viel – (mehr –) der / die / das meiste ...*

Adverbien
sind Umstandswörter. Sie bestimmen Verben dadurch näher, dass sie Angaben zu Ort, Zeit, Raum, Art und Weise, Gründen und Ursachen, also zu den näheren Umständen machen (z.B. *jetzt, dort, schnell*). Die W-Fragewörter gehören ebenfalls zu den Adverbien, man nennt sie deshalb auch **Frageadverbien**.

Konjunktionen
verbinden Wörter, Satzteile oder Sätze miteinander. **Nebenordnende** Konjunktionen verbinden Satzteile oder gleichwertige Sätze (Hauptsätze oder gleichwertige Nebensätze) miteinander. **Unterordnende** Konjunktionen verbinden Haupt- und Nebensatz oder Nebensätze unterschiedlichen Grades miteinander. Es gibt **kausale** (Grund), **konditionale** (Bedingung), **finale** (Zweck), **konsekutive** (Folge), **konzessive** (Einräumung), **temporale** (Zeit), **lokale** (Ort), **adversative** (Gegensatz) und **modale** (Art und Weise) Konjunktionalsätze.

Präpositionen (Verhältniswörter)
drücken **Verhältnisse oder Beziehungen** zwischen Personen, Gegenständen, Sachverhalten und Vorgängen aus. Präpositionen sind nicht veränderbar (man kann sie nicht konjugieren (wie Verben) und nicht deklinieren (wie z. B. Nomen und Adjektive), sie zählen demnach zu den **Partikeln**. Präpositionen verlangen einen bestimmten Kasus.
Viele Präpositionen haben je nach Verwendungsweise **verschiedene Bedeutungen** (lokal, temporal usw.), z. B. *in Palma* (lokal), *in zwei Stunden* (temporal). Präpositionen sind nie eigenständige Satzglieder oder Attribute, sondern sie sind immer Teil eines Satzglieds oder Attributs.

Pronomen
sind entweder Stellvertreter oder Begleiter eines Nomens. Man unterscheidet u. a. Anredepronomen, Personalpronomen, Possessivpronomen und Relativpronomen.

Verben
drücken vorwiegend Tätigkeiten, Vorgänge oder Zustände aus. Sie können verschiedene Formen annehmen und so verschiedene Funktionen erfüllen. Sie werden **konjugiert** (gebeugt).

Wortbildung

Ableitung
Vor dem Wortstamm **Präfixe** (Vorsilben) oder nach dem Wortstamm **Suffixe** (Nachsilben) anfügen. Alle Wörter, die aus einem Wortstamm gebildet werden, gehören zu einer Wortfamilie. Beispiel: *ver - blüh - en* → Präfix - Stamm - Suffix

Diminutiv
Die Suffixe *-chen* und *-lein*, die eine **Verkleinerung** (Diminutiv) bezeichnen, rufen oft einen Umlaut hervor: *Frucht – Früchtchen, Früchtlein*.

Komposita
Komposita (Sg. *Kompositum*) sind **Zusammensetzungen**, also Wörter, die aus anderen Wörtern, z. B. Nomen, zusammengesetzt sind. Man unterscheidet zwei verschiedene Bestandteile eines Kompositums: das **Grundwort** und das **Bestimmungswort**.

Wortstamm

Der Teil eines Wortes, der nicht weiter aufgespalten wird und der innerhalb der Wortfamilie gleich bleibt. Beispiel: *lachen - lachte*. Der **Stammvokal** ist der Vokal innerhalb des Wortstamms (hier: *a*).

wörtliche Rede

Wörtliche Rede kennzeichnet man durch **Anführungszeichen**. Ein einleitender **Begleitsatz** kündigt die wörtliche Rede durch einen **Doppelpunkt** an. Der **Begleitsatz** kann auch nach der wörtlichen Rede stehen oder eingeschoben sein. Dann fällt der **Schlusspunkt** der wörtlichen Rede weg und es stehen erst die Anführungszeichen und dahinter das Komma. **Fragezeichen** und **Ausrufezeichen** jedoch werden in der wörtlichen Rede immer beibehalten. Beispiel: *„Ja, ich komme mit!", rief mein Bruder.*

Zeichen

Als Zeichen bezeichnet man alles, das auf etwas anderes **verweist** (z. B. dunkle Wolken deuten auf bevorstehenden Regen, Sirenen zeigen je nach Vereinbarung eine bestimmte Gefahr an, weißes „Stop" auf achteckigem roten Grund am Straßenrand bedeutet „Anhalten und Vorfahrt achten!"). Auch gesprochene und geschriebene Wörter sind Zeichen; je nach Situation können sie Unterschiedliches bedeuten (z. B. „Duo", „Deutsch"). Deshalb muss man genau überlegen, welche Zeichen man wie benutzt, um Missverständnisse zwischen Sender und Empfänger möglichst zu vermeiden.
Die **Semiotik** beschäftigt sich mit Zeichensystemen, zu denen die Sprache ebenfalls gehört.

Piktogramm
Das **Piktogramm** ist ein **Bildsymbol**, das dem Betrachter durch die grafische Gestaltung eine Information vermittelt.

Zeichensetzung

Satzzeichen gliedern in Texten die Gedanken, sodass die Leserinnen und Leser schneller und besser verstehen, was die Schreiberin oder der Schreiber gemeint hat.

Komma
Hauptsätze in einer Satzreihe werden durch ein Komma voneinander getrennt. Wenn sie durch *und* oder *oder* verbunden sind, kann das Komma stehen, muss es allerdings nicht unbedingt. Haupt- und Nebensatz in einem **Satzgefüge** werden durch Kommas voneinander getrennt.

Aufzählungen
Werden in einem Satz mehrere Wörter, Wortgruppen oder gleiche Satzglieder aufgezählt, so trennt man diese durch **Komma**.
Vor den **Konjunktionen** *und* und *oder* steht bei der Aufzählung kein Komma.

Satzschlusszeichen
Durch einen **Punkt**, ein Ausrufezeichen oder ein **Fragezeichen** wird ein Satz abgeschlossen. An Satzbau und Betonung kann man erkennen, wann welches Zeichen zu setzen ist. In den meisten Fällen schließt ein Punkt den Satz ab (**Aussagesatz**). Die Stimme senkt sich am Satzende, der Satzbau ist Subjekt – Prädikat – Objekt.
Bei einem **Aufforderungs**- oder **Befehlssatz** senkt sich die Stimme am Satzende nicht. Diese Sätze enden mit einem Ausrufezeichen.
Die Stimme hebt sich am Ende eines **Fragesatzes**, das Prädikat steht am Satzanfang. Fragesätze werden durch ein Fragezeichen abgeschlossen.

Zeitformen
→ Verb

Zeitung

Boulevardzeitung
Eine **Boulevardzeitung** erscheint meist täglich in hoher Auflage und gilt als nur eingeschränkt seriös. Der Sprachstil ist meist einfach und plakativ. So werden z. B. oft Hauptsätze oder unvollständige Sätze verwendet und Aussagen reißerisch formuliert.

Kommentar
Im Gegensatz zur möglichst objektiven, neutralen Berichterstattung handelt es sich beim Kommentar um eine ausdrückliche Meinungsäußerung der Verfasserin oder des Verfassers. Der Kommentar gehört somit also zu den argumentativen Texten und hat oft auch eine Appellabsicht.

Meldung und Bericht
Meldung und Bericht sind Bezeichnungen für **journalistische Textsorten**.
Die **Meldung** gibt kurz eine Information wieder und beantwortet nur die (wichtigsten) W-Fragen. Ihr Umfang ist meist sehr gering, sie hat eine knappe **Schlagzeile** (Überschrift) und in der Regel weder **Vorspann** noch **Abbildung** (**Foto**).
Der **Bericht** ist umfangreicher als eine Meldung und erweitert die Nachricht durch Hintergründe. Zur Beantwortung der W-Fragen kommen meistens eine **Hauptschlagzeile**, je nach Umfang des Berichts auch eine **Über- oder Unterschlagzeile**, ein **Vorspann** und eine **Abbildung** (**Foto**). Berichte sind oft mehrspaltig. Ein großer Bericht (Hauptartikel) auf der Titelseite fungiert meistens als so genannter **Aufmacher**, der das Publikum zum weiteren Lesen der Zeitung anregen will.

Reportage
Eine Reportage ist eine **journalistische Textsorte**. Im Gegensatz zur knappen Meldung und zum sachlichen Bericht **verknüpft die Reportage sachliche Darstellung von Informationen mit subjektiver Schilderung von Erlebnissen**. Beobachtungen (z. B. der Verfasserin oder des Verfassers oder von Zeugen) und Gefühle werden in meist **ausgeschmückter Sprache** möglichst **wirkungsvoll** (z. B. spannend, Mitgefühl erregend oder unterhaltend) dargestellt. Die Reportage hat also **sowohl eine Informations- als auch eine Unterhaltungsfunktion**.

Zitat/zitieren
→ Interpretation/interpretieren

Bernstein, Leonard (* 1918 Lawrence, Massachusetts, † 1990 New York City)
amerikanischer Komponist, Dirigent und Pianist; langjähriger Leiter des New York Philharmonic Orchestra, häufiger Gastdirigent der Wiener Philharmoniker und des Symphonieorchesters des Bayerischen Rundfunks; komponierte Sinfonien, Opern und Musicals, v. a. *West Side Story*; setzte sich in den Fernsehsendungen *Young People's Concerts*, die auch in Buchform veröffentlicht wurden, für musikalische Bildung ein (dt.: *Konzert für junge Leute*)
→ *Konzert für junge Leute*, S. 143

Boie, Kirsten (* 1950 Hamburg)
studierte Deutsch und Englisch, promovierte in Literaturwissenschaft und arbeitete einige Zeitlang als Lehrerin; schrieb danach über 80 Kinder- und Jugendbücher; ihr bekanntestes Buch ist *Nicht Chicago. Nicht hier.*
→ *Moppel wär gern Romeo* (Auszug), S. 79f.

Böll, Heinrich (* 1917 Köln, † 1985 Langenbroich)
machte ein Jahr eine Buchhändlerlehre; begann Germanistik und Klassische Philologie zu studieren; war sechs Jahre lang als Soldat im Zweiten Weltkrieg; schrieb zahlreiche Erzählungen und Romane; war politisch engagiert; erhielt 1972 den Nobelpreis für Literatur; die meisten seiner Werke wurden verfilmt; Werke (Auswahl): *Wanderer, kommst du nach Spa…* (Erzählung), *Ansichten eines Clowns, Die verlorene Ehre der Katharina Blum* (Romane)
→ *Die Waage der Baleks*, S. 171–173

Brecht, Bertolt (* 1898 Augsburg, † 1956 Ost-Berlin)
studierte u. a. Medizin und Literatur in München; war überzeugter Kommunist und wollte mit seinem Werk politisch wirken; entwickelte das epische Theater; während des Nationalsozialismus im Exil (u. a. in Dänemark, Schweden, Kalifornien); gründete 1949 in Ost-Berlin sein eigenes Theater, das „Berliner Ensemble"; schrieb zahlreiche Gedichte und Theaterstücke; gilt als einer der wichtigsten deutschen Lyriker und Dramatiker des 20. Jahrhunderts; die *Dreigroschenoper* ist das bis heute erfolgreichste deutsche Musical; Dramen (Auswahl): *Mutter Courage und ihre Kinder, Der gute Mensch von Sezuan, Der kaukasische Kreidekreis*
→ *Liebeslieder*, S. 89
→ *Das Leben des Galilei* (Auszug), S. 100–103
→ *Maßnahmen gegen die Gewalt*, S. 174
→ *Erinnerung an die Marie A.*, S. 249

Brentano, Clemens (* 1778 Ehrenbreitstein/Koblenz, † 1842 Aschaffenburg)
eigtl. Clemens Wenzeslaus Brentano de La Roche; Sohn eines italienischen Kaufmanns; brach eine Kaufmannslehre ab, studierte kurz Bergwissenschaften und Medizin, schließlich Philosophie; führte ein Wanderleben; Freundschaft mit Achim von Arnim, mit dem er die Volksliedersammlung *Des Knaben Wunderhorn* herausgab; schrieb Gedichte, Novellen, Romane und Dramen; gilt als wichtiger Dichter der Romantik; Werke (Auswahl): *Der Spinnerin Nachtlied* (Gedicht), *Godwi* (Roman)
→ *Abendständchen*, S. 135

Canetti, Elias (* 1905 Rustschuk, Bulgarien, † 1994 Zürich)
lebte in Wien, London und Zürich; schrieb in deutscher Sprache; verfasste einen Roman, drei Dramen, eine vierbändige Autobiografie (Bd. 1: *Die gerettete Zunge: Geschichte einer Jugend*) und sein wichtigstes Werk, die Studie *Masse und Macht*, die dem Phänomen von Massenbewegungen nachgeht; erhielt 1981 den Nobelpreis für Literatur
→ *Die gerettete Zunge: Geschichte einer Jugend* (Auszug), S. 257f.

Claudius, Matthias (* 1740 Reinfeld, † 1815 Hamburg)
studierte Theologie und Jura in Jena; arbeitete als Zeitungsredakteur; gab einige Jahre die Zeitung *Der Wandsbeker Bote* heraus, in der er auch eigene Werke veröffentlichte; schrieb volksliedhafte Gedichte, z. B. *Der Tod und das Mädchen*, sein bekanntes *Abendlied* („Der Mond ist aufgegangen"), aber auch das gegen die Kriegsverherrlichung gerichtete *Kriegslied*
→ *Die Liebe*, S. 93

Dick, Philip K. (* 1928 Chicago, † 1982 Santa Ana, Kalifornien)
amerikanischer Science-Fiction-Autor; studierte Germanistik und wurde freier Schriftsteller; schrieb über 120 Kurzgeschichten und 45 Romane; gilt als einer der bedeutendsten Science-Fiction-Autoren, der großen Einfluss auf Science-Fiction-Literatur und -Filme (z. B. *Blade Runner, Minority Report, Die totale Erinnerung – Total Recall*) hatte
→ *Wir erinnern uns für Sie en gros* (Auszüge), S. 244–248

Die fantastischen Vier
Spitzname „Fanta4", deutschsprachige Rap- und Hip-Hop-Band aus Stuttgart; machten ab 1989 als Erste den Deutschen Sprechgesang in Deutschland populär mit dem Charts-Erfolg *Die da?!*; Mitglieder: Michael Bernd Schmidt alias Smudo (* 1968 Offenbach), Thomas Dürr alias Thomas D (* 1968 Ditzingen), Michael Beck alias Michi Beck (* 1967 Stuttgart) und Andreas Rieke alias And.Ypsilon (* 1967 Stuttgart);

veröffentlichten bisher 13 Alben; synchronisierten 2005 im Animationsfilm *Madagascar* die vier Pinguine
→ *Genug ist genug*, S. 158

Eichendorff, Joseph Freiherr von (* 1788 Ratibor, Oberschlesien, † 1857 Neisse)
Sohn eines adligen preußischen Offiziers; studierte Jura in Halle, Heidelberg und Wien; war im preußischen Staatsdienst tätig; verfasste Gedichte, Romane und Erzählungen; gilt als einer der wichtigsten Dichter der Romantik; Werke (Auswahl): *Abschied, Das zerbrochene Ringlein, Mondnacht, Sehnsucht, Wünschelrute* (Gedichte); *Ahnung und Gegenwart, Das Marmorbild, Aus dem Leben eines Taugenichts* (Prosa)
→ *Wünschelrute*, S. 133

Fischer, Julia (* 1966 München)
Biologin mit dem Spezialgebiet Primaten- und Verhaltensforschung; lehrt als Professorin für Kognitive Ethologie (also für die die Erkenntnis betreffende Verhaltensforschung) an der Universität in Göttingen
→ *Interview*, S. 112–114

Fried, Erich (* 1921 Wien, † 1988 Baden-Baden)
emigrierte während des Nationalsozialismus nach London, wo er nach dem Krieg als Zeitschriftenredakteur und Radiokommentator tätig war; kehrte in den 1960er-Jahren nach Deutschland zurück, wo er sich auch politisch stark engagierte; schrieb v. a. Gedichte (z. B. das Liebesgedicht *Was es ist*) und war Übersetzer (v. a. Shakespeare); erhielt u. a. den Georg-Büchner-Preis
→ *Mitunter sogar Lachen. Zwischenfälle und Erinnerungen* (Auszug), S. 259

Frisch, Max (* 1911 Zürich, † 1991 Zürich)
Schweizer Architekt und Schriftsteller; arbeitete als junger Mann auch als Journalist; schrieb Romane, Dramen und Tagebücher; *Homo Faber* wurde 1991 verfilmt; Werke (Auswahl): *Biedermann und die Brandstifter, Andorra* (Dramen), *Stiller, Homo Faber* (Romane)
→ *Homo Faber* (Auszug), S. 31

Gernhardt, Robert (* 1937 Tallinn, Estland, † 2006 Frankfurt a. M.)
floh als Kind mit seiner Familie nach dem Zweiten Weltkrieg nach Deutschland; studierte Malerei und Germanistik; war Schriftsteller, Maler und Karikaturist; bekannt durch seine witzigen und geistreichen Gedichte und Erzählungen; hat an den Drehbüchern für die *Otto*-Filme mitgearbeitet; seine Werke wurden mit vielen Preisen ausgezeichnet
→ *Ebbe und Flut*, S. 86
→ *Diät-Lied (mit Ohrfeigenbegleitung)*, S. 181

Goethe, Johann Wolfgang von (* 1749 Frankfurt a. M., † 1832 Weimar)
studierte in Leipzig und Straßburg Jura; verfasste schon in jungen Jahren Gedichte und einen Roman in Briefform (*Die Leiden des jungen Werthers*); war später als Geheimrat Minister am Fürstenhof in Weimar, dort auch Theaterleiter; Freundschaft und Zusammenarbeit mit Schiller („Weimarer Klassik"); schrieb Gedichte, Dramen, Romane, autobiografische Schriften (*Dichtung und Wahrheit, Italienische Reise*) und naturwissenschaftliche Abhandlungen (z. B. über die Farbenlehre, über den Zwischenkieferknochen); gilt als einer der bedeutendsten Dichter der Welt, sein Drama *Faust* als einer der bedeutendsten Texte der Weltliteratur; Werke (Auswahl): *Willkommen und Abschied, Prometheus* (Gedichte), *Der Erlkönig, Der Zauberlehrling* (Balladen), *Götz von Berlichingen, Faust I und II* (Dramen), *Wilhelm Meister, Die Wahlverwandtschaften* (Romane)
→ *Verschiedene Empfindungen an einem Platze*, S. 87
→ *Gretchen am Spinnrad*, S. 89
→ *Dichtung und Wahrheit* (Auszug), S. 256

Goll, Claire (* 1890 Nürnberg, † 1977 Paris)
geborene Clara Aischmann, deutsch-französische Schriftstellerin und Journalistin; engagierte sich während des Ersten Weltkriegs in der Schweiz in der Friedensbewegung; heiratete den Dichter Yvan Goll und ging mit ihm nach Paris; schrieb Gedichte, Erzählungen und Romane
→ *Von Herzen*, S. 87

Grimm, Jakob und Wilhelm
(J. Grimm * 1785 Hanau, † 1863 Berlin; W. Grimm * 1786 Hanau, † 1859 Berlin)
bedeutende Sprach- und Literaturwissenschaftler; sammelten deutsche Volksmärchen und Sagen und fassten sie in einer Märchensammlung, den *Kinder- und Hausmärchen* (2 Bände) zusammen; beschäftigten sich mit Sprachen, besonders mit der deutschen Sprache, und verfassten das *Deutsche Wörterbuch*; begründeten die Deutsche Philologie bzw. Germanistik
→ *Die zertanzten Schuhe* (Auszug), S. 222f.
→ *Rapunzel* (Auszug), S. 240f.

Grönemeyer, Herbert (* 1956 Göttingen)
studierte ein Jahr Musikwissenschaften und Jura; Anfänge als Schauspieler und musikalischer Leiter am Bochumer Schauspielhaus; spielte in mehreren Filmen mit (u. a. in *Das Boot*); veröffentlichte bisher 20 größtenteils deutschsprachige Solo- und Konzertalben mit Rockmusik; erhielt dafür viele Preise; engagiert sich für verschiedene soziale Projekte zur Bekämpfung der Armut auf der Welt
→ *Musik nur wenn sie laut ist*, S. 153

Härtling, Peter (* 1933 Chemnitz)
war als Journalist und Lektor tätig, dann freier Schriftsteller; verfasste über 20 Kinder- und Jugendbücher sowie zahlreiche Gedichtbände und Romane; wurde mit zahlreichen Preisen ausgezeichnet, darunter zweimal mit dem Deutschen Jugendliteraturpreis und 2007 mit dem CORINE Ehrenpreis für sein Lebenswerk; Werke (Auswahl): *Das war der Hirbel, Oma, Ben liebt Anna; Hölderlin, Schubert*
→ *Zwei Versuche, mit meinen Kindern zu reden*, S. 251

Heine, Heinrich (* 1797 Düsseldorf, † 1856 Paris)
Banklehre; Jurastudium; duellierte sich mehrmals; machte aus dem Reisebericht eine Kunstform (*Die Harzreise*); emigrierte nach Paris und arbeitete dort als Journalist; seine Gedichte haben oft eine ironische Wende; gilt als einer der bedeutendsten deutschen Dichter des 19. Jahrhunderts; Gedichtsammlungen: *Buch der Lieder* (darin: *Die Loreley, Belsazar*), *Neue Gedichte* (darin die Satire: *Deutschland. Ein Wintermärchen*)
→ *Und wüssten's die Blumen*, S. 93

Heinrich von Morungen (* um 1150, † 1222 Leipzig)
stammte wahrscheinlich von der Burg Morungen bei Sangerhausen in Thüringen; gehörte dem niederen Rittertum an; war Dichter am Thüringer Hof; trat in das Thomaskloster in Leipzig ein, wo er nach einer Indienfahrt starb; 35 Minnelieder überliefert
→ *Selige Tage*, S. 137

Hesse, Hermann (* 1877 Calw, † 1962 Montagnola, Schweiz)
Buchhändlerlehre in Tübingen; Antiquar in Basel, dann freier Schriftsteller in Bern und im Tessin; schrieb v. a. Romane und Gedichte; erhielt 1946 den Nobelpreis für Literatur; Werke (Auswahl): *Unterm Rad, Siddharta, Der Steppenwolf, Das Glasperlenspiel* (Romane), *Im Nebel, Stufen* (Gedichte)
→ *Widmungsverse zu einem Gedichtbuch*, S. 135
→ *Das Glasperlenspiel* (Gedicht), S. 136

Kaléko, Mascha (* 1907 Schidlow, Galizien (heute Chrzanow, Polen), † 1975 Zürich)
Tochter eines Russen und einer Österreicherin; 1914 Flucht mit der Familie nach Deutschland; arbeitete als Bürolehrling in Berlin und studierte nebenher Philosophie und Psychologie; schrieb Gedichte im Stil der Neuen Sachlichkeit; ihre Gedichtsammlung *Lyrisches Stenogrammheft* fiel 1933 der Bücherverbrennung durch die Nationalsozialisten zum Opfer und wurde verboten; Kaléko emigrierte 1938 in die USA, 1960 nach Israel
→ *Zwei Seiten*, S. 163

Kehlmann, Daniel (* 1975 München)
zog als Kind mit seiner Familie nach Wien, wo er später Philosophie und Literaturwissenschaft studierte; schreibt v. a. Romane; wurde für *Die Vermessung der Welt* 2005 mit dem Deutschen Buchpreis ausgezeichnet
→ *Die Vermessung der Welt* (Auszüge), S. 104–107

Keller, Gottfried (* 1819 Zürich, † 1890 Zürich)
Schweizer Schriftsteller; war zunächst Landschaftsmaler; war politisch engagiert („radikaler Demokrat"); veröffentlichte Gedichte, Novellen (Zyklus *Die Leute von Seldwyla*, darin: *Romeo und Julia auf dem Dorfe, Kleider machen Leute*) und den Roman *Der grüne Heinrich*
→ *Brief an Fräulein Rieter*, S. 81

Krausser, Helmut (* 1964 Esslingen)
schreibt Romane, Erzählungen, Tagebücher, Gedichte und Theaterstücke; sein erfolgreichstes Stück ist *Lederfresse*; ist ein sehr guter Schachspieler
→ *ohne Titel*, S. 88

Kunze, Heinz Rudolf (* 1956 Espelkamp)
studierte Germanistik und Philosophie; Literat, Rocksänger mit deutschen Texten, Musicaltexter und -übersetzer (*Les Misérables, Miss Saigon, Joseph*); erhielt etliche Preise für seine Schallplatten
→ *Götter in Weiß*, S. 64

Markowitsch, Hans J.
Professor für Physiologische Psychologie an der Universität Bielefeld; Schwerpunkt: Gedächtnisforschung; Grundlage des Interviews ist sein Buch *Das autobiographische Gedächtnis. Hirnorganische Grundlagen und biosoziale Entwicklung* (2005, zusammen mit Harald Welzer)
→ *Interview*, S. 262f.

Maron, Monika (* 1941 Berlin)
arbeitete nach dem Abitur ein Jahr lang als Fräserin; studierte Theaterwissenschaft; war Regieassistentin und Zeitschriftenreporterin; verließ 1988 die DDR; schrieb bisher zwölf Romane; der bekannteste ist ihr Erstlingsroman *Flugasche* (1981), das erste Werk über Umweltverschmutzung in der damaligen DDR; erhielt mehrere Preise
→ *Pawels Briefe. Eine Familiengeschichte* (Auszug), S. 260f.

Melville, Herman (* 1819 New York, † 1891 New York)
amerikanischer Romanschriftsteller; ist in jungen Jahren zur See gefahren, unter anderem auf Walfangschiffen; bewirtschaftete lange eine kleine Farm; arbeitete zuletzt als Zollinspektor im Hafen, weil ihn die Schriftstellerei nicht mehr ernährte; verfasste mit dem Roman über den Wal *Moby Dick* und die Walfänger einen der bedeutendsten Romane der Weltliteratur
→ *Bartleby, der Schreiber* (Auszug), S. 164–166

Mörike, Eduard (* 1804 Ludwigsburg, † 1875 Stuttgart)
studierte Theologie in Tübingen und war viele Jahre als evangelischer Pfarrer tätig; unterrichtete später Literatur; verfasste sowohl Romane und Novellen als auch Gedichte; Werke (Auswahl): *Maler Nolten* (Roman), *Mozart auf der Reise nach Prag* (Novelle), *Das Stuttgarter Hutzelmännlein* (Märchen), *Septembermorgen, Um Mitternacht, Er ist's* (Gedichte)
→ *Erinnerung*, S. 250

Morus, Thomas (* 1478 London, † 1535 London)
englischer Staatsmann und Humanist; war Sohn eines Richters, studierte Jura, wurde Rechtsanwalt und lehrte Recht; wurde von König Heinrich VIII. in seine Dienste genommen und zum Ritter geschlagen; wurde Lordkanzler (heute etwa Premierminister); fiel aufgrund konfessioneller Streitigkeiten in Ungnade und wurde hingerichtet; wurde 1935 heiliggesprochen; sein bekanntestes Werk ist der lateinische Roman *Utopia* über einen idealen Staat und eine ideale Gesellschaft
→ *Utopia* (Auszüge), S. 203–206

Nilsson, Per (* 1954 Malmö, Schweden)
ist Gymnasiallehrer für Mathematik und Musik und Autor von Jugendbüchern und Drehbücher; Auszeichnung mit dem Deutschen Jugendliteraturpreis 1997 für *So lonely*
→ *So lonely* (Auszüge), S. 68–75, 90–92

Oberender, Thomas (* 1966 Jena)
studierte Theaterwissenschaft und Szenisches Schreiben in Berlin; arbeitete als Autor und als Dramaturg an Theatern in Bochum, Zürich und Salzburg; schrieb bisher fünf Theaterstücke; erhielt 2000 für *Nachtschwärmer* den Deutschen Jugendtheaterpreis
→ *Nachtschwärmer* (Auszüge), S. 215–238

Rattle, Simon (* 1955 Liverpool)
Sir Simon Rattle, britischer Dirigent; studierte mit 16 Jahren Klavier, Schlagzeug und Orchesterleitung; leitete das *City of Birmingham Symphony Orchestra* und seit 1999 die *Berliner Philharmoniker*, mit denen er 2006 die Filmmusik zu *Das Parfum – Die Geschichte eines Mörders* einspielte; der Film *Rhythm Is It!* (2003) dokumentiert ein Kinder-Tanzprojekt im Rahmen des von Rattle initiierten Programms *Zukunft@Bphil*
→ *Rhythm is it!*, S. 146

Reiche, Volker (* 1944 Belzig)
Comic-Zeichner; arbeitete für Disney als Zeichner von Donald Duck und Micky Maus; zeichnete über 20 Jahre lang den Comicstrip *Mecki* in der Hörzu; zeichnet seit 2002 den täglichen Comicstrip *Strizz* in der *Frankfurter Allgemeinen Zeitung*; erhielt mehrere Preise
→ *Strizz*, S. 269

Schäfer, Werner (* 1952)
studierte Englisch, Spanisch und Geschichte; lehrt als Sprachwissenschaftler im Fach Anglistik an der Universität Trier; sein Beitrag ist in der Hörbuch-Reihe *Schon gewusst? Wissenschaftler erklären Kindern die Welt* (Folge 1) erschienen
→ *Wörter unter der Lupe*, S. 116f.

Schiller, Friedrich (* 1759 Marbach, † 1805 Weimar)
musste mit 13 Jahren in die Militärakademie eintreten und begann dort ein Jurastudium; wechselte dann zur Medizin; Begeisterung für die Ideen des Sturm und Drang; verfasste bereits während des Studiums erste Dramen, v. a. *Die Räuber*, wegen denen er kurz ins Gefängnis kam und dann floh; kurze Zeit Theaterdichter in Mannheim; lehrte ab 1789 als Professor Geschichte in Jena; heiratete Charlotte von Lengefeld; gab die Zeitschriften *Die Horen* und *Musenalmanach* heraus; Freundschaft und Zusammenarbeit mit Goethe („Weimarer Klassik"); gilt als einer der bedeutendsten deutschen Dramatiker; Werke (Auswahl): *Die Räuber, Kabale und Liebe, Wallenstein, Maria Stuart, Wilhelm Tell* (Dramen), *Ode an die Freude, Das Lied von der Glocke* (Ge-

dichte), *Der Handschuh, Die Bürgschaft* (Balladen)
→ *An Charlotte von Lengefeld*, S. 82f.

Schober, Franz von *(* 1796 Malmö, Schweden, † 1882 Dresden)*
Sohn eines österreichischen Gutsverwalters; zog mit 10 Jahren nach Wien, wo er später Jura studierte; befreundet mit Franz Schubert, für den er das Libretto (Textbuch) zu einer seiner Opern schrieb und der einige seiner Gedichte vertonte, z. B. *An die Musik*
→ *An die Musik*, S. 134

Schury, Gudrun
arbeitet als Lektorin und lehrt als Dozentin für Literaturwissenschaft an der Universität in Bamberg; ihr Jugendsachbuch *Wer nicht sucht, der findet – Zufallsentdeckungen in der Wissenschaft* enthält die Geschichte über Champollion; neben literaturwissenschaftlichen Werken schrieb sie auch *Lebensflut – Eine Kulturgeschichte des Blutes*
→ *Die Geschichte von Jean-François Champollion*, S. 108–110

Shakespeare, William *(* 1564 Stratford-upon-Avon, † 1616 Stratford-upon-Avon)*
englischer Dichter; war in London Schauspieler und verfasste Theaterstücke (Historiendramen, Tragödien und Komödien) und Sonette; ist einer der bekanntesten und bedeutendsten Dramatiker der Welt; an seinem Geburts- und Todestag, dem 23. April, findet seit 1995 der Welttag des Buches statt; Dramen (Auswahl): *Ein Sommernachtstraum, Der Sturm* (Komödien), *Hamlet, Othello, König Lear, Macbeth* (Tragödien)
→ *Romeo und Julia* (Auszüge), S. 77, 84f.

Strittmatter, Eva *(* 1930 Neuruppin)*
studierte in Berlin Germanistik, Romanistik und Pädagogik; heiratete den Schriftsteller Erwin Strittmatter; arbeitete als Lektorin und freie Schriftstellerin; schreibt v. a. Gedichte
→ *Utopia*, S. 202

Torch *(* 1971 Heidelberg)*
engl.: Fackel, auch Torchman, Torchkinski, MC Torch oder DJ Haitian Star, eigtl. Frederik Hahn; begann als erster deutscher MC (Moderator einer Performance, von *Master of Ceremonies*) Mitte der 1980er-Jahre mit dem deutschen Sprechgesang, worauf der deutsche Hip-Hop aufbaute; gründete die Musikgruppe *Advanced Chemistry*; moderierte auf VIVA die erste deutsche Rap-Sendung *Freestyle*
→ *Der flammende Ring*, S. 139

Wassermann, Jakob *(* 1873 Fürth, † 1934 Altaussee, Steiermark)*
sollte nicht Schriftsteller, sondern Kaufmann werden; arbeitete als Theaterkritiker in Wien; verfasste zahlreiche Romane und Novellen; bis 1933 war er Mitglied der Preußischen Akademie der Künste und einer der meistgelesenen Autoren, dann wurden seine Bücher von den Nationalsozialisten verbrannt und verboten
→ *Das Gold von Caxamalca* (Auszüge), S. 36–65

Welzer, Harald *(* 1958)*
Professor für Sozialpsychologie an der Universität Witten/Herdecke; Leiter der Forschungsgruppe „Erinnerung und Gedächtnis"; Grundlage des Interviews ist sein Buch *Das autobiographische Gedächtnis. Hirnorganische Grundlagen und biosoziale Entwicklung* (2005, zusammen mit Hans J. Markowitsch)
→ *Interview*, S. 262f.

Williams, Tad *(* 1957 San José, Kalifornien)*
eigtl. Robert Paul Williams; amerikanischer Science-Fiction- und Fantasy-Autor; nennt J.R.R. Tolkien als sein großes Vorbild; seine erfolgreichsten Romanreihen sind *Die Saga von Osten Ard, Otherland* und *Shadowmarch*
→ *Otherland: Stadt der goldenen Schatten* (Auszug), S. 206f.

S. 174: Das Original-Ende lautet:
… *und antwortete „Nein."*

Register

Ableitung → Wortbildung
Ableitungsprobe 312
Absicht (Aussage-/Wirkungsabsicht) 16, 28, 61, 64f., 82, 83, 152, 175, 188, 190, 254
Absicht (Leseabsicht) → Leseinteresse
Adjektiv 119, 193, 202, 311
Adressatenbezug 115, 131
Adverb 311
adverbiale Bestimmung 308
AIDA-Formel/-Prinzip 296
Akkusativ 308
Akkusativobjekt 334
Akt 216, 224, 239
Aktiv 54f., 310f.
Alliteration 140, 309
Alltagssprache 116f.
Anapäst 300
Anapher 252, 309
Anfang (einer Erzählung) → Einleitung
Antworttext 252
Apostroph (Auslassungszeichen) 295
Appell/appellieren 28, 64f., 81-84, 175f., 246
Argument/argumentieren 26ff., 83, 159, 164-171, 179, 181, 186, 187-190, 219, 246, 296
Argumentationsmodell 167
Argumentationsweise 26f.
Attribut 193, 207, 296
Attributsatz 309
Aufbau (einer Erzählung) 34-38, 46-50, 52
Aufbau (Text, Sachtext) 11, 12, 18, 54, 82, 114f.
Aufbau (Vortrag) 144
Aufforderungssatz 308
Aufmacher 13
Aufführung 239, 241
Auftakt 300
Aufzählung 313
auktorialer Erzähler 71, 298
Ausgang (Drama) 236ff.
Ausrufesatz 308
Aussageabsicht → Absicht
Aussagesatz 308
Aussageweise → Modus
äußere Handlung 298
Ausstellung 112, 270-279
auswendig lernen 252f.
Authentizitätsbeweis 38, 299
Autobiografie 37, 254-261, 296
automatisches Schreiben 252, 329
Autor/in 37, 71

Ballade 296
Bänkelsang 296
Battle-Rap 140
Bedeutungsbereich 84
Befehlssatz 334
Begleiter → Artikel
begründen 26ff., 111, 131, 150f., 159f., 163, 167f., 197f., 206
Beispiel (Argument) 27, 167, 179, 296
Beleg (Argument) 27, 167, 179, 296
Belletristik 71
Benrather Linie 122
Bericht/berichten 11ff., 27, 30, 31, 98ff., 112, 175, 296
Beschreibung/beschreiben 12, 24, 98, 100-104, 128-132, 193, 202f., 205, 254, 268, 297
Bestimmungswort 312
beurteilen 150, 175
Beweggrund → Motiv (einer Figur)
Bewerbung 255
Bild 10, 32f., 179f., 227, 253f.
Bildagentur 21
Bildberichterstatter/in (Bildredakteur/in) 21
Bildbeschreibung 10, 103, 128, 228, 254
bildhafte Sprache → sprachliches Bild
Bildsignal 179f.
Bindewort → Konjunktion

Binnenhandlung (Binnenerzählung) 36ff., 175, 298f.
Binnenreim 141
Biografie 254-261
Botenbericht 298
Boulevardjournalismus 23, 313
Boulevardzeitung 23, 313
Brief 81-84, 206
Buchumschlag → Cover
Bühnenbild 223, 298

Charakteristik (einer lit. Figur) 38-42, 73, 174, 224-229, 297
Chefredakteur/in 21
Cluster 78, 89, 198, 252, 272, 303
Comic 269
Computer 24f., 32, 210f.
Cover 182f.

Daktylus 300
das / dass → s-Laute
Dativ 308
Dativobjekt 308
Deckung (Erzähltechnik) 299
Definition (eines Begriffs) 143, 199, 209
Dehnung (Vokal) 311f., 307
Deklination 119, 233, 308
Demonstrativpronomen 312
Diagramm 301
Dialekt 118-122
Dialog 57, 201, 214, 224, 228, 239, 297
digital 191-201
Diminutiv 312
direkte Rede 30, 305
diskontinuierliche Texte 111, 118, 195f., 266, 268f.
Diskussion/diskutieren 26f., 169-171, 179, 181, 190, 236, 238, 246, 268, 297
Diskussionsleitung 167, 169, 297
Diskussionsregeln 161, 297
Drama/dramatische Texte 77f., 84ff., 100-104, 212-241, 297f.
Drehbuch 37, 299
Dynamik (Musik) 134

Einlauftext (Zeitung) 12
Einleitungssatz (Inhaltsangabe) → Kernsatz
Einstieg (Vortrag) 144
E-Mail 83
Emoticon 83
Empfänger (Kommunikation) 83, 303
Enjambement 136, 298
Ersatzform (Konjunktiv) 29, 72, 305
Ersatzprobe 308
erschließen (Texte) 36-45, 50ff., 171-177, 212-241
Er-/Sie-Erzähler 37, 71, 298f.
Erzähler 37, 52, 71, 166, 258, 298f.
Erzählerkommentar 41, 298
Erzählperspektive 37, 52, 68-71, 227, 248, 258, 298f.
Erzählung/erzählen 34-65, 75, 90ff., 193, 206ff., 244-248, 298f.
erzählte Zeit (Zeit des Erzählten) 38, 299
Erzählung (literarisch) 34-65, 75, 90ff., 164ff., 171-177, 206ff., 244-248, 298f.
Erzählzeit (Zeit des Erzählens) 38, 299
Eskalation → Konflikteskalation
Euphemismus 33, 309
Exposition (Drama) 216f., 224, 239, 296
Fabel 299
Fachwort/Fachbegriff 115, 263
fantastische Literatur 209, 211
Fantasy (Literatur) 209, 211
Fazit 150

Fehleranalyse 282f.
Fehlerart 282f.
Fernsehdiskussion 167
Figur (literarisch) 38-42, 52, 63, 73, 86, 174, 215, 217, 220ff., 225-229, 299
Figurenkonstellation 214, 299
Figurenverzeichnis (Drama) 214
fiktionale und nicht-fiktionale Texte 299
Film 37, 85, 299
Finalsatz 309
finite Verbform 310
Flow (Rap) 140
Folgerung 167
Foto 10, 32f., 94f., 227
Foto-Lovestory 94f.
Frageadverb 311
Fragen an den Text stellen 36, 48, 81-86, 207, 249-253
Fragesatz 308
Fremdwort 119, 317f., 300
Fremdwörterbuch 199, 317f., 306
Fünf-Schritt-Lesemethode 22, 26, 111, 114, 150, 178, 263, 265, 301f.
Funktion (eines Textes) 16
Futur 310

Gattung (literarisch) 59, 300, 310
Gedicht 68, 86-90, 133-141, 153, 181, 202, 249-253, 300f.
Gedichtvergleich 89, 135
Gefühlskurve 235
Gegenargument → Argument/argumentieren
Gegengedicht 68, 136
Gegenstandsbeschreibung 297
Genitiv 308
Genitivattribut 296
Genitivobjekt 308
Gespräch 83, 166, 199, 273, 297
Gesprächsregeln 161, 167f. 273, 297
Gesprächssituation 199f., 297
gestaltendes Interpretieren 57, 303
gestaltend vortragen 136, 140, 154f.
Gestik 199f., 229, 301
Getrennt- und Zusammenschreibung 293f.
Gleichnis 301
gleich- und ähnlich klingende Laute 288f.
Gliederung (Referat/Vortrag) 307
Gliedsatz → Nebensatz
Glossar 193
Grafik 20f., 232
Großraumredaktion 20f.
Groß- und Kleinschreibung 310f., 306
Grundwort 312

Handlung 52, 59, 221, 224, 230-234, 298f.
Handlung: Ort 52, 216, 238
Handlung: Zeit 52, 216
Handlungsabschnitte 49f., 298f.
Handlungsschritte 53, 59, 223, 224, 233, 235, 298f.
Handlung, steigende (Drama) 230-234, 298
Handlungsstränge 224, 226, 298f.
Hauptfigur 52, 298
Hauptredaktion (Zeitung) 21
Hauptsatz 309
Hauptteil (Inhaltsangabe) 54, 302
Haupttext (Drama) 224, 233, 239, 297
Hieroglyphen 108-111
Hochdeutsch 119
hochdeutsche Lautverschiebung 122
Höhepunkt (einer Erzählung, eines Dramas) 59, 234-238, 239
Hörspiel 301
Hyperbel (Übertreibung) 45, 309
Hyperlink 210f.
Hypertext 210f., 301

Register

Ich-Erzähler 37, 71, 258, 298
Ideen sammeln (Projekt) 272f., 278
ikonisches Zeichen 180, 310
Imperativ 104, 304f.
improvisieren 235f.
Indikativ → Modus
indirekte Rede 29f., 54, 115, 257, 266
infinite Verbform 310
Infinitiv 310
Infografik 20f.
Informationen aus Grafiken/Bildern entnehmen 20f., 32, 95, 101ff., 119, 128, 155, 157, 179f., 193, 200, 201, 227f., 253, 301
Informationen aus Texten entnehmen 21f., 96-125, 141-144, 178, 301f.
Informationen auswählen und ordnen 302
Informationen suchen → Recherche/recherchieren
Informationsfunktion (eines Textes) 16, 188
Informationsquellen 11f., 19, 221
informieren, andere 144, 203, 221, 263, 301f.
informieren, sich → Recherche/recherchieren
Inhaltsangabe 46-55, 61, 63, 103, 150, 166, 173, 192, 207, 220ff., 257, 302
Inhaltsverzeichnis 182
innere Glaubwürdigkeit 208, 299
innere Handlung 298
innerer Konflikt 163, 303
innerer Monolog 57, 71, 72, 207, 302
Inszenierung/inszenieren 219, 223, 228, 240f.
Internet-Forum 197f.
Internet-Portal 13
Internet-Rollenspiel 191-201
Interpretation/interpretieren 300f., 302f.
Interview 17ff., 30, 112-115, 254, 262f.
Ironie 28

Jambus 300
journalistische Texte 8-33, 313
Journalist/in → Redakteur/in
Jugendbuch → Jugendroman
Jugendroman 68-76, 90ff.
Jugendstück 212-241

Kameraeinstellung/-perspektive 10, 33, 303
Kasus → Deklination
Katastrophe (Drama) 234-238, 239, 298
Kausalsatz 308
Kernsatz (Inhaltsangabe) 49, 53, 257, 302
Kitsch 92, 93f.
Kleinschreibung → Groß- und Kleinschreibung
Klimax 45, 252, 309
Klischee 92, 93f.
kollektive Erinnerung 261
Komma → Zeichensetzung
Kommentar (Zeitung) 26ff., 313
Kommunikation 81-84, 132, 199ff., 303
Kommunikation, non-verbale 28, 83, 132, 179, 199f., 303
Kommunikationsmodell 201
Kommunikationssituation 199f.
Komparation 311
Komparativ 311
Kompositum 118, 312
Kompromiss 163, 303
Konditionalsatz 309
Konflikt 73, 156-183, 214, 217ff, 239, 303
Konflikteskalation 166, 169f.
Konfliktsituation 158ff., 163, 303
Konjugation 119, 310
Konjunktion 159, 160, 178, 312
Konjunktionalsatz 160, 309
Konjunktiv 29, 31, 54, 72-76, 86, 93, 115, 257, 266, 304f.
Konjunktiv I 29f., 54, 115, 257, 166, 304f.
Konjunktiv II 29f., 72-76, 86, 304f.
Konjunktiv II, Irrealis 73-76, 86, 304f.
Konjunktiv II, Potentialis 72f., 86, 304f.

Konsonantenverdoppelung 287, 307
Körperhaltung 229
Kreativtechniken 252, 303
Kreuzreim 300
Kritik (Rezension) 150
Kugellagerübung 143
Kulissen 298
kurzer Vokal 287f., 307
Kurzgeschichte 71, 171-174, 244-248, 269, 304
Kurzreferat/-vortrag 144, 221, 263, 306

langer Vokal 285f., 307
Lautschrift 285f.
Lautverschiebung 122, 304
Layout 15, 21, 227, 330
Lebenslauf 107, 255
Leseeindrücke 48, 249
Lesererwartung 36, 189, 238
Leseinteresse 16, 23, 152
Leserbrief 25, 26ff., 198
Lesetechnik 15
Lesung (szenische) 214, 217
Lexikon 198, 203, 209, 282
Lied 64, 137-141, 153, 158f., 181
literarische Ausdrucksformen → Textsorten
Lokales/Lokalressort 21
Lyrik → Gedicht
lyrisches Ich 86-90, 93, 133-141, 153, 181, 202, 249, 300

Manipulation 32f., 304
Mantel/Mantelredaktion 21
Märchen 222f., 240f.
Mauerschau 324
MC (Poetry Slam) 159f.
Medien 8-33, 151, 184-211, 304
Medium (Kommunikation) 184-211, 304
Meinungsäußerung 26ff., 148, 197f., 206
Meinungsaustausch 198
Meinungsbild 186
Meldung (Zeitung) 11ff., 27, 31
Merkbild 117
Metapher 45, 84, 93, 139, 207, 261, 309
Metonymie 80, 309
Metrum 134ff., 153, 229, 300
Mimik 18, 199, 229, 304
Mindmap 19, 40, 98, 117, 124, 128, 144, 198, 214, 219
Minnesang 137-141, 304
Mittelhochdeutsch 137f.
Mitlaut → Konsonant
Mnemotechniken 253, 304
Moderator/in 155, 167
Modus 29f., 72-76, 228, 257, 266, 304f.
Möglichkeitsform → Konjunktiv I
Monolog 57, 224, 228, 239, 297f.
Mundart 118-122
Musiktagebuch 129, 144

Nacherzählen (aus anderer Sicht) 75
Nachricht 11, 313
Nachrichtentext 11
Nachrichtenrubrik → Rubrik
Nachschlagewerk 292
nebenordnende Konjunktion 160, 312
Nebensatz 308f.
Nebentext (Drama) 217, 219, 224, 233, 297f.
Newsdesk 20f.
Niederdeutsch 118-122
Nomen 119
Nominalisierung → Groß- und Kleinschreibung
Nominativ 308
non-verbale Ausdrucksmittel 28
Notizen zu Texten 13
Novelle 34-65, 71, 295

Oberschlagzeile 12, 313
Objekt (einer Handlung) → Aktiv, Passiv
Objekt (Satzergänzung) 308
Objektsatz 161, 308
Offenes Museum 270-279
Online-Community 196
Online-Redakteur/in 17
Online-Zeitung 13, 17, 24ff.
Ortsbeschreibung 202f., 205
Orthografie → Rechtschreibung

Paarreim 134ff., 300
Pantomime 227
Parabel 174, 305
Parallelgedicht/-text 68, 136
Parodie (lit.) 305
Partizip II 76, 311
Passiv 54f., 63, 311
PC → Computer
PC-Rollenspiel 186-190
Perfekt 311
Performance 154
Personalendung 29, 311
personaler Erzähler 71, 298
Personalform des Verbs 311
Personalpronomen 235, 312
Personenbeschreibung 193, 297
Personifikation 45, 87, 93, 310
Perspektive (Erzählung/erzählen) → Erzählperspektive
Perspektive (Kamera) → Kameraperspektive
Piktogramm 111, 175, 180, 312
Plakat 98, 144, 154, 246, 267, 306
Plattdeutsch → Niederdeutsch
Plot 299
Plural 311
Plusquamperfekt 311
Podiumsdiskussion 169
Poetry Slam 154f., 306
Portfolio 306
Positiv 311
Possessivpronomen 312
Prädikat 308
Präfix 161, 292, 312
Präposition 233, 312
präpositionales Attribut 296
Präpositionalobjekt 308
Präsens 54, 193, 311
Präsensstamm 29, 311f.
Präsentation/präsentieren 103, 108-118, 151, 275f., 306
Präteritum 311
Präteritumsstamm 29, 311f.
Printausgabe 24f.
Printmedien 8-33
Projekt 94f., 107, 124f., 154f., 202, 210f., 270-279
Projekt: Teilprojekt 273f.
Projektbericht (Abschlussbericht) 276
Projektidee 273
Projektplanung 274f.
Pronomen 235, 312
Pro und Kontra 169, 246
Prosa 71, 235, 310
Punktabfrage 246

Raffung (erzählen) 299
Rahmenerzählung/-handlung 36ff., 59, 63, 175, 298f.
Rap 137-141, 154, 158f., 306
Recherche/recherchieren 107, 302
Recherchefragen 302
Rechercheplan 302
Recherchequellen 302
Rechtschreibbereich 280-295
Rechtschreiben 121, 280-295, 306f.
Rechtschreibregeln 280-295
Rechtschreibstrategien 280-295

Register

Redakteur/in 17, 21
Redaktionskonferenz 22, 313
Rede 65
Redekunst → Rhetorik
Redewendung 119, 132, 161, 307
Referat/referieren 144, 221, 263, 307
Regieanweisungen 201, 217, 224, 297f.
Reim 134ff.
Reimschema 134
Relativpronomen 312
Relativsatz 309
Reportage 14ff., 27, 31, 313
Requisiten 219, 298
Ressort 21
retardierendes Moment (Drama) 230-234, 239, 298
Rezension 146-150, 307
Rhetorik 168
rhetorische Frage 28, 168
rhetorische Mittel 168
rhetorische Tricks 168
Rhythmus 136, 140, 300
Rollenbiografie 82, 207, 219, 229, 303
Rolleninterview 57, 219, 229, 303
Rollenspiel 31, 166, 235f., 274, 308
Roman 31, 68-76, 90ff., 104-107, 203-208
Rubrik 11
Rückentext → Klappentext

Sachtext 18, 21f., 96-125, 141-144, 177f., 203, 261-266, 308
Sage 308
Satire 94f., 308
Satz 308
Satzbau 50, 52, 208, 308f.
Satzergänzung → Objekt
Satzgefüge 50, 308f.
Satzglied 308
Satzreihe 308f.
Satzschlusszeichen 313
Schärfung (kurze Vokale) 287f., 307
Schaubild 209, 263, 266, 268, 301
Schilderung/schildern 16, 202f., 297
Schlagzeile 11, 313
Schluss (Erzählung/Film) 92
Schluss (Inhaltsangabe) 54, 302
Schlüsselbegriff 11, 15, 143
Schlüsselerlebnis 258, 309
Schreibkonferenz 187, 208, 211, 214, 246, 248, 310
Schreibplan 208, 210f., 248
Schreibprozess 208
Schrift 288f.
schriftliche Kommunikation 81-84
schwaches Verb 72, 310
Schwank 309
Science-Fiction 244-248, 309
Second Life 191-201
Semiotik, semiotisches System 200f.
Selbstlaut → Vokal
Sender (Kommunikation) 83, 303
Signal 200f.
Signalwort 307
Silbe 134, 309
SIMS 186-190
Situation 159
Situationsbezug 115
s-Laute 290f., 306
SMS 83
Spannungsbogen 94, 233, 299
Spielanleitung 186f.
Spielplan (Theater) 85
Spielregeln 186f., 195

Spielszene 214
Spielzeit (Theater) 85
sprachbegleitende Mittel 28, 133-141, 150, 205
Sprachebenen → Sprachvarietäten
sprachliche Gestaltung (eines Textes) 50, 52, 188, 198, 207f., 228f.
sprachliches Bild 43ff., 78, 80 84ff., 86-90, 01, 93, 133-141, 249, 309
Sprachvarietäten 116ff., 119, 124f.
Sprechweisen 217, 229
Sprichwort 167
Stammvokal 312
Standbild 58, 219, 258
Standpunkt (formulieren/vertreten) 26f., 130f., 132, 163, 186
starkes Verb 72, 311
Statistik 118f., 129
Steckbrief 151, 207, 215
Steigerung (Stilmittel) → Klimax
Steigerung von Adjektiven → Komparation
Stellungnahme 62, 186-190, 238
Stil 11, 23, 152, 252
Stilmittel 45, 50, 252, 309f.
Stimme 28, 140
Streitgespräch 164-171
Strichfassung 219, 239
stimmhaft → s-Laute
stimmlos → s-Laute
Strophe 88, 326
Struktur (eines Textes) 46-53
Subjekt 308
Subjektsatz 161
Subtext 227, 297f.
Suffix 292, 312
Superlativ 311
Symbol/symbolisch 43ff., 180, 310
symbolisches Zeichen 180, 310
Synonym 33, 188, 310
Szene 78, 103, 215f., 224, 229, 239, 297f.
szenische Darstellung 219

Tabelle 107
Tagebuch 106
Takt 134ff.
Talkshow 167
Tätigkeitswort → Verb
Tempus 193, 228, 251, 311
Textbelege → Zitat/zitieren
Texterschließung → Erschließung/erschließen
Texte überarbeiten → Überarbeitung/überarbeiten
Textformulierung 208
Textintention → Absicht
Textlupe 187, 208, 246, 310
Textplanung → Schreibplan
Textsignale 180, 248
Textsorte 65-95, 310
Textvergleich 12, 18, 27, 64f., 89, 135, 150, 208, 222f., 252, 259
Textzusammenfassung 15, 111, 145, 152, 181, 219, 226, 228, 254-261, 265, 302
Theaterstück → Drama
Thema (eines Textes) 44, 115, 135, 188
These 159, 167, 179, 306
Titel 133
Training/trainieren 242-269, 280-295
Trobador 138
Trochäus 300
Überarbeitung/überarbeiten 187, 208, 211, 214, 246, 248, 310
überfliegendes Lesen 15
Überschrift 133
umarmender Reim 310

Umfrage 118f., 261
Umgangssprache 119
unbekannte Wörter klären 48
unerhörte Begebenheit (Novelle) 56-62, 63
Unterhaltungsfunktion 16
Unterschlagzeile 13, 313
unterordnende Konjunktion 312
unterschwelliger Konflikt 163, 303
Utopie 203-211

Varietäten → Sprachvarietäten
Verb 207, 310f.
Verbot 177-180
Verfilmung 37, 299
Vergleich (Stilmittel) 45, 78, 93, 119, 131, 193, 202, 310
Verhältniswort → Präposition
Verlängerungsprobe 288f.
Vermutungen 10, 36, 44, 98
Vers 326
Versmaß → Metrum
Versuchsbeschreibung 100-104, 297
Vertonung 134
Vier-Ohren-Modell 201
virtuell 184-211
Vokal 285-288, 311
Voluntär/in 21
Vorgangsbeschreibung 24, 104, 297
vorlesen → gestaltend sprechen
Vortrag/vortragen → Kurzreferat/-vortrag
vortragen (gestaltend) → gestaltend sprechen
Vorvergangenheit → Plusquamperfekt

Wahrnehmung 128f., 162
Wegbeschreibung 297
Werbung 255, 296
W-Fragen 11f., 115, 296
Wiederholung/wiederholen 242-269
Wiederholung (Stilmittel) 45, 252, 309
Wie-Wort → Adjektiv
Wortart 90, 160f., 188, 233, 235, 311f.
Wortbildung 312
Wörterbuch 124f., 285
Wortfeld 78, 98, 124, 132
wörtliche Rede → direkte Rede
Wortstamm 312
Wortstellung 119
Wortwahl 190, 207
Wunsch 163
Wunschform → Konjunktiv II
Würdigung des Textes 60ff.

Zeichen 111, 177-180, 200f., 312
Zeichensetzung 294f., 313
Zeilenangaben → Textbelege
Zeitform → Tempus
Zeitplan (Projekt) 274f.
Zeitschrift 151
Zeitstufe → Tempus
Zeitung 8-33, 151, 313
Zeitungstypen 23, 313
Zeitwort → Verb
Zitat/zitieren 37, 40, 44, 50, 64, 71, 89, 91, 106, 115, 139, 148, 159, 166, 174f., 206, 223, 238, 246, 303
Zusammenfassung/zusammenfassen → Textzusammenfassung
Zusammenschreibung → Getrennt- und Zusammenschreibung
Zusammensetzung → Kompositum

Textquellen

S. 11: Westdeutsche Zeitung, Ausgabe 25.11.2006, Düsseldorf: Verlag W. Girardet KG. S. 12: RP Online, Internetausgabe Rheinische Post, 24.11.2006, 17:54 Uhr (aktualisierte Ausgabe), Düsseldorf: RP ONLINE GmbH. S. 13: K.-H. Schneider, unter Verwendung von Rezensionen zum Roman über http://www.amazon.de/Flug-Gefahr-Arthur-Hailey/dp/3548243592 . S. 14: Rheinische Post, Ausgabe 25.11.2006 (Seite 3 Mantel), Düsseldorf: Rheinische Post Verlagsgesellschaft mbH. S. 23: BILD, Ausgabe 25.11.2006, Berlin: Verlag Axel Springer AG . S. 24f.: Kolson, Stephan von: Es geht wieder los. Zeitung im Klassenzimmer. wz newsline, Internetausgabe Westdeutsche Zeitung, 16.8.2007. S. 31: Frisch, Max: Homo Faber. Ein Bericht. Frankfurt am Main: Suhrkamp Verlag, 1967, Auflage 201-225 Tausend, S. 23-25. S. 36 – 65: Wassermann, Jakob: Das Gold von Caxamalca. Stuttgart: Reclam, 2001. S. 59f.: Grützmacher, Jutta: Literarische Grundbegriffe. Leipzig: Klett, 21996. S. 64: Kunze, Heinz Rudolf: Götter in Weiß. Album: Gute Unterhaltung. Berlin, Weltverbesserer Musikverlag, 1989 (auch in: Ders.: Mücken und Elefanten. Lieder und Texte 1986-1991. Berlin: Bouvier-Verlag, 1992). S. 68, 69ff., 73f.: Nilsson, Per: So lonely. Übersetzt von Birgitta Kicherer. Hamburg: Verlag Friedrich Oetinger, 2004. S. 77, 84f.: Shakespeare, William: Romeo und Julia (Auszüge). In: Ders./Fried, Erich (Übers.): Romeo und Julia. / Maß für Maß. Berlin: Verlag Klaus Wagenbach. 2002. S. 79f.: Boie, Kirsten: Moppel wär gern Romeo. Hamburg: Verlag Friedrich Oetinger, 1991, S. 103-105. S. 81: Keller, Gottfried: An Luise Rieter. In: Ders.: Gesammelte Briefe. In vier Bänden. Hg. von Carl Helbling. Bern: Verlag Benteli, 1951, Bd. 2, S. 10-11. S. 82f.: Schiller, Friedrich: An Charlotte von Lengefeld. In: Schillers Briefe. Schriftliche Gesamtausgabe. Hg. und mit Anmerkungen versehen von Fritz Jonas. Stuttgart, Leipzig, Berlin, Wien: Deutsche Verlags-Anstalt, 1892, Bd. 2, S. 309-310. S. 86: Gernhardt, Robert: Ebbe und Flut. Aus: Ders.: Wörtersee. Gedichte. Frankfurt am Main: Fischer Taschenbuch, 111996, S. 205. S. 87.1: Goll, Claire: Von Herzen. Aus: Dies.: Zehntausend Morgenröten. Gedichte einer Liebe. Wiesbaden: Limes Verlag 1954. Alle Rechte bei und vorbehalten durch Wallstein Verlag, Göttingen. S. 87.2: Goethe, Johann Wolfgang von: Verschiedene Empfindungen an einem Platze. In: Johann Wolfgang Goethe. Sämtliche Werke nach Epochen seines Schaffens. Münchner Ausgabe. Hg. von Karl Richter in Zusammenarbeit mit Herbert G. Göpfert, Norbert Miller und Gerhard Sander. München: Carl Hanser Verlag, 1985, Bd. 2.1, S. 99. S. 88: Helmut Krausser: heute hat sie nicht angerufen. In: Ders.: Strom. Reinbek bei Hamburg: Rowohlt Verlag, 2003, S. 10. S. 89.1. : Goethe, Johann Wolfgang von: Gretchen am Spinnrad.. In: Ders.: Faust. Der Tragödie erster Teil. S. 89.2: Brecht, Bertolt: Liebeslied. In: Ders.: Werke. Große kommentierte Berliner und Frankfurter Ausgabe, Band 15. Frankfurt am Main: Suhrkamp Verlag, 1993.   S. 90ff.: Nilsson, Per: So lonely. Übersetzt von Birgitta Kicherer. Hamburg: Verlag Friedrich Oetinger, 2004 S. 93.1: Claudius, Matthias: Die Liebe hemmet nichts..In: Ders.: Sämmtliche Gedichte. Linz 1824. Gedruckt bey Wenzel Schlesinger, S. 126. S. 93.2: Heine, Heinrich: Und wüssten's die Blumen. In: Buch der Lieder. Frankfurt am Main: Insel Verlag, 1981. S. 98: https://www.jugend-forscht.de/index.php/article/detail/2859 © Stiftung Jugend forscht e. V., Hamburg S. 99: https://www.jugend-forscht.de/index.php/file/download/3520 © Stiftung Jugend forscht e. V., Hamburg S. 100-103: Brecht, Bertolt: Das Leben des Galilei. In: Ders.: Große kommentierte Berliner und Frankfurter Ausgabe. Bd. 5: Stücke 5. Frankfurt am Main: Suhrkamp Verlag, 1988. S. 104-107: Kehlmann, Daniel: Die Vermessung der Welt: Roman. Reinbek bei Hamburg: Rowohlt, 222006. S. 108ff.: Schury, Gudrun: Die Geschichte von Jean Francois Champollion. In: Dies.: Wer nicht sucht, der findet. Zufallsentdeckungen in der Wissenschaft. Frankfurt am Main / New York: Campus Verlag 2006, S. 51 – 55. S. 112ff.: Im Gespräch: Julia Fischer. In: F.A.Z., 28.04.2007, Nr. 99 / Seite Z6. S. 116f.: (Abschrift eines frei gehaltenen Vortrags) http://www.kindernetz.de/medienetz/radio/-/id=66346/nid=66346/did=66312/lzvwoy/index.html SÜDWESTRUNDFUNK SWR2 AULA für Kinder – Manuskriptdienst. Autor und Sprecher: Dr. Werner Schäfer. Redaktion: Ralf Caspary. Sendung: Pfingstsonntag, 4. Juni 2006, 8.30 Uhr, SWR 2. S. 119: Kellermann, Gesine: Zitiert nach: http://www.radiobremen.de/online/plattkurs/lektion16.html (8.2.2002) © Radio Bremen. S. 119f.: http://www.ndr903.de/cgi-bin/ndrnorichten (Autorin Plattdütsch: Dörte Hansen Redaktion: Claudia Bruns. Stand: 18.05.2007, 08:54) © Norddeutscher Rundfunk. S. 121 (Infokasten): Orthografie des Niederdeutschen. In: Sass, Johannes: Kleines plattdeutsches Wörterbuch. Plattdeutsch – Hochdeutsch. Hochdeutsch – Plattdeutsch. Plattdeutsche Rechtschreibung. Edition Fehrs-Gilde. Neumünster: Wachholtz 2002. S. 123: www.plattmaster.de/sprache.htm S. 131: Zitat 1 aus: Dylan, Bob: Chronicles. Volume one. Deutsch von Kathrin Passig und Gerhard Henschel. Hamburg: Hoffmann und Campe, 2004, S. 170. / Zitat 2 aus: Menuhin, Yehudi: Unvollendete Reise. Lebenserinnerungen. Übersetzt von Isabella Nadolny und Albrecht Roeseler. München/ Zürich: Piper, 1997, S. 371. S. 132: Geck, Martin: Wenn Papageno für Elise einen Feuervogel fängt. Kleine Geschichte der Musik. Berlin: Rowohlt Berlin Verlag, 2006, S. 12f. S. 133.1: Eichendorff, Joseph von: Wünschelrute. In: Ders.: Werke in einem Band. Wolfdietrich Rasch (Hrsg.). München: Deutscher Taschenbuch Verlag, 1995, S. 103. S. 133f.: Schober, Franz von (Text) / Schubert, Franz (Melodie): An die Musik. opus 88 No. 4. Edition Schott 01296. Mainz: Schott Musik International 1953, S. 2f. S. 135.1: Hesse, Hermann: Widmungsverse zu einem Gedichtbuch. In: Michels, Volker (Hrsg.): Das Lied des Lebens. Frankfurt am Main: Suhrkamp, 1992, S. 179. S. 135.2: Brentano, Clemens: Hör, es klagt die Flöte wieder. In: Ders.: Gedichte, Hartwig Schultz (Hrsg.). Stuttgart: Reclam 1995, S. 54f. S. 136: Hesse, Hermann: Das Glasperlenspiel. In: Ders.: Das Glasperlenspiel. Frankfurt am Main: Suhrkamp, 1972, S. 484. S. 137: Heinrich von Morungen, Selige Tage. In: Deutscher Minnesang, Friedrich Neumann (Hrsg.). Nachdichtung von Kurt Erich Meurer. Stuttgart: Reclam, 1995, S. 52-55. S. 139: Torch, Der flammende Ring. Text und Rhythmus: Frederik „Torch" Hahn. Berlin: Rotary Head-Music Frederik Hahn, 2001. Zitiert nach: http://www.deflok.de/HipHopLyrics/Texte/Torch/Der%20flammende%20Ring.txt S. 140: wikipedia S. 141ff.: Werner-Jensen, Arnold: Das Reclam-Buch der Musik. Stuttgart: Reclam, 2001, S.12f. S. 143: Bernstein, Leonard: Konzert für junge Leute. Die Welt der Musik in neun Kapiteln. Übertragen von Else Winter, durchges. u. erg. von Albrecht Roeseler. München / Hamburg: Albrecht Knaus Verlag, 1985, S. 75f. S. 145: Werner-Jensen, Arnold: Das Reclam-Buch der Musik. Stuttgart: Reclam, 2001, S. 15. S. 145f.: DIE ZEIT Klassik-Edition, 20 große Interpreten in 20 Bänden. Simon Rattle, Band 12. Hamburg: Zeitverlag Gerd Bucerius, 2006, S.26f. © Metzler&Poeschel, Stuttgart. S. 146: Zitat von Simon Rattle http://www.rhythmisit.com/en/content/downloads/interview_PDFs/RHYTHMISIT_int_kids_filmzitate.pdf S. 147f.: Jaeger, Frédéric: Rhythm is it! http://www.critic.de/index.pl?aktion=kritik&id=10 S. 149f.: Brachmann, Jan: Spaß? Was für ein Spaß? http://www.berlinonline.de/berliner-zeitung/archiv/.bin/dump.fcgi/2004/0916/feuilleton/0007/index.html (16.9.2004) S. 151: Kolwitz, Kai: Teenie? Star? Teenie-Star! Archiv der Jugendkulturen e.V. (Hrsg.):50 Jahre BRAVO. Berlin: Archiv der Jugendkulturen Verlag, 2006, S.136. S. 152: Kolwitz, Kai: Gurkenmilch und Hochzeitsringe – wie BRAVO Stars im Gespräch hält. Archiv der Jugendkulturen e.V. (Hrsg.): 50 Jahre BRAVO. Berlin: Archiv der Jugendkulturen Verlag, 2006, S. 141. S. 153: Grönemeyer, Herbert Arthur: Musik, nur wenn sie laut ist. © London: Grönland-Musikverlag / Kobalt Music Publishing Ltd.. Zitiert nach: http://www.lyricsdownload.com/herbert-groenemeyer-sie-mag-musiknur-wenn-sie-laut-ist-lyrics.html S. 158: Fantastischen 4-Genug ist genug: DIE FANTASTISCHEN VIER - GENUG IST GENUG (SONG), 1993. Musik/Text: Andreas Rieke, Michael B. Schmidt, Thomas Dürr, Michael DJ Beck, Produzent: Andreas Rieke; Tonträger: Die 4. Dimension, Columbia Records 474895 2. © Hamburg, EMI Quattro Musikverlag GmbH. S. 163: Kaléko, Mascha: Zwei Seiten. In: Dies.: Hat alles seine zwei Schattenseiten. Hrsg. von Gisela Zoch-Westphal. Berlin: Arani, 1983. S. 57. S. 164ff.: Melville, Herman: Bartleby, der Schreiber. Eine Geschichte aus der Wall-Street. Übersetzt und mit Erl. vers. von Jürgen Krug. Frankfurt am Main: Insel Verlag, 2004. S. 171ff.: Böll, Heinrich: Die Waage der Baleks. In: Ders.: Das Heinrich Böll Lesebuch. München: Deutscher Taschenbuch Verlag, 1993. S. 89-95. © Kiepenheuer & Witsch, Köln S. 174: Brecht, Bertolt: Maßnahmen gegen die Gewalt. In: Geschichten von Herrn Keuner. In Bertolt Brecht: Gesammelte Werke, Bd.12. Prosa 2. Frankfurt am Main: Suhrkamp, 1967. S. 375-376. S. 176.1: Die Zeit 18/1997. Thomas Kleine-Brockhoff: Vergewaltigung in der S-Bahn: Fürs Wegsehen gibt es viele Gründe. o.S. S. 176.2: http://www.bundespolizei.de/cln_048/nn_252058/DE/Home/08__Service/Praevention/gewalt__down,templateId=raw,property=publicationFile.pdf/gewalt_down.pdf. Herausgeber: Bundespolizei – Bundespolizeidirektion S. 177f.: nach: Schirrmacher, Frank, Zehntausend Jahre Einsamkeit, in: Frankfurter Allgemeine Zeitung, Nr. 209 vom 8. September 2000, S. 49. S. 181: Gernhardt, Robert: Diät-Lied. In: Ders.: Lichte Gedichte. Zürich: Haffmans Verlag, 1997, S. 39. S. 187-190: Neumann, Klaus. Zitiert nach: http://www.heise.de/tp/r4/artikel/19/19390/1.html (7.2.2005) S. 191-195: Parusel, Fabian. Zitiert nach: http://www.netzwelt.de/news/74703_3-second-life-die-ersten-schritte.html, (26.10.2006). Zugriff: 8. Januar 2007 S. 196: http://blogrolle.net/2006/11/12/was-kostet-was-in-second-life/ © Georg Pagenstedt, Kleinmachnow S. 202: Strittmatter, Eva: Utopia. In: Dies.: Zwiegespräch, Berlin: Aufbau 1980. S. 203: Lexikon-Artikel „Utopie". In: Wilpert, Gero von: Sachwörterbuch der Literatur. Stuttgart: Kröner, 1989 [7. Aufl.]. S. 203-206: Morus, Thomas: Utopia. Übersetzt von Gerhard Ritter. Stuttgart: Reclam, 1986. S. 206f.: Williams, Tad: Otherland. Band 1. Stadt der goldenen Schatten. Übersetzt von Hans-Ulrich Möhring. Stuttgart: Klett-Cotta, 1996. S. 209: Lexikon-Artikel „Fantasy-Literatur". In: Wilpert, Gero von: Sachwörterbuch der Literatur. Stuttgart: Kröner 1989 [7. Aufl.]. S. 215-238: Oberender, Thomas: Nachtschwärmer (1998). In: Spielplatz 12. Sechs Theaterstücke für Jugendliche, Frankfurt am Main: Verlag der Autoren, 22004, S. 259-308. S. 222f.: Grimm, Jakob und Wilhelm: Kinder- und Hausmärchen, nach der zweiten vermehrten und verbesserten Auflage von 1819, textkritisch revidiert und mit einer Biographie der Grimmschen Märchen versehen. Herausgegeben von Heinz Rölleke, Bd. 2, München: Eugen Diederichs Verlag, 51990, S. 463-466. S. 240f.: Grimm, Jakob und Wilhelm: Kinder- und Hausmärchen, nach der zweiten vermehrten und verbesserten Auflage von 1819, textkritisch revidiert und mit einer Biographie der Grimmschen Märchen versehen. Herausgegeben von Heinz Rölleke, Bd. 1, München: Eugen Diederichs Verlag, 51990, S. 52-55. S. 244-248: Dick, Philip K.: Eine Handvoll Dunkelheit. Übersetzt von Thomas Ziegler. München: Moewig, 1981. S. 249: Brecht, Bertolt: Erinnerung an die Marie A. In: Ders.: Ausgewählte Werke in sechs Bänden. Gedichte 1. Frankfurt am Main: Suhrkamp, 1997, S. 92-93. S. 250: Mörike, Eduard: Erinnerung. In: Ders.: Gedichte. Leipzig: Insel Verlag, 1913, S. 16-18. S. 251: Härtling, Peter: Zwei Versuche, mit meinen Kindern zu reden. In: Ders.: Anreden. Gedichte. Darmstadt: Luchterhand Literaturverlag, 1977, S. 34-36. S. 256: Goethe, Johann Wolfgang von: Dichtung und Wahrheit (Erster Teil). München: Deutscher Taschenbuch Verlag, 1962 S. 257f.: Canetti, Elias: Die gerettete Zunge: Geschichte einer Jugend. 31. Aufl. Frankfurt am Main: Fischer, 2002, S. 9-10. © Hanser Verlag, München / Wien S. 259: Fried, Erich: Mitunter sogar Lachen. Zwischenfälle und Erinnerungen. Berlin: Klaus Wagenbach Verlag, 1986, S. 12. S. 260f.: Maron, Monika: Pawels Briefe. Eine Familiengeschichte. Frankfurt am Main: S. Fischer Verlag, 1999. S. 262f.: Fasel, Andreas: „Ich erinnere, also bin ich" [Gespräch mit Harald Welzer und Hans J. Markowitsch]. In: Welt am Sonntag vom 27.11.2005. S. 264f.: Rollin, Marion: „Das Leben – eine einzige Erfindung" In: Spiegel Online. URL: http://www.spiegel.de/wissenschaft/mensch/0,1518,444334,00.html [28. Oktober 2006]. S. 266: Langlet: Jürgen: „Vernunft & Wille" In: Unterricht Biologie 303/2005, S. 9. S. 269: Reiche, Volker: „Strizz" In: Frankfurter Allgemeine Zeitung vom 23.01.2007. S. 283: Mozart, Wolfgang Amadeus: Brief. Zitiert nach: bibliotheca Augustana http://www.diplomanach.fh-augsburg.de/~harsch/germanica/Chronologie/18Jh/Mozart/moz_br03.html

Bildquellen

akg images: S. 101, 108, 253, 256, Erich Lessing: S. 142.2 – Alimdi.net/Heinz Krimmer: S. 267.4 – Argus/Peter Frischmuth: S. 128.3 – Avenue Images/Index Stock/J. Halaska: S. 3.2, S. 34/35 – BILD, Ausg. v. 25.11.2006: S. 23 – Bildmaschine/Peter Engelke: S. 128.4 – Blickwinkel/proshot: S. 267.6 –
Boie Kirsten: Moppel wär so gern Romeo. © für das Cover von Jutta Bauer: 2001 Deutscher Taschenbuchverlag, München: S. 79 – © BRAVO GiRL!: S. 93 –
Breitman P./Hatch C., Sag einfach Nein und fühl dich gut. Artwork © die Rechte an der Covergestaltung liegen beim Mosaik Verlag, München, in der Verlagsgruppe Random House GmbH: S. 182.5 – Buck Andreas: S. 183 – Bundeszentrale für politische Bildung, 2005: S. 291 – Caro/Insa Korth: S. 92 – Duwentäster/Teamwork Press: S. 154 – Egmont vgs Verlagsgesellschaft mbH, Köln 2002/Covermotiv: Zefa, Düsseldorf: S. 182.2 – Electronic Arts: S. 187, 189 – Fensterheim H. /Baer J., Sag nicht ja wenn Du nein sagen willst. Artwork © die Rechte an der Covergestaltung liegen beim Mosaik Verlag, München, in der Verlagsgruppe Random House GmbH: S. 182.3 – F1online: S. 267.2, RF Johnér: S. 128.1 – Feuerwehr Essen/Pressestelle: S. 10 – Fotolia/Blanco: S. 180 – Grote Wolfgang/Viktoriaschule, Essen: S. 227 – Hahn Gunter: Seite 4.2, 5.3, 126/127, 212/213 – IAEO: S. 179.2 – Imago/mm images/Berg: S. 87, Peter Widmann: S. 3.3, 66/67 – Interfoto/Archiv Hansmann: S. 142.1, Hug: S. 143 – Keystone/J. Zick: S. 158 – König Werner: dtv-Atlas Deutsche Sprache. Grafiken von Hans-Joachim Paul. © 1978, 1994 Deutscher Taschenbuch Verlag, München: S. 119 – Kolvenbach Michael, Meerbusch: S. 162 – KPA Archival Collection: S. 77 – Liedgens Josef-Peter, Nortorf: S. 264 – Linden Lab: S. 191, 192, 199, 201 – Mauritius Images/R. Gruber: S. 88, Rosenfeld: S. 6.1, 242/243 – © 1977 Mosaik Verlag München, ein Unternehmen der Verlagsgruppe Random House GmbH:

S. 182.3 – © 2000 Mosaik Verlag München in der Verlagsgruppe Bertelsmann GmbH/54321: S. 182.5 – Nilsson Per: So lonely. © für das Foto von Jan Roeder: 1999 Deutscher Taschenbuchverlag, München: S. 69 – Ostkreuz/Maurice Weiss: S. 267.3 – Picture alliance/akg images: S. 3.1, 5.2, 8/9, dpa: S. 6.2, 84, 85,139, 146, 152, 184/185, 270/271, ZB: S. 112, photoshot: S. 131.1, KPA: S. 131.2, Report: S. 7.1, 296/297 – Plainpicture/C. Huber: S. 267.5 – Programm Polizeiliche Kriminalprävention der Länder und des Bundes, Fundstelle/Werbeagentur Karius & Partner GmbH, Leonberg: S. 175 – Rake Verlag 2002: S. 182.6 – Reiche Volker: S. 269 – Rheinische Post Infomappe: S. 20 – Rheinische Post/Fotos: ANC-News: S. 14 – Rowohlt Verlag GmbH, Reinbek © 1993, 2004: S. 182.1 – Rowohlt Taschenbuchverlag GmbH, Reinbek, 1979: S. 182.4 – Schneider Karl-Heinz, Düsseldorf: S. 18, 22, 32 u. – Schwelle Dagmar, Hamburg: S. 167.1 – SV-Bild/B. Hellgoth: S. 259 – Ullstein Bild/Lufthansa AG: S. 31, KPA: S. 82, Archiv Gerstenberg: S. 203, ddp: S. 206, Tappe: S. 257, Andree: S. 260 – Vario Images/U. Baumgarten: S. 177.1 – Visum/Bjoern Goettlicher: S. 128.2, Sven Doering: S. 7.1, 2807281 – Weisflog Rainer, Cottbus: S. 4.1, 96/97 – Westend 61/Hans Huber: S. 5.1, 156/157 – Wikimedia Commons: S. 55 – Wikipedia: S. 268 – www.jugend-forscht.de: S. 98 – www.rhetorik.ch/LA Times: S. 32 o. – www.rhythm-is-it.com: S. 147.

Trotz entsprechender Bemühungen ist es nicht in allen Fällen gelungen, den Rechtsinhaber ausfindig zu machen. Gegen Nachweis der Rechte zahlt der Verlag für die Abdruckerlaubnis die gesetzlich geschuldete Vergütung.

Das Papier ist aus chlorfrei gebleichtem Zellstoff hergestellt, ist säurefrei und recyclingfähig.

© 2008 Oldenbourg Schulbuchverlag GmbH, München
www.oldenbourg-bsv.de

Das Werk und seine Teile sind urheberrechtlich geschützt. Jede Nutzung in anderen als den gesetzlich zugelassenen Fällen bedarf der vorherigen schriftlichen Einwilligung des Verlags. Hinweis zu § 52 a UrhG: Weder das Werk noch seine Teile dürfen ohne eine solche Einwilligung eingescannt und in ein Netzwerk eingestellt werden. Dies gilt auch für Intranets von Schulen und sonstigen Bildungseinrichtungen.

1. Auflage 2008 R06

Druck 12 11 10 09 08
Die letzte Zahl bezeichnet das Jahr des Drucks.
Alle Drucke dieser Auflage sind untereinander unverändert und im Unterricht nebeneinander verwendbar.

Umschlag: Lutz Siebert-Wendt, München
Umschlagabbildung: Gunter Hahn, Ottobrunn
Lektorat: Jana de Blank, Cornelia Franke (Assistenz)
Layout: Lutz Siebert-Wendt, Heiko Jegodtka
Herstellung: Heiko Jegodtka
Illustration: Verena Ballhaus, München; Thomas Escher, Hamburg
Satz: NB PrePressTeam Nadler & Buttler GbR, München
Druck: Firmengruppe APPL, aprinta druck, Wemding
ISBN 978-3-486-**00395**-6
ISBN 978-3-637-**00395**-8 (ab 1.1.2009)